Die Internet-Plattform für
digitale Fotografie und Bildbearbeitung

Foto-Tools

Kameratechnik

Photoshop-Workshops

HDR mit Photomatix Pro

RAW-Konvertierung mit
Silkypix Developer Studio

u. v. m.

WWW.PIXXSEL.DE

Calle Hackenberg

# Profibuch Photoshop

Calle Hackenberg

# Profibuch
# Photoshop

Mit 611 Abbildungen

FRANZIS

**Bibliografische Information der Deutschen Bibliothek**

Die Deutsche Bibliothek verzeichnet diese Publikation in der Deutschen Nationalbibliografie;
detaillierte Daten sind im Internet über http://dnb.ddb.de abrufbar.



**Herausgeber:** Ulrich Dorn
**Satz & Layout:** G&U Language & Publishing Services GmbH, Flensburg
**art & design:** www.ideehoch2.de
**Druck:** GGP Media GmbH, Pößneck
Printed in Germany

ISBN 978-3-645-**60083-5**

# Vorwort

Adobe Photoshop ist das ultimative Programm für jeden Kreativen – mit universell einsetzbaren Werkzeugen für Fotografen, Bildbearbeiter und Designer. Dadurch bietet Photoshop unendlich viele Möglichkeiten, unendlich viele Wege und unendlich viele Fragen. Häufig geht es letztlich um die Feinheiten. Dafür sind die Werkzeuge unabdingbar. Dieses Buch richtet sich aber nicht an den Anfänger, sondern an den fortgeschrittenen Photoshop-Nutzer, der grundsätzlich weiß, was an welcher Ecke wo zu finden ist und wie es funktioniert.

Dieses Buch zeigt Ihnen, wie Sie viele Probleme in den Griff bekommen und Ihren Photoshop-Workflow erheblich optimieren. Sie lernen, mit Aktionen nahezu alle Bildbearbeitungsvorgänge zu automatisieren. Darüber hinaus erhalten Sie viele Hintergrundinformationen und lernen somit auch etwas Theorie um die Grundsätzlichkeiten der Bildbearbeitung kennen und besser verstehen, etwa die ominösen und oft verteufelten Farbräume, die einem das Leben im digitalen Zeitalter schwer machen und von vielen in ihrer Auswirkung unterschätzt werden. Ganz nebenher werden Sie diverse Funktionen in einem Panel direkt auf eigene Bedürfnisse zuschneiden, damit Sie Ihre Arbeitsweise noch produktiver gestalten können. All das lernen Sie in einzelnen Workshops und Beispielen kennen und verstehen.

Sollten Sie Fragen, Kritik oder Anregungen rund um das Buch oder meine Person haben, melden Sie sich einfach über meine Internetseite *www.addicted2photos.com* oder auch direkt per E-Mail an *mail@addicted2photos.com*.

Calle Hackenberg

Plön im September 2011

# INHALT

# INHALT

# FARBE IST NICHT GLEICH FARBE

[ 1 ]

datacolor
Abbrechen
CIE 1931
AdobeRGB
sRGB
Offset-CMYK
3000 K
2500 K
2000 K
4000 K
1500 K
6000 K
1000 K
10000 K
Weißpunkt

# Farbe ist nicht gleich Farbe

*Das hier abgedruckte Bild zeigt klare Farben. Niemand käme auf die Idee, sie anzuzweifeln oder darüber zu diskutieren, ob sie richtig sind. Im digitalen Bereich ist das anders. Es geht darum, Bilder so darzustellen, wie sie tatsächlich sind. Und das ist gar nicht so einfach, wie man meinen möchte.*

# 1 Farbe ist nicht gleich Farbe

*Das Thema Farben, genauer: Farbmanagement, ist im digitalen Workflow eines der wichtigsten überhaupt. Es geht vereinfacht gesagt darum, das, was eine Person auf digitalem Weg fotografiert oder erstellt, so darzustellen, wie es wirklich ist.*

## Am Anfang steht das Farbmanagement

Schaut man sich dasselbe Foto auf zwei oder gar drei verschiedenen Bildschirmen an, stellt man fest, dass es auf jedem Bildschirm anders aussieht. Ein großes Problem, denn man möchte ja, dass der Betrachter das Bild genau so sieht, wie man es ausgearbeitet hat. Ebenso möchte man schon vorher in Photoshop sehen, wie das Bild auf einem bestimmten Ausgabemedium aussieht, sprich gedruckt von einem bestimmten Drucker auf entsprechendem Papier. Dafür ist das Farbmanagement unabdingbar und inzwischen fast genauso wichtig wie der Erstellungs- und Bearbeitungsprozess selbst.

## Teuer, aber gut: Adobe RGB-sichere Bildschirme

Die erste wichtige Entscheidung wird bereits bei der Anschaffung des Computerbildschirms getroffen. Er ist sozusagen der Flaschenhals, in den am Ende möglichst viel reinpassen soll. Allerdings, wie das ja immer im Leben ist, begrenzt der Flaschenhals auch gleichzeitig den Zugang. Eigentlich gibt es dafür nur wenige Parameter, auf die Sie achten müssen – leider werden meist gerade diese in großen Technikmärkten nicht angegeben und bedürfen häufig der Recherche im Internet.

Der wichtigste Parameter ist die prozentuale Angabe darüber, wie viel Prozent des sRGB-Farbraums und des Adobe RGB-Farbraums der Bildschirm darstellen kann. Inzwischen schaffen die meisten Bildschirme den sRGB-Farbraum (Standard RGB), deshalb gilt es, besonderes Augenmerk auf den Adobe RGB-Farbraum zu werfen, weil dieser erheblich größer und somit schwerer darzustellen ist. Einige High-End-Bildschirme sind inzwischen bei fast 100 % Adobe RGB, was nahezu ideal ist, sich aber auch im Geldbeutel entsprechend bemerkbar macht.

Der zweite wichtige Parameter ist in der Regel auch nirgendwo ausgeschildert – die Homogenität des Bildschirms. Häufig haben Bildschirme in den Ecken Probleme, die Helligkeit und Farbwiedergabe auf dem gleichen Niveau zu halten, was dann zu einem Problem wird, wenn man in der Ecke des Bildschirms ein Bild in Bezug auf Farbe oder Helligkeit bearbeitet und dies dann nicht korrekt dargestellt wird. Grundsätzlich gilt also:

- Möglichst hohe Wiedergabefähigkeit des Adobe RGB-Farbraums (in Prozent angegeben).
- Möglichst absolute Homogenität des Bildschirms.

*Wie man sieht, ist der sRGB-Farbraum erheblich kleiner als der Adobe RGB-Farbraum. Der CIE 1931-Farbraum erfasst alle für den Menschen wahrnehmbaren Farben.*

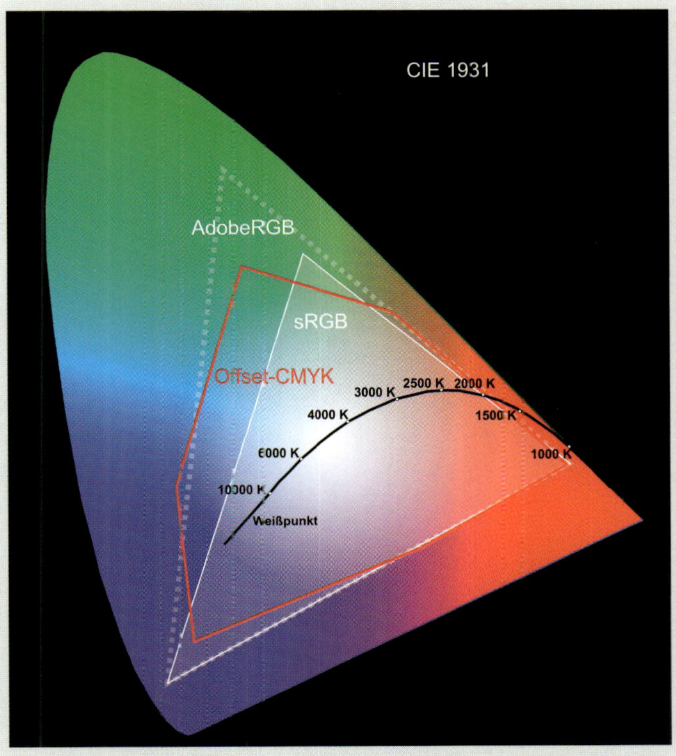

**Erst kalibrieren, dann profilieren**

Leider ist man selbst mit einem teuren Bildschirm noch nicht dort angelangt, wohin man möchte, nämlich zum farbverbindlichen und farbechten Arbeiten. Das liegt daran, dass die meisten Bildschirmhersteller ihre Geräte so einstellen, dass sie uns im Laden überzeugen. Das geschieht zumeist durch brillant wirkende Farben. Der Bildschirm in einer Reihe von zehn Geräten, der uns am buntesten erscheint, wird in der Regel auch gekauft. Das weiß natürlich jeder Hersteller, deshalb werden die Geräte in diese Richtung hin optimiert. Jedoch ist es nicht hilfreich für denjenigen, der farbverbindlich arbeiten möchte, wenn auf einmal aus einem blassen Grün ein sattes und saftiges Grasgrün gemacht wird.

Deshalb muss der Bildschirm kalibriert, sprich genormt werden. Dies geschieht mithilfe einer entsprechenden Hardware, dem Colorimeter, und der dazugehörigen Software. Der Bildschirm wird in der Regel in dem Bildschirmmenü zunächst vom Benutzer auf seine Werkeinstellungen zurückgesetzt, anschließend wird das Colorimeter auf dem Bildschirm angebracht, und die Software wird gestartet. Dann wird der Bildschirm auf Weißpunkt (Farbtemperatur in Kelvin), Helligkeit und Gamma (Helligkeitsverteilung) hin kalibriert. Diese Kalibrierung ist auf das gesamte System bezogen, sagt aber noch nichts über die farbgetreue Wiedergabe eines Bilds oder gar Farbraums aus.

Erst wenn die Profilierung stattgefunden hat, die in der Regel durch das Vermessen von verschiedenen Farbabstufungen durchgeführt wird, hat man sein System im Idealfall farbverbindlich eingerichtet. Das Colorimeter vergleicht nämlich die gemessene Farbe mit einer in der Software enthaltenen Tabelle und wertet diese anschließend aus. Daraus ergibt sich dann ein Profil, das immer, sobald man Photoshop startet oder auch ein anderes Programm, das Farbmanagement unterstützt, die Farben über ein hinterlegtes Profil auf der Grafikkarte abgleicht und dann am Bildschirm korrekt darstellt.

Natürlich gilt aber auch hier, dass der kalibrierte und profilierte Bildschirm nur das anzeigen kann, was er darstellen kann. Kann ein Bildschirm etwa 95 % sRGB und hat Schwächen im Rotbereich, kann er diese Farbe auch nach Kalibrierung und Profilierung nicht darstellen. Allerdings kann man dann sicher sein, dass die Rottöne, die er darstellen kann, auch tatsächlich denen auf den Felsen in der Nähe von Moab in den USA entsprechen. Also wird jeder Farbton, den der Monitor darstellen kann, jetzt auch richtig, also farbecht, angezeigt.

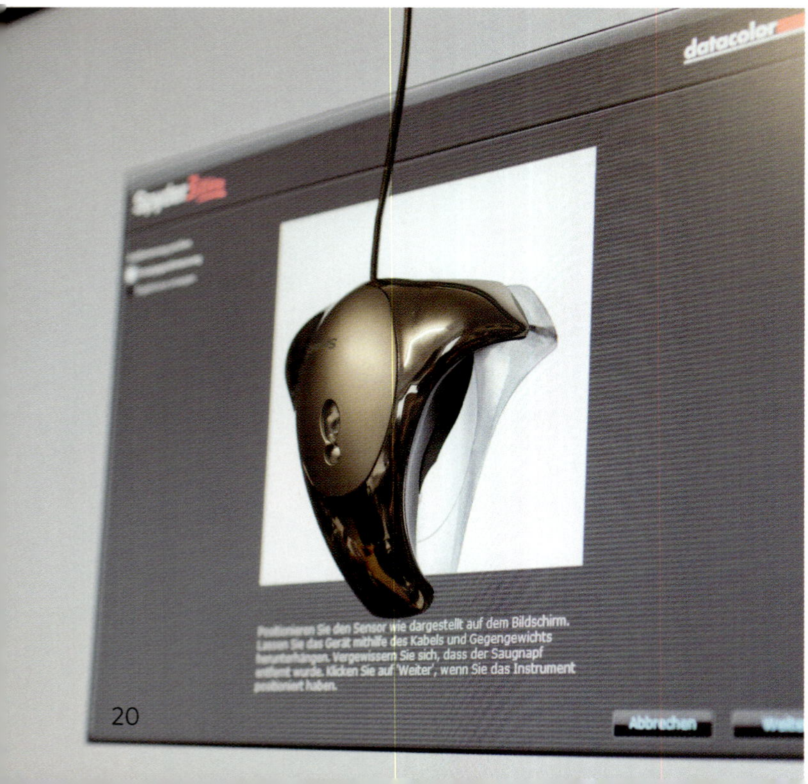


*Der Spyder von Datacolor, das Profiwerkzeug für die perfekte Bildschirmkalibrierung. (Foto: Christian Haasz)*

**Welcher Standard: D65 oder D50?**
Grundsätzlich gibt es bei der Kalibrierung zwei sinnvolle Einstellungskombinationen: zum einen ein Gammawert von 1,8 und ein Weißpunkt von 5.000 Kelvin (D50-Standard), zum anderen eine Kombination aus einem Weißpunkt bei 6.500 Kelvin (D65) und einem Gammawert von 2,2. Der Adobe RGB- und der sRGB-Farbraum verwenden beide einen Weißpunkt von 6.500 Kelvin. Diese Farbräume werden primär im Internet verwendet, da sie so auch nicht druckbar sind, wie bereits die Grafik auf Seite 19 im Offset-CMYK gezeigt hat.
Der D50-Standard wird bei professionellen Druckereien zum Abmustern eingesetzt. In Europa wird hierzu auch der spezielle Farbraum ECIv2 von der European Color Initiative verwendet, der einen Gammawert von 1,8 vorschreibt und seinen Weißpunkt bei 5.000 Kelvin hat. Daraus folgt, dass, wenn man für den Druck arbeitet, man sich möglichst auch am Druckstandard, also D50, orientieren sollte. So ist gewährleistet, dass man beim Softproof die tatsächlich richtigen Farben am Monitor sieht.
Sollte man eher für das Internet oder andere digitale Medien arbeiten, bietet sich D65 mit einem Gammawert von 2,2 an. Idealerweise hat man zwei Systeme, an denen je einer der Standards eingestellt ist.

## Einstellungen zum Arbeitsfarbraum

In Photoshop ist von Haus aus der Arbeitsfarbraum sRGB eingestellt. Das ist allerdings meist wenig sinnvoll, weil man sich direkt den besagten Flaschenhals ein gutes Stück enger macht, was überhaupt nicht nötig ist.

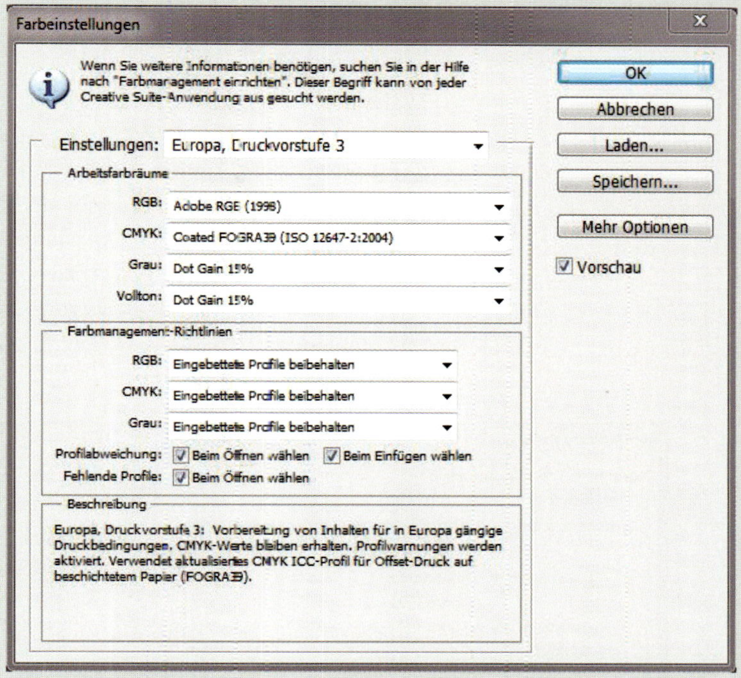


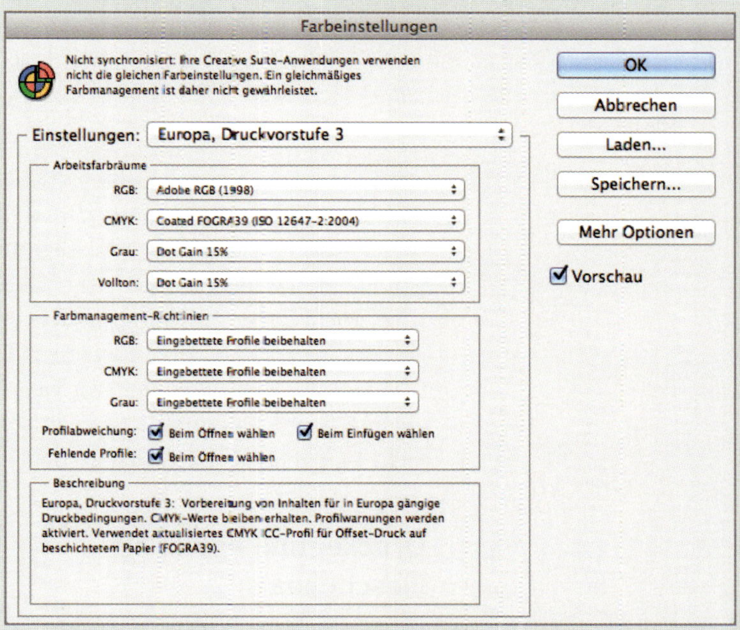


*Die Arbeitsfarbraumeinstellungen finden Sie unter Windows und Mac OS X im Menü* Bearbeiten/Farbeinstellungen *oder per Tastenkombination* [Strg]+[⇧]+[K] *(Win) bzw.* [⌘]+[⇧]+[K] *(Mac). Wichtig – vergessen Sie nicht, die Kontrollkästchen* Profilabweichung *und* Fehlende Profile *zu aktivieren.*

## Proof-Bedingung anpassen

Möchten Sie wissen, wie ein Bild an einem bestimmten Ausgabegerät (Drucker) und auf einem bestimmten Medium (Papier) gedruckt aussieht, können Sie das in Photoshop simulieren. Die Funktion finden Sie in Windows und in Mac OS X im Menü *Ansicht/Proof einrichten/Benutzerdefiniert.* Der Proof wird aktiviert bzw. deaktiviert via Tastenkombination Strg + Y (Win) oder ⌘ + Y (Mac).

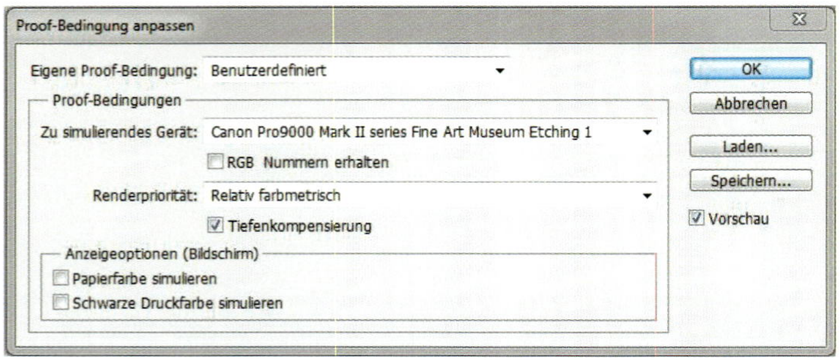


*Bei* Zu simulierendes Gerät *kann nun der entsprechende Proof ausgewählt werden. Dieser enthält beim Druck in der Regel die Bezeichnung des Ausgabegeräts (hier der Drucker Canon Pro9000 Mark II) und die des Papiers.*

Dabei ist besonders zu beachten, dass der Bildschirm richtig kalibriert und profiliert ist, da sonst überhaupt keine Aussage über getreue Farbwiedergabe gemacht werden kann. Nicht zu vergessen ist darüber hinaus, dass die meisten Druckereien mit D50-Standard arbeiten und somit der Monitor entsprechend kalibriert sein muss, da sonst falsche Ergebnisse zu erwarten sind.

## Drucker und Papier als Flaschenhals

Ebenso wie der Bildschirm sind auch der Drucker und das Papier limitierende Faktoren, da jeder Drucker in Kombination mit einem bestimmten Papier auch einen gewissen Farbraum hat bzw. abdecken kann.

### GENORMTE LEUCHTMITTEL

**Der D50- und auch D65-Standard sind nur dann sinnvoll, wenn man entsprechende Leuchtmittel hat, die auch auf eine Kelvinzahl von 5.000 oder 6.500 genormt sind. Vergleichen Sie einfach mal ein ausgedrucktes Bild unter Halogenlicht und im Sonnenlicht - dasselbe passiert auch am Bildschirm. Idealerweise hat man nur eine Farbtemperatur im gesamten Raumlicht, was etwa durch heruntergerollte Jalousien und die gleichen D50-Lampen erreicht werden kann.**

### EIGENE FARBPROFILE

**Wer absolute Genauigkeit möchte und sich nicht mit dem vom Hersteller mitgelieferten oder downloadbaren Profilen zufriedengibt, kann mithilfe einiger Colorimeter entsprechende Testdrucke ausmessen und dadurch ein Profil schreiben lassen. Damit hat man ein Profil erstellt, das den eigenen Drucker und das gerade bedruckte Papier genauestens beschreibt.**

Das bedeutet, selbst wenn man ein Bild unter einem eingerichteten Proof betrachtet, ist es nicht möglich, die nun fehlenden Farbnuancen wieder hereinzuarbeiten. Das liegt daran, dass der Drucker mit dem entsprechenden Papier einfach diese Farbe nicht wiedergeben kann, obwohl es den Farbton vielleicht im sRGB-Farbraum gibt. Ein Tuschkasten, der nur zwei Farben hat, kann ja auch nicht einfach mehr Farben herstellen, als er durch die Mischung dieser zwei Farben erstellen kann. Ebenso verhält es sich mit den Druckern und dem eingelegten Papier.

## Über den Umgang mit Farbräumen

Häufig tritt das Problem auf, dass man Dateien zugesandt bekommt und an ihnen irgendetwas ändern oder retuschieren soll. Nicht selten stellt sich dann zunächst die Frage, wie man mit dem eingebetteten Farbraum umgehen soll, wenn er sich von dem eigenen Arbeitsfarbraum unterscheidet. Grundsätzlich kann man sich Folgendes merken: „Was nicht da ist, wird auch nicht kommen." Anders gesagt, wenn man ein Bild mit einem sRGB-Farbraum bekommt, werden nicht auf einmal mehr Farben da sein, wenn man es in Adobe RGB konvertiert.

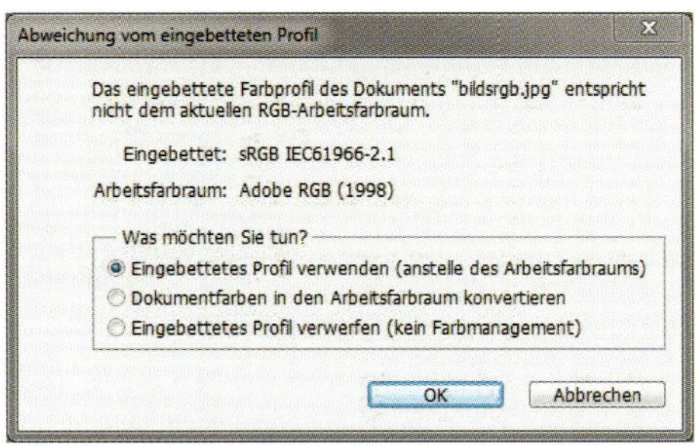


*Typisches Problem – man erhält eine Datei, in der der sRGB-Farbraum eingebettet ist.*

Deshalb ist grundsätzlich dann der einzig sinnvolle Weg, im eingebetteten Farbraum zu arbeiten, da keine Informationen in die Datei hineinkonvertiert werden können, die überhaupt nicht da sind. Das eingebettete Profil zu verwerfen, ist meist die schlechteste Variante, weil dann niemand mehr die Datei vernünftig verarbeiten kann, da keiner weiß, was die Datei überhaupt enthält. Man kann sich das wie bei einer Sprache vorstellen – weiß man, dass die Datei auf Spanisch geschrieben ist, holt man das spanische Wörterbuch und versteht sie. Weiß man nun aber nicht, in welcher Sprache die Datei geschrieben ist, weiß man auch nicht, welches Wörterbuch man verwenden soll.

Wer ein komplett fertiges Bild, das im Adobe RGB-Farbraum vorliegt, für das Internet fit machen will, sollte sich Gedanken darüber machen, ob er das Bild nur nicht in den sRGB-Farbraum herunterkonvertiert. Der plausible Grundgedanke dahinter ist, dass die allerwenigsten User einen Monitor haben, der einen Großteil des Adobe RGB-Farbraums darstellen kann. Die meisten Bildschirme können aber den sRGB-Farbraum problemlos darstellen, deshalb ist es in der Regel sinnvoll, die Dateien, die ins Internet gehen, in sRGB zu konvertieren.

Diese Möglichkeit findet man bei Photoshop im Menü *Bearbeiten/In Profil umwandeln*. Dort können Sie den gewünschten Farbraum wählen und durch Tiefenkompensierung noch einige Schwächen beheben, sollten Sie beispielsweise einen klassischen CMYK-Druck anstreben.

Wichtig kann auch noch die Priorität sein, da sie die Verrechnung der Farben bestimmt, die außerhalb des Farbraums liegen. Die einzigen zwei sinnvollen Optionen sind hier *Relativ farbmetrisch* und *Perzeptiv*. *Relativ farbmetrisch* setzt zunächst, wie auch *Perzeptiv*, alle Farben, die direkt in den kleineren Farbraum

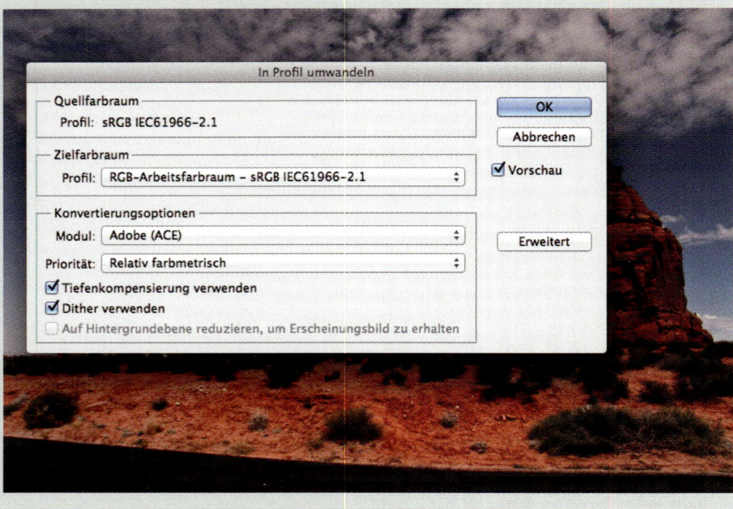


*Ein Bild im Adobe RGB-Farbraum für den Einsatz im Internet konvertieren.*

*Im ersten Moment etwas verwirrend, aber alle relevanten Einstellungen für die Performance finden Sie in den Photoshop-Voreinstellungen.*

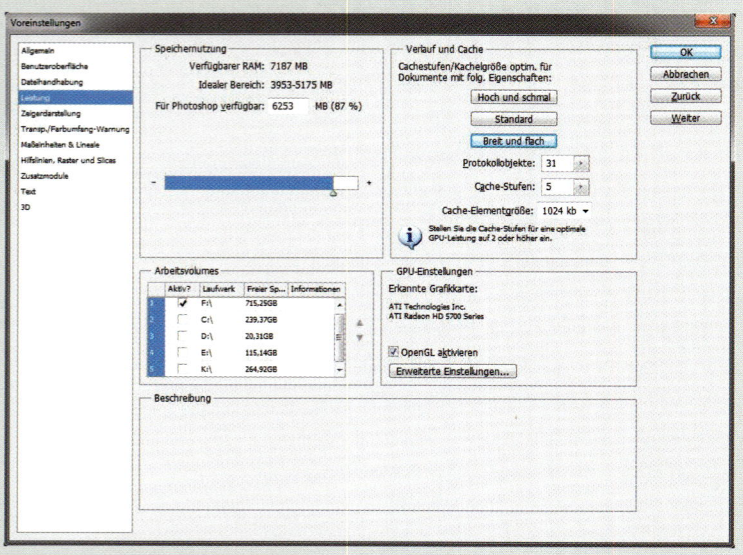


passen, ein. Alle anderen Farben, die im größeren Farbraum und außerhalb des kleineren liegen, werden nun auf den nächsten frei liegenden Farbraumpunkt geclippt. Das bedeutet zumeist einen Verlust an Zeichnung und Tonwerten.

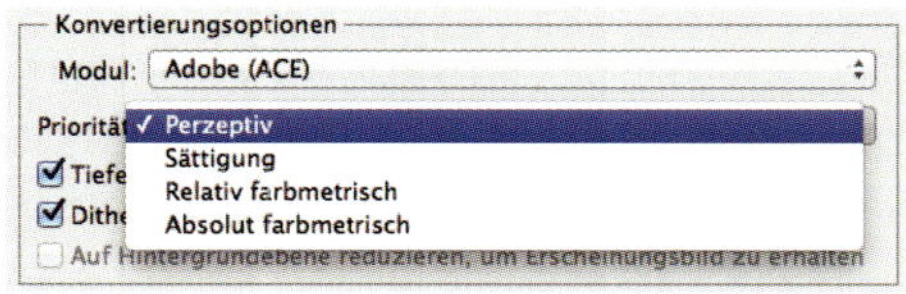


*Perzeptiv* hingegen skaliert den größeren Farbraum herunter, sodass dieser in den kleineren Farbraum hineinpasst. Dies führt dazu, dass meist eine für das menschliche Sehen angenehmere Abstufung der Tonwerte stattfindet.
Grundsätzlich gilt es jedoch, gerade für die Vorbereitung zum Druck, sich immer beide Varianten anzuschauen, da de facto nicht die eine häufiger oder besser anwendbar ist als die andere.

## Ein paar Tipps für die Performance

Adobe Photoshop ist eines der rechenintensivsten Programme, die es auf diesem Planeten gibt, sieht man einmal von den Benchmark-Tools und einigen CAD- und Videobearbeitungsprogrammen ab. Viele wissen zwar, dass Photoshop einen speziellen Bereich bietet, um die Leistung zu optimieren, doch die meisten kennen den eigentlichen Flaschenhals bei Photoshop nicht. Deshalb folgt an dieser Stelle ein kurzer Ausritt in die Leistungsoptionen und eine klare Erläuterung dazu, wo die eigentliche Krux liegt.

### Definieren der Leistungseinstellungen

Arbeiten Sie unter Windows, finden Sie die Leistungseinstellungen im Menü *Bearbeiten/Voreinstellungen* und dort in der linken

Seitenleiste unter dem Eintrag *Leistung* (Tastenkürzel Strg + K).
Arbeiten Sie unter Mac OS X, finden Sie die Leistungseinstellungen im Menü *Photoshop/Voreinstellungen* und dann ebenfalls in der Seitenleiste unter dem Eintrag *Leistung* (Tastenkürzel ⌘ + K).

### *Speichernutzung*

Zunächst der wohl in den Augen der meisten wichtigste Punkt in den *Voreinstellungen/Leistung* – die *Speichernutzung*, also die Verwendung des verfügbaren Arbeitsspeichers. Der Arbeitsspeicher ist im Wesentlichen dazu da, Dokumente und Objekte in den Zwischenspeicher zu laden und wieder zur Verfügung zu stellen.
Da man natürlich gern eine recht hohe Performance haben möchte, sollte man bei der Einstellung des Arbeitsspeichers schon einen für Photoshop verfügbaren Wert von etwa 80 % anstreben. Beachten Sie allerdings, wenn Sie nur 1 oder 2 GByte Arbeitsspeicher im Rechner haben, dass dann mit 80 % der Ressourcen für Photoshop kaum noch Rücklagen für das Betriebssystem und andere Programme vorhanden sind. In meinen Einstellungen lasse ich knapp 1 GByte Arbeitsspeicher für das Betriebssystem und die anderen Programme immer offen.

### *GPU-Einstellungen*

Nun zu den *GPU-Einstellungen*, die den Prozessor der verbauten Grafikkarte betreffen. Diese sind recht neu in Photoshop. Die *GPU-Einstellungen* sind unter anderem für Glättungen in verschiedenen Bereichen, den neuen sanften Zoom, Farbberechnungen und zur Teilberechnung der 3D-Objekte verfügbar. Meine Empfehlung ist – solange man nicht eine sehr schwache Grafikkarte hat –, die Option ruhig auf *Normal* in den erweiterten Optionen stehen zu lassen. Man gewinnt im Wesentlichen kaum etwas dazu, verliert aber auch nicht wirklich etwas. Sollten Sie eine schwächere Grafikkarte besitzen, belassen Sie den *Modus* in den *OpenGL-Einstellungen* ruhig auf *Einfach*.

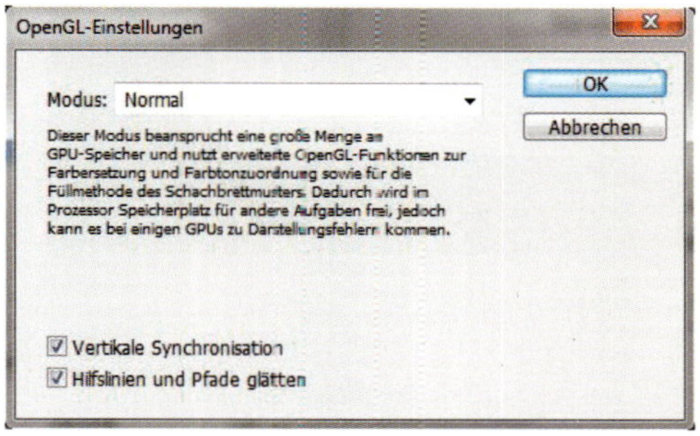


*Festlegen der OpenGL-Einstellungen.*

### *Verlauf und Cache*

Bei den *Verlauf und Cache*-Einstellungen wird es langsam interessant. Hier sollten Sie selbst Ihre meistgenutzten Arbeitsumfelder analysieren. Entscheiden Sie sich, ob Sie generell eher mit großen Dateien und relativ wenigen Ebenen *Breit und flach* arbeiten oder ob Sie eher mit kleineren Auflösungen, aber dafür mit sehr vielen Ebenen arbeiten, dann wäre *Hoch und schmal* für Sie die richtige Einstellung.
Ich verwende hauptsächlich große Dateien und versuche, die Ebenenanzahl möglichst gering zu halten und mit Einstellungsebenen Speicherplatz zu sparen, deshalb ist für mich *Breit und flach* das Maß der Dinge. Da ich aber manchmal auch mit Ausschnitten und dann mit mittleren Auflösungen (10 Megapixel etwa) arbeite, habe ich die *Cache-Stufen* von 6 auf 5 reduziert. Die *Cache-Elementgröße* bleibt groß, da die zu verarbeitenden Dateien in aller Regel doch groß sind und somit direkt größere Cache-Elemente gespeichert werden sollen anstatt kleinere.

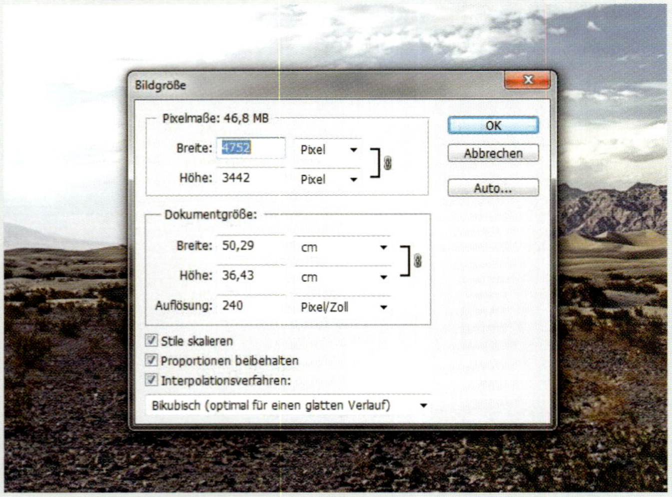


Pixelmaße *und* Dokumentgröße *im Dialogfeld* Bildgröße.

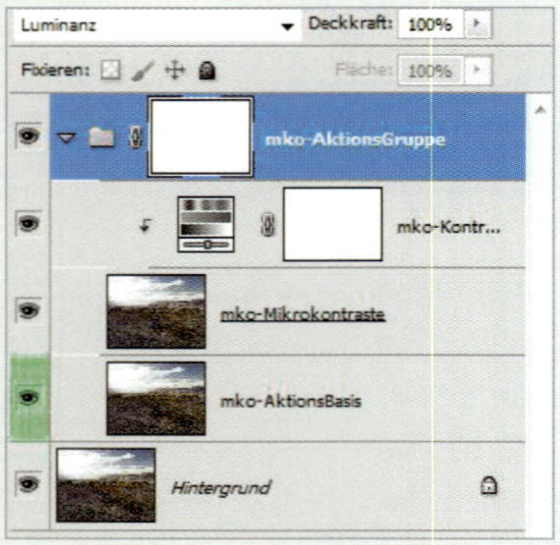


*Lediglich die Mikrokontrastaktion wurde durchgeführt und die Ebenenmaske invertiert.*

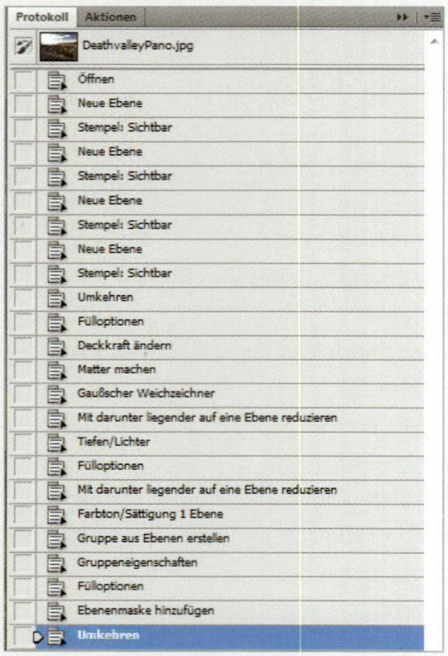


*Hier ein kleiner Blick in das Bedienfeld* Protokoll, *das hier auf 31 Objekte eingestellt ist. Es zeigt jeden einzelnen Schritt der Aktion genau auf.*

***Arbeitsvolumes***

Zu den *Arbeitsvolumes* – diese sind wohl mit den Protokollobjekten in Kombination der Faktor, der gern unterschätzt wird, dem man aber unbedingt mehr Beachtung schenken sollte und auch muss. Grundsätzlich sollten die temporären Dateien, die Photoshop schreibt, auf eine andere Festplatte oder zumindest eine andere Partition geschrieben werden als auf die Festplatte, auf der das Betriebssystem liegt – egal ob Apple Mac OS X Lion oder Microsoft Windows 7. Grund dafür ist, dass Mac OS X und Windows Auslagerungsdateien schreiben und diese ebenfalls womöglich gleichzeitig mit Photoshop geschrieben werden. Das zu beschleunigen, ist nur möglich, wenn man die temporären Dateien auf eine andere Festplatte auslagert.

**Zusammenspiel von Protokollobjekten und Arbeitsvolumes**

Wichtig ist in erster Linie das Zusammenspiel von Protokollobjekten und Arbeitsvolumes – häufig unterschätzt und gern sehr nach oben gedreht in den Leistungseinstellungen. Hier ein kleines Beispiel:

Geöffnet wurde ein Bild mit den Maßen 4.752 x 3.442 Pixel, also knapp 16,3 Megapixel. Das JPEG-Format ist mit 11,6 MByte Größe angegeben.

Nun öffne ich das Bild in Photoshop und wende die Mikrokontrastaktion an, mit jeweils dem Wert *2* für alle Filter und Einstellungen. Selbst die Mitteltonkontraste hebe ich am Ende nur um den Wert *+2* an. Anschließend invertiere ich die Ebenenmaske der Aktion, sodass die Gruppe aktiv wird.

Nun habe ich während der folgenden Schritte die Größe der temporären Datei von Photoshop beobachtet:

1. Direkt nach dem Starten von Photoshop: 240 MByte.
2. Direkt nach dem Öffnen des 16,2 Megapixel großen Bilds, das 11,6 MByte groß ist: 328 MByte.
3. Direkt nach der Aktion und der aktivierten Ebenenmaske: 1,5 GByte oder 1.500 MByte.

Nun das ganze Prozedere bei fünf statt 31 Protokollobjekten:

1. Nach dem Starten von Photoshop: 230 MByte.
2. Nach dem Öffnen des gleichen Bilds: 328 MByte.
3. Direkt nach der Aktion und Aktivierung der Ebenenmaske: 1,39 GByte.

Dass sich bis Schritt 2 nichts wesentlich verändert, ist damit zu erklären, dass in der temporären Datei immer leichte Differenzen auftreten und Punkt 2 ohnehin auch mit nur ein Protokollobjekt zu speichern verlangt, nämlich nur das Öffnen der Bilddatei und nicht mehr.

Interessant ist daher dann die 3. Stelle. Dort zeigt sich, dass die temporäre Datei gute 8 % bzw. 100 MByte kleiner ist. Das klingt im ersten Moment recht irrelevant, aber genau da liegt der Hund begraben. Mit einem Protokollobjekt landet man übrigens in diesem Beispiel bei folgenden Werten:

Auch hier gibt es bis Schritt 2 keine Veränderung. Erst nach der Aktion zeigt sich nochmals eine Verkleinerung von runden 90 MByte im Vergleich zu fünf Protokollobjekten bzw. 210 MByte bei 31 Protokollobjekten.

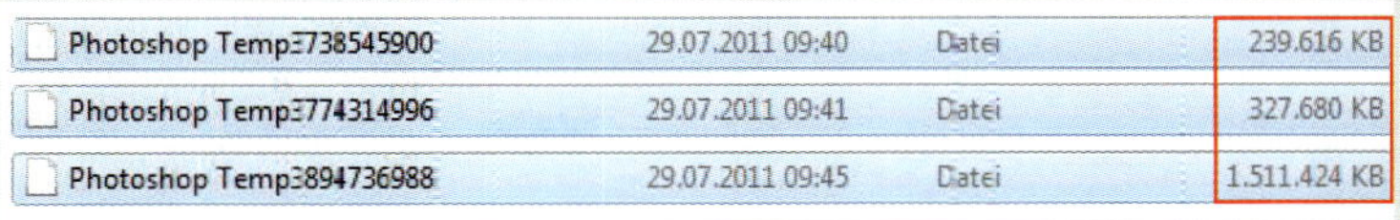


*Jeder Schritt zeigt klar auf, dass die temporäre Datei gewaltig wächst.*

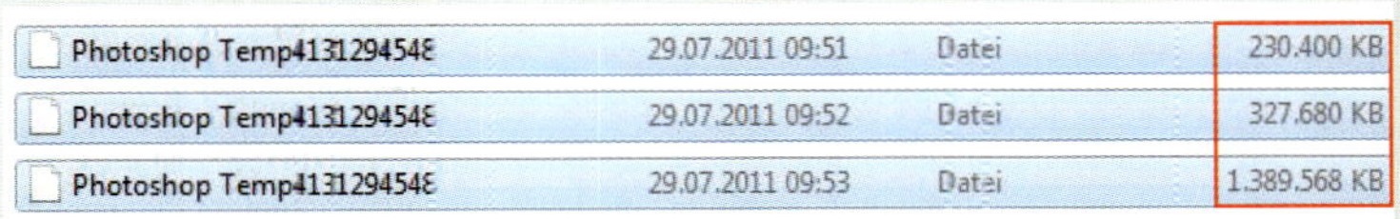


*Gleicher Vorgang bei fünf statt zuvor 31 Protokollobjekten.*

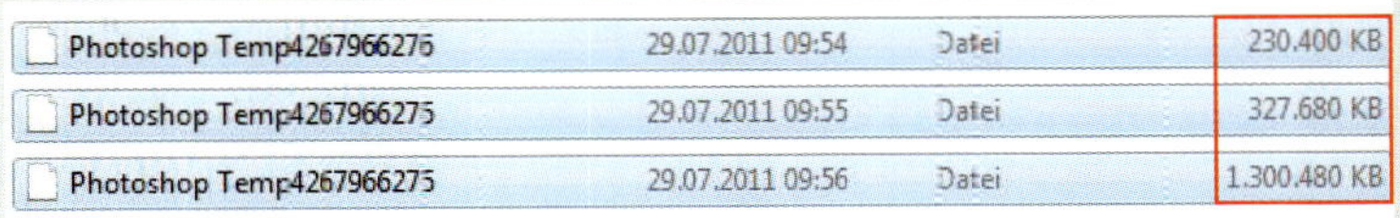


*Gleicher Vorgang bei einem statt zuvor fünf bzw. 31 Protokollobjekten.*

Wenn Sie nun das Ganze mit mehreren Aktionen und 30 oder 31 Protokollobjekten und zum Vergleich mit fünf Protokollobjekten betrachten, werden Sie staunen - auch weil Photoshop, egal wie viele Dokumente Sie geöffnet haben, alle in einer temporären Datei speichert. Demzufolge wird pro geöffnetes Dokument (mit vielen Protokollobjekten) die temporäre Datei auf einmal riesig.

Hier noch mal ein kleiner Vergleich:

Diesmal habe ich drei Photoshop-Dokumente geöffnet, alle rund 200 MByte groß mit mehreren Ebenen. Diese Ebenen habe ich dann auf den Hintergrund reduziert und die Aktion *Makro- und Mikrokontraste (Lichter)* durchgeführt. Hier das Ergebnis mit fünf Protokollobjekten - rund 4 GByte.

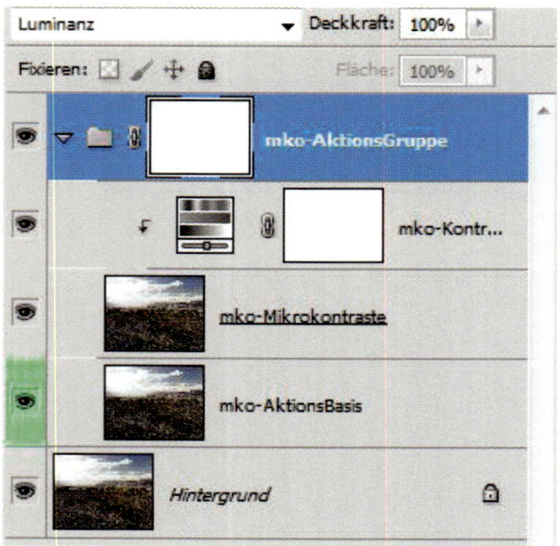


*Ebenenstapel der Aktion* Makro- und Mikrokontraste (Lichter)*.*

Bei 30 Protokollobjekten sind es rund 5,5 GByte.

Das macht einen satten Unterschied von 1,5 GByte und etwa 27 %. Das wiederum bedeutet, dass man mit vielen Protokollobjekten stets große temporäre Dateien schreibt. Im Zeitalter der TByte-Festplatten sieht das wie Peanuts aus, das täuscht jedoch gewaltig. Die Größe der Dateien ist nur der Tropfen, der den Stein stetig höhlt. Das Problem ist die Festplattengeschwindigkeit, denn Festplatten können kaum mal eben 5 oder gar 10 GByte große temporäre Dateien schreiben und lesen. Die Lese- und Schreibgeschwindigkeit der Festplatte ist der große Feind der schnellen Bildbearbeitung, zumindest dann, wenn genügend RAM vorhanden ist, sodass der Arbeitsspeicher nicht bereits erheblich bremst.

Der einzig sinnvolle Ausweg aus diesem Dilemma ist eine SSD-Festplatte. Diese deutlich teureren Festplatten sind um einiges schneller als die herkömmliche SATA-Verwandschaft, bieten aber meistens weniger Speicherplatz.

Sollten Sie sich also das nächste Mal wundern, warum Photoshop ins Stocken gerät, reduzieren Sie einfach die Protokollobjekte und starten Photoshop danach neu. Das lässt einerseits die neuen Einstellungen aktiv werden, andererseits löscht es die alte temporäre Datei.

Wenn Photoshop dann nach mehr Ressourcen verlangt, überlegen Sie sich gut, ob Sie wirklich in zusätzlichen Arbeitsspeicher investieren wollen oder ob Sie nicht vielleicht doch aufgrund des anderen Flaschenhalses, der Festplattengeschwindigkeit, ins Stocken geraten.

# 2

# ES GEHT IMMER NUR UMS EINE: TONWERTE

2
Histogramm
Kanal: Farben
Quelle: Gesamtes Bild
Mittelwert: 163,99
Abweichung: 86,83
Zentralwert: 179
Pixel: 260625
Tonwert:
Anzahl:
Spreizung:
Cache-Stufe: 3
Rot
Grün
Blau
Benutzerdefiniert
Auto
Mittelwert: 89,07
Abweichung: 62,18
Zentralwert: 76
Pixel: 4167500

# Es geht immer nur ums eine: Tonwerte

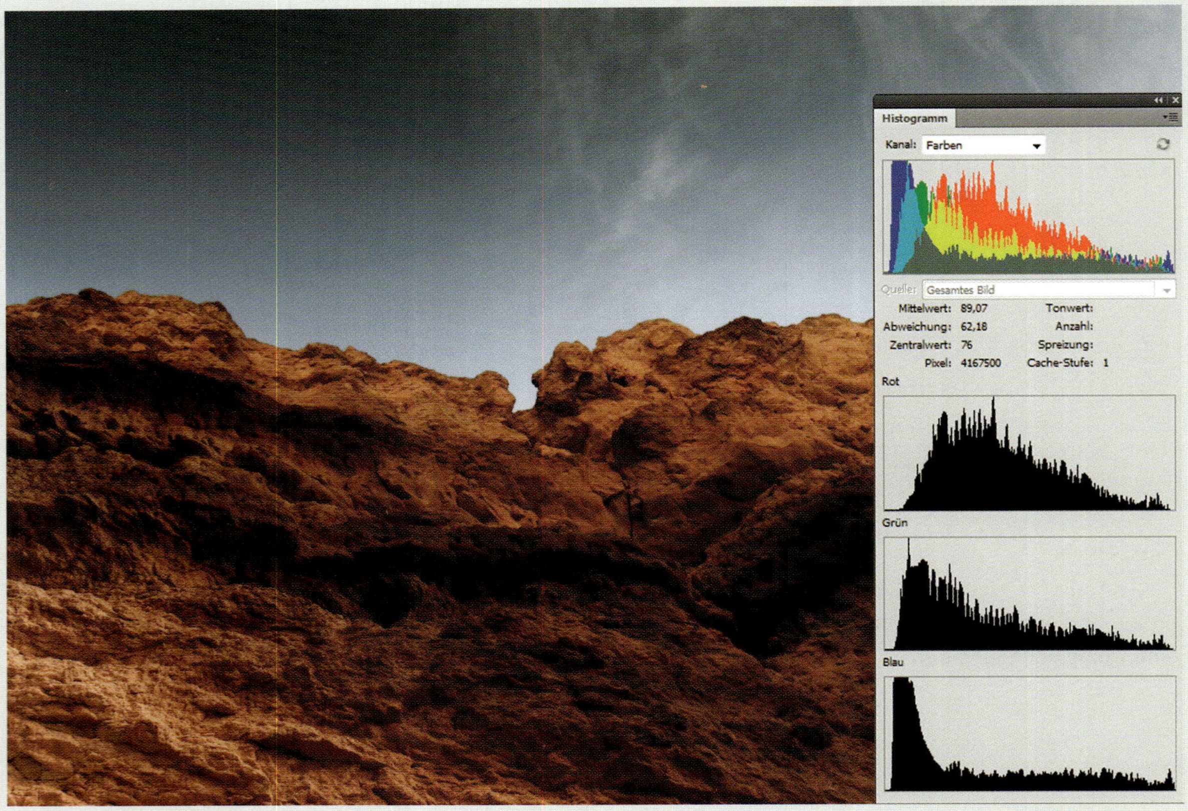


*Rechts ist die erweiterte Ansicht des Histogramms zum Bild zu sehen. Jeder einzelne Kanal (Rot, Grün, Blau) ist entscheidend für die Bildung der sichtbaren Farbe, ihrer Menge, ihrer Verteilung und ihrer Helligkeit.*

# 2 Es geht immer nur ums eine: Tonwerte

*Tonwerte sind das, woraus alle Bilder bestehen. Sie beschreiben jedes Bild anhand von Intensitäten, Verteilungen, Spreizungen, und das in Graustufen. Sie sorgen für die Farbigkeit im Bild. Wer versteht, wie Tonwerte funktionieren, wie sie ein Bild beeinflussen und wie man mit ihnen umgeht, hat eigentlich schon gewonnen.*

## Pro und Kontra: 8 Bit oder 16 Bit?

■ Eine Digitalkamera speichert die Aufnahmen im JPEG-Format und als Kamerarohdaten im RAW-Format. Einige wenige Kameras bieten auch noch das TIFF-Format an. Wichtig ist hierbei eigentlich nur, sich zu merken, dass die RAW-Aufnahmen 16-Bit-Tonwerte mit sich bringen, ebenso wie die TIFF-Dateien, die JPEG-Bilder hingegen nur 8 Bit. Das heißt konkret, dass bei Aufnahmen im JPEG-Format eine Menge an Informationen schon vor der Bearbeitung verloren geht. Das gilt es, steht genug Speicherplatz zur Verfügung, zu vermeiden.

### Vorteile von 16-Bit-Bildern

Die Vorteile der 16-Bit-Bilder und ihrer Bearbeitung liegen auf der Hand, wenn man eine kleine Rechnung durchführt:

- Ein Bit entspricht 0 oder 1, „Ja" oder „Nein", anders gesagt: in der Bildbearbeitung Schwarz oder Weiß.
- 8 Bit entspricht $2^8$, also 2 x 2 x 2 x 2 x 2 x 2 x 2 x 2, was 256 Tonwerte pro Farbkanal ergibt.
- 16 Bit entspricht $2^{16}$, also 2 x 2 x 2 x 2 x 2 x 2 x 2 x 2 x 2 x 2 x 2 x 2 x 2 x 2 x 2 x 2 - das ergibt 65.536 Tonwerte pro Farbkanal.
- Es gibt die drei Farbkanäle Rot, Grün und Blau - sprich RGB.
- 8 Bit hoch drei Farbkanäle - also $256^3$ - ergibt 16.777.216 Tonwerte pro 8-Bit-Datei.
- 16 Bit hoch drei Farbkanäle - also $65536^3$ - ergibt eine Gesamtzahl von ganzen 281.474.976.710.656 Tonwerten pro 16-Bit-Datei.

Grundsätzlich ist also das Arbeiten mit 16-Bit-Dateien ein Vorteil, da man so ein Vielfaches an Ressourcen zur Verfügung hat, was einem bei der Anwendung einiger Arbeitstechniken große Vorteile verschaffen kann.

### Nachteile von 16-Bit-Bildern

Nachteilig wirkt sich bei 16-Bit-Bildern zum einen ihre Größe aus und zum anderen, dass einige Funktionen in Photoshop mit 16-Bit-Dateien nicht zur Verfügung stehen, wie etwa alle Kunst-, Verzerrungs- und Vergröberungsfilter.

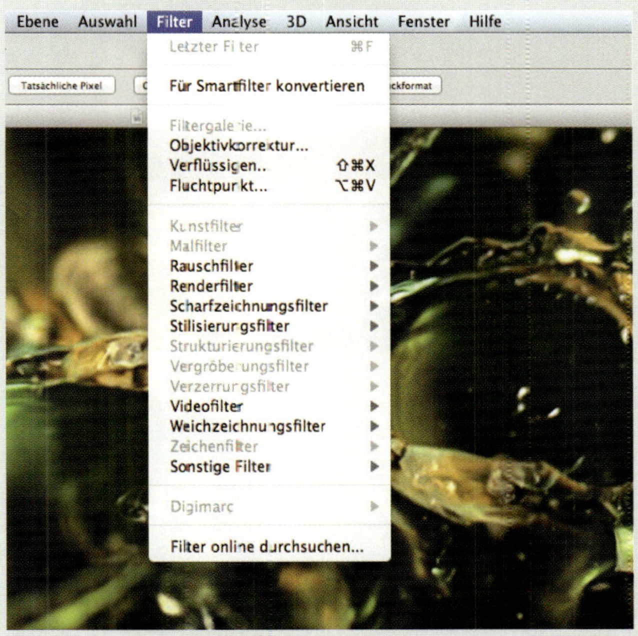


*Einige der Photoshop-Filter sind nicht für 16-Bit-Bilddateien verfügbar.*

## Histogramme verstehen und lesen

Jeder Kanal eines Histogramms besitzt, je nachdem, ob er 8-Bit- oder 16-Bit-Farbtiefe besitzt, 256 oder 65.536 Tonwerte. Die Höhe eines jeden Balkens zeigt die Intensität oder, anders gesagt, Menge des Tonwerts an. Ganz rechts ist der Tonwert 255 – also Weiß. Auf der anderen Seite, also ganz links, ist der Tonwert 0 – Schwarz. 128 ist ein 50%iges Grau.

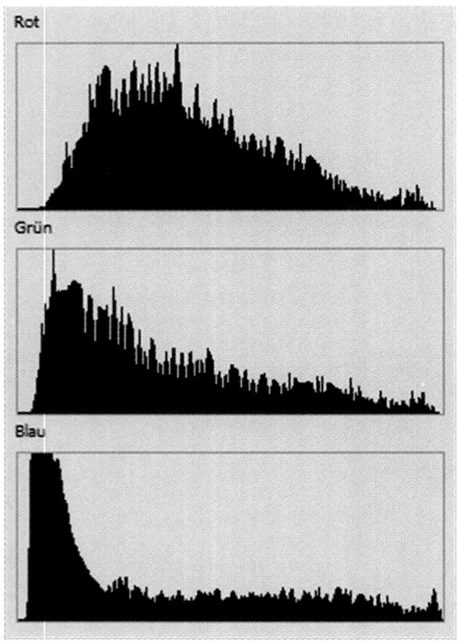


*Das Histogramm zeigt die Verteilung der Tonwerte des Bilds am Kapitelanfang. Jeder einzelne Kanal wird separat dargestellt – es ist allerdings auch möglich, eine kompakte Ansicht einzuschalten, die alle Kanäle in einer Grafik zeigt, aber dadurch schwerer nachzuvollziehen ist.*

Jeder dieser Kanäle beinhaltet lediglich verschiedenen Abstufungen von Schwarz nach Weiß. Aus der Kombination dieser drei Kanäle werden dann die entsprechenden Farben gebildet, deshalb besteht ein direkter Zusammenhang zwischen Tonwerten und Farbe.

Wenn man etwas geübt im Lesen von Tonwerten ist, kann man schnell anhand eines Histogramms erkennen, ob ein Bild überbelichtet oder unterbelichtet ist – also zu hell oder zu dunkel. Ebenso lässt sich erahnen, dass hier in dem Beispiel ein relativ großer dunkler blauer Teil im Bild zu finden sein muss, was man an den hohen Balken am linken Rand des Blau-Kanals erkennen kann. Wer jetzt noch erkennt, dass der Grün-Kanal dort ebenfalls einige Tonwerte hat, kann daraus schließen, dass dort der Blauton mit Grün vermischt ist und einen Türkiston bildet.

i

### DARUM IST GIF NUR SELTEN GUT

**GIF ist ein weiteres Dateiformat, das es früher relativ häufig gab. Heute sieht man es immer noch manchmal, vor allem dann, wenn jemand für das Internet oder einen Kunden eine Datei mit Transparenz herstellen möchte, etwa einen Freisteller. Das ist meist der denkbar schlechteste Weg, weil das GIF-Format lediglich 8-Bit-Tonwerte für alle Farbkanäle zusammen zur Verfügung stellt. Das heißt, man hat insgesamt nur 256 Tonwerte in seiner Datei eingebettet. Das ist zu wenig und für die Fotografie absolut ungeeignet – lediglich für transparente Buttons und Symbole ist es noch akzeptabel. Wenn man ein Bild mit Transparenz abspeichern möchte, sollte man das TIFF-Format wählen. So können Sie bis zu 16 Bit pro Farbkanal und die Option *Transparenz* direkt mitspeichern.**

## Tonwertspreizungen vermeiden

Tonwertspreizungen gilt es, wann immer möglich, zu vermeiden, da sie dafür sorgen, dass uns Tonwerte verloren gehen. Das Beispiel unten zeigt deutlich, dass nun Balken, also Tonwerte, fehlen. Der einfachste Weg ist es, mit 16-Bit-Bildern zu arbeiten, weil diese so viele Tonwerte enthalten, dass es kaum zu einem großen Problem wird, wenn man Tonwerte spreizt.

Die große Gefahr, die durch eine Tonwertspreizung entsteht, ist die der Tonwertabrisse. Tonwertabrisse entstehen dann, wenn nicht mehr genügend Tonwerte vorhanden sind, um einen homogenen Verlauf darzustellen. Verändert man übrigens den Tonwertumfang im Dialog *Tonwertkorrektur*, werden alle Tonwerte verschoben.

Schiebt man also den Regler auf *128* zu *255*, werden alle Tonwerte, die links von Tonwert 128 sind, nach rechts verschoben und in den Tonwerten 128 bis 255 dargestellt. Darüber hinaus darf man sich nicht davon täuschen lassen, dass auch bei 16-Bit-Bildern die Tonwerte laut Dialogfenster nur von 0 bis 255 reichen – dennoch sind die Tonwerte vorhanden. Spreizt man ein Bild im 8-Bit-Modus bis 128 und selbiges Bild im 16-Bit-Modus bis 128, sieht man den Unterschied.

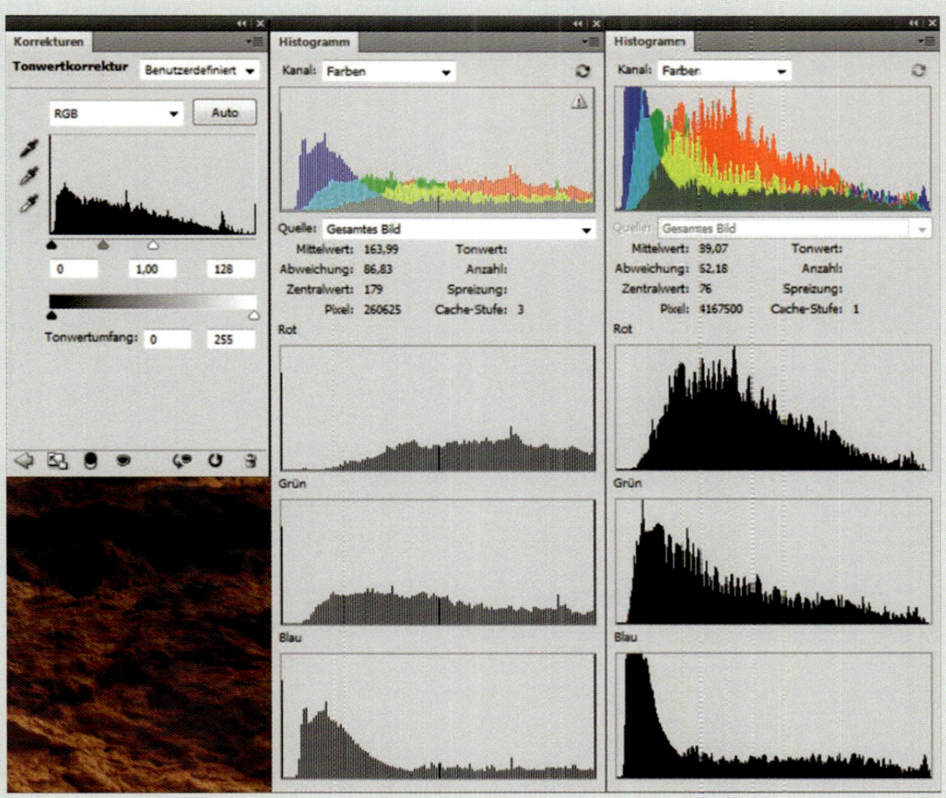


*Hier der Vergleich einer Tonwertkorrektur, bei der alle Tonwerte abseits vom Wert 128 entfernt worden sind und die restlichen Tonwerte sich gespreizt haben. Rechts das Ausgangshistogramm.*

## TONWERTKORREKTUR

**Wenn man mit der Tonwertkorrektur arbeitet und den Schwarz- und Weißpunkt nachjustiert, sollte man darauf achten, dass man keine Stellen erzeugt, die keine Zeichnung mehr haben – sei es durch absolutes Schwarz mit Tonwert 0 oder absolutes Weiß mit Tonwert 255. Am besten lässt sich das beobachten, wenn man den Schwarz- und den Weißpunkt verschiebt und dabei die [Alt]-Taste drückt. Dadurch wird einem angezeigt, welche Bereiche dann keine Zeichnung mehr haben.**

*Problemfall: Sowohl im Himmel als auch in den Verläufen des Schattens auf dem Stein sind nicht genügend Tonwerte vorhanden, um einen sauberen Verlauf darzustellen. Genau das gilt es zu vermeiden.*

### Tonwertabrisse minimieren

Es gibt diverse Workarounds, durch die man Tonwertabrisse minimieren kann, die erst durch Photoshop entstanden sind. Meist entstehen die Tonwertabrisse durch das Arbeiten mit weichen und großen Pinselspitzen oder Auswahlen mit weichen Kanten, da diese, selbst wenn *Glätten* aktiviert ist, kleine Tonwertspreizungen auf den Masken hinterlassen.

Die simpelste Methode, gegen diese vorzugehen, ist, ein leichtes Rauschen über *Filter/Rauschfilter/Rauschen hinzufügen* anzuwenden. Anschließend zeichnet man diese Maske dann noch mit dem Filter *Weichzeichnungsfilter/Matter machen* etwas weich, um keine zu starke Körnigkeit herzustellen.

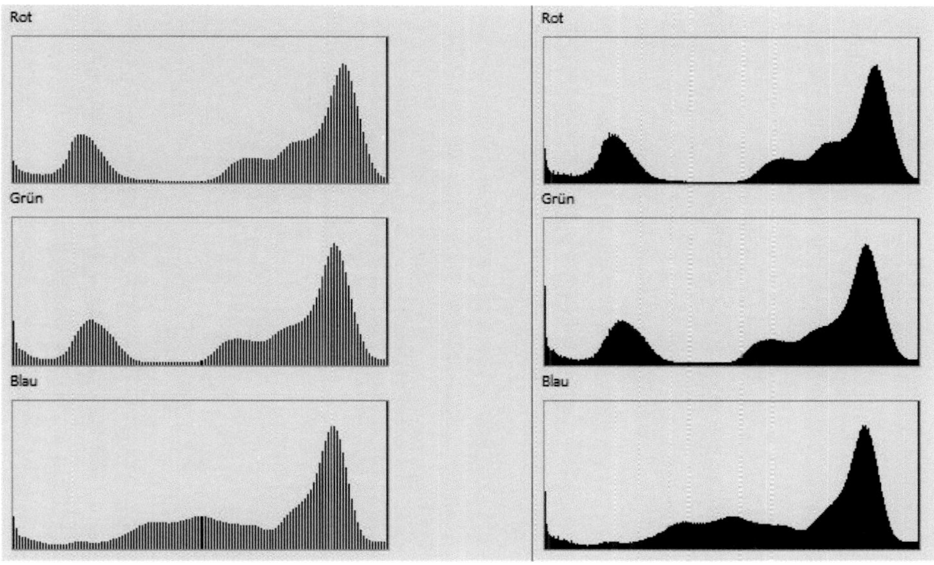


*Direkter Vergleich – links 8 Bit, rechts 16 Bit. Es handelt sich dabei um dasselbe Bild. Beide Male wurden die Bilder auf den Tonwert 128 gespreizt. Es wird deutlich, dass das 16-Bit-Bild deutlich mehr Ressourcen zur Verfügung hat, die uns bei der Bildbearbeitung helfen.*

# WORKFLOW-BESCHLEUNIGER: AKTIONEN UND PANELS

[ 3 ]

STOP

# Workflow-Beschleuniger: Aktionen und Panels

# [ 3 ] Workflow-Beschleuniger: Aktionen und Panels

*Elementar in der digitalen Bildbearbeitung ist ein ausgeklügelter Workflow. Hat man diesen einmal für sich entwickelt, geht es eigentlich nur noch darum, ihn weiter zu optimieren und zu beschleunigen. Die Optimierung wird ganz von selbst im Verlauf des Buchs eintreten – durch das Erlernen neuer Techniken. Ebenso wird die Geschwindigkeit durch diese Techniken verbessert. Das allein reicht aber im kommerziellen Bereich meist nicht aus. Einige Arbeitstechniken enthalten viele Einzelschritte, deshalb ist es sinnvoll, sich Aktionen zu schreiben.*

Workshop: Diese eindrucksvolle Landschaftsaufnahme wird mit einer Aktion verkleinert und gleichzeitig leicht nachgeschärft.

■ Hierbei geht es nicht nur darum, Aktionen zum Skalieren oder zur Schwarz-Weiß-Konvertierung zu schreiben, sondern auch darum, ganze Arbeitstechniken aufzuzeichnen. Diese werden dann mit einzelnen Zwischenstopps erweitert, sodass Sie jede Aktion individuell an jedes Bild anpassen können und dennoch deutlich schneller arbeiten.

## Entscheidend: Start und Benennung

Aktionen sind nichts anderes als eine aufgezeichnete Befehlskette, die Adobe Photoshop Schritt für Schritt abarbeitet. Von größter Wichtigkeit für eine Aktion ist, dass sie keinerlei Fehler enthält oder die üblichen Stolpersteine, die erst bei gewissen Techniken auffallen. Der Start und die Benennung sind zwei entscheidende Punkte für eine allgemein funktionierende Aktion. Den Start sollten Sie in jeder Aktion wie folgt aufzeichnen:

1. Eine neue Ebene mit dem Namen *xyz-AktionsBasis* wird erstellt. Für spätere Aktionen ist es sinnvoll, der Aktionsebene *xyz-AktionsBasis* immer eine spezielle Farbe zuzuordnen. So erkennen Sie im Ebenenstapel sofort, welche Ebene die Aktionsbasis ist.
2. Auf die neu erstellte transparente Ebene werden alle momentan aktiven Ebenen kopiert. Das *xyz* wird in jeder Aktion durch eine sinnvolle Abkürzung des Aktionsnamens ersetzt.

# Aufzeichnen einer neuen Aktion

Im Folgenden zeichnen wir ein kleines Beispiel auf, um die Funktionsweise von Aktionen zu veranschaulichen. Öffnen Sie dazu eine beliebige Bilddatei, die mindestens auf einer Achse eine Seitenlänge von 1.024 Pixeln hat.

### 1 Neuen Aktionssatz erstellen

Das Bedienfeld *Aktionen* finden Sie im Menü *Fenster* oder über die Funktionstaste F9. Photoshop bietet bereits eine Auswahl diverser Standardaktionen an. Zur Beibehaltung einer gewissen Ordnung erzeugen Sie zunächst im Bedienfeld einen neuen Ordner, sprich Satz, in dem ausschließlich Ihre eigenen Aktionen abgelegt werden. Dazu klicken Sie am unteren Bedienfeldrand auf das Symbol *Neuen Satz erstellen*. Wählen Sie einen Namen, hier *Photoshop für Fortgeschrittene*, und bestätigen Sie mit *OK*.

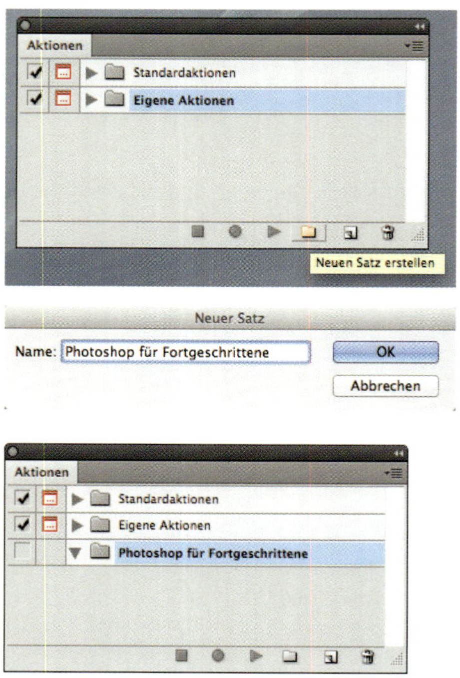


*Für die neuen Aktionen wird ein eigener Aktionssatz angelegt.*

### 2 Bilddokument öffnen

Öffnen Sie nun aus Ihrem Bildarchiv eine Aufnahme, die verkleinert und nachgeschärft werden soll. Achten Sie darauf, dass die Aufnahme auf einer Achse eine Seitenlänge von mindestens 1.024 Pixeln hat.

*Öffnen der zur Skalierung und Nachschärfung vorgesehenen Aufnahme.*

## ... UND AKTION!

**Im Verlauf dieses Buchs wird von nun an jede Technik, die aufzuzeichnen sich lohnt, mit den Worten „Und Aktion!" gekennzeichnet, sodass Sie am Ende des Buchs ein Kompendium zum schnellen Arbeiten geschrieben haben. Um das Ganze dann noch sinnvoll in Photoshop einzubetten, werden Sie auch noch ein Panel schreiben, das Ihren persönlichen Wünschen und Anforderungen entspricht.**

### 3 Aufzeichnung der Aktion starten

Jetzt starten Sie mit Klick auf das Symbol *Neue Aktion erstellen* am unteren Bedienfeldrand die Aufzeichnung der neuen Aktion. Es erscheint ein Dialogfeld, in dem Sie den Namen der Aktion eingeben, den Satz bestimmen, in dem die Aktion abgelegt wird, eine Funktionstaste wählen und einen Farbton zur besseren Orientierung im Bedienfeld festlegen. Übernehmen Sie die Daten aus der Abbildung und fahren Sie mit Klick auf *Aufzeichnen* fort.

Am nun aktiven Aufnahmesymbol erkennen Sie, dass Photoshop Ihre Befehle aufzeichnet. Mit dem Stoppsymbol können Sie die Aufnahme jederzeit unterbrechen, genau so, wie Sie es von einer Audioaufnahme gewohnt sind.

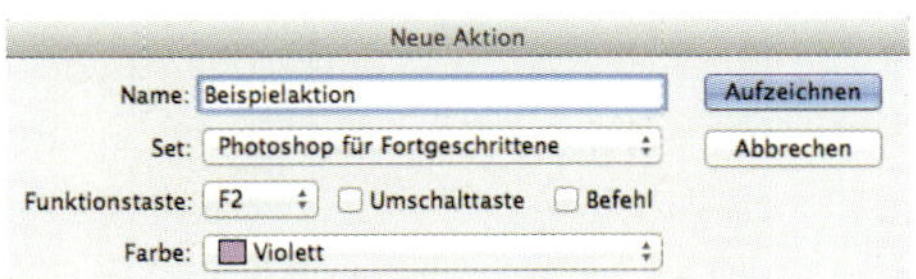

*Anlegen der neuen Aktion im eben erstellten Aktionssatz.*

### 4 Neue Ebene einfügen

Beginnen Sie die Aktion mit dem Einfügen einer neuen Ebene – entweder über das Kontextmenü des *Ebenen*-Bedienfelds oder per Tastenkombination [Strg]+[⇧]+[N] (Win) bzw. [⌘]+[⇧]+[N] (Mac)

Im Dialogfeld *Neue Ebene* geben Sie zunächst als Name der neuen Ebene *r00-AktionsBasis* ein. Das *r00* steht als Synonym für „resize 800".

***Tipp:*** Für spätere Aktionen ist es sinnvoll, der neuen Ebene eine spezielle Farbe zuzuordnen, hier *Orange*. Dadurch können Sie später im Ebenenstapel immer schnell erkennen, welche Ebene die Basis der Aktion ist.

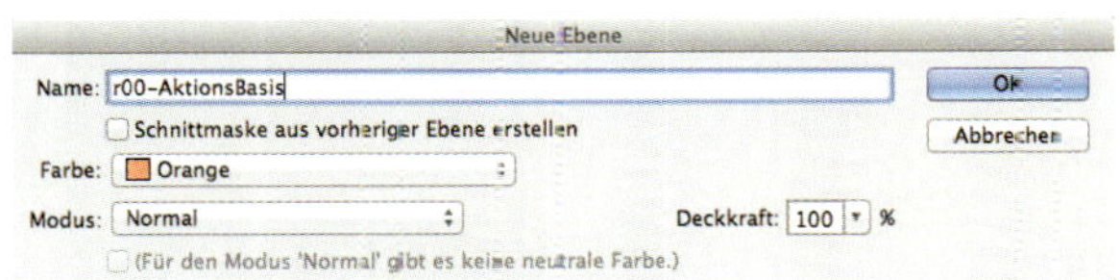


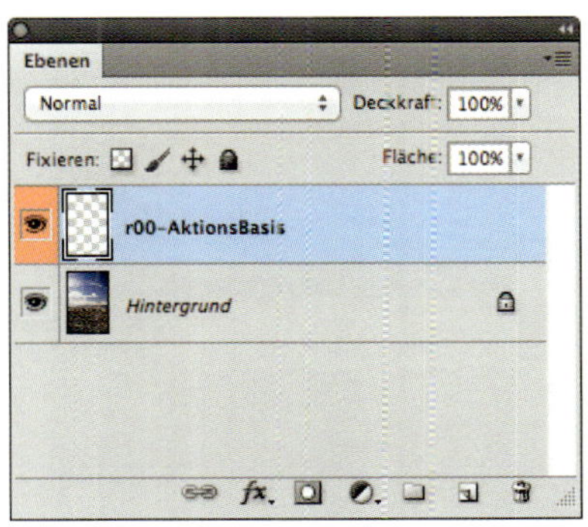


*Erstellen einer neuen Ebene als Aktionsbasis.*

*Die transparente Aktionsbasis mit Inhalt füllen.*

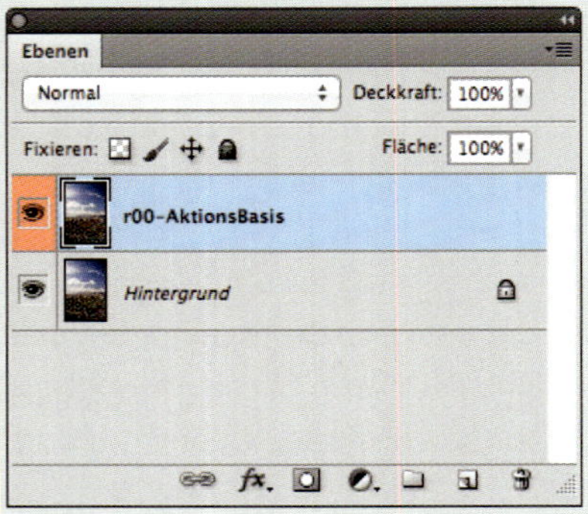


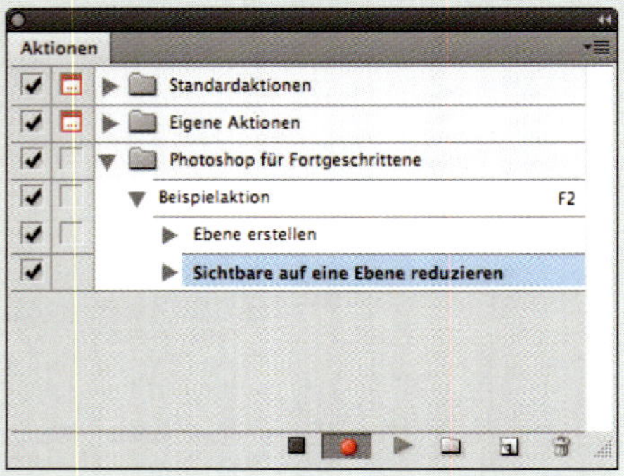


## 5 Transparente Ebene füllen

Die noch transparente Ebene wird jetzt mit dem Inhalt der momentan aktiven Ebene, dem Hintergrund, gefüllt. Nutzen Sie hierzu wieder den schnellen Weg per Tastenkombination: [Strg]+[⇧]+[Alt]+[E] (Win) bzw. [⌘]+[⇧]+[Alt]+[E] (Mac).

Nun haben wir eine neue Ebene, die alle momentan aktiven Ebenen beinhaltet. Dieser Weg funktioniert auch, wenn Gruppen, Masken oder deaktivierte Ebenen ausgewählt sind.

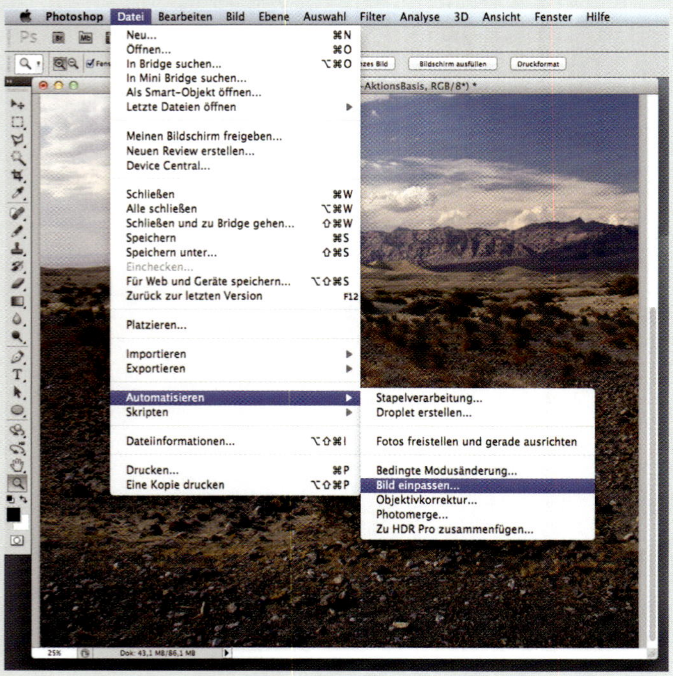


## 6 Verkleinern vorbereiten

Nun bereiten wir das Verkleinern der Bilddatei vor. Dafür nutzen Sie im Menü *Datei/ Automatisieren* die Funktion *Bild einpassen*. Im gleichnamigen Dialogfeld geben Sie eine *Breite* von *800 Pixeln* und eine *Höhe* von *800 Pixeln* ein. Aktivieren Sie zudem mit einem Häkchen das Kontrollfeld *Nicht vergrößern*, und drücken Sie anschließend auf *OK*.

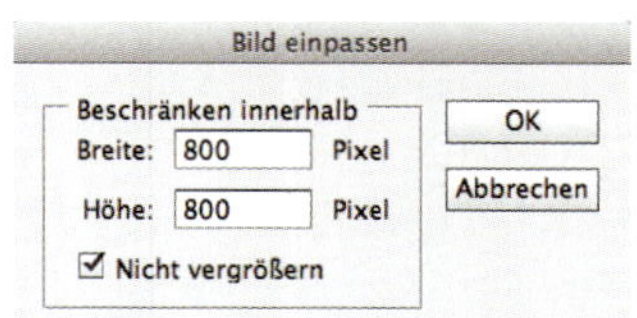


*Werte für die Verkleinerung der Bilddatei festlegen.*

### 7 Duplizieren der Aktionsbasis

Durch den vorherigen Arbeitsschritt wird das Bild auf eine Größe von maximal 800 x 800 Pixeln herunterskaliert. Das hat jedoch häufig zur Folge, dass ein gewisser Grad an Schärfe im Bild verloren geht. Um dem entgegenzuwirken, bereiten wir jetzt das Nachschärfen der Aufnahme vor.

Markieren Sie die Ebene *r00-AktionsBasis* und duplizieren Sie sie mit der Tastenkombination `Strg`+`J` (Win) bzw. `⌘`+`J` (Mac).

Geben Sie der duplizierten Ebene *r00_AktionsBasis Kopie* den Ebenennamen *r00-Hochpass*.

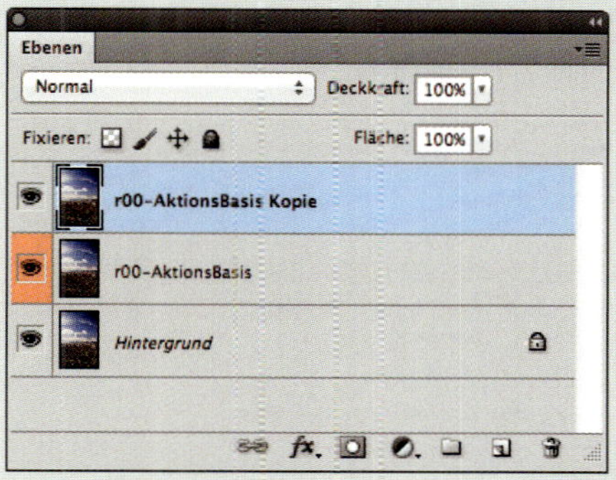


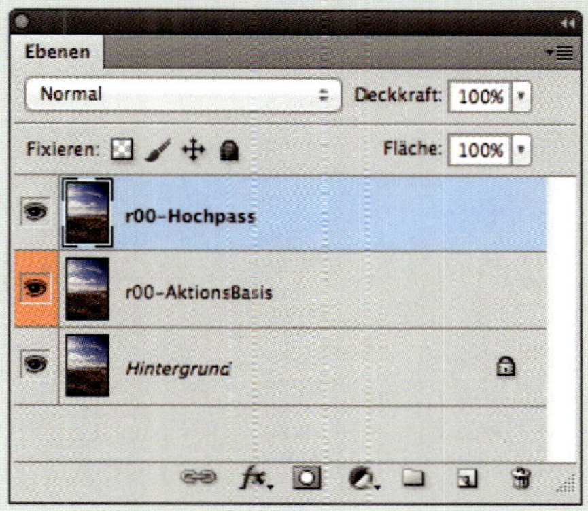


*Eine neue Ebene für den Hochpass-Filter vorbereiten.*

### 8 Unterbrechung einfügen

Für eine möglichst große Flexibilität in der Anwendung dieser Aktion müssen Sie, bevor der Filter zur Nachschärfung aktiviert wird, eine Unterbrechung in den Ablauf der Aktion einfügen. Dieser „Stopp" ermöglicht es Ihnen, beim späteren Abspielen der Aktion immer die passenden Einstellungen zu verwenden. Mit diesem kleinen Eingriff schreiben Sie eine Aktion, die nicht nur starr mit einer bestimmten Art von Bildern funktioniert, sondern eine Aktion, die individuell auf jedes Bild konfigurierbar ist. Das ist enorm wichtig, da jedes Bild verschiedene Schärfe-, Kontrast-, Farb- und Helligkeitsinformationen aufweist.

Um also die Unterbrechung einzufügen, klicken Sie im Kontextmenü des *Aktionen*-Bedienfelds auf den Eintrag *Unterbrechung einfügen*.

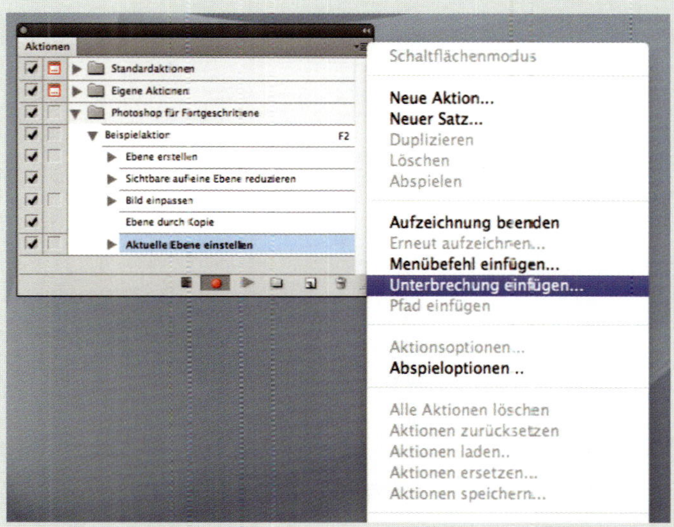


*Für spätere variable Eingaben eine Unterbrechung in die Aktion einfügen.*

*Eingabe einer Meldung, die beim Aufruf des Hochpass-Filters erscheint.*

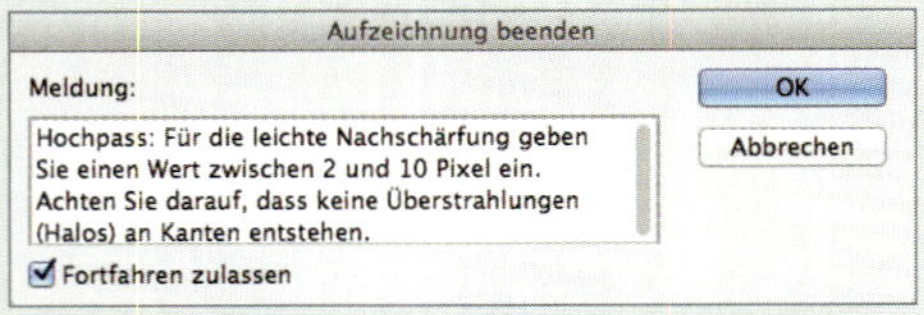


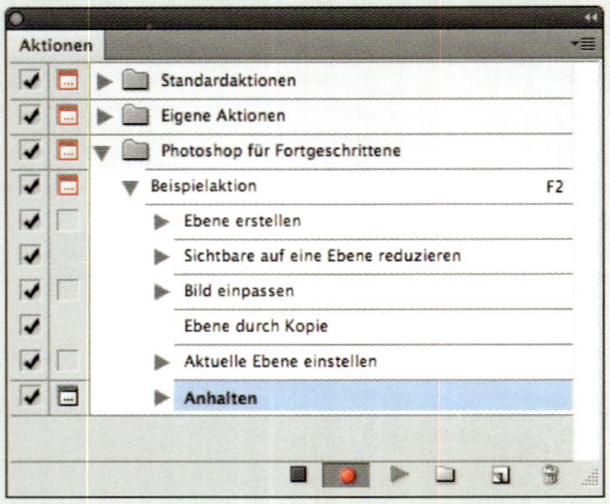


Es erscheint das Dialogfeld *Aufzeichnung beenden*. Hier tragen Sie eine Meldung ein, die fortan immer beim Abspielen der Aktion erscheint – demzufolge eine Meldung, die den nächsten Vorgang beschreibt und Informationen zu idealen Einstellungen für den nächsten Schritt in der Aktion gibt. In diesem Beispiel ist das diese Meldung:

**Hochpass: Für die leichte Nachschärfung geben Sie einen Wert zwischen 2 und 10 Pixel ein. Achten Sie darauf, dass keine Überstrahlungen (Halos) an Kanten entstehen.**

***Wichtig:*** Vergessen Sie nicht, nach Eingabe der Meldung noch ein Häkchen im Kontrollfeld *Fortfahren zulassen* zu setzen. Danach bestätigen Sie mit *OK*.

### 9 Hochpass-Filter einstellen

Weiter geht es mit dem Aufruf des *Hochpass*-Filters, den Sie im Menü *Filter/Sonstige Filter* finden. Wählen Sie für das Nachschärfen einen entsprechenden Wert, der zu Ihrer Aufnahme passt.

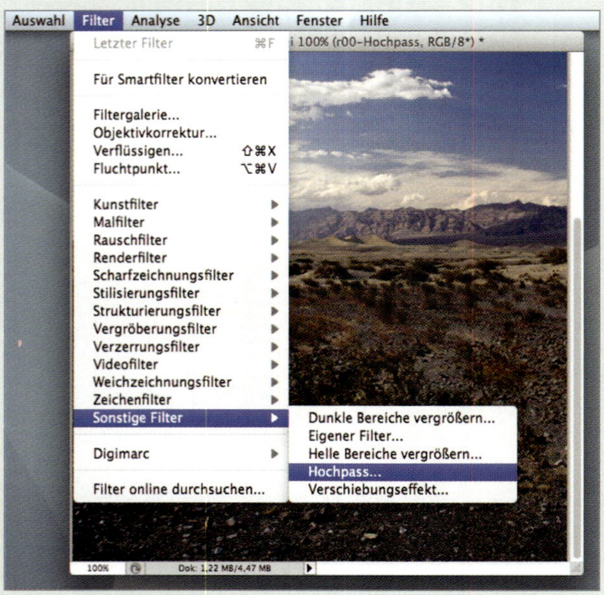


*Radius der Nachschärfung eingeben.*

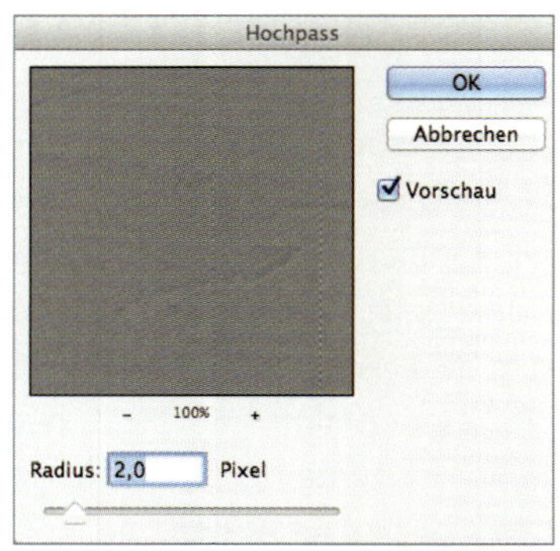


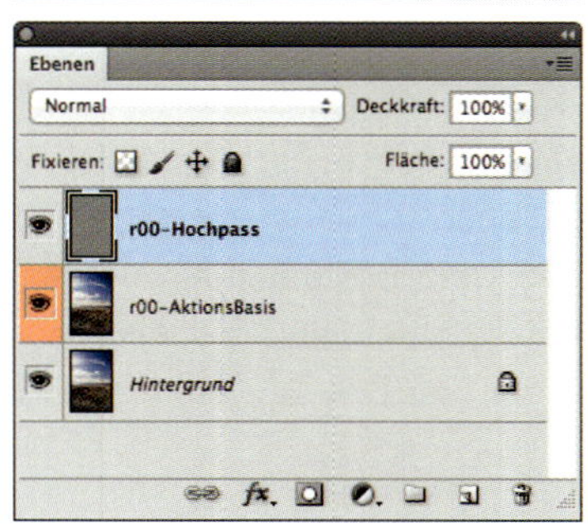

### 10 Entsättigen der Filterebene

Um zu vermeiden, dass durch die Ebene des *Hochpass*-Filters Farbinformationen verändert werden, muss die Ebene *r00-Hochpass* entsättigt werden. So ist sichergestellt, dass die Ebene ausschließlich zum Schärfen verwendet wird.
Entsättigen Sie mit der Tastenkombination Strg + ⇧ + U (Win) bzw. ⌘ + ⇧ + U (Mac).

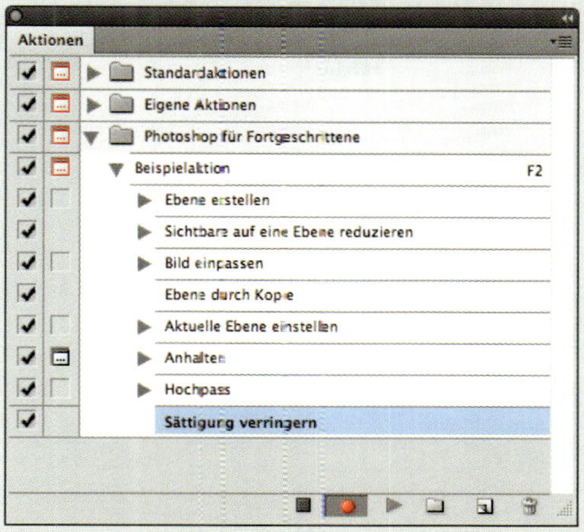


*Mit einer schnellen Tastenkombination wird die Filterebene entsättigt.*

Nach dem Entsättigen muss noch die Füllmethode für die Ebene *r00-Hochpass* auf *Weiches Licht* gesetzt werden, um die *Hochpass*-Ebene auch zur Schärfung des Bilds anzuwenden.

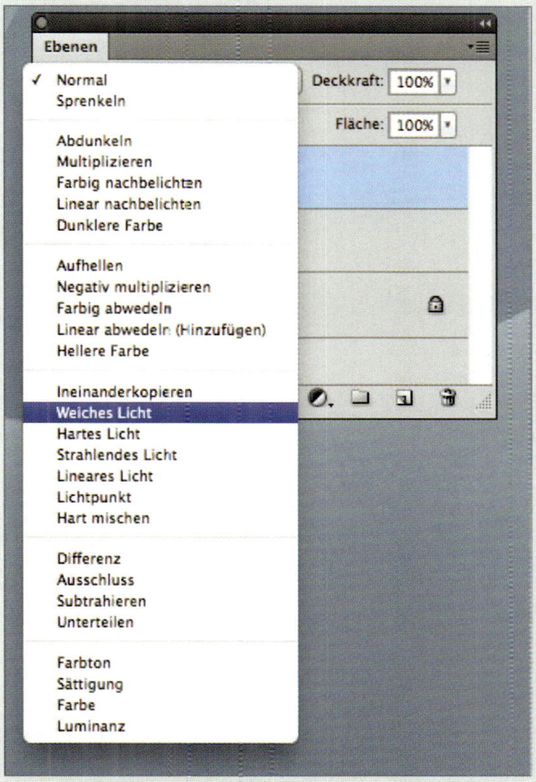


*Die Füllmethode* Weiches Licht *gibt die Schärfung frei.*

*Gruppierung der Aktionsebenen und Umbenennen der neuen Gruppe.*

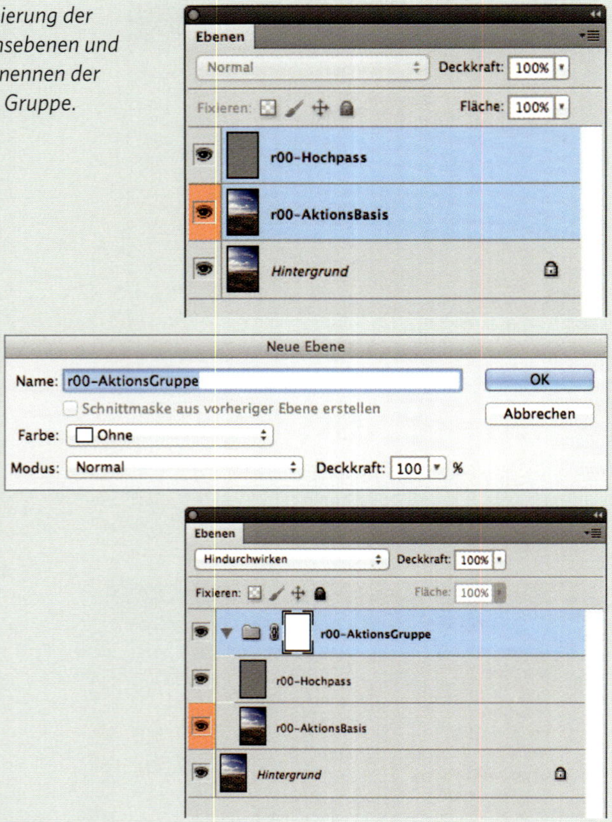


## 11 Aktionsebenen gruppieren

Auf der Zielgeraden einer jeden Aktion sollten zwei Dinge durchgeführt werden: die Gruppierung und die Dialogaktivierung. Die Gruppierung erfolgt durch das Auswählen aller durch die Aktion erstellten Ebenen mithilfe der ⇧-Taste. Die einzelnen Ebenen sind gut an ihrer Bezeichnung zu erkennen, da sie ja immer das Kürzel der Aktion, hier *r00*, im Namen tragen.

Sind diese Ebenen markiert, werden sie durch die Tastenkombination Strg + G (Win) bzw. ⌘ + G (Mac) zusammengefügt. Diese Gruppe wird dann direkt in *r00-AktionsGruppe* umbenannt.

***Wichtig:*** Auf die *r00-AktionsGruppe* setzen wir jetzt noch eine Ebenenmaske. Warum? Damit man später die Bildbereiche, an denen der *Hochpass*-Filter zu stark arbeitet, partiell herausmalen kann.

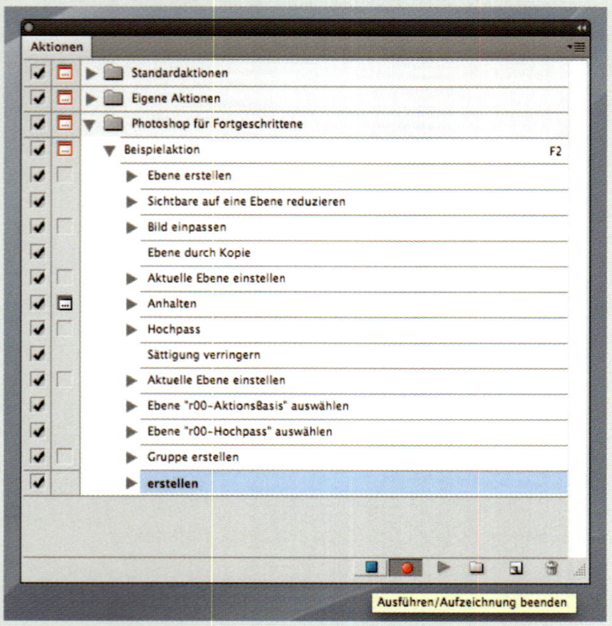


*Die Aufzeichnung der Aktion wird beendet.*

## 12 Auf zum Finale

Es ist vollbracht. Beenden Sie die Aufzeichnung der Aktion mit einem Klick auf *Ausführen/Aufzeichnung beenden* am unteren Bedienfeldrand neben dem roten Button *Aufzeichnung beginnen*.

## Testen einer neuen Aktion

Der wichtigste Schritt beim Bau einer Aktion mit Unterbrechungen ist die Aktivierung des entsprechenden Dialogs. Sie sorgt dafür, dass auch nach jedem Stopp wirklich die darauf folgende Aktion variabel bleibt. Laden Sie ein Bild, das Sie mit der eben erstellten Aktion verkleinern und nachschärfen möchten. Danach starten Sie die Beispielaktion mit Klick auf den Abspielschalter. Was passiert? Die Aktion läuft bis zur Unterbrechung durch, die Meldung des *Hochpass*-Filters erscheint, und der Klick auf *Fortfahren* beendet die Aktion. Aber wo ist das Dialogfeld des *Hochpass*-Filters?

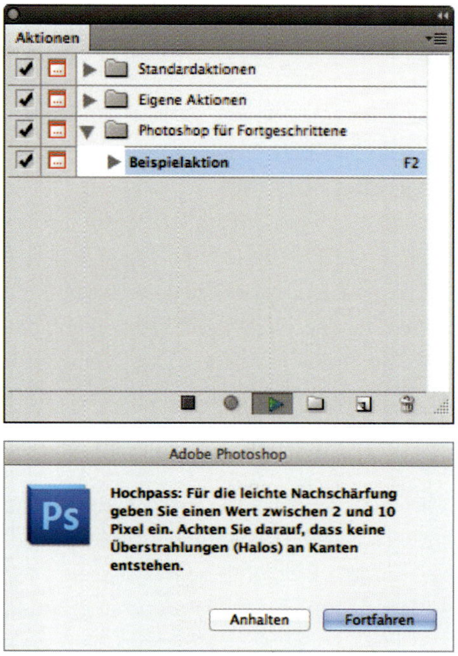


*Erster Probelauf der neuen Aktion.*

Werfen wir einen Blick in das *Aktionen*-Bedienfeld und dort auf den Ablauf der eben erstellten *Beispielaktion*. Markieren Sie mit Mausklick den *Hochpass*-Befehl. Links von der Markierung sehen Sie zwei Kontrollfelder, eines mit einem Häkchen und ein noch leeres Kontrollfeld. Aktivieren Sie auch dieses Feld, und die Aktion weiß jetzt, dass sie an dieser Stelle variabel sein soll. Das heißt, nach Klick auf den Button *Fortfahren* meldet sich der *Hochpass*-Filter.

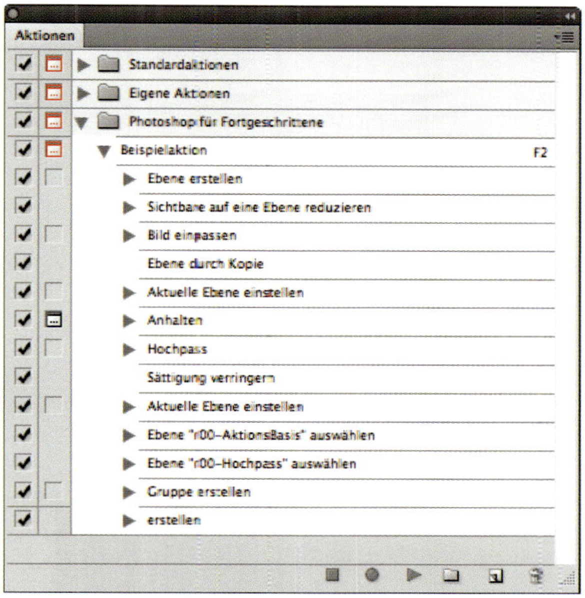


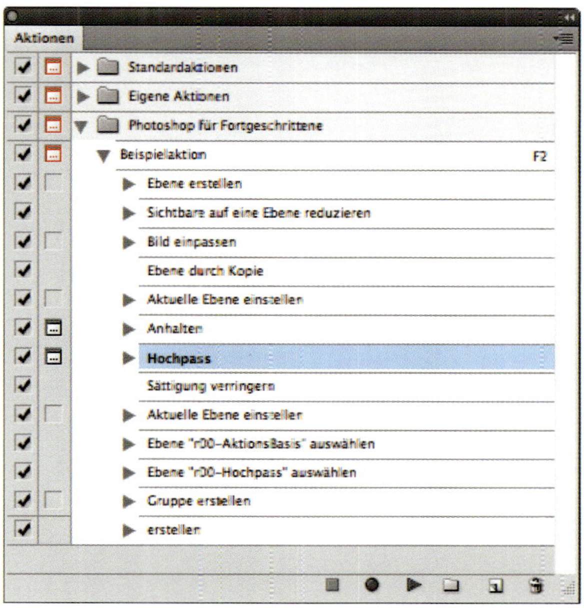


*Nun ist die Aktion variabel. Wenn Sie alles richtig gemacht haben, sieht Ihr Aktionsverlauf aus wie der in der rechten Abbildung.*

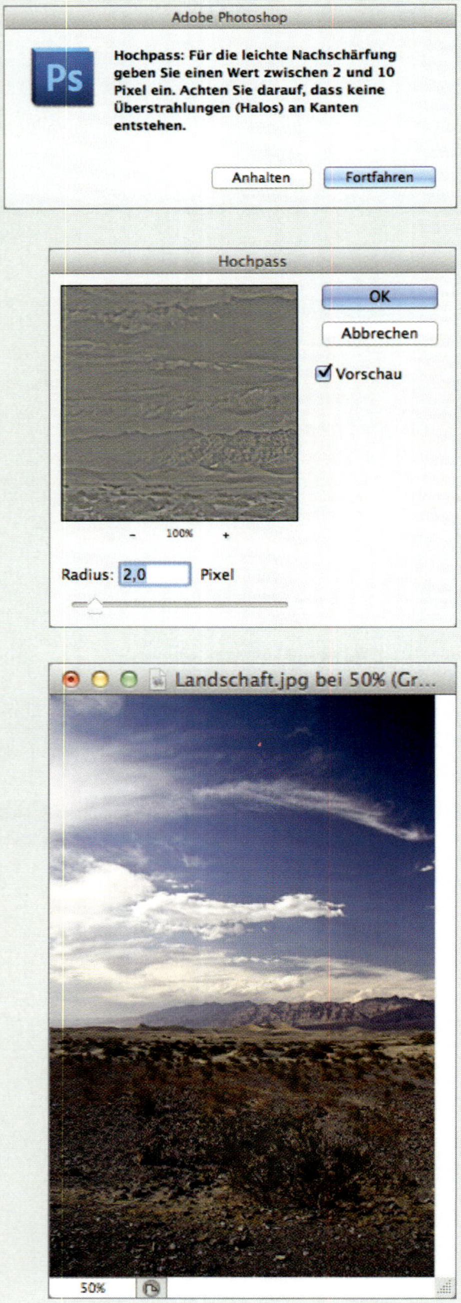


*Mit* Fortfahren *startet der* Hochpass-*Filter. Geben Sie im Dialogfeld einen der Aufnahme entsprechenden* Radius *für die Nachschärfung ein und bestätigen Sie mit* OK.

Zum Abschluss des Tests löschen Sie alle bisher erstellten Ebenen bis auf die Hintergrundebene und drücken auf [F2], falls Sie diese Funktionstaste gewählt haben. Oder Sie wählen oben mit einem Klick auf *Beispielaktion* die Aktion *Hochpass* aus und drücken unten auf *Auswahl ausführen* - sprich *Play*. Sollte die Aktion funktionieren, benennen Sie sie im Aktionsfenster in *Resize 800px + HP* um. *HP* steht hierbei für Hochpass.

**Häufiges Problem bei Aktionen**

Das häufigste Problem bei Aktionen ist, dass sie falsch beginnen. Ein Beispiel dazu wäre etwa, dass man mit einer Duplizierung der momentan ausgewählten Ebene beginnt und auf dieser weiterarbeitet. Das kann dazu führen, dass die Aktion nicht richtig ablaufen kann, wenn eine deaktivierte Ebene, eine Maske oder eine Gruppe ausgewählt ist.

Ein weiteres Problem stellen häufig die Benennungen der Ebenen dar. Wenn Sie etwa mit einer duplizierten Ebene anfangen, die Sie regulär *Ebene 1* genannt haben, kann das zu einem Problem werden. Der Grund dafür ist, dass Sie die Aktion so aufzeichnen, dass *Ebene 1* Ihr Ausgangspunkt ist, auf den sich alle Schritte immer wieder beziehen. Das führt dazu, dass, wenn Sie eine Datei haben, die bereits eine Ebene mit dem Namen *Ebene 1* enthält, Probleme beim Abspielen der Aktion auftreten. Dies ist darin begründet, dass Photoshop dann nicht mehr weiß, welche die richtige ist bzw. die falsche Ebene anstelle der richtigen verwendet.

# Bestehende Aktionen anpassen

Jede Aktion ist editierbar. Jeder einzelne Schritt enthält Informationen, die im Nachhinein verändert und nachjustiert werden können. Das kann dann besonders interessant sein, wenn man eine Aktion schreibt, die für mehrere Dinge verwendet werden kann. So können Sie durch wenige Klicks die gerade geschriebene Aktion für 800 Pixel Seitenlänge auf 1.024 und 2.048 Pixel erweitern.

## 1 Duplizieren der Quelle

Wie inzwischen klar geworden ist, ist es immer sehr wichtig, mit korrekten und unterschiedlichen Namen zu arbeiten, damit Photoshop die Aktion wirklich fehlerfrei verarbeiten kann. Deshalb fangen wir mit dem Editieren der Namen an.

Hierzu duplizieren Sie die gerade geschriebene Beispielaktion *Resize 800px + HP* über das Kontextmenü im *Aktionen*-Bedienfeld, indem Sie die Aktion mit einem Klick auf den Namen auswählen und dann im Kontextmenü unter den weiteren Einstellungen *Duplizieren* auswählen.

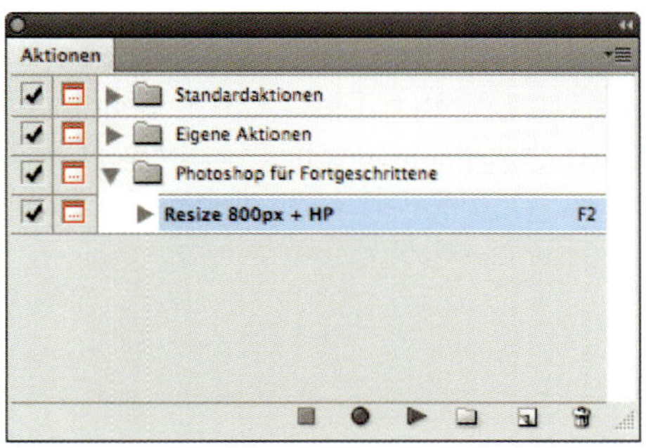


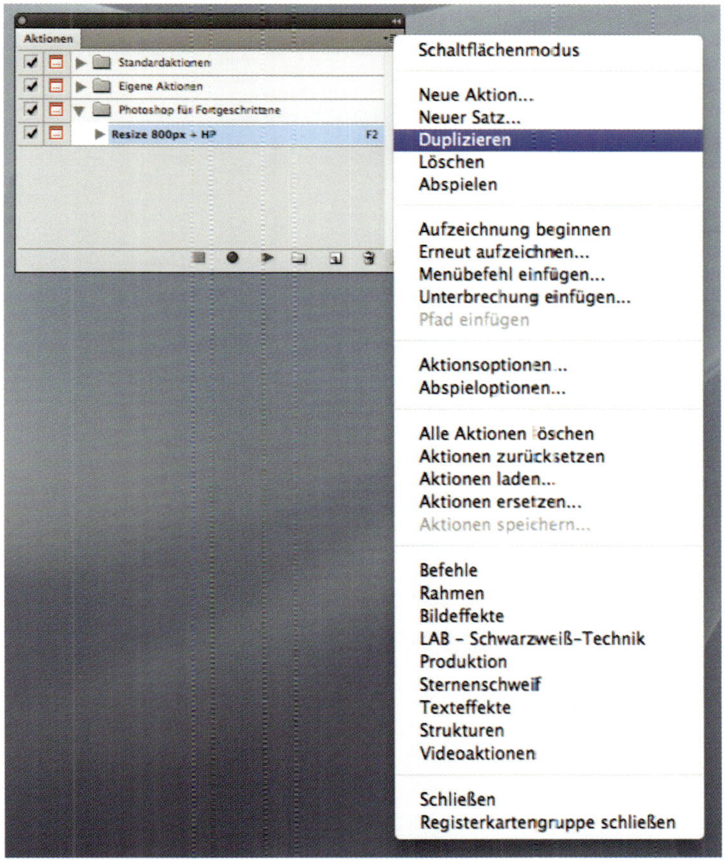


*Bestehende Aktion markieren und* Duplizieren.

## 2 Umbenennen des Aktionsnamens

Die nun erstellte Kopie der Aktion benennen Sie um in *Resize 1024px + HP* und setzen, sofern gewünscht, noch eine Aktionstaste – hier F3. Bitte beachten Sie, dass Sie keine Aktionstaste zweimal vergeben dürfen.

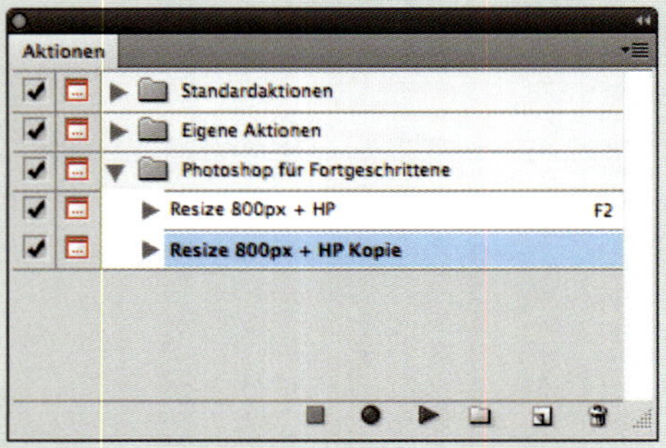


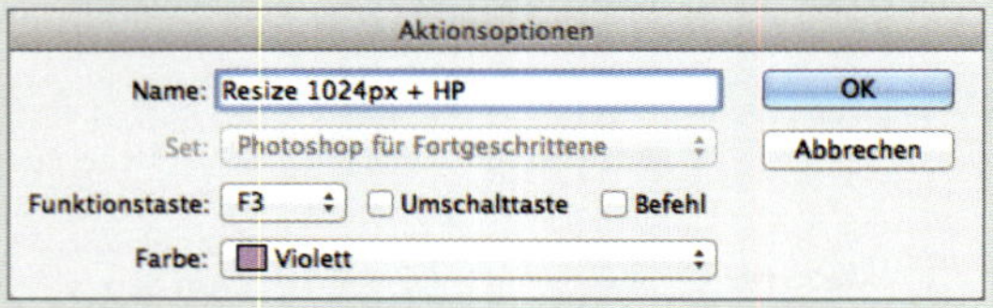


*Umbenennen der duplizierten Aktion und Vergabe einer neuen Funktionstaste.*

## 3 Befehle im Aktionssatz umbenennen

Anschließend öffnen wir mit einem Klick auf das kleine blaue Dreieck jeden Teil der Aktion, der sich auf eine Ebene mit einem speziellen Namen bezieht, und nennen diese entsprechend um – von *r00* in *r24*. Die Namen kann man durch einen Doppelklick auf die entsprechenden Stellen in der Aktion einfach öffnen und abändern. Alle Ebenen, in denen etwas ausgewählt wird, bleiben vorerst unangetastet.

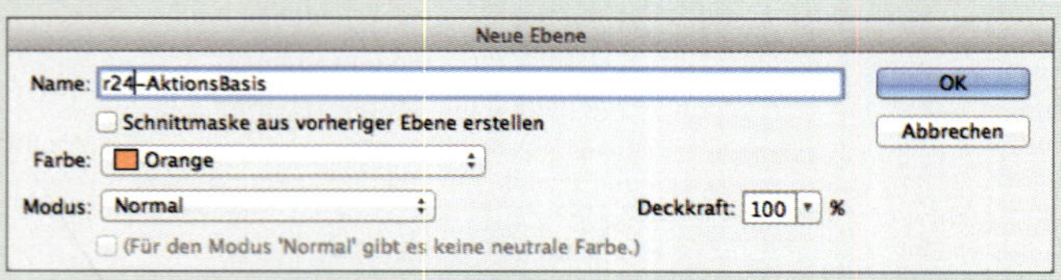


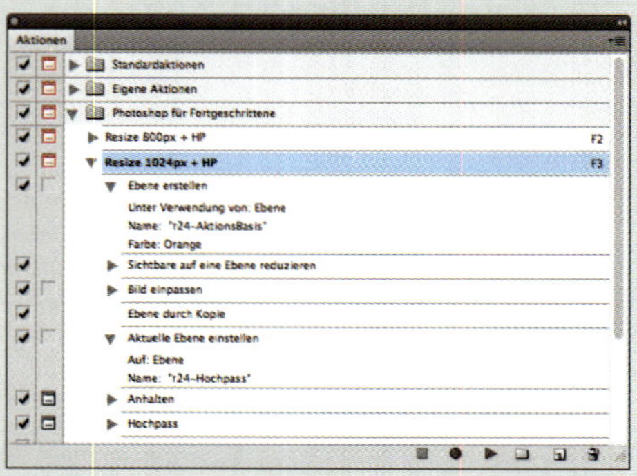


*So sollte die Aktion mit den entsprechenden aufgeklappten Feldern jetzt bei Ihnen aussehen. Die noch nicht umbenannten Teile unter dem* Hochpass-*Befehl behandeln wir im nächsten Schritt.*

### 4 Ebenen XY auswählen korrigieren

Leider bietet Photoshop keine Möglichkeit, die Teile der Aktion umzubenennen, in denen etwas ausgewählt wird, sodass diese manuell korrigiert werden müssen. Das klingt wilder, als es eigentlich ist. Das Problem, das Photoshop jetzt beim Abspielen der Aktion hat, ist, dass es den Anschluss an den nächsten Schritt nicht finden kann, weil die Ebene, die auswählt werden soll, einen anderen Namen trägt, als in der Aktion beschrieben.

Also gilt es, diesen Teil der Aktion einfach neu zu schreiben bzw. aufzunehmen. Dazu öffnen Sie Ihr Beispielbild einfach erneut oder löschen alle Ebenen bis auf die Hintergrundebene.

*Das zu bearbeitende Bild erneut öffnen.*

### 5 Löschen der Problembefehle

Bezogen auf das neu geladene Bild, spielen Sie die Aktion jetzt neu ab. An der Stelle, an der Photoshop ein Problem hat, erscheint die Meldung *Das Objekt „Ebene „r00-Aktions-Basis““ ist zurzeit nicht verfügbar.*

In diesem Fenster wählen Sie *Anhalten* und werfen einen Blick in das *Aktionen*-Bedienfeld. Dort ist nun die Stelle markiert, an der die Aktion einen Fehler produziert. Diesen markierten Teil der Aktion löschen Sie durch einen Klick auf das Mülleimersymbol am unteren Bedienfeldrand. Der markierte Befehl wird ein *Ebene xy auswählen*-Befehl sein. Den darauffolgenden Befehl, der auch eine Auswahl einer Ebene beschreibt, löschen Sie ebenfalls.

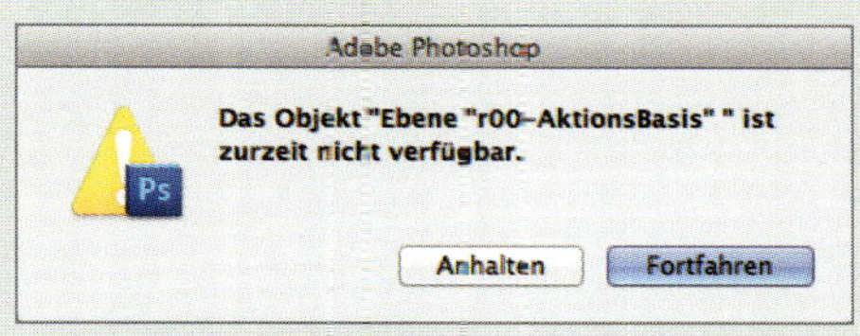


*Beim Abspielen der Aktion stoppt Photoshop beim Problembefehl.*

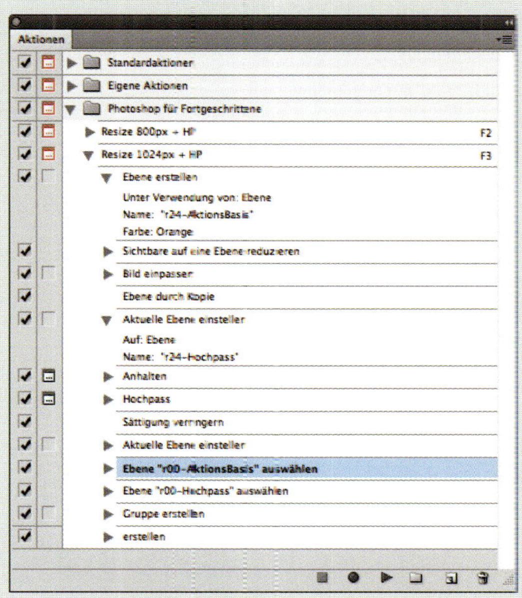

## 6 Erneute Aufzeichnung

Jetzt wählen Sie den Befehl aus, der unmittelbar vor dem gelöschten Befehl stand, und zeichnen nun exakt das auf, was vorher in der Aktion mit den falschen Namen stattgefunden hatte. Wurde dort beispielsweise die Ebene *r00-AktionsBasis* ausgewählt, wird nun stattdessen *r24-AktionsBasis* gewählt. Wichtig ist hierbei, exakt ohne Veränderung so vorzugehen, wie es vorher aufgezeichnet wurde.

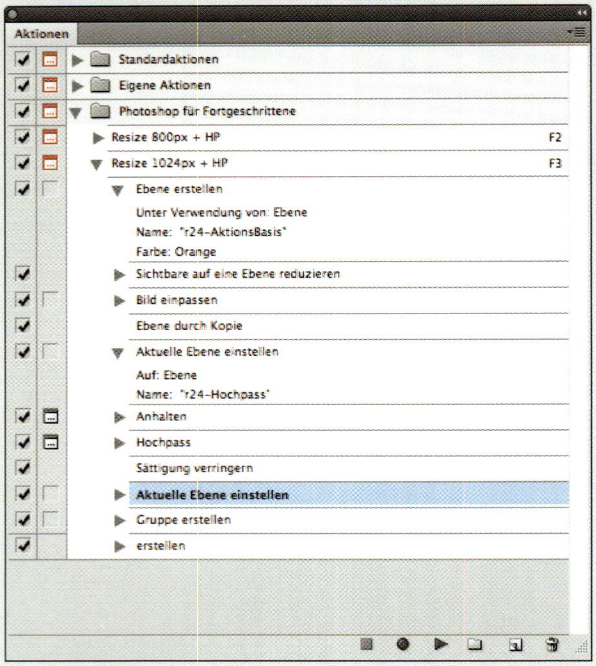


*Ab dem markierten Befehl erneut aufzeichnen.*

Das bedeutet in diesem Fall, dass Sie nun auf die Ebene *r24-AktionsBasis* klicken und dann mit der [⇧]-Taste noch die *r24-Hochpass*-Ebene mit auswählen. Dann klicken Sie auf den *Aufzeichnung beenden*-Button, um die Aufzeichnung zu stoppen. Das ist sehr wichtig, da Sie ansonsten weitere Befehle aufzeichnen, die aber überhaupt nicht Teil der Aktion sind oder sich dann wiederholen. Anders gesagt – zeichnen Sie immer nur das wieder auf, was Sie auch gelöscht haben. Exakt das und nichts anderes.

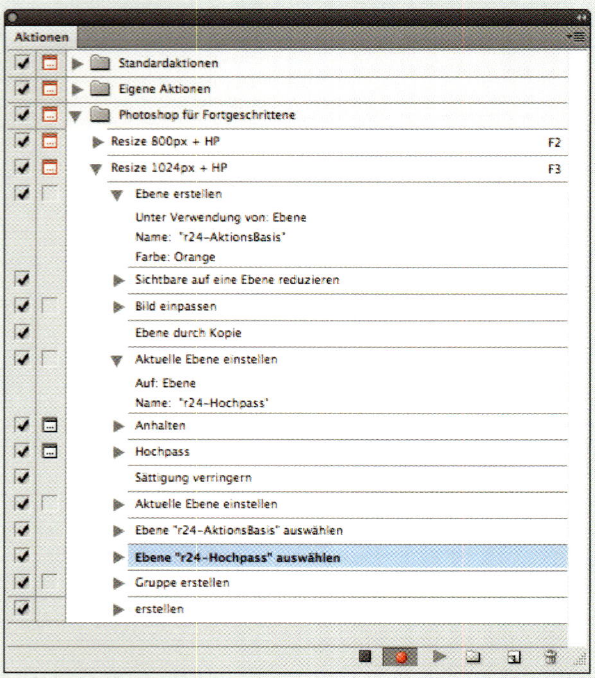


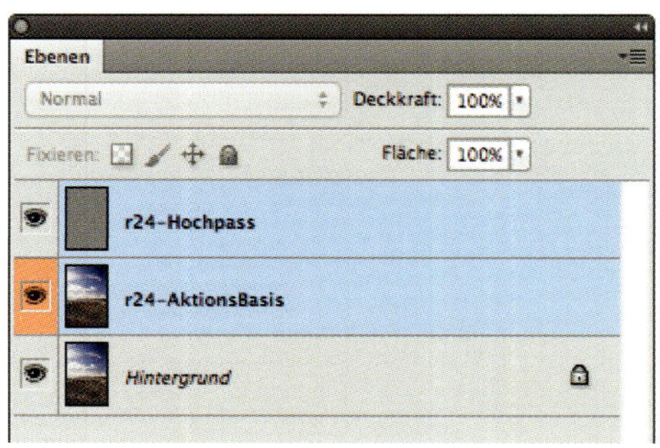

### 7 Ändern der Funktion

Das Wichtigste sollte immer erst am Schluss verändert werden, wenn der reine Ablauf der Aktion selbst gewährleistet ist. Ziel war es ja, die Aktion für 1.024 Pixel lauffähig zu machen. Demzufolge müssen wir noch die hauptsächliche Funktion verändern. Das geschieht durch einen Doppelklick auf die Funktion selbst, in dieser Aktion also auf *Bild einpassen*. Dann werden nur noch die Werte *Breite* und *Höhe* auf *1024 Pixel* geändert, und mit *OK* wird bestätigt.

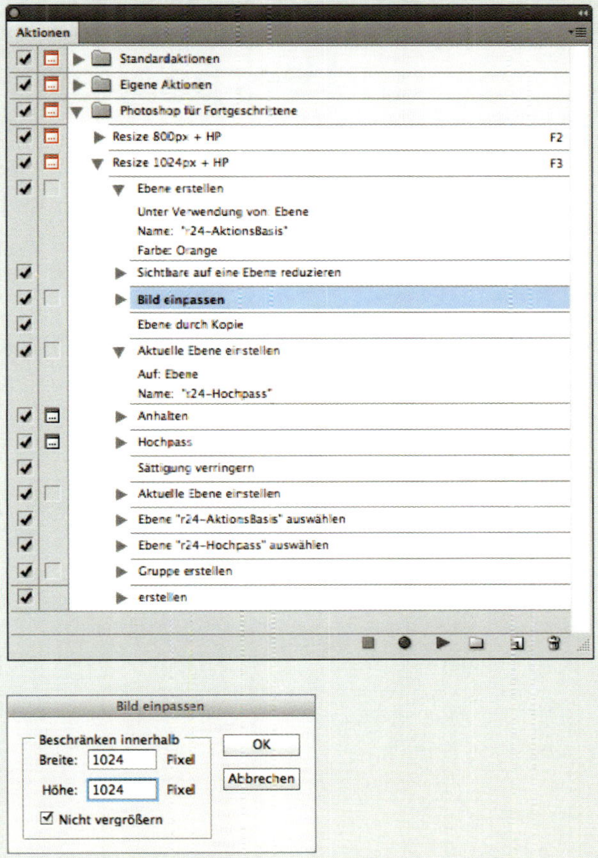


*Jetzt ist die Aktion komplett für 1.024 Pixel verwendbar und lauffähig. Außerdem enthält die Aktion eine andere Namensgebung, was die Zuordnung erleichtert.*

# Ein Panel erstellen, exportieren und verpacken

Ein Panel, auch als Bedienfeld bezeichnet, ist grundsätzlich nichts anderes als ein Fenster, das man in Photoshop hinzuschalten kann. Es funktioniert genau so wie jedes andere Fenster in Photoshop auch, jedoch mit dem Unterschied, dass Sie es nur mit den Werkzeugen, Aktionen und Befehlen ausstatten können, die Sie für bestimmte Workflows brauchen.

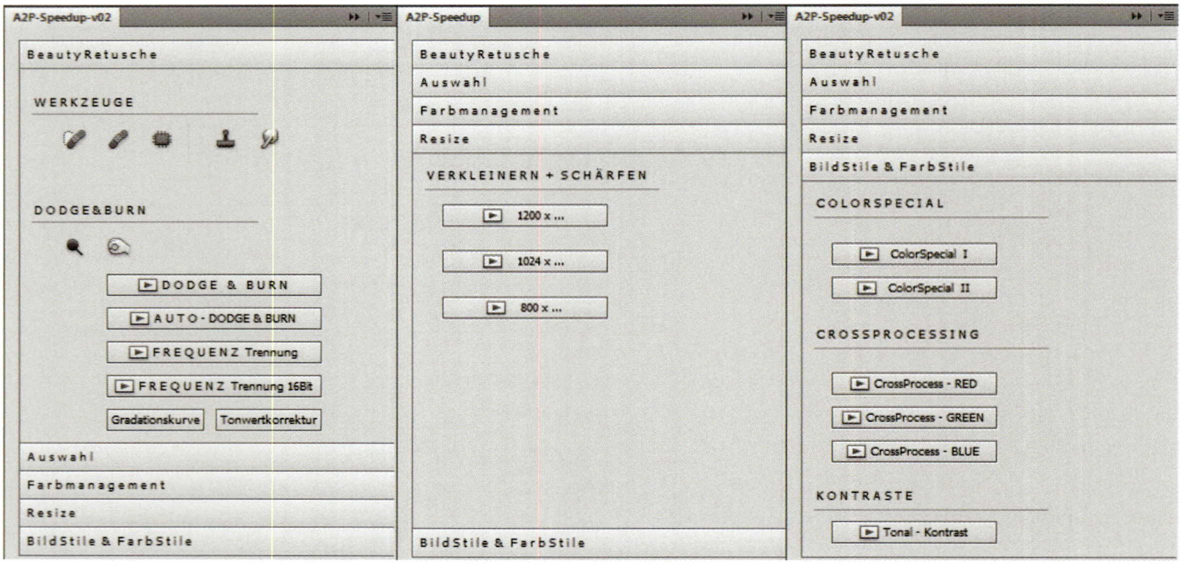


*So sieht ein fertiges Panel mit einigen kleineren Techniken aus. Erfahren Sie jetzt, wie Sie Ihr eigenes erstellen.*

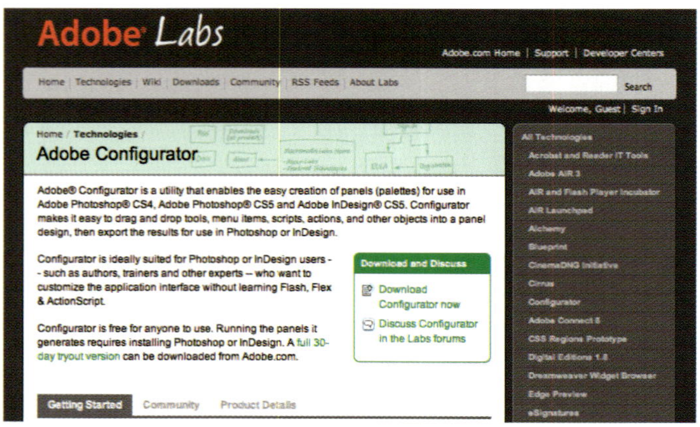


*Download des aktuellen Adobe Configurator von der Adobe Labs-Website.*

### 1 Besuch in den Adobe Labs

Als Allererstes müssen Sie sich den Adobe Configurator von der Adobe Labs-Internetseite herunterladen – *http://labs.adobe.com/technologies/configurator*. Der Configurator befindet sich noch in der Testphase und benötigt Adobe AIR, das Sie ebenfalls installieren müssen.

## i ADOBE CONFIGURATOR: VERSIONSUNTERSCHIEDE

**Es gibt zwei Versionen des Adobe Configurator: Version 1.0 und Version 2.0. Die Panels aus Version 1.0 sind lediglich mit Photoshop CS4 kompatibel. Die mit Version 2.0 erstellten Panels sind mit Photoshop CS5 und InDesign CS5 kompatibel. Ein altes Panel aus Version 1.0 des Configurator kann einfach in Version 2.0 übersetzt werden, indem das Panel im Configurator 2.0 geöffnet und anschließend exportiert wird.**

*Es ist davon abzuraten, mit Version 1.0 zu arbeiten, da es seit Version 2.0 des Adobe Configurator einige große Veränderungen stattgefunden haben und es neue Features gibt.*

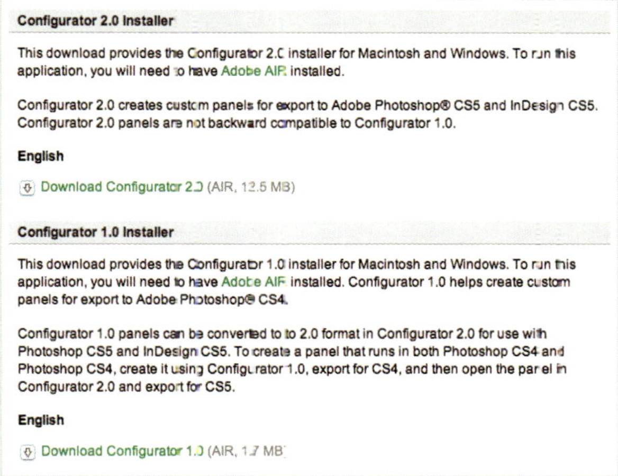


### 2 Adobe Configurator installieren

Nach dem Download des Adobe Configurator 2.0 starten Sie die Installation. Wählen Sie einen eigenen *Installationsort* oder übernehmen Sie den vorgegebenen im Programmverzeichnis. Noch ein Klick auf *Weiter*, und die Anwendung ist in wenigen Augenblicken einsatzbereit.

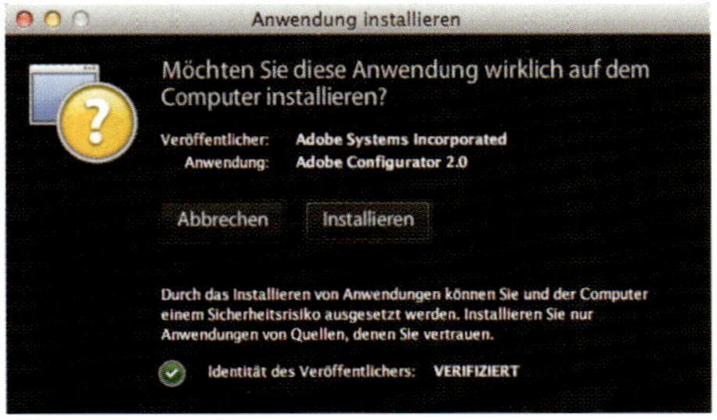


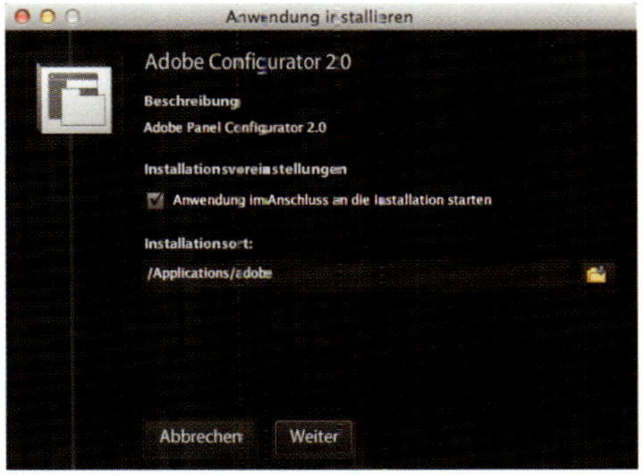


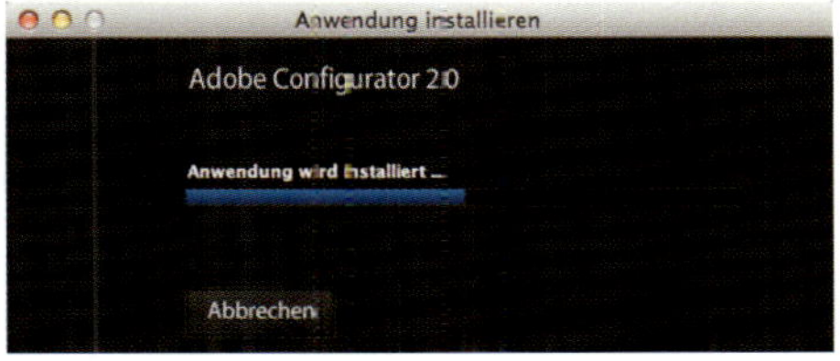


*Adobe Configurator 2.0 installieren.*

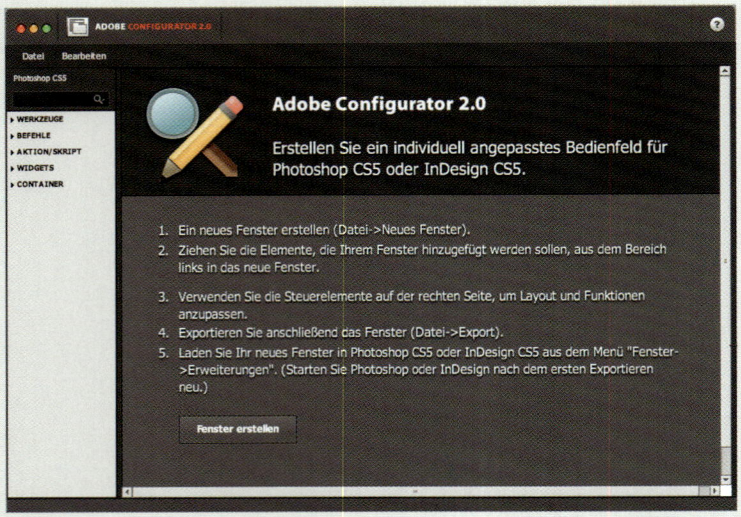


*Das Adobe Configurator 2.0-Basisfenster.*

### 3 Erststart des Adobe Configurator

Unmittelbar nach der Erstinstallation zeigt sich das Programm und fordert Sie zur Erstellung eines individuell angepassten Panels, sprich Bedienfelds, auf. Bestätigen Sie die Aufforderung mit Klick auf *Fenster erstellen*.

*Auswahl des Adobe-Produkts, für das das Panel erstellt werden soll.*

Nun sind die Grundeinstellungen getroffen, und es kann losgehen. Nach dem Klick auf *Fenster erstellen* öffnen Sie den Panelerstellungsdialog. Dort wählen Sie das Produkt aus, für das Sie ein neues Bedienfeld erstellen möchten – hier ist das Zielprodukt *Photoshop CS5*.

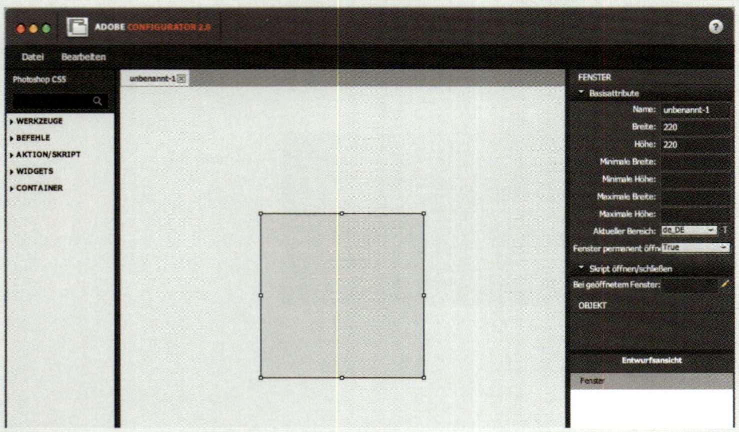


*Nach dem OK für ein neues Fenster zeigt sich die Configurator-Arbeitsumgebung.*

### 4 Aufbau des Configurator

Der Aufbau des Adobe Configurator ähnelt sehr dem von Photoshop. Links befindet sich die Werkzeugpalette, in der Mitte die Arbeitsfläche, und rechts sind die Fenster mit den editierbaren Basisattributen des zu erstellenden Panels zu sehen. Hinter den fünf Einträgen *Werkzeuge*, *Befehle*, *Aktion/Skript*, *Widgets* und *Container* verbergen sich ausklappbare Menüs, in denen sich nahezu alle Bedienelemente von Photoshop finden lassen.

Im Menü *Werkzeuge* sind alle Werkzeuge, die Sie aus Photoshop kennen, enthalten. Unter *Befehle* finden Sie Befehle wie etwa *Datei öffnen*, *Dokumente schließen*, aber ebenso Befehle wie *Kanal duplizieren* und *Pinsel zurücksetzen*. Auch Filter sind in diesem Bereich zu finden.

Hinter dem Eintrag *Aktion/Skript* verbergen sich nur drei Funktionen: *Aktion*, *Skript* und *Skriptdatei*. Über diese drei Funktionen ist es möglich, Skripten zu schreiben, einzubinden und Aktionen einzubetten in ein separates Panel, das unabhängig vom Aktionsfenster arbeitet.

Die letzten zwei Menüs, *Widgets* und *Container*, beinhalten beide das Material, um ganz einfach per Drag-and-drop ein eigenes Panel zu schreiben. So findet man unter *Container* verschiedene Systeme, um einzelne Panelseiten aufzublättern oder die einzelnen Panelseiten über ein Menü aufrufbar zu machen. *Widgets* bietet Hilfslinien, Abstandhalter und einen Movieplayer, den man in ein Panel einbetten kann.

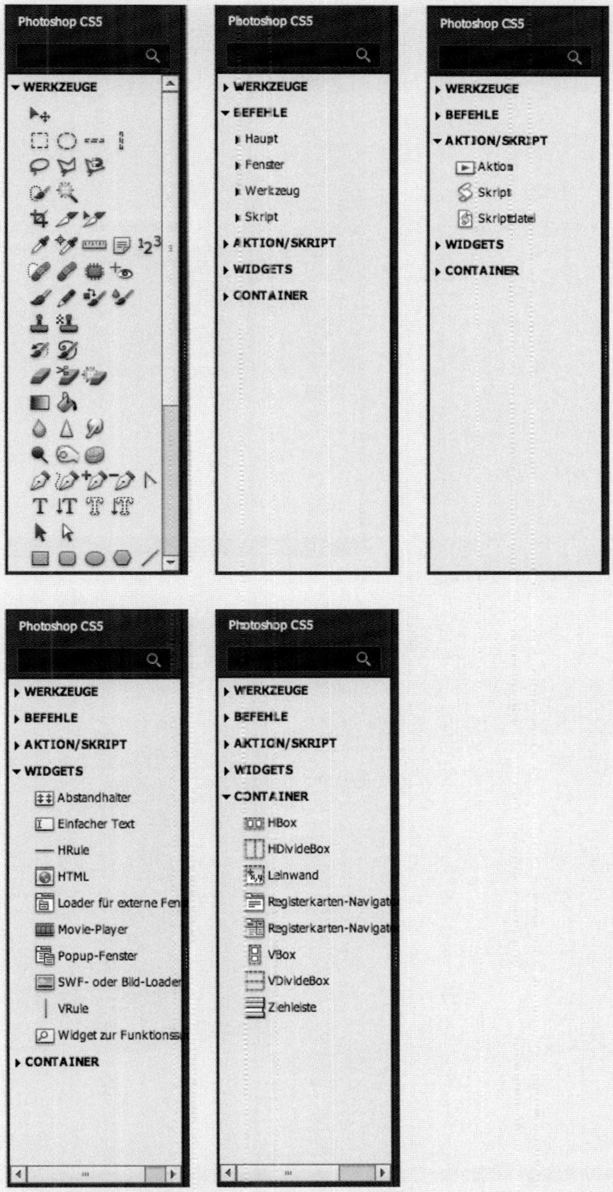


*Aufgeklappt – die Adobe Configurator-Menüs.*

### 5 Festlegen der Basisattribute

Nachdem wir nun das eigene Fenster erstellt haben, werden die *Basisattribute* festgelegt. Hierzu setzen Sie erst mal einen Namen ein, den Ihr Panel tragen soll – im Beispiel *Photoshop für Fortgeschrittene*. Diesen Namen finden Sie dann entsprechend auch beim Hinzuschalten des Panels in Photoshop unter dem Menü *Fenster/Erweiterungen*, sobald Sie es exportiert und installiert haben.

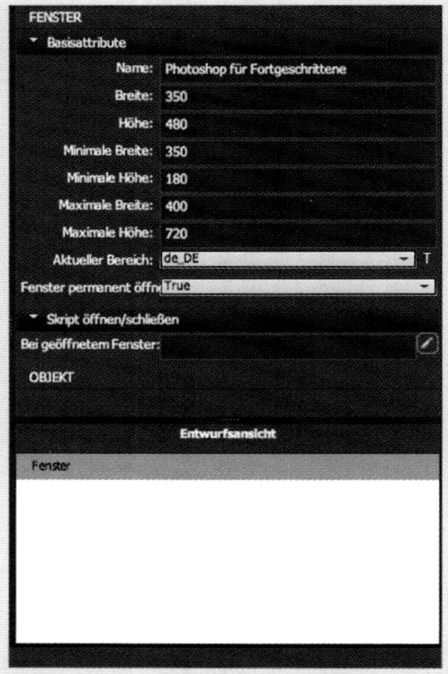


*Festlegen eines Namens und weiterer Basisattribute für das neue Panel.*

Neben dem Namen sind noch Breite und Höhe sehr wichtig. Sie beschreiben, wie groß die Grundfläche des Fensters werden soll. Meiner Erfahrung nach bietet eine Grundfläche mit einer *Breite* von *350* Pixeln und einer *Höhe* von *480* Pixeln ausreichend Platz für ein großzügiges Panel, vorausgesetzt, man arbeitet mit dem Ziehharmonika-Prinzip oder – wie der Configurator es nennt – den Ziehleisten. Die weiteren Höhenangaben beschreiben, wie sehr man das Panel später kleiner und größer ziehen darf bzw. wie weit man es kann.

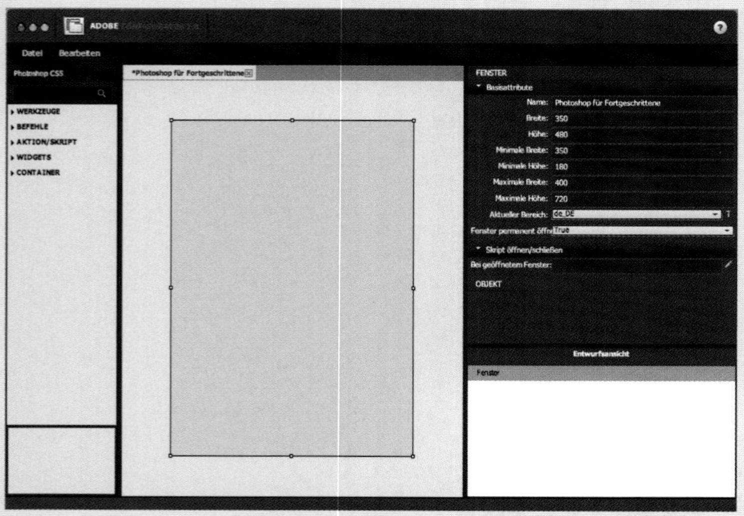


*So sollte Ihre Grundfläche nun aussehen. Im Reiter der Arbeitsfläche sehen Sie auch schon den Namen für Ihr Panel.*

### 6 Grundgerüst für das Panel

Bevor Sie Werkzeuge, Aktionen und Befehle in das Panel einsetzen, schaffen Sie zunächst ein geeignetes Gerüst, um alle gewünschten Objekte geordnet und sinnvoll unterzubringen. Hierfür öffnen Sie das *Container*-Menü auf der linken Seite des Fensters. Anschließend ziehen Sie mit gedrückter linker Maustaste via Drag-and-drop das *Ziehleiste*-Symbol auf Ihr Panel und lassen das neue Element durch Loslassen der Maustaste auf den Arbeitsbereich fallen.

Nun erscheint rechts unter dem Bereich *Fenster/Basisattribute* ein weiterer Bereich mit der Bezeichnung *Objekt/Basisattribute*. Hier bestimmen Sie die Werte für das eben neu gesetzte *Ziehfenster*. Unten rechts in der *Entwurfsansicht* wird die neue *Ziehleiste* ebenfalls aufgeführt. Sobald Sie den Eintrag *Ziehleiste* anklicken, erscheint der Untereintrag *Leinwand*. Klicken Sie auf die Ziehleiste, sollte diese in der Entwurfsansicht nicht gerade aktiviert sein.

Tragen Sie nun im Bereich *Objekt/Basisattribute* einen Namen ein, der verdeutlicht, dass es sich um die Basis des Panels handelt. Hier verwenden wir den Namen *PANELbasis*. Des Weiteren tragen Sie bei *Breite* einen Wert von *98%* ein und bei *Höhe* den Wert *96%*. Sie können auch mit absoluten Pixelwerten arbeiten, häufig ist es aber einfacher, mit Prozentangaben zu arbeiten.

### 7 Ziehfenster verschieben

Zum Verschieben des Ziehfensters führen Sie den Mauszeiger auf den Reiter oben links. Sobald sich der Mauszeiger über dem kleinen Symbol der acht eingestanzten Löcher befindet, ändert er seine Form, genau wie in der Abbildung gezeigt. Richten Sie das *Ziehfenster* horizontal wie auch vertikal so aus, dass es zu allen Seiten den gleichen Abstand hat. Die automatischen Hilfslinien vom Adobe Configurator zeigen an, wann Sie den entsprechenden Abstand zu den Seiten gefunden haben. Lassen Sie, sobald Sie die Ziehleiste ausgerichtet haben, die linke Maustaste los.

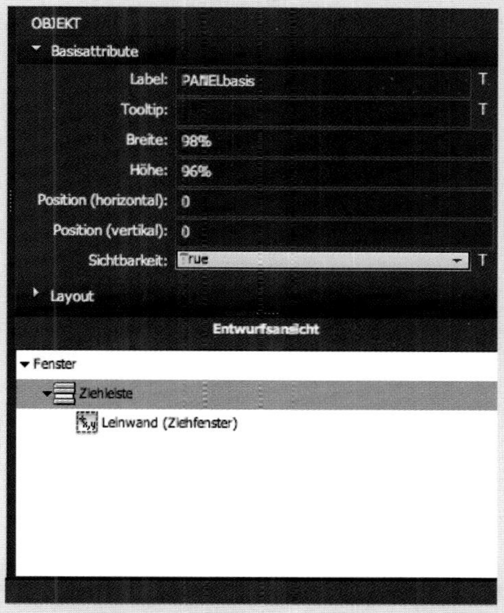


*Die Elemente* Ziehleiste *und* Leinwand (Ziehfenster) *können im Bereich* Entwurfsansicht *zur Bearbeitung direkt angewählt werden.*

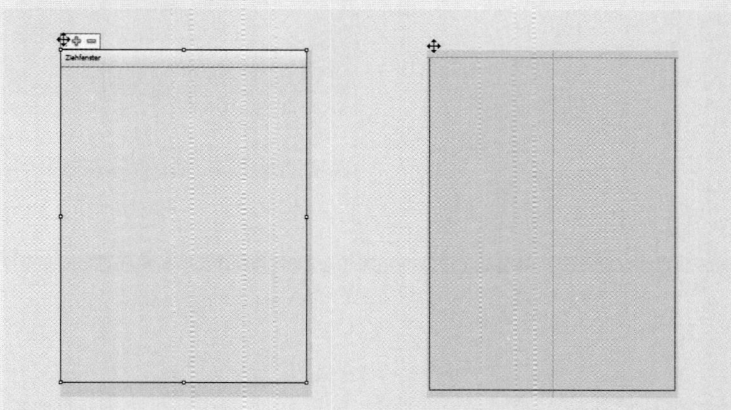

*Ziehfenster verschieben und ausrichten.*

*Leinwand in der Entwurfsansicht auswählen.*

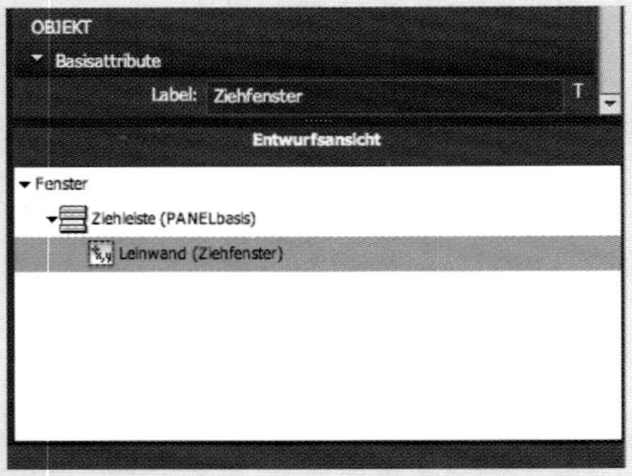


*Über das Eingabefeld* Label *erhält das Panel seinen Namen.*

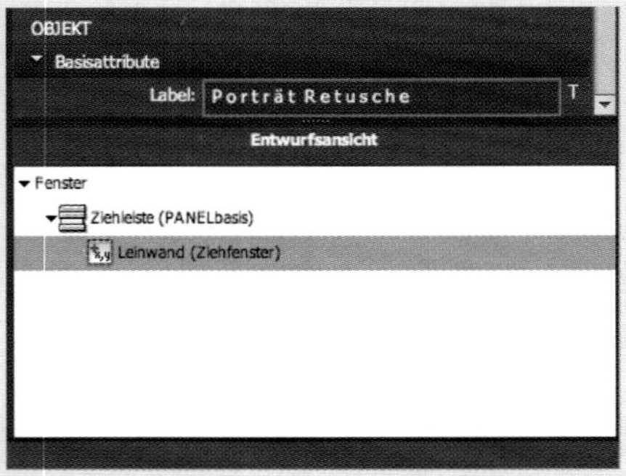


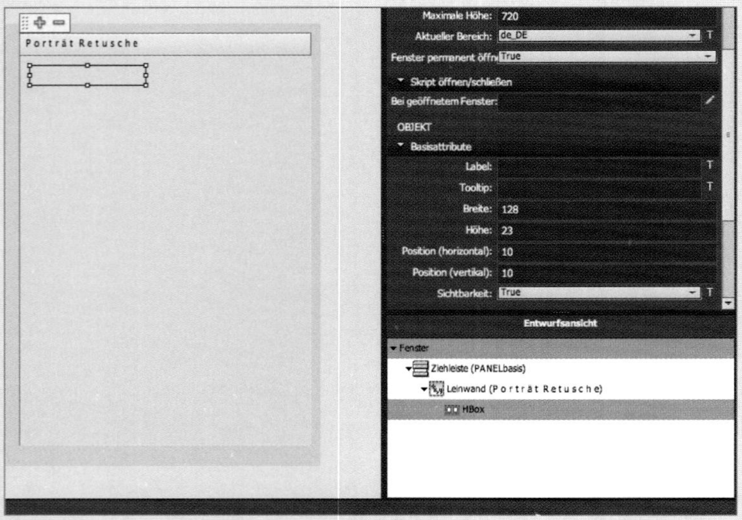


*Die neue* HBox *auf der Leinwand.*

## 8 Leinwand auswählen

Um den Bereich der *Leinwand* auszuwählen, klicken Sie einfach in die Fläche unterhalb des *Ziehfenster*-Balkens. Alternativ können Sie über die *Entwurfsansicht* auf *Leinwand* klicken und diese damit aufrufen. Sobald Sie die *Leinwand* markiert haben, bietet der Configurator Ihnen erneut an, die Basisattribute für die *Leinwand* einzustellen. Das tun Sie auch, wobei der einzige relevante Punkt *Label* ist.

*Label* vergibt den Namen, den die *Leinwand* hat und der somit auch im *Ziehfenster* angezeigt wird. Ersetzen Sie nun in den Basisattributen bei *Label* den Begriff *Ziehfenster* durch *Porträt Retusche*. Ich empfehle, zwischen die Buchstaben jeweils ein Leerzeichen zu setzen, da die Schrift sehr klein ist und dadurch leserlicher wird. Auch kann man ausschließlich mit Großbuchstaben arbeiten.

## 9 Strukturierung per HBox

Jetzt ziehen Sie aus dem *Container*-Menü eine *HBox* in die Leinwand. Vergewissern Sie sich, dass die Leinwand auch tatsächlich angewählt ist. Passen Sie nun mithilfe der Basisattribute die *HBox* an, indem Sie die Höhe auf *23* Pixel beschränken und die Breite auf *128* Pixel. Richten Sie die *HBox* so aus, dass sie zur linken Seite und zur Oberkante hin den gleichen Abstand hat. Dies können Sie entweder durch Verschieben bewältigen oder durch die einfache Eingabe der Position in den Basisattributen. Dort können Sie für *Position (horizontal)* und *Position (vertikal)* jeweils einen Wert von *10* Pixeln angeben, um einen gleichen Abstand nach links und nach oben zu gewährleisten.

Wenn Sie nun im Bereich *Entwurfsansicht* wieder auf die *Leinwand* wechseln, sehen Sie die *HBox*. Sie ist dazu da, in der Horizontalen alles, was in ihr platziert wird, gerade auszurichten. Das heißt, Sie können später in einer *HBox* Werkzeuge, Aktionen und andere Objekte horizontal anordnen. Diese Art von Containern dient also der Strukturierung. Für die Vertikale gibt es entsprechend die *VBox*, die genau so funktioniert wie die *HBox*, nur eben vertikal. Beide Container sind nicht in Photoshop sichtbar.

### 10 Das Panel befüllen

Jetzt geht es ans Eingemachte. Grundsätzlich funktioniert alles im Configurator via Drag-and-drop. Wichtig ist nur, dass man immer sauber und ordentlich arbeitet. Anders gesagt, man sollte sich stets an den eingeblendeten Hilfslinien des Configurator orientieren. Des Weiteren sollte man sich als Basis immer HBoxen setzen, um die einzelnen Bereiche besser zu unterteilen.

Als ersten Schritt ziehen Sie nun aus dem Menü *Widgets* das Element *Einfacher Text* in die *HBox*. Platzieren Sie die Textbox ganz oben links in der gerade erstellten *HBox*. Anschließend geben Sie der Textbox bei *Breite* den absoluten Wert von *125* Pixeln und bei *Höhe* den Wert *20*.

Daraufhin schreiben Sie in das Eingabefeld *Text* (Label) den Namen *WERKZEUGE* – alles in Großbuchstaben und diese jeweils mit einem Leerzeichen voneinander getrennt.

Nun erstellen Sie nach Ihren Wünschen entweder vertikal oder horizontal orientiert VBoxen bzw. HBoxen. In diese Boxen fügen Sie die Werkzeuge ein, die Sie für die Retusche von Personen verwenden. Sie können also das Panel so befüllen, wie Sie es sich wünschen und später benötigen.

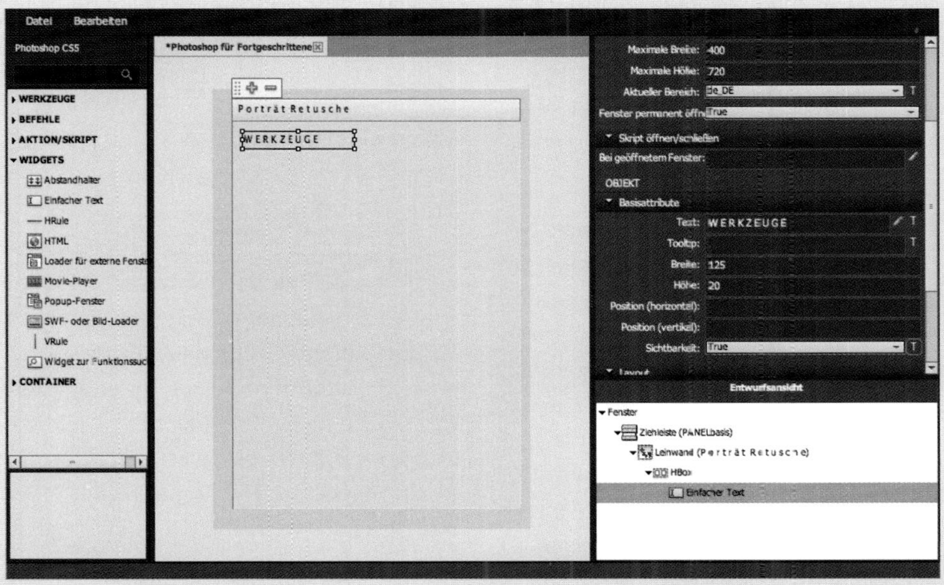


Einfacher Text *in eine* HBox *ziehen.*

Das erledigen Sie durch einfaches Drag-and-drop direkt ins Panel hinein. Verwenden Sie stets VBoxen und HBoxen, damit alles strukturiert bleibt. Alle in Photoshop vorhandenen Werkzeuge finden Sie, wie bereits weiter oben beschrieben, im Menü *Werkzeuge*.

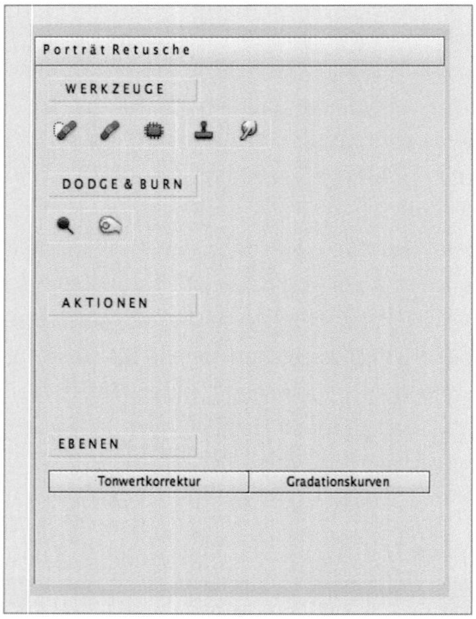


*Das ist mein Arbeitsfenster für die Porträtretusche. Lediglich die Aktionen, die erst im Verlauf des Buchs hinzukommen werden, fehlen noch.*

### 11 Blätter und Aktionen einbinden

Da der Platz auf dieser einen Leinwand nicht ausreicht, um alle relevanten Bereiche abzudecken, müssen weitere Blätter hinzugefügt werden. Das ist nicht nur aus Platzgründen sinnvoll, sondern auch wichtig für ein gut organisiertes und strukturiertes Panel, in dem jeder Bereich eine eigene Leinwand hat. Zunächst müssen Sie dafür in der *Entwurfsansicht* wieder die Leinwand auswählen.

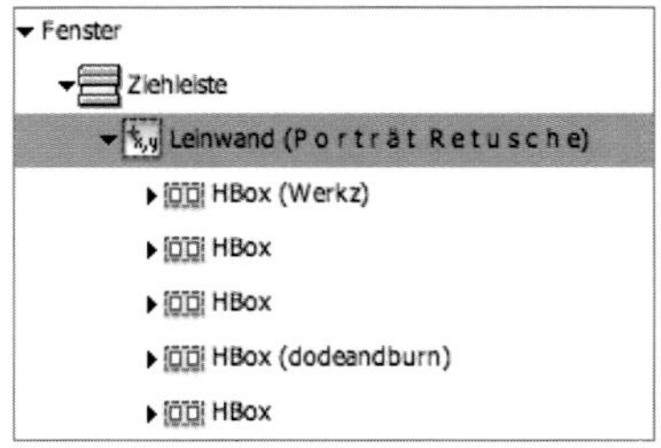


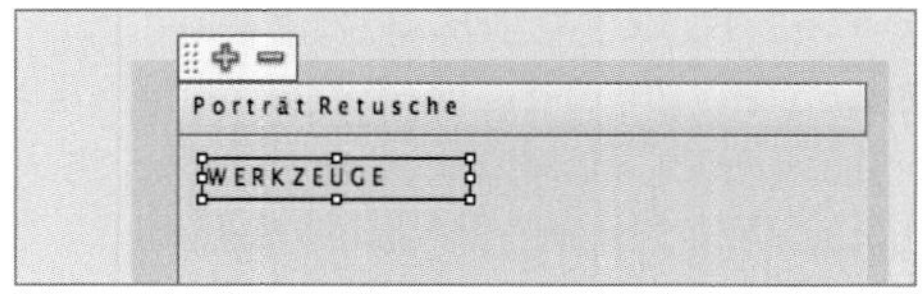


Sobald Sie das getan haben, erscheinen in der Arbeitsfläche, in der das Panel angezeigt wird, die drei bereits bekannten Buttons. Das Symbol mit den acht Punkten (ganz links) steht für das Verschieben des Panels, mit dem Pluszeichen fügen Sie weitere Elemente in das Panel ein, und das Minuszeichen steht für das Entfernen einer ausgewählten Leinwand. Nach einem Klick auf das Plussymbol erscheint nun das folgende Fenster.

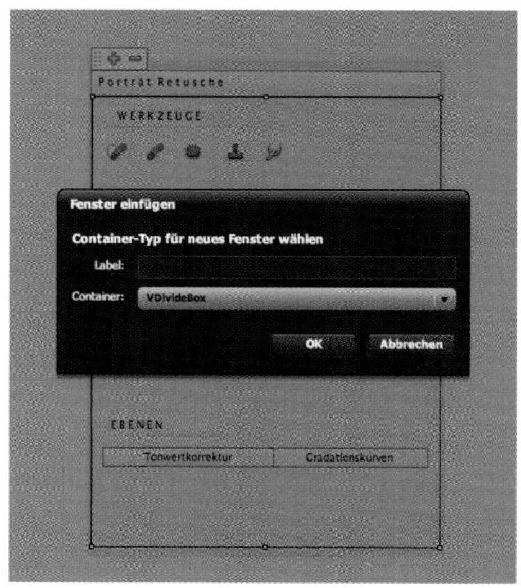

Als *Container* wählen wir *Leinwand*, da wir in unserem Ziehleistensystem eine weitere Leinwand haben möchten. Als *Label* vergeben Sie *R e s i z e* und bestätigen anschließend mit *OK*.

Nun erscheint eine weitere Leinwand im Panel, die direkt den Namen *Resize* trägt. Sie können nun einfach durch einen Klick auf den Namen jeweils zwischen den Reitern *Porträt Retusche* und *Resize* hin- und herwechseln. Anschließend wird sich immer die entsprechende Leinwand zeigen.

Die gerade aufgezeichnete Aktion wird jetzt in das Panel eingefügt, sodass sie bequem vom Panel aus gestartet werden kann. Dazu ziehen Sie einen *Aktion*-Container aus dem Menü *Aktion/Skript* in das Panel hinein.

Passen Sie den Button so an, dass er Ihren Wünschen entspricht. Sobald Sie damit fertig sind, sollten Sie einen Blick in die Basisattribute werfen. Dort können Sie, wie bereits mehrfach getan, das Label (also den Namen) vergeben, darüber hinaus aber auch den Aktionsnamen und den der Aktionsgruppe.

Der Aktionsname steht für den Namen der Aktion. Bei unserer vorhin geschriebenen Aktion wäre das also *Resize 800px + HP*, natürlich mit Leerzeichen. Als Aktionsgruppe ist der Satz bzw. das Set gemeint, in dem die Aktionen in Photoshop liegen. Das ist dann in unserem Beispiel *Photoshop für Fortgeschrittene*. In das Eingabefeld *Tooltip* können Sie noch einen kurzen Text eingeben, der angezeigt wird, wenn man länger mit dem Mauszeiger über dem Panelbutton verweilt.

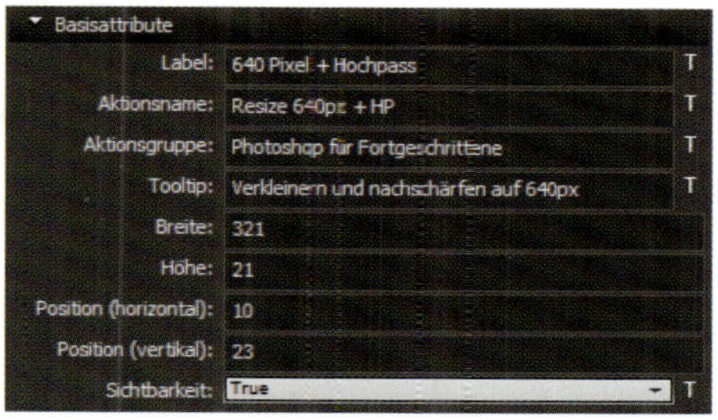


*So sehen dann die korrekt eingetragenen Basiswerte für eine Aktion aus.*

Ich empfehle, diese vier Stufen (*640, 800, 1024* und *1280 Pixel*), die ich als Aktion aufgezeichnet habe, aufzuzeichnen und als Aktion ins Panel einzubetten. Wenn Sie das getan haben und eventuell noch einige Ihrer in diesem Zusammenhang häufig genutzten Befehle eingefügt haben, könnte diese Leinwand des Panels so aussehen.

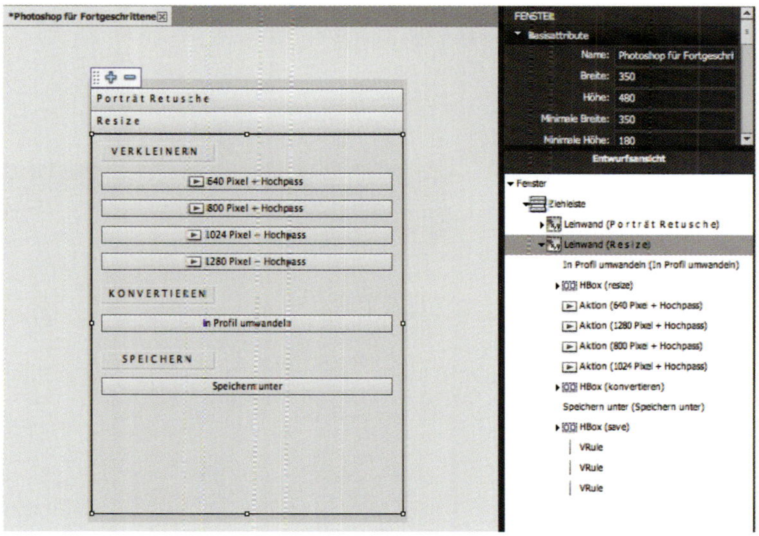


*Rechts können Sie meine Entwurfsansicht einsehen. Man hätte die Aktionen und Befehle noch in VBoxen setzen können, dies ist hier aber nicht unbedingt notwendig, da die Buttons der Aktionen und der Befehle von der einen bis zur anderen Seite reichen, und zwar exakt bis zu der Stelle, an der im Reiter* Porträt Retusche *schon die letzten Befehlsbuttons enden.*

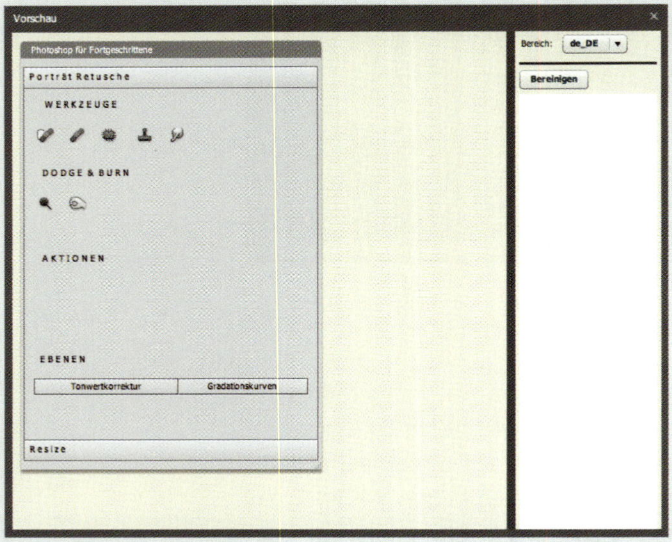


*Das Panel im* Vorschau-Modus.

**12 Panel schöner gestalten**

Wenn Sie nun einen kleinen Blick auf Ihr Panel werfen wollen, wählen Sie im Menü *Datei* den Befehl *Fenstervorschau* oder drücken die Tastenkombination Strg + P (Win) bzw. ⌘ + P (Mac). Nun können Sie das gesamte Panel anschauen und sich durchklicken.

Sie werden feststellen, dass, wie bereits vorhin erwähnt, die V- und HBoxen nicht sichtbar sind. Das führt dazu, dass sich die Textpassagen wenig vom Hintergrund abheben. Um das zu vermeiden, gibt es einen kleinen Trick. Mit *H-* und *VRules* kann man horizontale und vertikale Linien ziehen. Diese kann man wunderbar verwenden, um die Texte hervorzuheben.

Ziehen Sie sich aus dem *Widgets*-Menü einen *HRule* heraus. Anschließend positionieren Sie diesen horizontalen Strich direkt an der unteren Seite der *HBox*, die für den Text *Werkzeuge* zuständig ist. Die Breite des *HRule* sollten Sie auf den Wert *65%* festlegen.

*Textelemente mit horizontalen und vertikalen Linien hervorheben.*

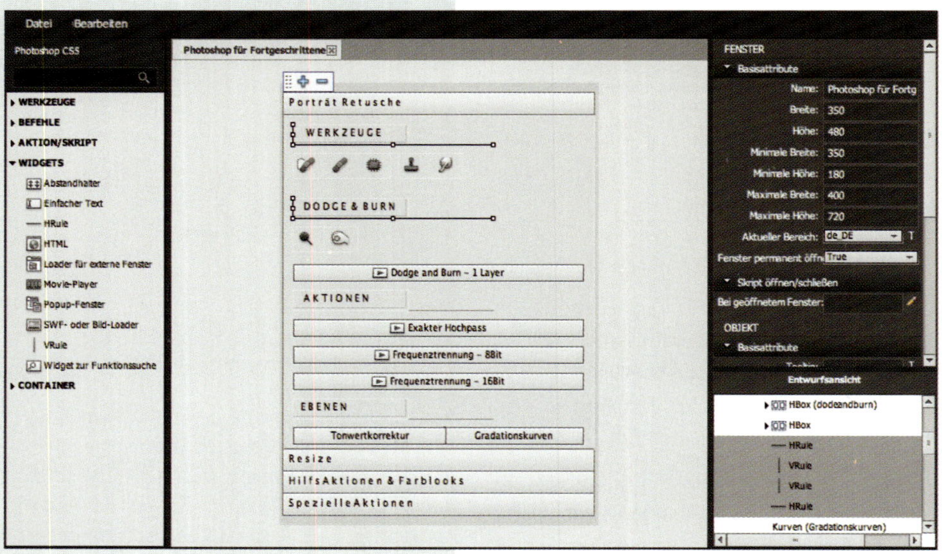

Anschließend setzen Sie wieder via Drag-and-drop noch ein *VRule* direkt an die linke Seite der *HBox* des Texts. Dort können Sie eine Höhe von 23 Pixeln konfigurieren, dies entspricht unserer bereits erstellten Höhe der HBoxen. Wundern Sie sich nicht, dass die Linien aufhören, sobald sie in die HBoxen laufen, das ist normal. Die Linien können Sie aber nach wie vor über die Entwurfsansicht auswählen, auch wenn sie so nicht mehr sichtbar sind. Nach einem Klick auf den *VRule* in der Entwurfsansicht wird er wieder sichtbar. Wiederholen Sie diese Schritte an jedem Textfeld oder kopieren Sie die Elemente einfach und passen Sie sie jeweils an den Text an.

Sollten die Hilfslinien nicht reichen, um die Linien perfekt auszurichten, können Sie für die *HRules* immer den vertikalen Positionswert der *HBox*, an die die Linie gelegt werden soll, verwenden und 22 addieren - 22 deshalb, da die Linie selbst 1 Pixel hoch ist und die *HBox* eine Höhe von 23 Pixeln hat.

Über *Datei/Fenstervorschau* können Sie sich, wie bereits weiter oben gezeigt, immer darüber informieren, wie das Panel in Photoshop aussehen wird.

Jetzt können Sie alle wichtigen Features von Adobe Configurator einsetzen, um ein Panel bzw. ein Bedienfeld nach Ihren Bedürfnissen zu erstellen. Vergessen Sie aber nicht, dass im Verlauf des Buchs noch einige Aktionen hinzukommen - lassen Sie also reichlich Platz.

### 13 Panel exportieren

Wenn Sie das Panel fertig gestaltet haben oder es einfach mal ausprobieren möchten, müssen Sie das Ganze zunächst exportieren. Dazu wählen Sie einfach im Menü *Datei* den Befehl *Fenster exportieren*. Dort öffnen Sie dann Ihren Photoshop-Ordner aus, und im Photoshop-Ordner öffnen Sie den Plug-ins-Ordner. In den dort vorhandenen Ordner *Panels* lassen Sie das Panel exportieren.

## SPEICHERN, SPEICHERN, SPEICHERN

**Da der Adobe Configurator noch nicht komplett ausgereift ist, sollten Sie zwischendurch immer wieder abspeichern. Es kommt relativ häufig vor, dass der Configurator abstürzt. Die Schritte zwischen dem Absturz und dem letzten Speicherpunkt sind nicht wiederherstellbar, das heißt, Sie müssen alle dazwischen ausgeführten Schritte wiederholen.**

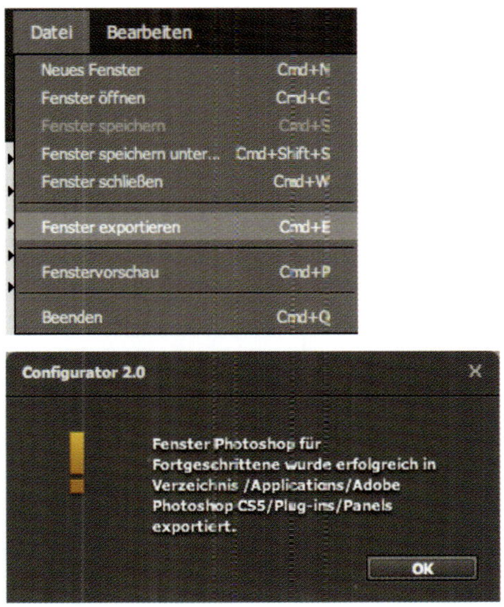


*Das fertige Panel wird in das Photoshop-Programmverzeichnis kopiert.*

Programmverzeichnis in Windows:

**\Program Files\Adobe Photoshop CS5 (64 Bit)\Plug-ins\Panels**

Programmverzeichnis in Mac OS X:

**Applications/Adobe Photoshop CS5/ Plug-ins/Panels**

Starten Sie nun Photoshop und schalten Sie unter *Fenster/Erweiterungen* das neu erstellte Panel, hier *Photoshop für Fortgeschrittene*, hinzu.

**Nicht vergessen!** Sie werden vermutlich bald Änderungen an Ihrem Panel vornehmen und noch einige Aktionen, die Sie lernen werden, mit einbinden wollen. Jedes Mal, bevor Sie exportieren, sollten Sie das alte Panel aus den Plug-ins löschen, damit es zu keinen Problemen kommt.

*Klar zum Einsatz – das neue Panel für die Porträtretusche.*

**14 Panel zur Weitergabe verpacken**
Wer sein Panel auch auf anderen Rechnern verwenden möchte oder es im Internet veröffentlichen will, sollte es vom Adobe Extension Manager „verpacken" lassen. Das Ganze funktioniert ähnlich wie ein ZIP, nur dass es lediglich mit dem Extension Manager funktioniert und direkt am richtigen Ort, in diesem Fall im Plug-ins-Ordner, installiert wird.

Um solch eine Datei zu schreiben, öffnen Sie einfach die im exportierten *Panel*-Ordner hinterlegte XMI-Datei. Sollte der Extension Manager nicht direkt starten, verknüpfen Sie die Dateiendung *.xmi* mit dem Extension Manager. Sofort öffnet sich der Dialog zum Abspeichern des Erweiterungspakets. Suchen Sie sich nun einfach den Speicherort aus und bestätigen Sie diesen. Damit haben Sie die Datei so verpackt, dass sie von jedem durch einen Doppelklick installiert werden kann, solange die Person den Extension Manager besitzt.

**Nicht vergessen!** Die Aktionen sind nicht direkt in das Panel integriert, sondern nur dort verknüpft. Sie müssen also auch immer die Aktionen mitliefern, damit das Panel seinen kompletten Umfang ausspielen kann.

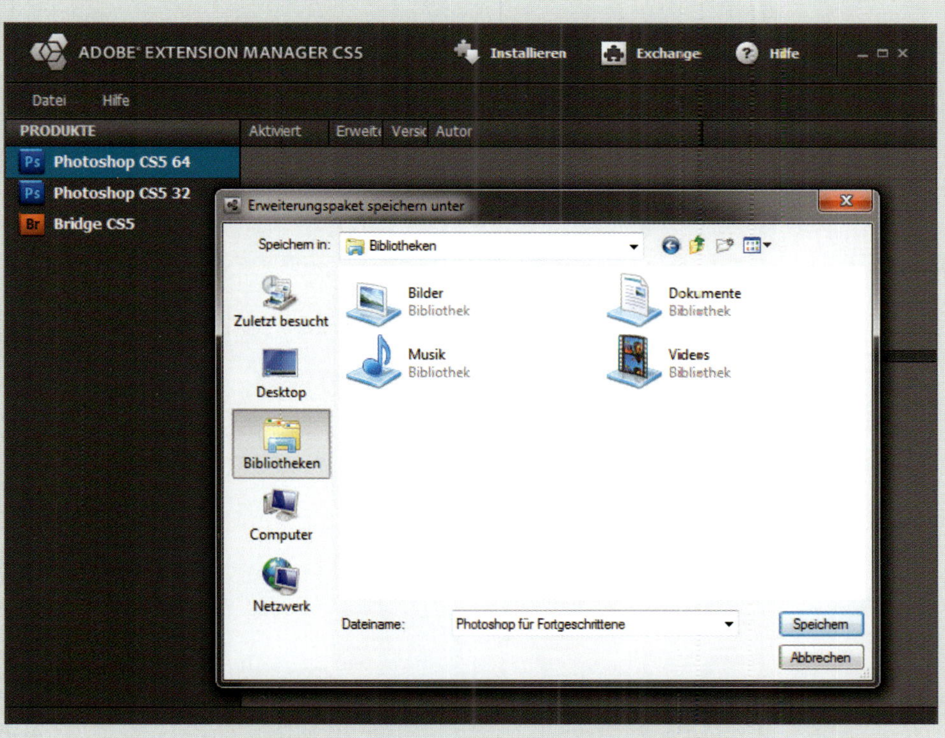


*Abspeichern können Sie die Aktionen im erweiterten Dialog im Aktionsfenster, dort findet sich der Eintrag* Aktionen speichern. *Wählen Sie immer zuvor den gesamten Satz aus, damit auch alle Aktionen in diesem Satz mit abgespeichert werden.*

4

# BILDOPTIMIERUNG MIT CAMERA RAW

# Bildoptimierung mit Camera Raw

*Ein grobes Entwickeln von Rohdaten ist meist schnell erledigt. Wenn es um Feinjustierung geht, kann man sehr viel Zeit verlieren, besonders wenn man nicht genau weiß, welcher Regler was bewirkt.*

# 4 Bildoptimierung mit Camera Raw

*Die meisten Bilder werden inzwischen im RAW-Format aufgenommen. Dies hat viele Vorteile, aber auch einige Nachteile. Jedes Bild muss, bevor man es in Photoshop weiterverarbeiten kann, entwickelt werden. Das bedeutet, dass die Entwicklung elementar ist für das spätere Ergebnis. Es geht darum, das Bild so weit es geht zu optimieren, was einem jede Menge Arbeit in Photoshop ersparen kann. Dazu muss man wissen, wie jeder einzelne Regler in Adobe Camera Raw funktioniert und was er bewirkt.*

## Suche nach dem idealen Weißabgleich

■ Abseits der Möglichkeit, den idealen Weißabgleich über einfaches Verschieben des *Farbtemperatur*- und des *Farbton*-Reglers zu finden, gibt es zwei weitere Möglichkeiten:

1. Einerseits kann man über die [I]-Taste bzw. das Pipettensymbol einen Referenzpunkt setzen. Dieser Referenzpunkt sollte möglichst eine Stelle im Bild sein, die einem reinen Weiß entspricht. Sobald man das tut, verändern sich *Farbtemperatur*- und *Farbton*-Regler. Beides wird an den durch die Pipette gemessenen Wert angepasst. Das kann aber zu Problemen führen, da die Pipette in zu hellen Bereichen die Arbeit verweigert und eine Meldung ausgibt, die besagt, dass sie dort keinen Weißabgleichspunkt setzen kann. Des Weiteren muss für diese Technik Ihr Bildschirm gut kalibriert und profiliert sein, da Sie sonst Stellen auswählen, die nicht wirklich weiß sind, was dann zu einer falschen Farbtemperatur führt.
2. Deshalb gibt es noch einen anderen Weg, der aber weniger bekannt ist. Er ist meist nur anwendbar, wenn Teile des Bilds unterbelichtet oder überbelichtet sind. Diese Bereiche haben dann keine Zeichnung mehr und zeigen nur ein reines Schwarz bzw. reines Weiß. Um diese Bereiche ohne Zeichnung mit Rot für die Lichterbeschneidung und Blau für die Tiefenbeschneidung angezeigt zu bekommen, müssen Sie oben rechts im Histogramm auf die beiden nach oben zeigenden Pfeile klicken. Alternativ können Sie den Tasten [O] und [U] dazu verwenden.

Sobald die beiden Kästen im Histogramm (oben rechts und oben links) weiß umrahmt sind, ist die Über- und Unterbelichtungswarnung aktiv.

*Hier wurde der Weißabgleich wieder zurückgestellt, so wie die Aufnahme gemacht wurde. Das Rot zeigt die überbelichteten Bereiche. Das Blau auf den Blättern zeigt keine Unterbelichtung, sondern die aktuelle, falsche Farbtemperatur.*

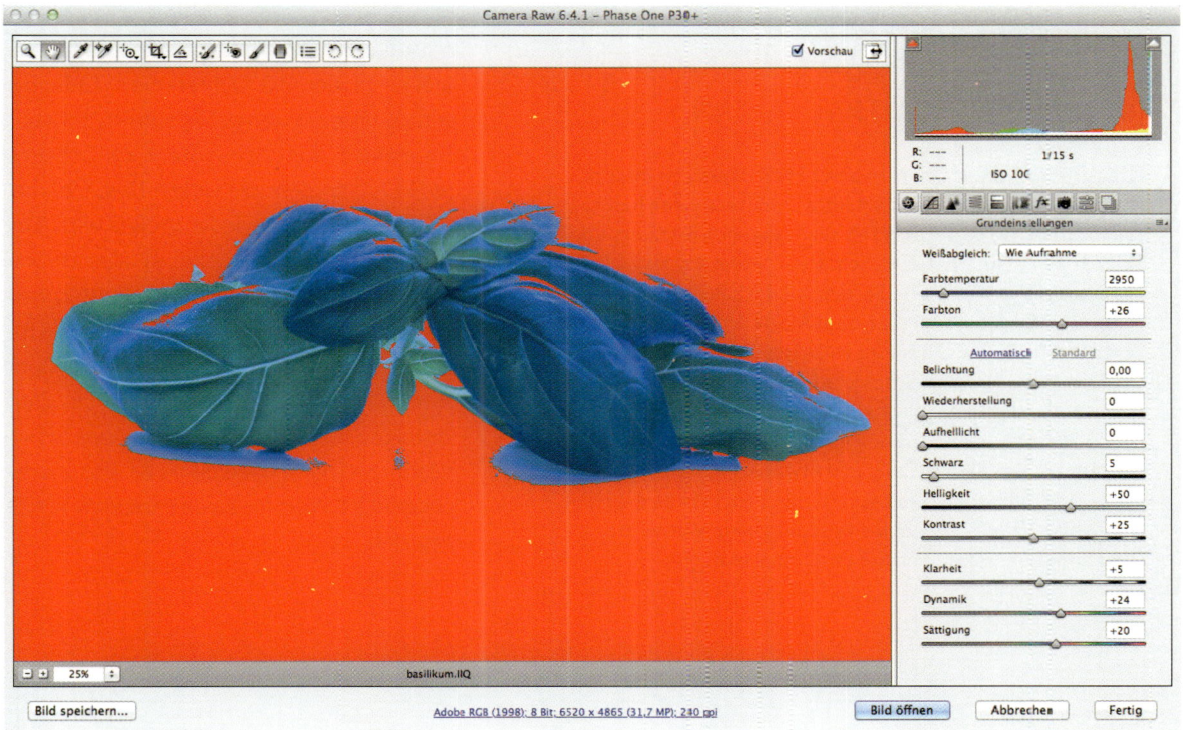

**i**

## NICHT ALLES NEUTRAL FILTERN

**Der größte Fehler, den man beim Entwickeln von Bildern machen kann, ist, sie stets neutral zu filtern – das heißt, sich immer auf den korrekten Weißabgleich festzulegen, immer zu versuchen, allen Schatten Zeichnung zu verleihen und ausgebrannte weiße Stellen wiederzuholen. Versuchen Sie stattdessen lieber, dem Motiv entsprechend zu entwickeln. Sollen die Bilder von einer leicht verregneten Hochzeit etwas sommerlicher wirken? Dann setzen Sie die Farbtemperatur etwas wärmer an und drehen die Dynamik hoch. Haben Sie Aufnahmen eines Stahlprodukts vor sich liegen, können Sie sie ruhig mal etwas kühler entwickeln, sofern der Kunde das zulässt. Häufig sind gerade die nicht neutralen Wiedergaben des Produkts oder Motivs die beliebtesten. Versuchen Sie es einfach mal.**

Wenn Sie nun beide Warnungen aktiviert haben, gehen Sie in den Regler *Farbtemperatur*. Dort ziehen Sie den Regler bis zu der Stelle, an der die Lichter- und Tiefenbeschneidung am wenigsten auftritt. Schauen Sie einfach, an welcher Stelle der Scheitelpunkt ist, an dem die Unter- bzw. Überbelichtungswarnung wieder größer wird. Der Punkt, an dem der Scheitel ist, also am wenigsten Lichter und Tiefen beschnitten werden, ist der richtige für den Weißabgleich. Anschließend führen Sie das Gleiche noch mal mit dem *Farbton*-Regler durch. Dort verfolgen Sie erneut des Prinzip des Scheitelpunkts. Der Scheitelpunkt ist also wieder der richtige Wert für einen korrekten Weißabgleich.

## Helligkeit und Belichtung regeln

Einer der am häufigsten auftretenden Fehler in der Entwicklung von RAW-Bildern beruht auf dem Trugschluss, dass Helligkeit und Belichtung einfach nur „heller" machen und dass sie genau nach dem gleichen Prinzip funktionieren. Das ist schlichtweg falsch. Um zu verstehen, was vor sich geht, muss man sich daran erinnern, was genau Tonwerte sind und warum sie sich auf 256 Werte verteilen. Als Gedächtnisstütze können Sie in Adobe Camera Raw die *Gradationskurve* öffnen und dort auf das Register *Parametrisch* gehen.

Im ersten Bild unten sehen Sie die Ausgangsstellung. Alles ist so, wie es aufgenommen wurde.

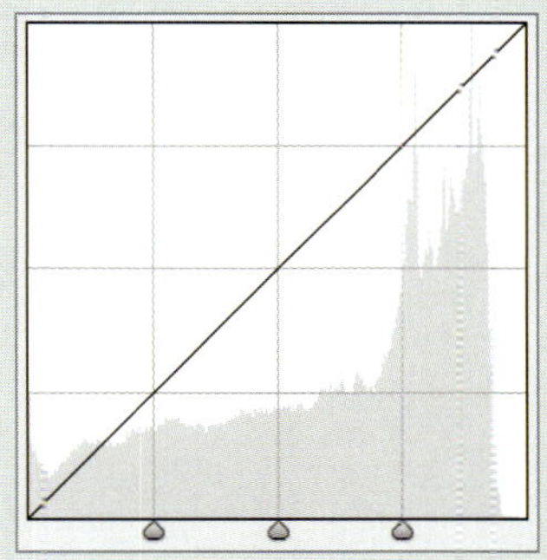

Hier nun der Vergleich zwischen dem Ausgangshistogramm (oben) und dem Histogramm (unten), nachdem die Helligkeit von +50 auf +75 erhöht wurde.

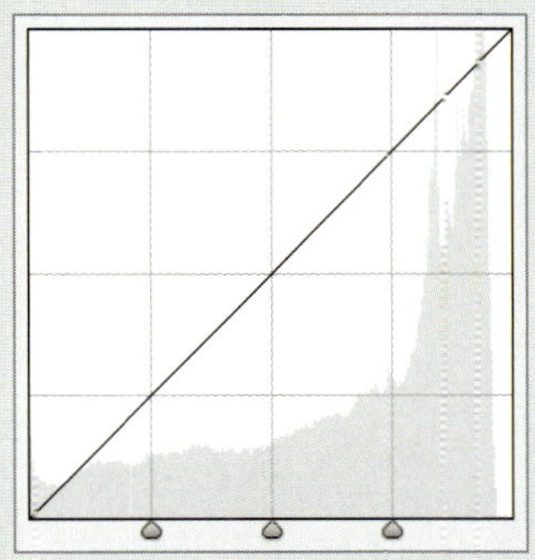

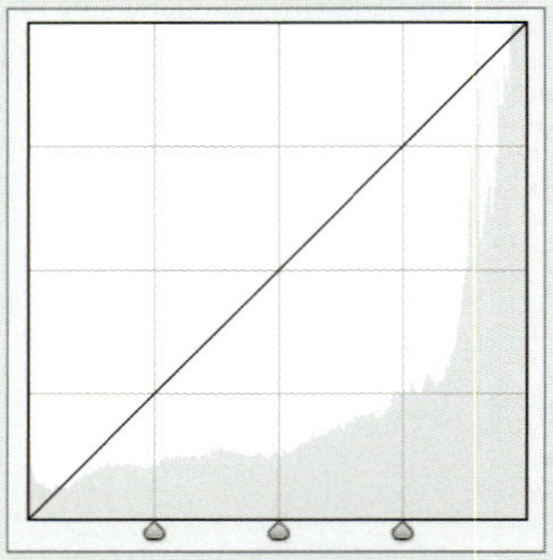

*Hier wurde vorzugsweise die Belichtung um +0,75 nach oben korrigiert. Der Helligkeitswert blieb unverändert.*

Es zeigt sich bei oben aufgeführtem Vergleich, dass die Lichterspitzen intensiviert werden und, vor allem, dass in dem mittleren Tonwertbereich die Tonwerte von ihrem Ausgangspunkt nach rechts Richtung Weißpunkt verschoben wurden. Allgemein werden die Tonwerte also nicht aus dem Radius von 0 bis 255 herausgeschoben, sondern zusammengestaucht und Richtung reines Weiß verschoben.

Nun das Gleiche mit einer höheren Belichtung von *+0,75* Blenden. Es zeigt sich, dass alle Tonwerte Richtung reines Weiß, also Tonwert 255, verschoben werden.

Hierbei nimmt der Regler keine Rücksicht darauf, ob eventuell Informationen verloren gehen, also Bereiche keine Zeichnung mehr haben. Allgemein werden also alle Tonwerte verschoben und auch einige außerhalb des Radius von 0 bis 255 gedrängt. Das Verfahren, das die Belichtung verwendet, ist durchaus vergleichbar mit dem Justieren des Weißpunkts in einer Tonwertkorrektur. Das lässt den Schluss zu, dass Helligkeit das bessere Verfahren ist, da es keine Tonwerte aus dem möglichen Radius herausschiebt. Dies ist aber ein erneuter Trugschluss, da Helligkeit in der Regel dazu führt, dass Bilder flau wirken, weil häufig die Mitteltöne dann so aufgehellt werden, dass sehr viel Kontrast verloren geht.

Oft ist es deshalb die bessere Entscheidung, die Belichtung leicht nach oben zu korrigieren, da man dadurch nicht den Gesamteindruck des Bilds flau werden lässt. Anschließend kann man immer noch die Mitteltöne leicht mithilfe des Helligkeitsreglers aufhellen bzw. abdunkeln.

## Kontrast und Klarheit schaffen

Die Entwicklung von Rohdaten ist bei Weitem nicht nach der Korrektur von Helligkeit und Farbtemperatur beendet. Man kann und sollte deutlich tiefer in die Trickkiste greifen, um das Maximum aus einem 16-Bit-RAW herauszuholen. Um aber richtig mit Adobe Camera Raw zu arbeiten, muss man verstehen, was vor sich geht, sobald man eine Einstellung verändert. Deshalb ist es sehr wichtig, den Unterschied zwischen den Reglern *Kontrast* und *Klarheit* zu kennen.

Kontraste sind Unterschiede zwischen Tonwerten und somit auch Helligkeiten. Der stärkste Kontrast ist demzufolge Tonwert 0, Schwarz, und Tonwert 255, Weiß. Dieses System ist ebenso mit den zusammengemischten RGB-Kanälen vorhanden, nur dass es in jedem einzelnen Kanal stattfindet und nicht bloß in einem.

### ÜBRIGENS! AUFHELLLICHT

***Aufhelllicht* hellt die Tiefen, also den Bereich von 0 bis 64, primär auf und verschiebt auch sämtliche Tonwerte in Richtung reines Weiß, beschneidet sie aber nicht. Passen Sie auch hier auf, dass Sie nicht zu viel Kontrast einbüßen. Das Pendant dazu ist *Wiederherstellen*, es holt aus den überbelichteten Bereichen noch mehr Zeichnung heraus. *Wiederherstellen* arbeitet genau andersherum. Es werden primär die Tonwerte 192 bis 255 verwendet. Allerdings werden auch hier alle Tonwerte in Richtung des Tonwerts 0, also Schwarz, verschoben.**

### Auswirkung des Kontrast-Reglers

Der Regler *Kontrast* geht so vor, dass er die vorhandenen Tonwerte zu den Grenzen hin wegspreizt. Das kann dazu führen, dass durch einen sehr hohen Kontrastwert auch Bereiche ihre Farbinformationen verlieren und somit zeichnungslos werden. Verwendet man den Regler *Kontrast* einmal andersherum, stellt man fest, dass eventuell sogar noch einige Bildbereiche, die vorher keine Zeichnung hatten, nun Zeichnung bekommen.

Der Grund dafür ist, dass, wenn man den Regler herunterdreht, die Tonwerte einer 16-Bit-Datei zusammengeballt werden. Darüber hinaus arbeitet *Kontrast* immer global, wirkt also auf allen Stellen des Bilds gleichermaßen. Es gibt demnach keine Unterscheidung zwischen Bereichen, die vielleicht schon genügend Kontrast beinhalten, und solchen, die zu wenig Kontrast haben. Allerdings sollte man bedenken, dass man sehr viel Schärfe verliert und das Bild flau wirkt, auch wenn man teilweise sehr viel Zeichnung durch einen niedrigen Kontrastwert erhält.

### Auswirkung des Klarheit-Reglers

Der Regler *Klarheit* arbeitet ebenfalls ausschließlich mit Kontrasten, aber auf einem völlig anderen Weg. Der Mechanismus hinter dem Regler *Klarheit* sorgt beim Steigern der *Klarheit* dafür, dass lokale Kontraste an den benachbarten Stellen erhöht werden. Das bedeutet, dass *Klarheit* deutlich behutsamer vorgeht als *Kontrast*.

Aber auch hier ist nicht alles Gold, was glänzt, da der Klarheitsmechanismus dafür sorgt, dass die Bilder häufig überschärft werden und an Stellen, an denen es starke Tonwertunterschiede gibt – etwa am Baum oder am Himmel –, sogenannte Halos entstehen. Halos sind Überstrahlungen durch

*Hier ein kleines Beispiel dafür, wie man es nicht machen sollte. Der Berg glüht förmlich an den Stellen, an denen er in den Himmel übergeht.*

einen zu starken Einsatz von Techniken, die versuchen, den Kontrast oder auch die Schärfe im Bild zu steigern durch Anheben des Kontrasts im benachbarten Bereich.

## Mehr Sättigung und Dynamik

Wieder geht es um ein Paar, das zusammen betrachtet und häufig auch zusammen benutzt wird. Um das Beste aus den beiden Parametern herauszuholen, gilt es erneut zu verstehen, was hinter den Kulissen passiert. Der einfachere der beiden Fälle ist ohne Frage die *Sättigung*. Steigert man den Parameter, sorgt das dafür, dass alle Farben stärker gesättigt werden, unabhängig davon, ob sie bereits stärker gesättigt sind als andere oder nicht. Daraus ergibt sich das rechts abgedruckte Farbschema.

Der Farbstreifen unten zeigt den Ausgangsfarbton an. Die obere Reihe zeigt den Verlauf beim Verändern der Sättigung beginnend mit *-100*, was zu einem monochromen Bild führt bzw. in diesem Fall einer Graustufe. Dann folgen -50, +50 und letztlich +100. Nun haben wir also fünf verschiedene Farbtöne – genau genommen vier und eine Graustufe.

*Farbstreifen des Ausgangsfarbtons.*

Nun sättigen wir dieses Farbschema um den Wert +100. Es zeigt sich, dass alle Felder, die noch einen Farbton enthielten, auf ihre maximale Sättigung erhöht wurden. Es wird also mit dem Sättigungsparameter nichts anderes gemacht, als die Sättigung eines jeden Farbtons dem genannten Parameter entsprechend zu justieren.

*Alle Farbfelder mit maximaler Sättigung.*

***Wichtig:*** Es wird keine Differenzierung zwischen bereits stark gesättigten und wenig gesättigten Bereichen vorgenommen.

Darüber hinaus zeigt sich, dass Pixel, die keine Farbinformationen enthalten, wie das Graustufenfeld, nicht von der Sättigung verändert werden, da keine Farbinformation zur Verfügung steht. Verwendet man den Regler *Sättigung* nicht zum Sättigen, sondern zum Entsättigen, werden entsprechend alle Farbtöne bei -100 zu einem Grauton. Auch hier wird keine Differenzierung vorgenommen.

Betrachten wir nun, ausgehend von demselben Farbbeispiel, was passiert, wenn man den Regler *Dynamik* auf 100 setzt. Direkt darunter werden zum Vergleich die Ursprungsfarbtöne mit den fünf Feldermustern nochmals gezeigt.

Der Regler *Dynamik* geht deutlich vorsichtiger mit den Farbtönen um und versucht primär, die weniger gesättigten Farbtöne den gesättigten anzupassen. Das heißt, es wird nicht die allgemeine Sättigung erhöht, sondern speziell in den Bereichen gearbeitet, die eine starke Differenz zu den sehr gesättigten Farben ausweisen. Dies sieht man sehr schön am ersten und zweiten Feld neben der Graustufe. Der Farbton wurde sachte dem voll gesättigten Grün des vierten Felds (ganz rechts) angenähert, ohne dabei aber die Differenzierung zwischen den verschiedenen Farbtönen zu verlieren.

*Das passiert, wenn man den Regler* Dynamik *auf 100 setzt.*

*Zum Vergleich: die Ursprungsfarbtöne der fünf Feldmuster.*

*Sättigung* hingegen nimmt dort keine Unterscheidung vor, was dazu führt, dass die ursprünglichen Farbtondifferenzen, die ein jedes Bild braucht, verloren gehen.

## WICHTIG! NEGATIVE DYNAMIKWERTE

**Bei der Vorgabe negativer Dynamikwerte wird das System entsprechend entgegengesetzt angewendet. Das bedeutet, dass zunächst die weniger gesättigten Farbtöne zu Graustufen werden und dann erst die stark gesättigten Farben an Sättigung verlieren.**

[i]

## KORREKTURPINSEL NICHT VERGESSEN

**Der *Korrekturpinsel* ist ein sehr gutes Werkzeug, wenn man bereits in Adobe Camera Raw partiell einige Bereiche nur mit einem gewissen Parameter bearbeiten möchte.**
**So ist es zum Beispiel häufig sinnvoll, im Bereich der People-Retusche einige Hautpartien leicht zu entsättigen, wenn sie etwas zu gesättigt wirken.**
**Ebenso kann es sinnvoll sein, Teile des Bilds mit Helligkeit oder Klarheit zu bemalen.**
**All diese Optionen bietet der *Korrekturpinsel*, den Sie über die [K]-Taste aktivieren. Darüber hinaus bietet er auch die Möglichkeit, Bereiche anhand von Farbbereichen automatisch beim Malen zu maskieren. Das automatische Maskieren funktioniert in der Regel erstaunlich gut, probieren Sie es einfach mal aus.**

## HIMMEL TUNEN

**Eine sehr schnelle und schöne Möglichkeit, dem Himmel etwas mehr Dramatik zu verpassen, ist es, mithilfe des Verlaufsfilters ([G]-Taste) einen Verlauf zu ziehen. Dieser Verlauf sollte eine negative Belichtung haben, sofern der Himmel zu hell ist, und vom Anfang des Himmels bis knapp unter den Boden gezogen werden. Das reicht oft schon aus, um den Himmel etwas mehr Pepp zu verleihen, allerdings gibt es noch einen kleinen Kniff. Sie können dem Verlauf abseits der Abdunklung bzw. der Aufhellung auch noch einen Farbton mit auf den Weg geben, indem Sie einfach bei *Farbe* den gewünschten Farbton auswählen. Der Plus- und der Minus-Button bestimmen die Sättigung des Farbtons. Durch diese Technik werten Sie binnen weniger Klicks Ihre Landschaftsaufnahmen erheblich auf.**

Hier ein kleiner Vergleich des Introbilds, einmal mit einer *Dynamik* von *100* und einmal mit einer *Sättigung* vom *100*. Erkennen Sie, welches Bild mit welchem Parameter versehen wurde?
Grundsätzlich haben beide Parameter ihre Berechtigung, wie alle Mechanismen und Parameter in Adobe Photoshop und Camera Raw. Dennoch ist meistens die Dynamik die einfachere Variante, einem Bild etwas mehr Leben einzuhauchen, da es eben nicht alle Bereiche sättigt, sondern nur die Töne, die aktuell wenig gesättigt sind, an die stark gesättigten Töne anpasst. Dennoch gilt es, bei jedem Bild aufs Neue zu entscheiden, welche Methode die richtige ist. Wichtig ist, sich vorher im Klaren darüber zu sein, was man erreichen möchte, demzufolge sollte man den Parameter verwenden, der das Ziel erreichbar macht.
Häufig ist übrigens gerade die Mischung aus beiden eine sehr gute Lösung, da man so zunächst die Sättigung, wenn sie zu stark ist, etwas rausnehmen kann und anschließend die sehr stark entsättigten Bereiche mit Dynamik wieder verstärkt.

*Oben: Einstellung Dynamikwert* +100

*Unten: Einstellung Sättigungswert* +100

# Fluch und Segen: RAW als Smart-Objekt

Smart-Objekte sind eine geniale Erfindung der Adobe-Entwickler, die den Weg ebnet, um stetig im laufenden Bearbeitungsprozess auf die angewandte Rohdatenentwicklung zurückzugreifen und diese nochmals nachzujustieren. Durch diese Objekte ist es beispielsweise möglich, am Ende eines Bearbeitungsprozesses non-destruktiv die Farbtemperatur zu editieren oder die Belichtung noch einmal zu verändern.

### 1 RAW-Datei öffnen

Zunächst muss man natürlich wissen, wie man ein RAW als Smart-Objekt öffnet. Hierzu müssen Sie lediglich eine RAW-Datei in Adobe Camera Raw öffnen. Anschließend klicken Sie unten auf den blauen, unterstrichenen Text. Dieser Text gibt Ihnen bereits Informationen darüber, wie im Bezug auf das Öffnen des Bilds in Photoshop Ihre aktuellen Einstellungen sind. Hier besagt der Text, dass das Bild im Farbraum *Adobe RGB (1998)* mit *8 Bit* bei voller Auflösung und *240 ppi* ausgegeben werden soll.

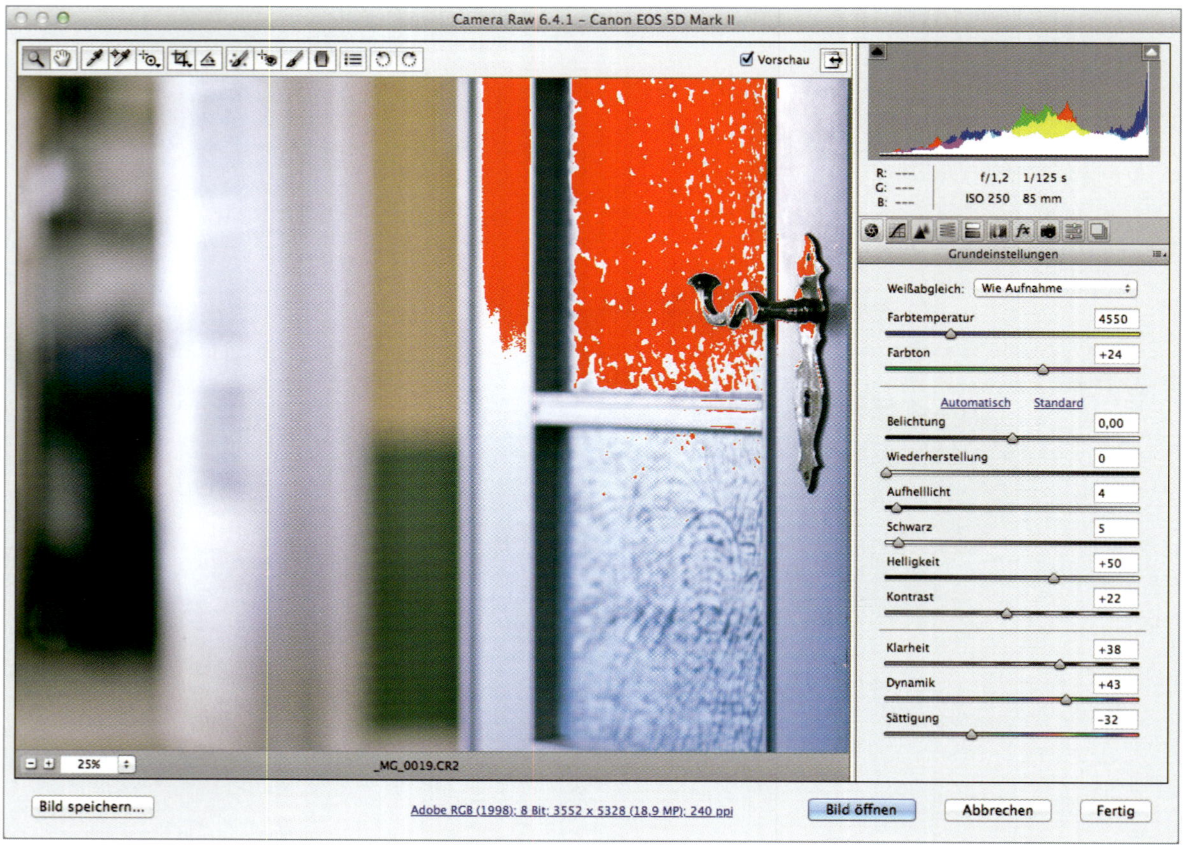


*Unbearbeitete RAW-Datei in Camera Raw.*

### 2 Anpassen der Arbeitsablauf-Optionen

Sobald Sie auf den blauen Textlink am unteren Rand des Arbeitsfensters geklickt haben, öffnet sich der Dialog der *Arbeitsablauf-Optionen*. Hier passen Sie Ihre Einstellungen so an, wie Sie sie benötigen. Wichtig ist nur, dass Sie, wenn Sie die RAW-Datei als Smart-Objekt öffnen wollen, das Häkchen im Kontrollfeld *In Photoshop als Smart-Objekte öffnen* setzen.

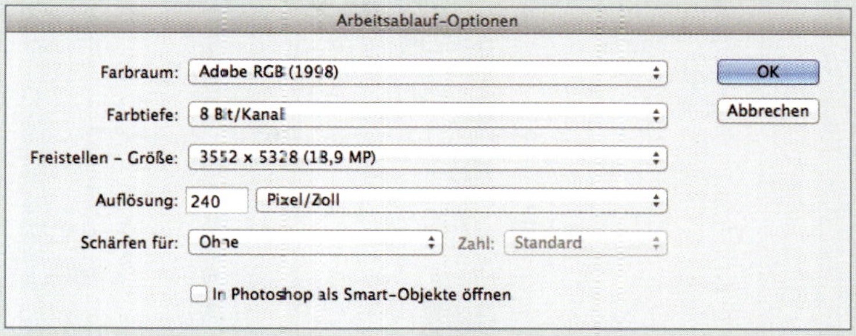


*Einstellungen der* Arbeitsablauf-Optionen *unmittelbar nach dem Öffnen der RAW-Datei.*

Zu empfehlen ist des Weiteren, die maximale Auflösung der Datei auf *300 Pixel/Zoll* und auf eine *Farbtiefe* von *16 Bit/Kanal* zu setzen. Schärfen zu diesem Zeitpunkt ist nicht sehr sinnvoll, da Sie erst schärfen sollten, wenn Ihre gesamte Bearbeitung abgeschlossen ist. Bestätigen Sie anschließend den Dialog der *Arbeitsablauf-Optionen* mit *OK*.

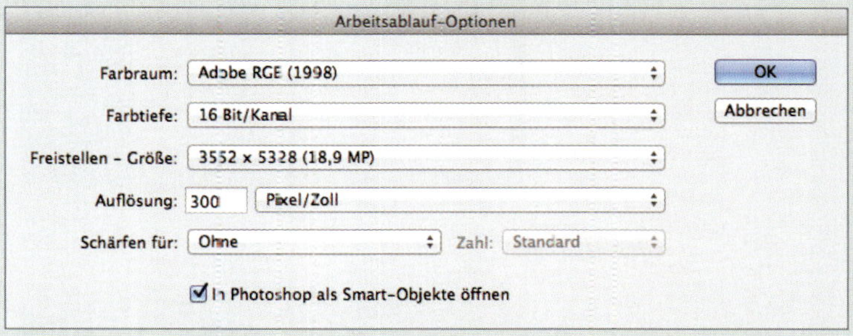


Farbtiefe *und* Auflösung *anpassen sowie Aktivierung des Kontrollfelds* In Photoshop als Smart-Objekte öffnen.

### 3 Smart-Objekt-Übergabe an Photoshop

Wieder zurück im Arbeitsfenster von Camera Raw, öffnen Sie jetzt das Bild mit *Objekt öffnen* in Photoshop.

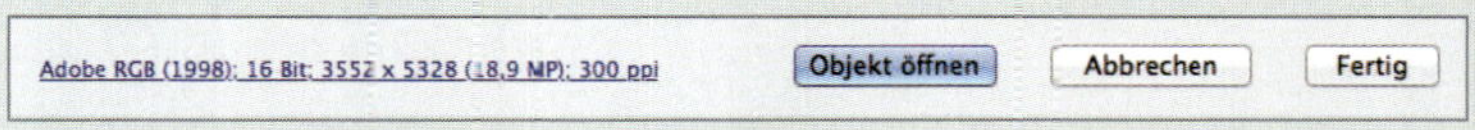


*Die RAW-Datei wird über den Button* Objekt öffnen *als Smart-Objekt an Photoshop übergeben.*

*Die RAW-Datei wird über den Button* Bild öffnen *als normales Bild an Photoshop übergeben.*

Übrigens – am Button *Objekt öffnen* erkennen Sie, ob Sie die RAW-Datei als Smart-Objekt in Photoshop öffnen oder nicht. Haben Sie das Kontrollfeld nicht aktiviert, sehen Sie anstatt *Objekt öffnen* den Button *Bild öffnen*, was bedeutet, dass die RAW-Datei lediglich als normales Bild in Photoshop geöffnet wird.

*Die RAW-Datei wird als Smart-Objekt im* Ebenen-*Bedienfeld angezeigt.*

**4 Smart-Objekt im Ebenen-Bedienfeld**

Smart-Objekte erkennen Sie im *Ebenen*-Bedienfeld immer am eingebetteten Blattsymbol im Miniaturbild der Ebene. Durch einen Doppelklick auf das Miniaturbild öffnet sich erneut Adobe Camera Raw, wo dann die Einstellungen der Rohdatenentwicklung verändert werden können.

### 5 Smart-Objekte richtig duplizieren

Ein kleiner Fehler, der häufig ein großes Missverständnis bei Smart-Objekten auslöst, betrifft das Duplizieren dieser Objekte. Der Anwender benutzt in der Regel die Tastenkombination [Strg]+[J] (Win) bzw. [⌘]+[J] (Mac), um eine Ebene zu duplizieren - normalerweise auch der absolut richtige Weg, nur bei Smart-Objekten eben nicht.

Beim regulären Duplizieren eines Smart-Objekts durch die eben genannten Tastenkombination wird eine Kopie der Ebene erstellt, die nach wie vor ein Smart-Objekt ist, aber auf dieselbe XMP-Datei zurückgreift wie das ursprüngliche Smart-Objekt.

Diese XMP-Datei beinhaltet alle Einstellungen, die Sie im RAW-Konverter vorgenommen haben, und wird immer mit der RAW-Datei zusammen abgespeichert. Sie können diese XMP-Dateien auch mit einem Texteditor öffnen und dort editieren, wenn Sie diesen Weg vorziehen.

Das Problem ist jetzt, dass die Kopie der Ebene keine eigenen, neuen XMP-Eigenschaften besitzt, sondern sich auf die XMP-Datei der Ursprungsebene bezieht. Das bedeutet, wenn Sie in einer der beiden Ebenen auf Adobe Camera Raw zurückgreifen, um die Einstellungen zu ändern, schreiben Sie diese Änderungen in die XMP-Datei, auf die beide Ebenen zugreifen. Das wiederum heißt, dass sich beide Ebenen entsprechend den Einstellungen verändern, obwohl die eine Ebene ja eigentlich eine separate Kopie sein soll.

Setzen Sie die Belichtung etwa um eine Blende, also um *+1*, hoch, werden beide Dateien heller, weil sie sich eine XMP-Datei teilen.

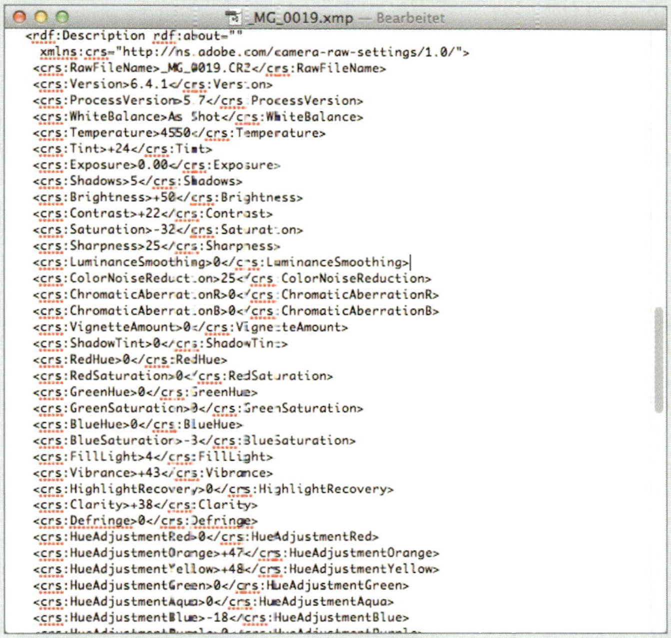


```
<rdf:Description rdf:about=""
  xmlns:crs="http://ns.adobe.com/camera-raw-settings/1.0/">
 <crs:RawFileName>_MG_0019.CR2</crs:RawFileName>
 <crs:Version>6.4.1</crs:Version>
 <crs:ProcessVersion>5.7</crs:ProcessVersion>
 <crs:WhiteBalance>As Shot</crs:WhiteBalance>
 <crs:Temperature>4550</crs:Temperature>
 <crs:Tint>+24</crs:Tint>
 <crs:Exposure>0.00</crs:Exposure>
 <crs:Shadows>5</crs:Shadows>
 <crs:Brightness>+50</crs:Brightness>
 <crs:Contrast>+22</crs:Contrast>
 <crs:Saturation>-32</crs:Saturation>
 <crs:Sharpness>25</crs:Sharpness>
 <crs:LuminanceSmoothing>0</crs:LuminanceSmoothing>
 <crs:ColorNoiseReduction>25</crs:ColorNoiseReduction>
 <crs:ChromaticAberrationR>0</crs:ChromaticAberrationR>
 <crs:ChromaticAberrationB>0</crs:ChromaticAberrationB>
 <crs:VignetteAmount>0</crs:VignetteAmount>
 <crs:ShadowTint>0</crs:ShadowTint>
 <crs:RedHue>0</crs:RedHue>
 <crs:RedSaturation>0</crs:RedSaturation>
 <crs:GreenHue>0</crs:GreenHue>
 <crs:GreenSaturation>0</crs:GreenSaturation>
 <crs:BlueHue>0</crs:BlueHue>
 <crs:BlueSaturation>-3</crs:BlueSaturation>
 <crs:FillLight>4</crs:FillLight>
 <crs:Vibrance>+43</crs:Vibrance>
 <crs:HighlightRecovery>0</crs:HighlightRecovery>
 <crs:Clarity>+38</crs:Clarity>
 <crs:Defringe>0</crs:Defringe>
 <crs:HueAdjustmentRed>0</crs:HueAdjustmentRed>
 <crs:HueAdjustmentOrange>+47</crs:HueAdjustmentOrange>
 <crs:HueAdjustmentYellow>+48</crs:HueAdjustmentYellow>
 <crs:HueAdjustmentGreen>0</crs:HueAdjustmentGreen>
 <crs:HueAdjustmentAqua>0</crs:HueAdjustmentAqua>
 <crs:HueAdjustmentBlue>-18</crs:HueAdjustmentBlue>
```

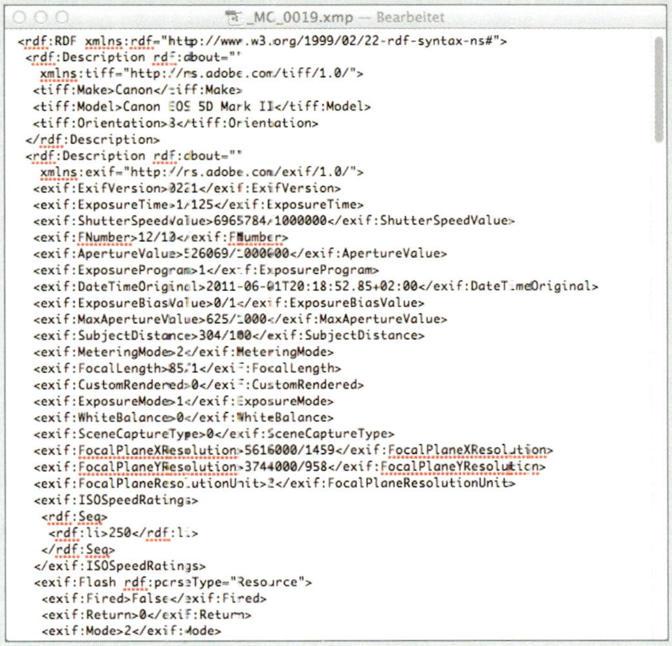


```
<rdf:RDF xmlns:rdf="http://www.w3.org/1999/02/22-rdf-syntax-ns#">
 <rdf:Description rdf:about=""
  xmlns:tiff="http://ns.adobe.com/tiff/1.0/">
 <tiff:Make>Canon</tiff:Make>
 <tiff:Model>Canon EOS 5D Mark II</tiff:Model>
 <tiff:Orientation>3</tiff:Orientation>
 </rdf:Description>
 <rdf:Description rdf:about=""
  xmlns:exif="http://ns.adobe.com/exif/1.0/">
 <exif:ExifVersion>0221</exif:ExifVersion>
 <exif:ExposureTime>1/125</exif:ExposureTime>
 <exif:ShutterSpeedValue>6965784/1000000</exif:ShutterSpeedValue>
 <exif:FNumber>12/10</exif:FNumber>
 <exif:ApertureValue>526069/1000000</exif:ApertureValue>
 <exif:ExposureProgram>1</exif:ExposureProgram>
 <exif:DateTimeOriginal>2011-06-01T20:18:52.85+02:00</exif:DateTimeOriginal>
 <exif:ExposureBiasValue>0/1</exif:ExposureBiasValue>
 <exif:MaxApertureValue>625/1000</exif:MaxApertureValue>
 <exif:SubjectDistance>304/100</exif:SubjectDistance>
 <exif:MeteringMode>2</exif:MeteringMode>
 <exif:FocalLength>85/1</exif:FocalLength>
 <exif:CustomRendered>0</exif:CustomRendered>
 <exif:ExposureMode>1</exif:ExposureMode>
 <exif:WhiteBalance>0</exif:WhiteBalance>
 <exif:SceneCaptureType>0</exif:SceneCaptureType>
 <exif:FocalPlaneXResolution>5616000/1459</exif:FocalPlaneXResolution>
 <exif:FocalPlaneYResolution>3744000/958</exif:FocalPlaneYResolution>
 <exif:FocalPlaneResolutionUnit>2</exif:FocalPlaneResolutionUnit>
 <exif:ISOSpeedRatings>
  <rdf:Seq>
   <rdf:li>250</rdf:li>
  </rdf:Seq>
 </exif:ISOSpeedRatings>
 <exif:Flash rdf:parseType="Resource">
  <exif:Fired>False</exif:Fired>
  <exif:Return>0</exif:Return>
  <exif:Mode>2</exif:Mode>
```

*Hier zwei kleine Ausschnitte einer XMP-Datei in einem Texteditor. Das Editieren direkt in der XMP-Datei ist enorm schwierig und verlangt sehr viel Sachverstand und Geduld.*

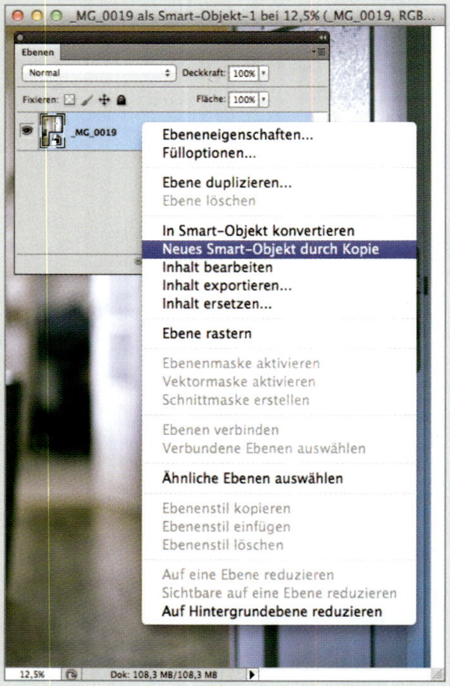


*Über das Kontextmenü der Ebene erzeugen Sie ein* Neues Smart-Objekt durch Kopie.

Um dieses Problem zu umgehen, können Sie einfach, anstatt per Tastenkombination die Ebene zu duplizieren, mit einem Rechtsklick in die entsprechende Ebene des *Ebenen*-Bedienfelds den Befehl *Neues Smart-Objekt durch Kopie* auswählen. Das führt dazu, dass eine weitere XMP-Datei verwendet wird, was das Problem löst, da nun die Kopie des Smart-Objekts nicht mehr auf dieselbe Einstellungsdatei zurückgreift.

**6 Flexibilität bleibt auf der Strecke**

Leider verliert man durch ein Smart-Objekt einiges an Flexibilität. So ist es nicht mehr möglich, auf einem Smart-Objekt direkt zu arbeiten. Auf der Ebene zu malen, ist nicht mehr möglich, da dann direkt Pixelinformationen verändert werden. Das würde aber die Möglichkeit ausschließen, zu Adobe Camera Raw zurückzukehren, um die Rohdatei zu editieren, da zuvor die Pixelinformationen verändert wurden.

Sobald man versucht, die Pixelinformationen direkt auf dem Smart-Objekt zu verändern, hier mit dem Bereichsreparatur-Pinsel, wird direkt dieses Fenster geöffnet, das einen vor die Frage stellt, ob das Objekt jetzt gerastert werden soll. Rastern, also der Klick auf *OK*, bedeutet nichts anderes, als dass das Smart-Objekt wieder in eine normale Bildebene konvertiert wird. Danach erscheint noch eine weitere Meldung, die mitteilt, dass das Smart-Objekt nicht direkt bearbeitet werden kann.

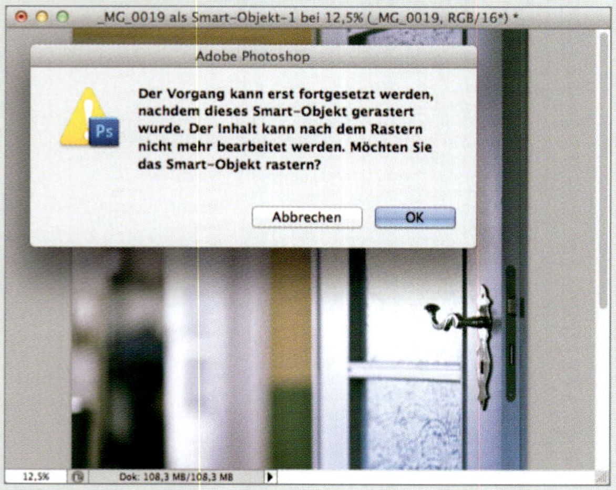


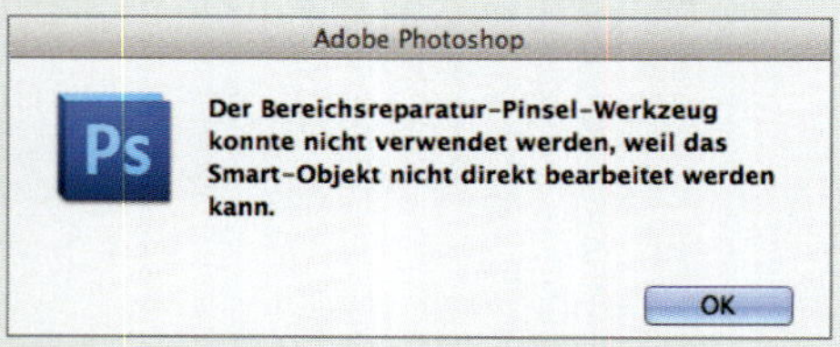


*Smart-Objekte können nicht mit pixelverändernden Werkzeugen bearbeitet werden.*

# Clever transformieren

Häufig kommt es vor, dass man Teile eines Bilds, besonders bei Composings, mal vergrößert und dann wieder verkleinert, was zwangsläufig zu Qualitätsverlusten führt, da Photoshop jedes Mal, wenn man transformiert, die Bildinformationen entsprechend dem Interpolationsverfahren anpasst. Da es aber bis heute leider kein perfektes Verfahren gibt, das alle Bildinformationen erhält und nicht zerstört, bleibt uns das Transformieren mit Smart-Objekten als Zwischenweg. Ein kleines Beispiel: Wir gehen von vier Tonwerten aus - Weiß, helles Grau, dunkles Grau und Schwarz.

*Hier das Transformations-Ergebnis mit einer normalen Ebene.*

*Hier das Transformations-Ergebnis mit einer Smart-Objekt-Ebene.*

*JPEG-Datei, bestehend aus vier Tonwerten.*

**1 Vier Tonwerte als Ausgangsbasis**

Erstellen Sie eine Datei mit den Maßen 1.200 x 400 Pixel, legen Sie entsprechend der Grafik oben vier gleich große Felder mit den verschiedenen Tonwerten fest und speichern Sie diese anschließend als JPEG-Datei unter dem Namen *Skalieren* ab.

*Die JPEG-Datei wird als Smart-Objekt geöffnet, dupliziert und gerastert.*

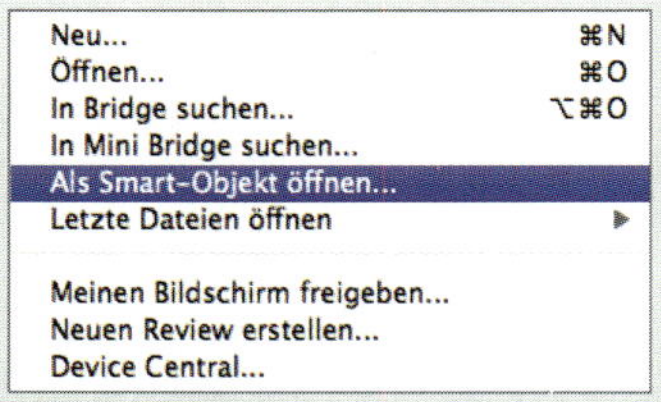


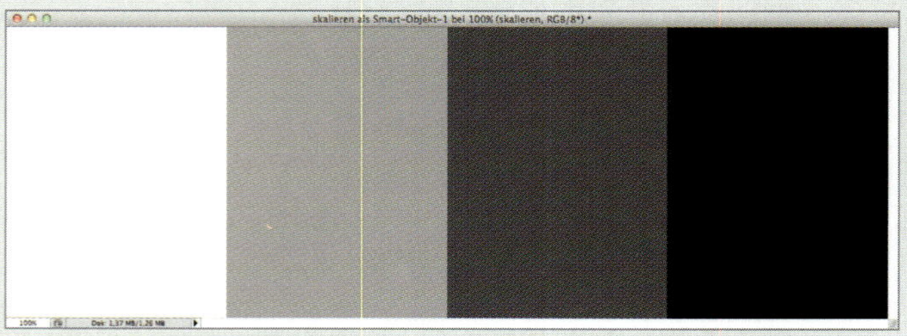

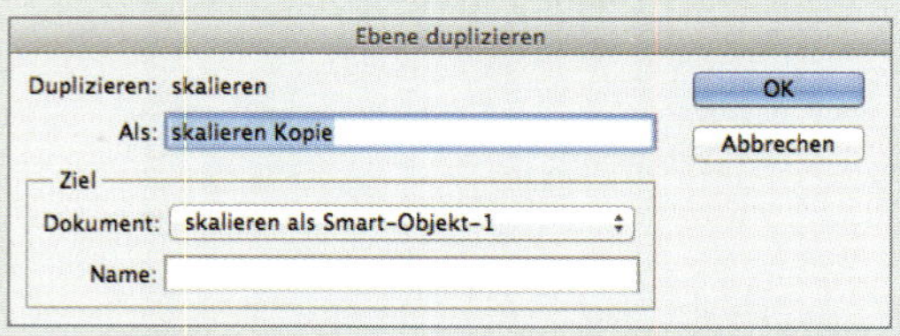


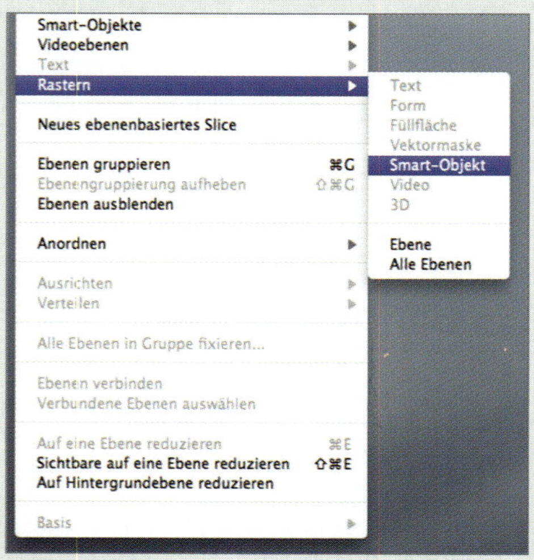


**2 Datei als Smart-Objekt öffnen**

Diese JPEG-Datei öffnen Sie nun über *Datei/Als Smart-Objekt öffnen*. Anschließend duplizieren und rastern Sie das Smart-Objekt durch einen Rechtsklick auf die Ebene im *Ebenen*-Bedienfeld und wählen den Befehl *Ebene rastern* aus. Nun haben Sie dieselben Bildinformationen einmal in einem Smart-Objekt und einmal in einer regulären Bildebene vorliegen.

### 3 Transformieren der Ebenen

Jetzt transformieren Sie beide Ebenen so, dass sie nur noch in das linke Feld passen. Markieren Sie zuerst die zu transformierende Ebene. Mit der Tastenkombination Strg + T (Win) bzw. ⌘ + T (Mac) rufen Sie die Transformationsfunktion auf.

Transformieren Sie die beiden Ebenen erneut, sodass sie nur noch ein Viertel der momentanen Größe haben.

Anschließend vergrößern Sie die beiden Ebenen wieder so, dass sie die gesamte Bilddatei ausfüllen. Deaktivieren Sie nun im Bedienfeld *Ebenen* über das Augensymbol noch die Ebene mit dem Smart-Objekt.

Es zeigt sich, dass die normale Ebene durch das mehrfache Transformieren und anschließende Interpolieren erhebliche Bildinformationen eingebüßt hat. Der klare Übergang zwischen den Feldern ist verwischt, Photoshop hat durch das Interpolieren einen leichten Verlauf geschaffen. Dieser Verlauf würde bei regulären Bilddateien eine Unschärfe bedeuten, sogar eine relativ starke.

Die Smart-Objekt-Ebene hingegen zeigt das Anfangsbild. Der Grund dafür ist, dass, wie bereits vorhin beim Versuch, auf die Ebene zu malen, erwähnt, das Smart-Objekt keine Pixelinformationen verändert. Das Smart-Objekt merkt sich die begangenen Transformationsschritte und wendet sie an. Hierbei werden aber nicht die Pixelinformationen verändert. Demzufolge kann man anschließend verlustfrei immer wieder den Ausgangspunkt herstellen, ohne Schärfeinformationen zu verlieren. Deshalb ist es wichtig, beim Transformieren nach Möglichkeit immer Smart-Objekte zu verwenden.

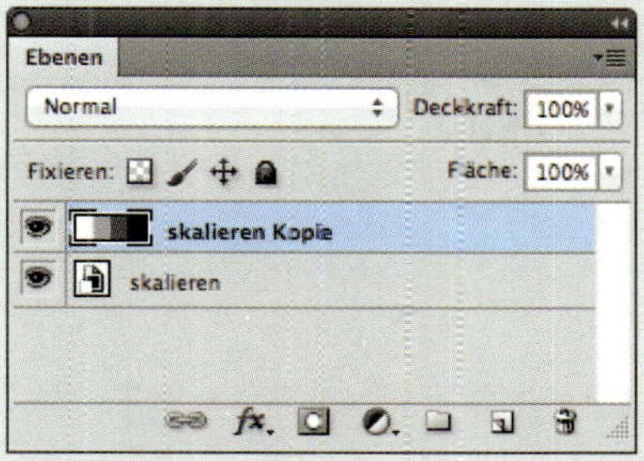


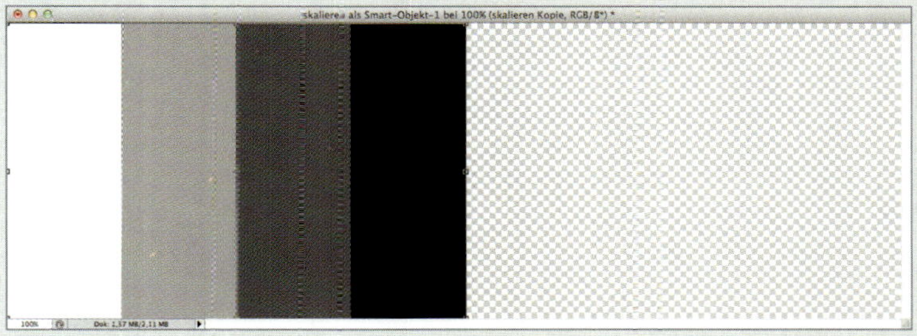

*Beide Ebenen, auf ca. die Hälfte skaliert.*

*Beide Ebenen, auf ca. ein Viertel skaliert.*

# Filter non-destruktiv anwenden

Neben der Möglichkeit, zur Rohdatenentwicklung zurückzukehren, bietet das Smart-Objekt noch die Möglichkeit, Filter non-destruktiv anzuwenden.

*Um den gewünschten Effekt einer Kontraststeigerung und eines simulierten Korns zu erhalten, wurden hier verschiedene Filter mehrfach angewendet. Der Vorteil ist klar und einleuchtend – man kann so die Filter jederzeit separat nachjustieren und so ganz fein aufeinander abstimmen. Verwendete Filter waren hier dreimal* Rauschen hinzufügen*, zweimal* Gaußscher Weichzeichner*, je einmal der Filter* Solarisation *und der Filter* Helle Bereiche vergrößern*. Alle zusammen angewendet fügen sich dann zu dem Ergebnis zusammen.*

### 1 Smart-Objekt und Scharfzeichner

Wenn Sie auf ein Smart-Objekt einen Filter anwenden, etwa einen Scharfzeichnungsfilter, wird dieser im *Ebenen*-Bedienfeld angezeigt.

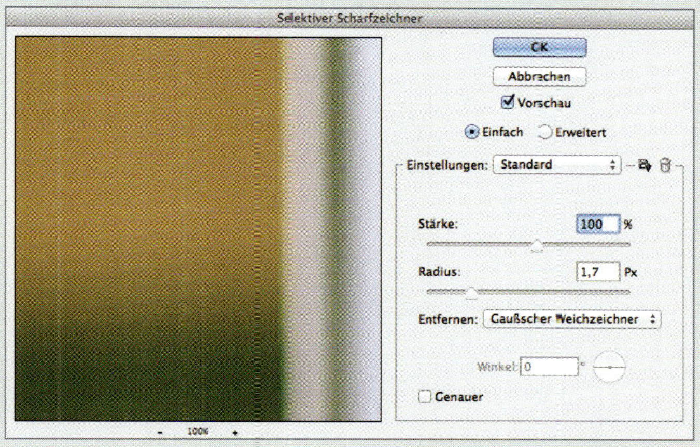


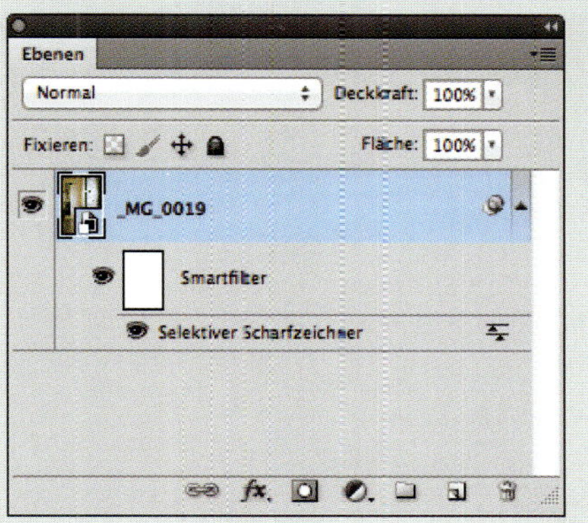


*Anzeige der neuen* Smartfilter-*Ebene* Selektiver Scharfzeichner.

### 2 Filter erneut aufrufen

Sie können ihn mit einem Klick auf das Augensymbol deaktivieren und das Dialogfenster für die Einstellungen des Filters durch einen Doppelklick mit der Maus erneut aufrufen. Sie können auch den Filter partiell per Maske raus- bzw. hineinmalen. Allerdings zählt diese Maske für alle Filter, das heißt, haben Sie mehrere Filter angewendet, gilt diese Maske für alle Filter.

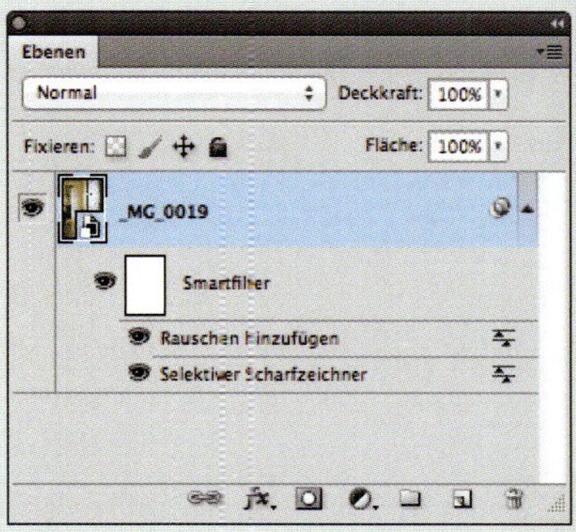


*Anzeige der neuen* Smartfilter-*Ebene* Rauschen hinzufügen.

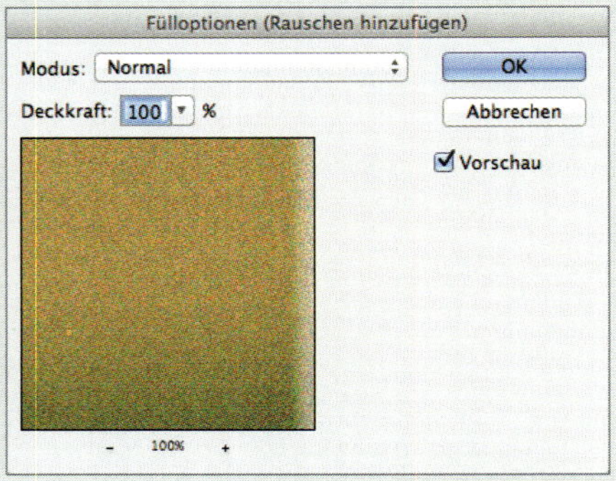

Modus *und* Deckkraft *des Filters einstellen.*

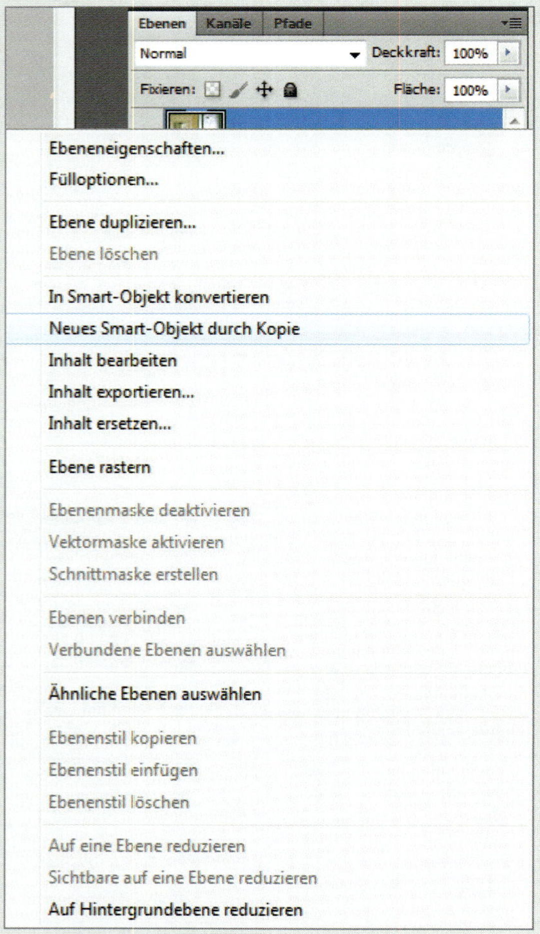


Wenn Sie rechts neben dem Smartfilter auf das Symbol klicken, das aus zwei Linien und zwei Dreiecken besteht, öffnet sich der Dialog *Fülloptionen (Rauschen hinzufügen)*. In diesem Dialog bestimmen Sie den *Modus* des Filters und seine *Deckkraft*. Stellen Sie sich den *Modus* so vor, als hätten Sie eine separate duplizierte Ebene des Bilds, auf der der Filter angewandt würde, und auf dieser stellten Sie dann den gewünschten Modus ein.

### 3 Mixtur einzelner Entwicklungen

Es gibt leider im *Korrekturpinsel* vom Adobe Camera Raw nicht alle Einstellungsmöglichkeiten, die es sonst in der normalen Rohdatenentwicklung gibt. Deshalb muss man etwas tricksen, um beispielsweise Teile eines Bilds mit weniger Dynamik zu versehen. Öffnen Sie hierzu ein beliebiges Bild in Adobe Camera Raw und entwickeln Sie es. Anschließend öffnen Sie das Bild als Smart-Objekt in Photoshop, im besten Fall mit 16 Bit pro Kanal.

Durch einen Klick mit der rechten Maustaste auf die so erstellte Ebene öffnen Sie das Kontextmenü. Dort wählen Sie, wie zuvor beschrieben, *Neues Smart-Objekt durch Kopie*, weil Sie ja nicht wollen, dass sich die Kopie auf dieselbe XMP-Datei bezieht.

Danach öffnen Sie durch einen Doppelklick auf das Smart-Objekt-Symbol der gerade erstellten Ebene erneut Adobe Camera Raw. Dort verändern Sie nun die Entwicklung Ihren Wünschen entsprechend. Ein Klassiker ist eine andere Kombination aus *Sättigung* und *Dynamik* als in der Ausgangsentwicklung. Das ist nur über diesen Weg möglich, da der *Korrekturpinsel* Dynamik nicht als Korrektureinstellung anbietet.

### 1 Smart-Objekt und Scharfzeichner

Wenn Sie auf ein Smart-Objekt einen Filter anwenden, etwa einen Scharfzeichnungsfilter, wird dieser im *Ebenen*-Bedienfeld angezeigt.

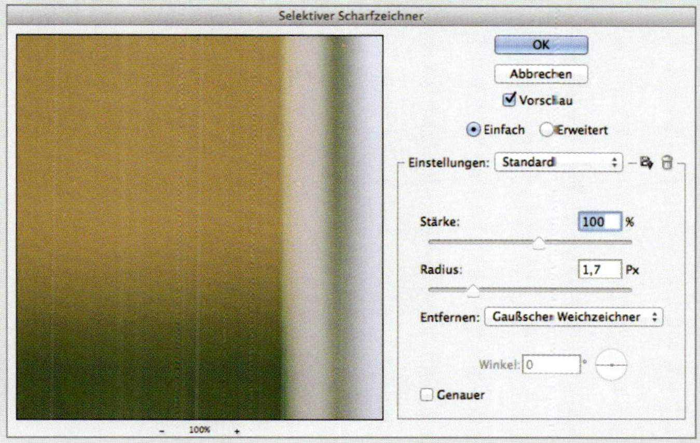


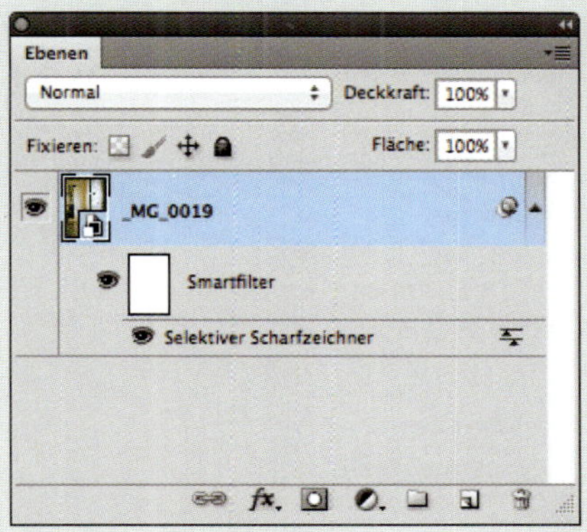


*Anzeige der neuen* Smartfilter-*Ebene* Selektiver Scharfzeichner.

### 2 Filter erneut aufrufen

Sie können ihn mit einem Klick auf das Augensymbol deaktivieren und das Dialogfenster für die Einstellungen des Filters durch einen Doppelklick mit der Maus erneut aufrufen. Sie können auch den Filter partiell per Maske raus- bzw. hineinmalen. Allerdings zählt diese Maske für alle Filter, das heißt, haben Sie mehrere Filter angewendet, gilt diese Maske für alle Filter.

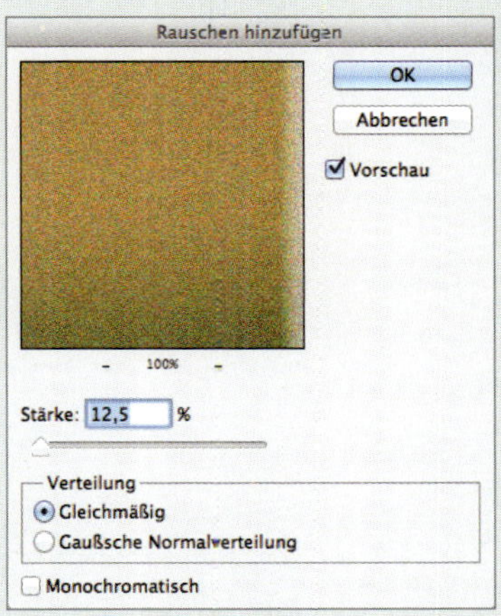


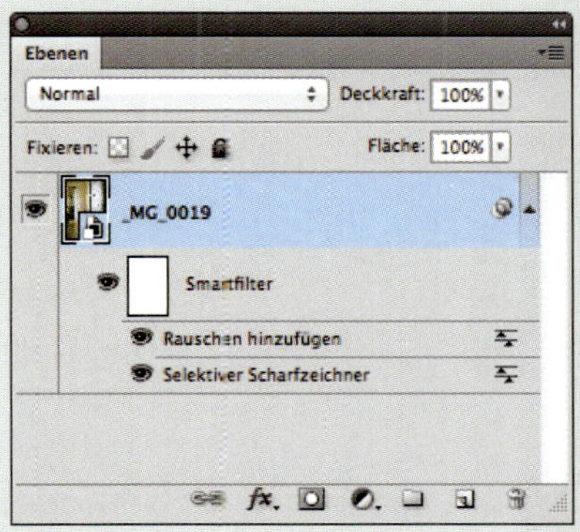


*Anzeige der neuen* Smartfilter-*Ebene* Rauschen hinzufügen.

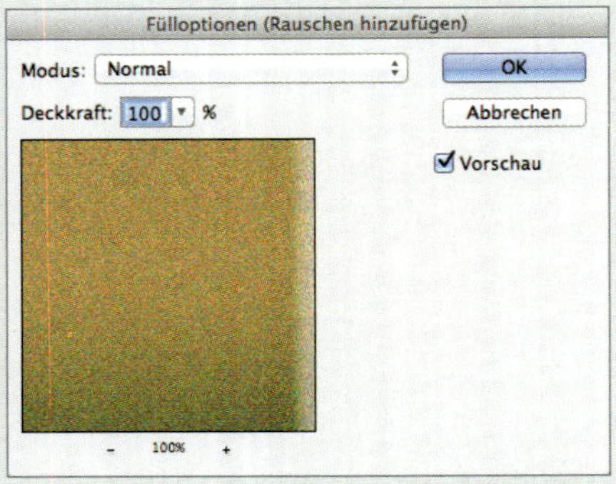


Modus *und* Deckkraft *des Filters einstellen.*

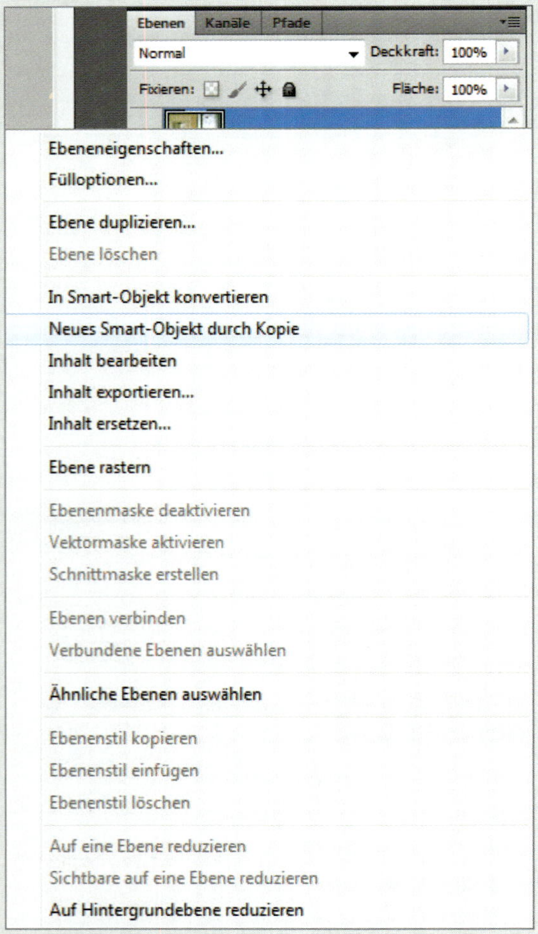


Wenn Sie rechts neben dem Smartfilter auf das Symbol klicken, das aus zwei Linien und zwei Dreiecken besteht, öffnet sich der Dialog *Fülloptionen (Rauschen hinzufügen)*. In diesem Dialog bestimmen Sie den *Modus* des Filters und seine *Deckkraft*. Stellen Sie sich den *Modus* so vor, als hätten Sie eine separate duplizierte Ebene des Bilds, auf der der Filter angewandt würde, und auf dieser stellten Sie dann den gewünschten Modus ein.

### 3 Mixtur einzelner Entwicklungen

Es gibt leider im *Korrekturpinsel* vom Adobe Camera Raw nicht alle Einstellungsmöglichkeiten, die es sonst in der normalen Rohdatenentwicklung gibt. Deshalb muss man etwas tricksen, um beispielsweise Teile eines Bilds mit weniger Dynamik zu versehen. Öffnen Sie hierzu ein beliebiges Bild in Adobe Camera Raw und entwickeln Sie es. Anschließend öffnen Sie das Bild als Smart-Objekt in Photoshop, im besten Fall mit 16 Bit pro Kanal.

Durch einen Klick mit der rechten Maustaste auf die so erstellte Ebene öffnen Sie das Kontextmenü. Dort wählen Sie, wie zuvor beschrieben, *Neues Smart-Objekt durch Kopie*, weil Sie ja nicht wollen, dass sich die Kopie auf dieselbe XMP-Datei bezieht.

Danach öffnen Sie durch einen Doppelklick auf das Smart-Objekt-Symbol der gerade erstellten Ebene erneut Adobe Camera Raw. Dort verändern Sie nun die Entwicklung Ihren Wünschen entsprechend. Ein Klassiker ist eine andere Kombination aus *Sättigung* und *Dynamik* als in der Ausgangsentwicklung. Das ist nur über diesen Weg möglich, da der *Korrekturpinsel* Dynamik nicht als Korrektureinstellung anbietet.

Bestätigen Sie Ihre Entwicklungseinstellungen mit *OK* und kehren Sie somit zu Photoshop zurück. Ihre Veränderung ist zunächst global. Um diese neue Entwicklung nur partiell einzusetzen, müssen Sie eine *Ebenenmaske hinzufügen*.

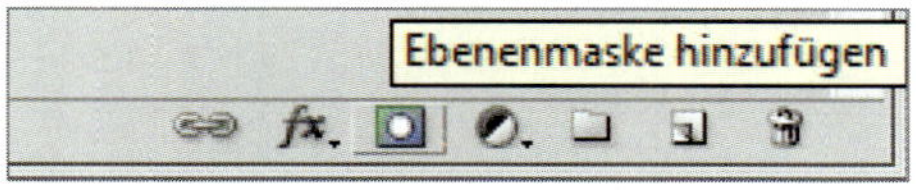


Drücken Sie beim Hinzufügen der Ebenmaske die Alt-Taste. Dadurch wird direkt eine invertierte Ebenenmaske hinzugefügt, die zunächst alles ausblendet.
Jetzt können Sie mit Weiß und Schwarz auf der Ebenenmaske in die Bereiche hineinmalen, die Sie gern mit der neuen Entwicklung versehen wollen.

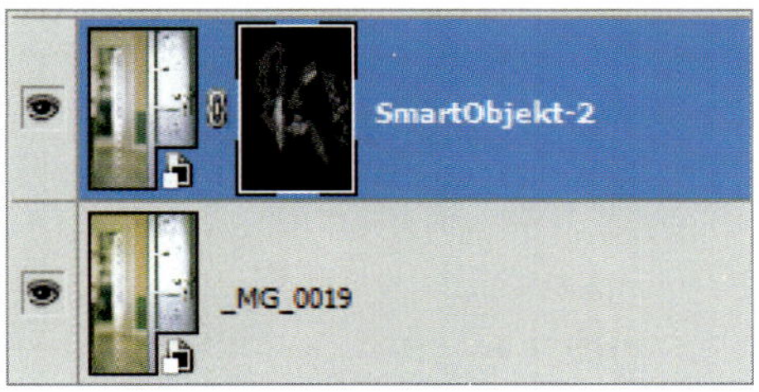


Informationen über die aktuelle Größe der Datei können Sie sich in Photoshop direkt anzeigen lassen, ohne abspeichern zu müssen. Dazu klicken Sie einfach unten links im Bearbeitungsfenster auf das kleine Dreieck zum Ausklappen der Optionen.
Wählen Sie hier *Dateigrößen* aus, wodurch dann unten immer die aktuelle Größe des Dokuments angezeigt wird. Achten Sie stets darauf, Dateien klein zu halten, da Sie sonst Rechengeschwindigkeit bei der Arbeit mit Photoshop einbüßen müssen.

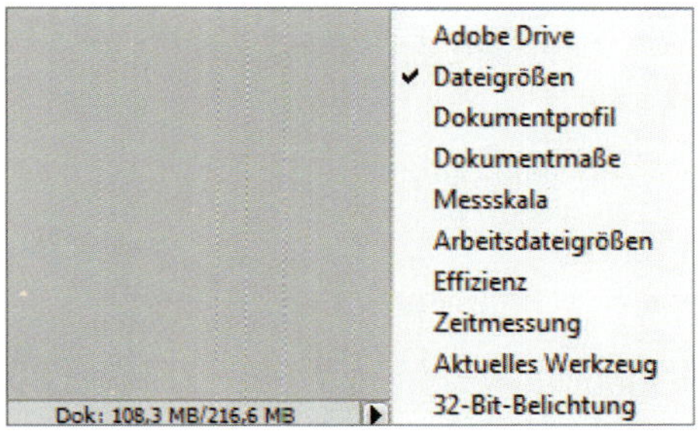


*Die linke Zahl zeigt immer die Größe der Hintergrundebene bzw. der Ausgangsebene nach dem Öffnen und die Zahl rechts die gesamte Größe des Dokuments an.*

## i EXPLODIERENDE DATEIGRÖSSE

**Jedes Mal, wenn Sie eine vollständige Kopie einer Ebene erstellen, wird die Ebene kopiert, das heißt, dass dementsprechend auch die Dateigröße, die die Ebene hatte, nun verdoppelt wird. Deshalb sollten Sie mit dem Duplizieren ganzer Ebenen aufpassen, da Ihre Photoshop-Dateien sonst sehr schnell sehr groß werden, vor allem wenn Sie mit RAW-Daten arbeiten.**

# DUPLEX-LOOK UND HAND-MADE-HDR

## 5

# Duplex-Look und Hand-made-HDR

*Einfache und schnelle Farb- und Schwarz-Weiß-Looks mithilfe von Duplexfarben – hier handelt es sich um ein Triplex mit den Schmuckfarben Blau und Gelb.*

# 5 Duplex-Look und Hand-made-HDR

*Ein Klassiker in der Bildbearbeitung ist das schnelle Herstellen eines speziellen Farblooks. Häufig wird eine Schwarz-Weiß-Konvertierung benötigt, die möglichst nicht flau und langweilig wirken soll. Beide Anforderungen lassen sich in Photoshop mithilfe einer Duplexfarbkonvertierung, die eigentlich für den Druck gedacht ist, sehr schnell umsetzen.*

## Technik der Duplexkonvertierung

■ Dieses System basiert darauf, dass man mit einer gewissen Anzahl an Farben (Duplex: zwei, Triplex: drei etc.) ein Schwarz-Weiß-Bild mit einer oder mehr Schmuckfarben aufwertet bzw. seine Wirkung verstärkt. In der Regel werden dazu normierte Pantone-Farben verwendet. Das bedeutet, wenn eine Druckerei die Pantone-Farben X, Y und Z anbietet, sind diese Farben auch wirklich X, Y und Z – bei allen Druckereien dieser Welt.

### 1 Bild wählen und vorbereiten

Nach der Auswahl eines passenden Bilds öffnen Sie die entsprechende Datei. Sollte es sich um ein Bild mit 16-Bit-Farbtiefe pro Farbkanal handeln, müssen Sie zunächst unter *Bild/Modus* die Farbtiefe auf *8-Bit-Kanal* ändern.

### 2 Konvertieren in Graustufen und Duplex

Im nächsten Schritt müssen Sie ebenfalls unter *Bild/Modus* die Bilddatei durch einen Klick auf die Funktion *Graustufen* in ein Graustufenbild konvertieren. Unmittelbar nach Anwahl der Funktion erscheint eine Meldung mit der Frage, ob wirklich alle Farbinformationen des Bildes verworfen werden sollen. Klicken Sie hier auf *Löschen*.

Sobald Sie das Bild unter Verlust aller Farbinformationen in ein Graustufenbild konvertiert haben, können Sie wieder im Menü *Bild/Modus* die Funktion *Duplex* auswählen. Mit dem Klick auf *Duplex* aktivieren Sie jetzt die Duplexfarben.

*Im Menü* Bild/Modus *wählen Sie den entsprechenden Konvertierungsmodus aus.*

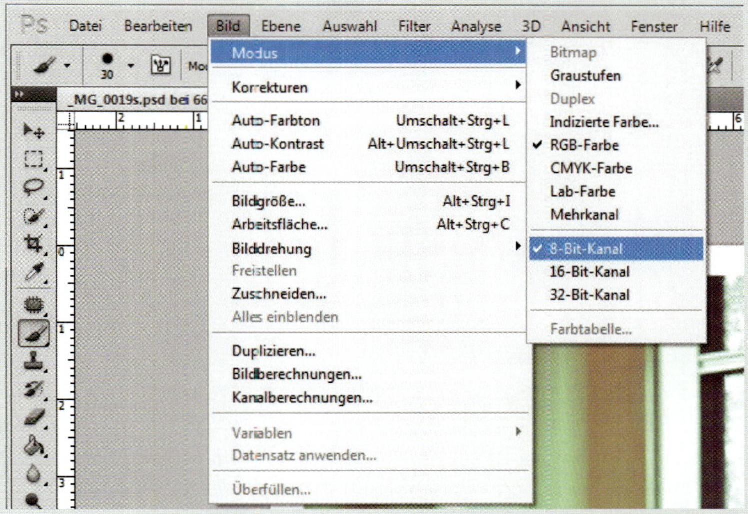


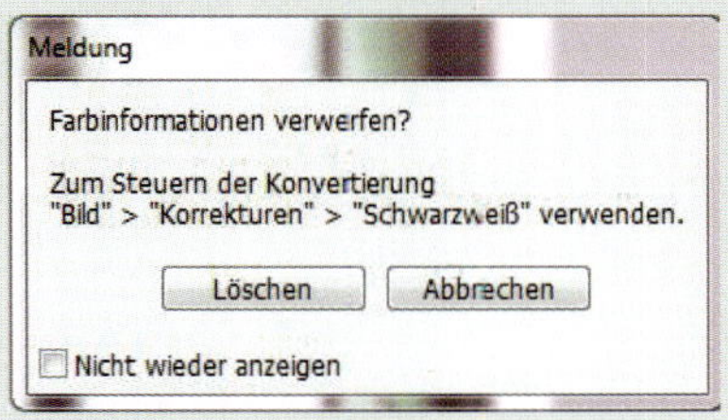


*Sollen alle Farbinformationen verworfen werden?*

*Nach dem Klick auf die Funktion* Duplex *öffnet sich direkt der Konvertierungsdialog.*

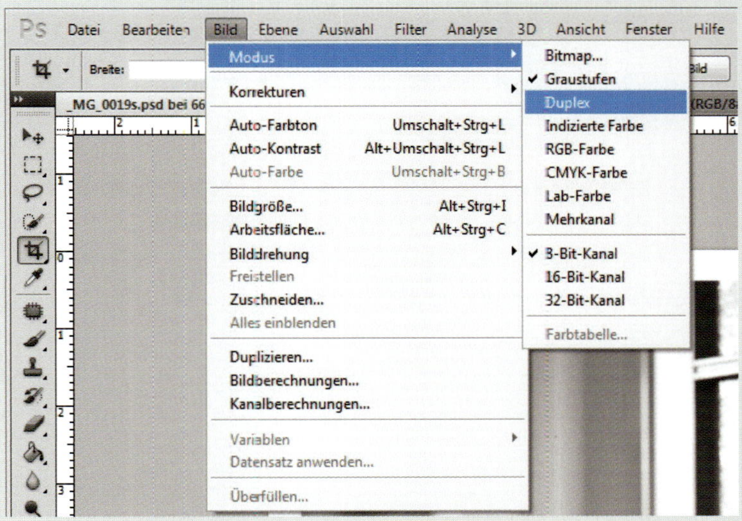

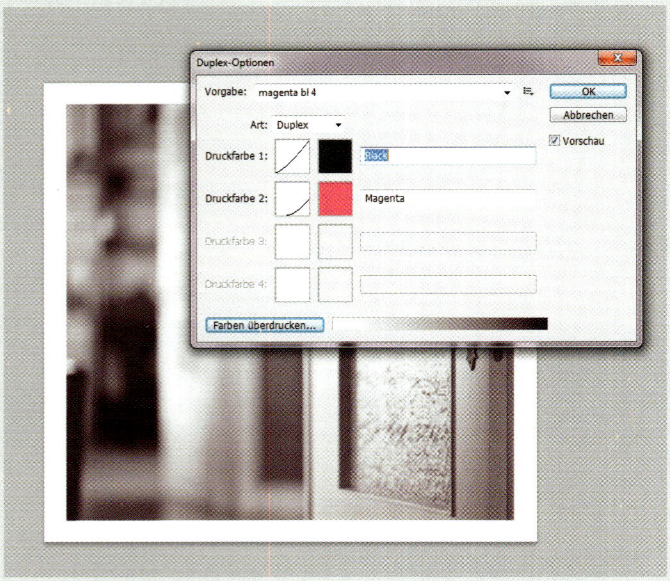


*In diesem Beispiel ist* magenta bl 4 *die verwendete* Vorgabe, *die abseits von Schwarz zur Wiedergabe der Graustufen noch Magenta als Schmuckfarbe verwendet.*

### 3 Konvertierung in Duplex

Im Dialogfeld *Duplex-Optionen* legen Sie jetzt fest, wie mit den Farben umgegangen werden soll. Mithilfe der Drop-down-Liste *Vorgabe* können Sie sehr schnell einen passenden Farblook oder eine schöne Schwarz-Weiß-Konvertierung auswählen.

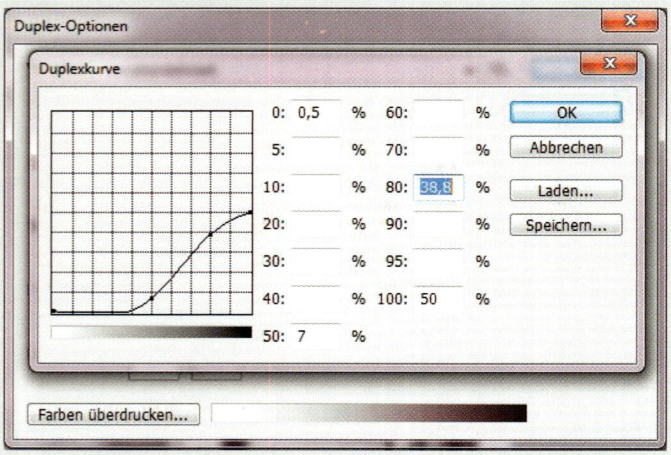


*Mit der* Duplexkurve *kann eine Vorgabe modifiziert werden.*

Möchten Sie eine der angebotenen Vorgaben noch weitergehend editieren, tun Sie das, indem Sie durch einen Klick mit der Maus auf das Symbol mit der Kurve rechts neben den Druckfarben den Dialog *Duplexkurve* öffnen.

Der Dialog *Duplexkurve* ist vergleichbar mit dem einer regulären Gradationskurve. Nur bestimmen Sie hier primär, in welchen Tonwertbereichen sich welche Farben hineinmischen sollen – oder eben auch nicht. Es bedarf oft nur einer sehr vorsichtigen Justierung der Kurve, um das gewünschte Ergebnis zu erzielen. In diesem Fall hilft viel nicht viel.

Genügen diese Einstellungsmöglichkeiten noch nicht, können Sie in einem weiteren Dialogfeld *Farben überdrucken* bestimmen, was an den Stellen im Bild passieren soll, an denen die *Druckfarbe 1* und die *Druckfarbe 2* überdruckt werden. Wenn Sie mit mehr als zwei Farben, also einem Triplex oder Quadroplex, arbeiten, können Sie entsprechend noch weitere Einstellungen vornehmen. Sobald Sie alle Einstellungen abgeschlossen haben, schließen Sie den Dialog mit *OK* und beenden damit die Konvertierung.

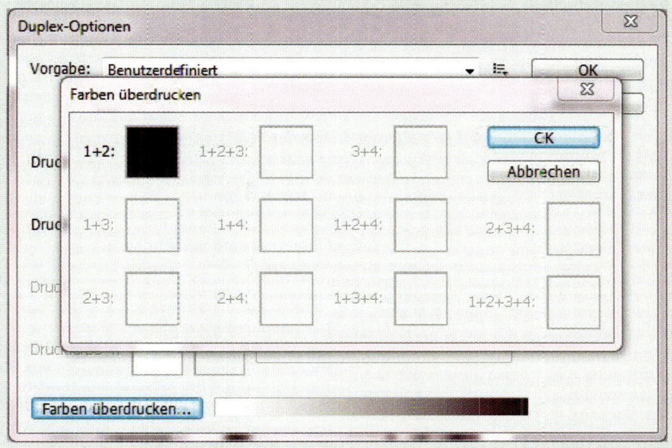


*Festlegen, welche Druckfarben überdruckt werden sollen.*

**Achtung!** Nicht alle Vorgaben arbeiten mit Pantone-Farben. Die Vorgaben, die es tun, tragen bei einer der beiden Farben entsprechend einen Namen ein, wie etwa *PANTONE 349 CVC*, der für ein dunkles Grün steht. Jene, die lediglich *Magenta* oder *Grün* heißen, sind nicht auf den Pantone-Standard genormt. Sie können jeweils durch einen Klick auf *Farbbibliotheken* bei normalen Farben bzw. *Farbwähler* bei Pantone zwischen diesen beiden Systemen wechseln.

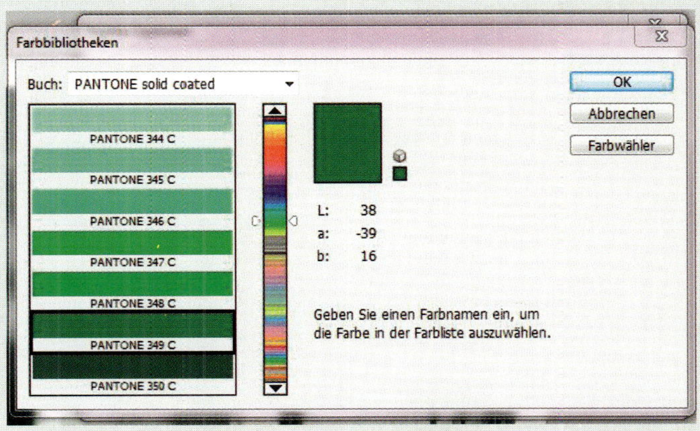


*So sieht der Dialog* Farbbibliotheken *aus, wenn man in der Vorgabe eine Pantone-Farbe erhalten hat. Das Buch oben bestimmt, welche Pantone-Farben auswählbar sind. Durch einen Klick auf den Button* Farbwähler *kehren Sie zur normalen Farbauswahl ohne Pantone zurück.*

### 4 Auf RGB-Modus zurücksetzen

Im letzten Arbeitsschritt der Duplexkonvertierung sollten Sie im Menü *Bild* den *Modus* wieder auf *RGB-Farbe* zurücksetzen.

# Das geht auch als Aktion!

Wenn Sie nun entsprechend den eben genannten Schritten eine Aktion erstellen müssten, würden Sie einige unnötige Schritte machen, die dazu noch destruktiv wären. So würde etwa das direkte Konvertieren in Graustufen dafür sorgen, dass Sie alle Farbinformationen in dem aktuell geöffneten Dokument verlieren. Das ist nicht das Ziel, und es ist mit einigen kleinen Kniffen zu umgehen.

### 1 Hilfsdokument erstellen

Öffnen Sie zunächst in Photoshop ein Bild mit 8-Bit-Farbtiefe pro Kanal und schließen Sie alle anderen geöffneten Bilddateien. Nun können Sie damit beginnen, eine neue Aktion aufzuzeichnen, wie sie bereits von den Verkleinerungsaktionen bekannt ist. Diese Aktion nennen Sie *Duplex 8-Bit*.

Starten Sie mit dem üblichen Aktionsbeginn (siehe auch das Kapitel „Start und Benennung der Aktion"). *xyz* ersetzen Sie hierbei durch *d08*, was für *Duplex 8-Bit* steht. Eine neue Ebene mit dem Namen *xyz-AktionsBasis* wird erstellt. Für spätere Aktionen ist es sinnvoll, der Aktionsebene *xyz-AktionsBasis* immer eine spezielle Farbe zuzuordnen. So erkennen Sie im Ebenenstapel sofort, welche Ebene die Aktionsbasis ist. Auf die neu erstellte transparente Ebene werden alle gerade aktiven Ebenen kopiert. Sobald Sie mit dem Aktionsbeginn fertig sind, markieren Sie die Ebene *d08-AktionsBasis* und wählen im Menü *Bild* den Befehl *Duplizieren*.

*Duplizieren der Ebene* d08-AktionsBasis.

Im nun erscheinenden Dialogfeld müssen Sie lediglich den Namen *d08-HilfsDokument* eintragen, das Kontrollfeld *Nur zusammengefügte Ebenen duplizieren* markieren und mit *OK* bestätigen.

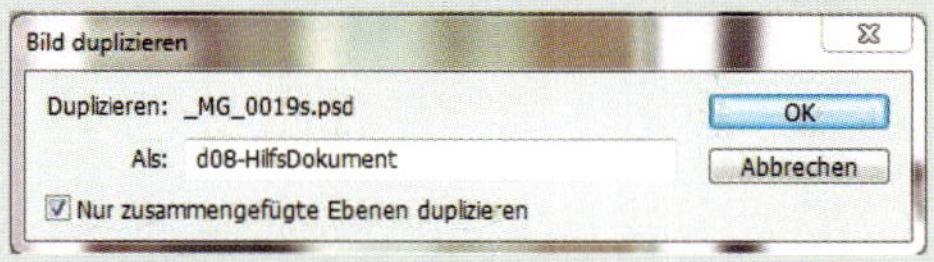


*Bild als* d08-HilfsDokument *duplizieren.*

### 2 In Graustufen konvertieren

Nun gilt es, die Aktion mit Innenleben zu füllen. Hierzu gehen Sie im gerade neu erstellten Dokument auf *Bild/Modus/Graustufen*, um das Bild in Graustufen zu konvertieren und somit den Einsatz der Duplextechnik erst möglich zu machen.

Anschließend gehen Sie erneut auf *Bild/ Modus* und wählen *Duplex*. Dort wählen Sie eine Vorgabe mit zwei *Druckfarben*. Diese editieren Sie in ein absolutes Schwarz und ein absolutes Weiß. Das ist sehr wichtig, da Sie ansonsten auf eine Vorgabe zurückgreifen, die auf jedem Rechner an einem anderen Ort gespeichert ist. Sollten Sie dann die Aktion an einem anderen Rechner einsetzen wollen, wird die Aktion nicht funktionieren, da die Datei, die Sie als Vorgabe angegeben haben, nicht an dem Ort liegt, den Sie in der Aktion angegeben haben. Wichtig ist also, ein absolutes Schwarz und ein absolutes Weiß zu wählen.

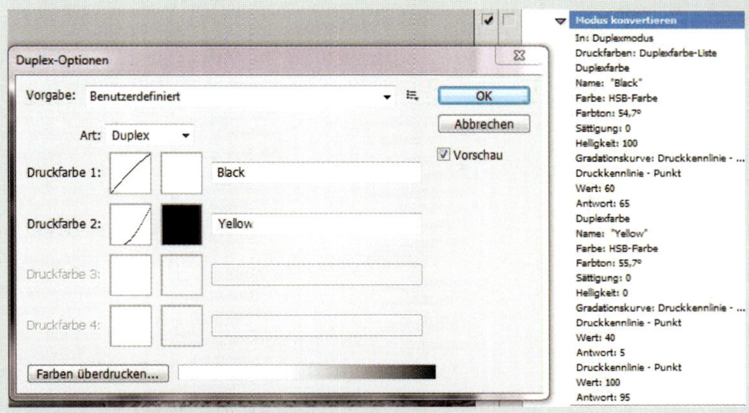


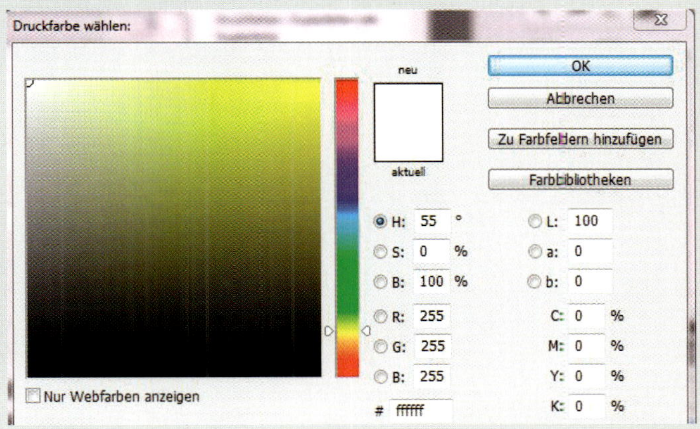


*Der absolute Schwarz-Tonwert und der absolute Weiß-Tonwert befinden sich im Farbwähler in den Ecken oben links und unten links – hier die Werte für absolutes Weiß mit dem Tonwert 255 in den Kanälen Rot, Grün und Blau. Alternativ einfach ganz oben links die Ecke auswählen und für den Tonwert Schwarz entweder dreimal 0 bei RGB oder den Bereich unten links auswählen.*

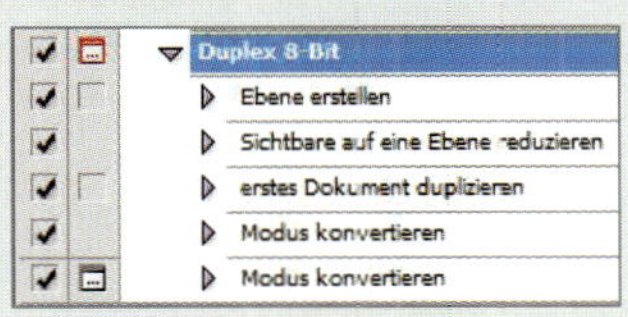

### 3 Duplexebene ins Bild einfügen

Erstellen Sie jetzt eine Auswahl des gesamten Bilds via Tastenkombination Strg + A (Win) bzw. ⌘ + A (Mac) und fertigen Sie eine Kopie mithilfe der Tastenkombination Strg + C (Win) bzw. ⌘ + C (Mac) an. Nun klicken Sie auf das Ursprungsdokument mit dem Bild, das noch im RGB-Farbformat vorhanden ist.

In diesem Dokument erstellen Sie nun mit der Tastenkombination Strg + ⇧ + N (Win) bzw. ⌘ ⇧ + N (Mac) eine neue Ebene mit dem Namen *d08-Duplex*.

Auf dieser Ebene fügen Sie per Strg + V (Win) bzw. ⌘ + V (Mac) die Duplexebene ein.

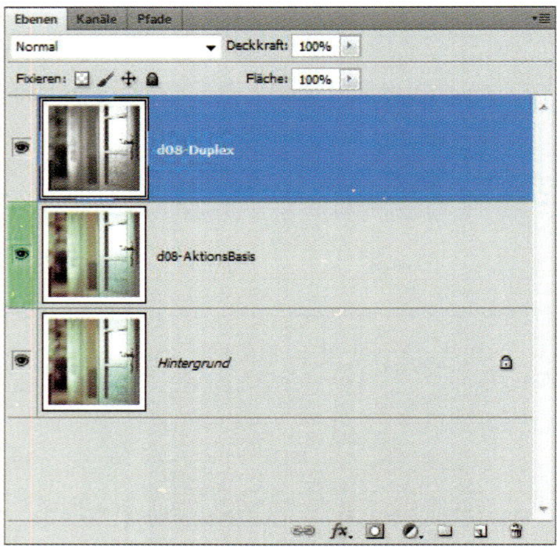


*So sollte der Ebenenstapel jetzt aussehen.*

### 4 Gruppieren und Clean-up

Gruppieren Sie nun noch die AktionsBasis-Ebene und die Duplexebene zu einer Gruppe und nennen diese *d08-AktionsGruppe*. Wenn Sie möchten, können Sie noch eine invertierte Maske mit Mausklick und gedrückter Alt-Taste auf das Maskensymbol zur Gruppe hinzufügen, sodass in die Gruppe hineingemalt werden kann.

Zum Abschluss schließen Sie noch das Hilfsdokument, da es sonst jedes Mal beim Abspielen der Aktion geöffnet bleibt. Speichern Sie es beim Schließen aber nicht.

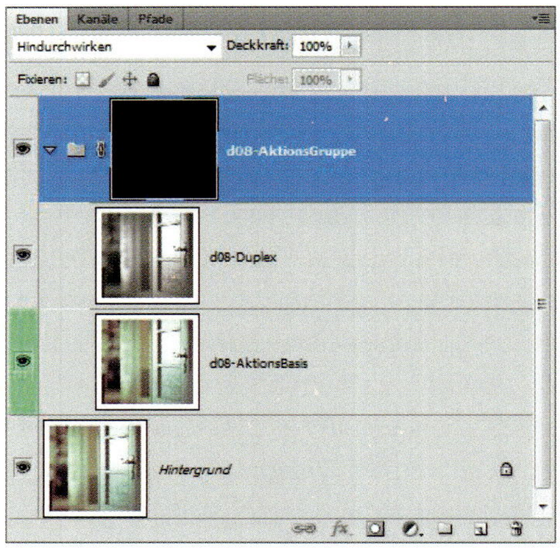


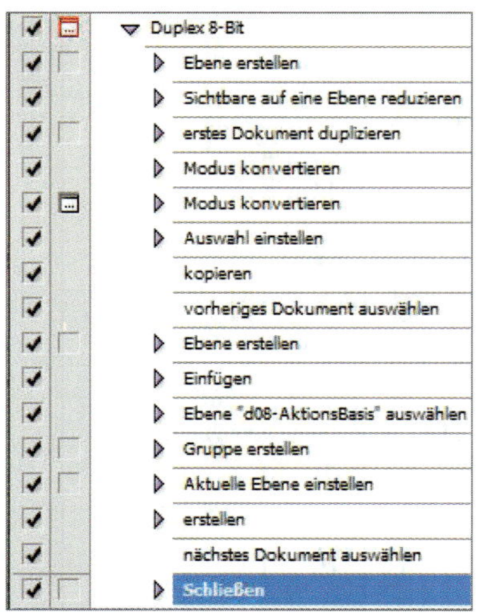


*Ebenenstapel und Ansicht der fertigen Aktion.*

**5 Finish**

Damit die Aktion jetzt noch flexibel läuft, müssen Sie nur neben dem zweiten *Modus konvertieren*-Befehl den Dialog aktivieren, sodass Sie fortan beim Starten der Aktion immer wieder neue Einstellungen verwenden können. Im Bild oben ist der Dialog bereits an entsprechender Stelle aktiviert.
Nun müssen Sie als finalen Schritt vor der gesamten Aktion eine Unterbrechung mit folgendem Text einfügen:

**Schließen Sie alle anderen Dokumente in Photoshop mit Ausnahme des Bilds, auf das sich die Aktion bezieht.**

Das Schließen aller anderen Dokumente ist sehr wichtig, da die Aktion beim Kopieren und Einfügen der Duplexebene sonst nicht weiß, wohin die Datei soll. Wenn beispielsweise drei Dateien geöffnet sind, wird die Duplexebene nicht auf die Ursprungsdatei, sondern auf eine der anderen beiden kopiert. Abschließend müssen Sie noch bei der Unterbrechung das Häkchen bei *Fortfahren zulassen* setzen, sodass die Aktion sauber ablaufen kann.

i

## AKTION FÜR 16 BIT FIT MACHEN

**Um die Aktion auch mit 16-Bit-Dateien lauffähig zu machen, müssen Sie lediglich in dem duplizierten Dokument, noch bevor Sie in Graustufen konvertieren, einen Schritt einbauen, in dem Sie das Bild von 16-Bit-Farbtiefe pro Kanal auf 8 Bit reduzieren. Am besten duplizieren Sie einfach die gerade angefertigte Aktion und editieren sie an dieser Stelle. Ansonsten laufen alle anderen Befehle identisch weiter, nur mit einer entsprechenden Umbenennung auf *d16* vor den Namen.**

## NICHT VERGESSEN! INS PANEL EINBETTEN!

**Vergessen Sie nicht, die Aktion auch ins Panel einzubetten, sobald Sie die Aktion in einer 8-Bit- und einer 16-Bit-Version fertig geschrieben haben. Sie sollten nach jeder neu geschriebenen Aktion, die für Ihren Workflow wichtig ist, sofort Ihr Panel updaten. Das hilft enorm dabei, einen besseren Umgang mit dem Configurator zu pflegen und die eben erlernte Technik nicht direkt wieder im Nirvana der Aktionenvielfalt zu verlieren.**

## DUPLEXEBENE ALS KONTRASTEBENE

**Neben der grundsätzlichen Verwendung der Duplexebenen als besondere Farb- oder Schwarz-Weiß-Versionen Ihrer Bilder können Sie die Duplexebenen auch hervorragend für das Herausarbeiten von Kontrasten einsetzen. Erstellen Sie dazu einfach mit der Aktion eine Duplexebene mit beliebigen Einstellungen. Danach stellen Sie die Duplexebene in eine der Füllmethoden *Weiches Licht*, *Ineinanderkopieren* oder *Hartes Licht* um. Sie werden sehen, dass Sie auf diesem Weg sehr schnell wunderbare Kontrastverhältnisse schaffen, die häufig abseits der normalen S-Gradationskurve arbeiten. Versuchen Sie, dabei nicht nur Duplexe zu verwenden, sondern auch Triplexe und Quadroplexe, um noch etwas mehr Variation und Farbe ins Spiel zu bringen.**

*Ein einfaches HDR, zusammengesetzt aus einer Belichtungsreihe mit vier Aufnahmen.*

## Hand-made-HDR

HDR-Bilder sind im Amateurbereich häufig sehr beliebt, im Profibereich dagegen eher gar nicht gern gesehen. Grund dafür ist nicht die Technik selbst oder der Grundgedanke dahinter, sondern die meist schludrige Umsetzung. HDR (High Dynamik Range) ist dafür da, um den Dynamikumfang, den eine Kamera aufnehmen kann, später in der Bildbearbeitung durch zusätzliche Aufnahmen zu erhöhen und somit eine realitätsgetreue Abbildung einer Umgebung zu schaffen.

Natürlich ist es ebenso möglich, mit HDR sehr unrealistische und deutlich zu starke Effekte hervorzubringen. Das sieht im ersten Moment nett aus - aber nach wenigen Aufnahmen hat man sich daran sattgesehen - ganz abgesehen davon, dass diese zu starken HDR-Verrechnungen meist deutliche technische Fehler in der Zusammensetzung der Aufnahme aufweisen.
Daher geht es in diesem Kapitel darum, wie man die Aufnahmen einer Belichtungsreihe in Photoshop geschickt zu einem HDR-Bild zusammensetzt, ohne ein weiteres Programm oder eine Verrechnungsmethode von Photoshop zu verwenden. Alles wirklich „hand made" - denn nur so hat man die volle Kontrolle über die Aufnahme.

## Das Prinzip der HDR-Konvertierung

Für die korrekte Erstellung eines Bilds mit High Dynamic Range, also erweitertem Dynamikumfang, muss man verstehen, was eigentlich passieren soll. Wenn man ein HDR-Bild durch ein zusätzliches Programm wie etwa Photomatix Pro oder den von Photoshop seit Version CS5 deutlich aufgebohrten HDR-Entwickler schickt, versucht die Software, mit verschiedenen Algorithmen die absaufenden Stellen (in der Regel reines Schwarz) und die ausfressenden Stellen (reines Weiß) durch die anderen Aufnahmen, die über- und unterbelichtet sind, aufzufüllen bzw. auszutauschen. An einer Stelle, die zu dunkel ist, wird also eines der deutlich zu hell belichteten Bilder hineingerechnet.
Grundsätzlich ist dieses Prinzip schon recht ausgereift und wird auch immer besser, allerdings gibt es nach wie vor große Probleme, ganz gezielt in manchen Bereichen des Bilds einzugreifen und den Effekt zurückzudrehen. Ebenso verstärken viele Algorithmen beim Verrechnen der Bilder das natürliche Korn der Aufnahmen. Das kann besonders bei Nachtaufnahmen zu einem großen Problem werden.
Der einzige Ausweg aus dieser Problematik ist es, sich die Zeit zu nehmen und selbst einmal „Verrechnungsprogramm" zu spielen. Von Hand.

**Ablauf der Hand-made-HDR-Technik**

Das Prinzip dahinter ist so einfach wie effektiv. Sie nehmen als Basis eine gewöhnliche Belichtungsreihe, die Sie zu einem HDR-Bild verarbeiten wollen. Öffnen Sie alle Aufnahmen der Serie.

**1 Das ausgewogenste Bild**

Wählen Sie die neutralste, also die von der Belichtung her ausgewogenste Aufnahme aus. In diese Datei fügen Sie nun die restlichen Aufnahmen ein. Die unterbelichteten Aufnahmen ordnen Sie direkt über der Basisbelichtung an, die überbelichteten darüber.

**2 Ordnung schaffen**

Im nächsten Schritt zum HDR-Bild wählen Sie die Ebenen jeweils einzeln aus und benennen sie um. Alle unter der Basis werden mit *-1* bis *-10* benannt. Für jede Ebene, die etwas dunkler ist, verwenden Sie also eine weitere negative Zahl. Die ausgewogenste Belichtung nennen Sie *Basis*.
Alle über der *Basis*-Ebene befindlichen Ebenen nennen Sie entsprechend *+1* bis *+10* und *-1* bis *-10*.
Sie sollten diese Umbenennung unbedingt tätigen, denn wenn Sie einmal mit einer HDR-Aufnahme hantieren, die mehr als nur drei oder fünf Belichtungen hat, werden Sie heilfroh sein, wenn Sie sich an den Namen orientieren können.

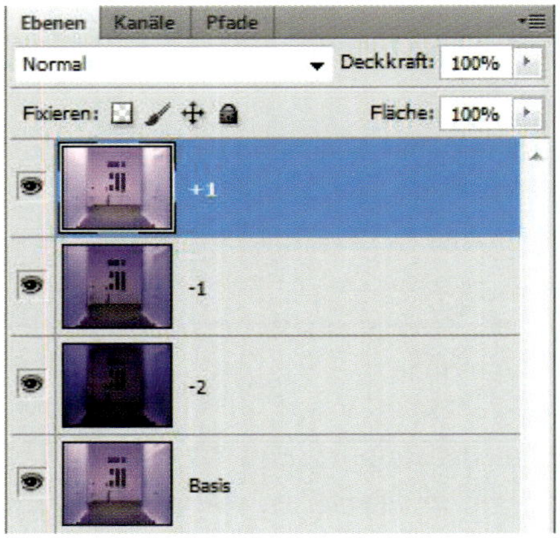


*Jedes Bild der Belichtungsreihe liegt auf einer separaten Ebene.*

### 3 Flexibilität schaffen und anfangen

Als Nächstes verpassen Sie allen Ebenen mit Ausnahme der *Basis*-Ebene eine invertierte Ebenenmaske, wodurch die Ebenen nicht mehr angezeigt werden. Lediglich die *Basis*-Ebene, von der aus Sie zu arbeiten beginnen, bleibt ohne Ebenenmaske.

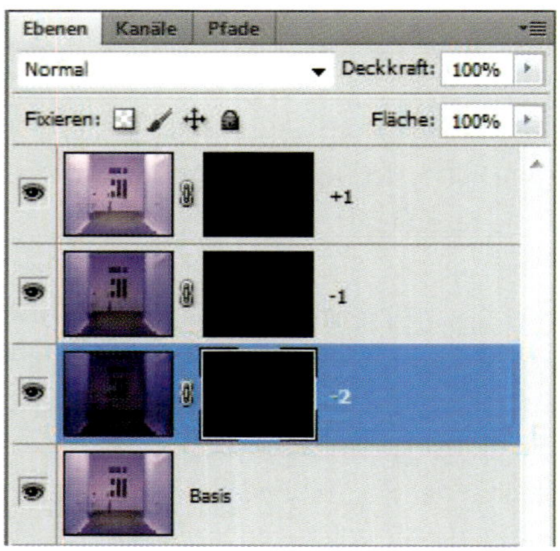


*Bis auf die* Basis-*Ebene erhält jede Ebene eine Ebenenmaske.*

Beginnen Sie nun, durch einfaches Malen mit Weiß und Schwarz auf den Ebenenmasken die Bereiche, die ausgefressen bzw. abgesoffen sind, durch die anderen Ebenen zu ersetzen. Malen Sie dazu im Idealfall auf einem Grafiktablett, dann geht die Arbeit deutlich leichter von der Hand.
Verwenden Sie immer einen möglichst weichen Pinsel und eine geringe Deckkraft, damit Sie Stück für Stück in die Bereiche so hineinarbeiten können, wie Sie es sich wünschen, und nicht direkt übers Ziel hinausschießen. Hilfreich kann es auch sein, den Fluss des Pinsels auf etwa 50 % zu reduzieren. Dadurch können Sie zunächst grob arbeiten, ohne sich dabei schon Details kaputt zu machen.

## Manuelle HDR-Bildbearbeitung im Detail

Das Ausgangsmaterial des Bildes rechts enthält keine Informationen für den Himmel, da vornehmlich der Vordergrund richtig belichtet ist. Um das richtig zu kompensieren, benötigen Sie weitere Belichtungen, die sowohl unter- als auch überbelichtet sind, damit Sie an den Stellen, an denen der Himmel ausfrisst, Stellen eines unterbelichteten Bilds einbauen zu können. Den Blumentopf etwa können Sie dann durch die überbelichteten Bilder aufhellen.

Oben: *Die Ausgangsbelichtung ist ziemlich neutral. Sie lässt sowohl die Lichter ausfressen (Himmel) als auch die Tiefen absaufen. Um gegen dieses Belichtungsproblem anzugehen, benötigen Sie weitere Belichtungen.*

Unten: *Abschließend kann diese Technik ein solches Resultat erzielen. Hierbei wurden lediglich fünf Belichtungen verwendet, und es wurde nur mit Maskierungen und Füllmethoden gearbeitet. Keine Verrechnung der Ebenen – keine Veränderungen der Quelldateien.*

Das Ausgangsbild wird nun in Photoshop geöffnet. In dieses Dokument füge ich anschließend vier ausgewählte Belichtungen ein und nenne sie von *-2* bis *+2*, damit ich stets den Überblick behalte. Achten Sie auch darauf, dass die Bilder richtig in der Reihenfolge sortiert sind, das erleichtert später das Bearbeiten.

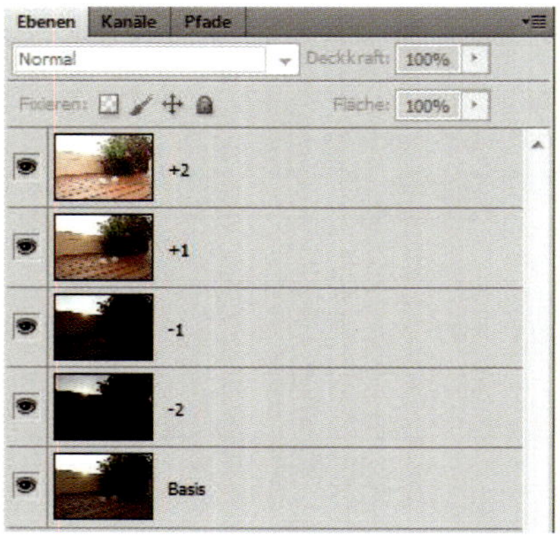


*So sollte die Anordnung immer aussehen, wenn Sie ein „Hand-made-HDR" machen.*

Als Nächstes ist es elementar, allen Ebenen eine invertierte, also schwarze Ebenenmaske zu geben, die dafür sorgt, dass zunächst alles ausgeblendet wird. Die einzige Ebene, die logischerweise keine Ebenenmaske bekommt, ist die *Basis*-Ebene.

Anschließend gilt es, sich von unten nach oben vorzuarbeiten. In der Ebene *-2* ist vor allem der Himmel relevant, also wird der Himmel mit weißer Farbe auf der Ebenenmaske sichtbar gemacht.

Bei der Ebene *-1* ist es ebenfalls der Himmel, aber auch Bereiche des weichen Schattens an den Blumen.

Bei der Ebene *+1* ist es nun der Tisch, die Wand und die Blume, wobei die Blüten selbst nicht die große Rolle spielen, sondern eher die Blätter und Stängel.

## HDR ABWEDELN UND NACHBELICHTEN

**Wenn Sie diese Technik einsetzen, sollten Sie sich darüber im Klaren sein, dass die Ebenenmasken das A und O sind. Demzufolge können Sie ableiten: Je sauberer die Masken, desto besser das Ergebnis. Das bedeutet wiederum, dass Sie sich beim Erstellen der Ebenenmasken wirklich bemühen müssen. Um sinnvoll und genau arbeiten zu können, werden Sie kaum um ein Grafiktablett herumkommen. Darüber hinaus werden Sie schnell an die Grenzen der Technik stoßen, wenn Sie unsauber maskieren.**

**Aber – es gibt einen kleinen Trick. Wenn Sie eine Glow- oder eine Halo-Bildung, also eine Überstrahlung an der Kanten, haben, ist das auf ungenau überlagernde Masken und Füllmethoden zurückzuführen. In diesen Fällen ist es ratsam, das *Abwedler*- und das *Nachbelichter-Werkzeug* zur Hilfe zu nehmen und mit diesen beiden Werkzeuge die ungenaue Ebenenmaske (die ja nur schwarz, weiß und grau ist) zu modellieren. Greifen Sie einfach, wenn Sie mit Weiß etwas übermalt haben, zum *Nachbelichter-Werkzeug* und stellen Sie den Bereich, in dem es arbeiten soll, auf *Lichter* – schon können Sie schnell und genau die Ebenenmaske bis zum gewünschten Punkt zurückdrängen. Ebenso verfahren Sie mit dem *Abwedler-Werkzeug*. Probieren Sie es aus, es wird Ihnen das Leben deutlich erleichtern.**

**Noch ein kleiner Tipp, wenn es um ganz kleine Überstrahlungen geht. Versuchen Sie es mit dem *Weichzeichner-Werkzeug* und einem *Schwellenwert* von etwa *10*. Arbeiten Sie nun auf der dazugehörigen Ebenenmaske an der Überstrahlungsgrenze entlang. Sie werden sehen, dass das Werkzeug den Bereich weichzeichnet und somit einen sauberen Verlauf schafft, der dazu führt, dass die Überstrahlung kaum noch auffällt.**

Die Ebene *+2* sorgt dann letztlich für strahlende Blüten, die sich vom Himmel absetzen, und hellt noch partiell den Tisch und die Eiswürfel auf.

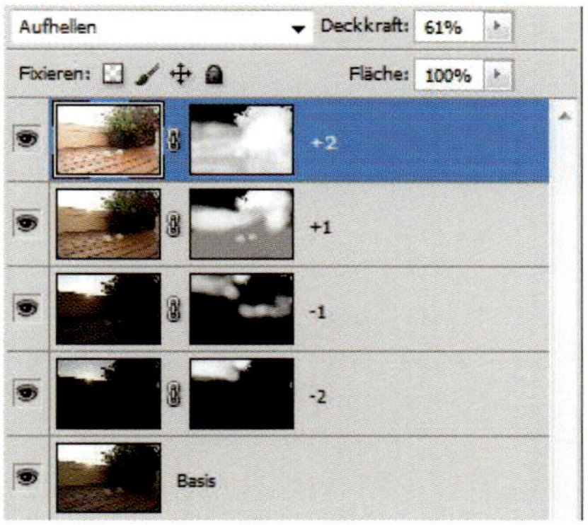


*Man beachte die Ebenenmasken, die für jede Belichtung individuell erstellt sind.*

***Wichtig:*** Damit Sie wirklich das Maximum aus einer solchen Reihe von Aufnahmen herausholen, müssen Sie nun noch die passenden Füllmethoden für jeden Bereich finden und die *Deckkraft* anpassen.

Beispielsweise ist in diesem Fall die Ebene *+2* auf den Modus *Aufhellen* gestellt und hat eine *Deckkraft* von *61%*. Das führt dazu, dass durch diese Ebene wirklich an keiner Stelle des Bilds Tonwerte dunkler gemacht werden, sondern lediglich aufgehellt werden. Wäre der Modus auf *Normal*, würden auch Tonwerte mit abgesenkt werden. Die *61%* sind ein Wert, der sich im Verlauf der Bearbeitung ergibt, um den idealen Wert zur sachten Aufhellung auszutarieren.
Die Ebene *+1* hingegen ist auf die Füllmethode *Normal* gestellt und hat eine *Deckkraft* von *100%*. Sie gibt quasi für die hellen Bereiche die Basis an und gibt somit vor, welche Dunkelheit diese Stellen maximal haben sollen – sofern sie komplett weiß maskiert sind. Das ist enorm wichtig, da die Ebene darüber, also die Ebene *+2*, lediglich aufhellt und somit eine Basis für die Tiefen braucht.
Bei der Ebene *-1* wiederum gilt es, den Kontrast etwas zu steigern. Deshalb ist sie auf die Füllmethode *Multiplizieren* gestellt, die dafür sorgt, dunklere Bereiche weiter abzudunkeln und etwas kontrastreicher zu gestalten. Die *Deckkraft* beträgt hier *55%*, da die Füllmethode *Multiplizieren* recht stark eingreift.
Die letzte Ebene, die Ebene *-2*, ist wie bereits Ebene *+1* auf die Füllmethode *Normal* gestellt. Sie bildet auch die Basis für die Tiefen, die kontrastreicher gestaltet werden dank der *-1*-Ebene.
Die *Basis*-Ebene stellt lediglich den Grundstock des Bilds dar und sollte stets auf Füllmethode *Normal* bei einer *Deckkraft* von *100%* stehen.

i

## WENN ES KNACKIG WERDEN SOLL

**Es gibt solche und solche HDR-Bilder. Die meisten leiden unter der Krankheit wahllos überzeichneter Kontrastkanten und gern auch der Mikrokontraste. Wenn Sie diesen Look in Ihr „Hand-made-HDR" einpflegen oder nur die Details etwas aufmöbeln wollen, tun Sie das am besten einfach über eine der Aktionen, um die Mikrokontraste zu verstärken. Sie werden sehen, dass Sie sehr schnell bei einem ähnlichen Ergebnis landen, wie es auch ein Programm zur Verrechnung von HDRs erzielt hätte.**

# Wenn es mal schnell gehen muss

Es gibt Situationen, in denen Sie nicht die Zeit haben, ein HDR wirklich selbst über die Ebenenmaskentechnik zu pinseln. Für diese Fälle besitzt Photoshop seit Version CS5 einen rundum erneuerten HDR Pro-Dialog. Dieser funktioniert inzwischen ähnlich gut wie die Konkurrenz, ist aber noch nicht ganz so komfortabel.

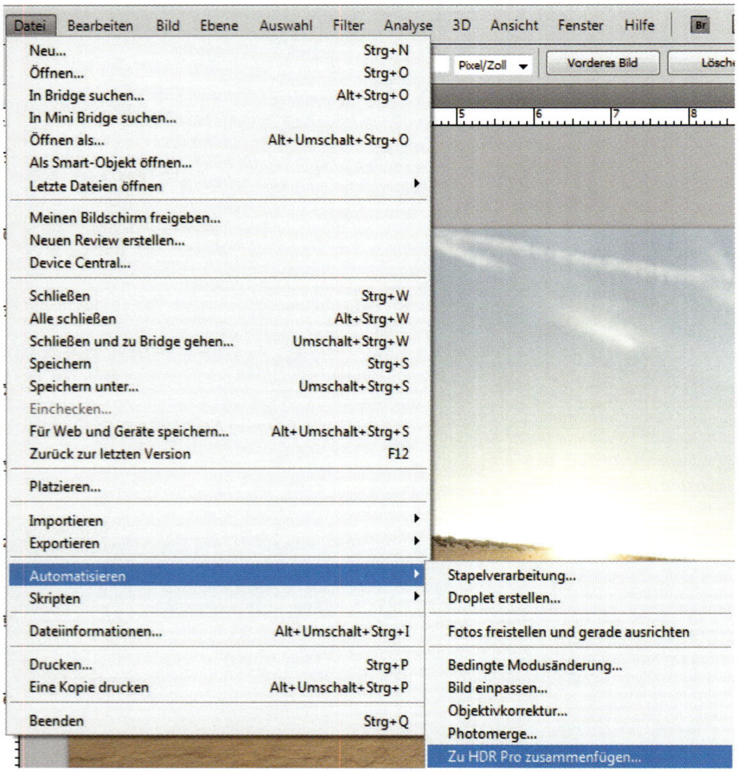


*Hier starten Sie die Funktion* Zu HDR Pro zusammenfügen.

**1 Bilder der Belichtungsreihe öffnen**

Um den HDR Pro-Dialog aufzurufen, gehen Sie auf *Datei/Automatisieren/HDR Pro zusammenfügen*. Dort wählen Sie dann die Bilder Ihrer Belichtungsreihe aus und lassen durch einen Klick auf *OK* die Verrechnung starten.

***Wichtig:*** Um das beste Ergebnis zu erhalten, verwenden Sie RAW-Dateien, da diese von Haus aus schon einen größeren Dynamikumfang aufweisen als JPEG-Dateien. Allerdings wird durch das Arbeiten mit RAWs die Zeit zur Erstellung der HDR-Datei erheblich länger sein als mit JPEG-Bildern. Sollten Sie also einen schwachen Rechner besitzen, überlegen Sie sich gut, ob Sie nicht lieber die Daten als JPEGs verarbeiten lassen.

## VIGNETTIERUNGEN UND VERZERRUNGEN

**Ein kleiner Tipp am Rande: Wenn Sie die Dateien direkt als RAW verrechnen lassen, stellen Sie zuvor sicher, dass Sie auf alle Dateien das Objektivprofil angewendet haben, sodass mögliche Vignettierungen und Verzerrungen schon vorher rausgerechnet worden sind. Aber auch hier müssen Sie vorsichtig sein - einige der Profile sind sehr schlecht gerechnet und tendieren dazu, bei Vignettierungen die äußeren Kanten des Bilds zu sehr aufzuhellen, was dann zu umgekehrten Vignetten führt. Achten Sie einfach auf die Vignetten und regulieren Sie sie ansonsten runter.**

*Bei zwölf Aufnahmen im RAW-Format bei 21 Megapixeln pro Bild kommt Photoshop schon gewaltig ins Schwitzen.*

### 2 Berechnetes Bild optimieren

Sobald das Bild berechnet ist, beginnen Sie mit der Feinjustierung des Bilds. Beachten Sie allerdings stets, dass man bei der HDR-Technik schnell über das Ziel hinausschießt. Es geht nur darum, die aufgefressenen und abgesoffenen Lichter und Tiefen wiederherzustellen.

Die wichtigsten Regler bei der Verwendung des Dialogs sind folgende:

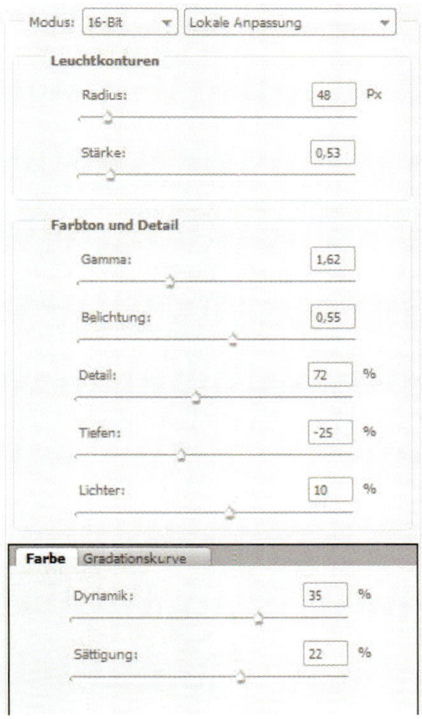


*Weniger ist bei HDR oft mehr.*

- *Gamma*: Reguliert die Grundhelligkeit weißer Bereiche. Achtung, schnell erstellen Sie durch zu hohe Werte ein flaches und kontrastarmes Bild.
- *Belichtung*: Identisch mit dem Belichtungsregler aus Adobe Camera Raw. Verschiebt im Wesentlichen den Weißpunkt.
- *Detail*: Erhöht die Mikrokontraste. Aber Vorsicht - zu hohe Werte sehen schnell merkwürdig aus.
- *Tiefen*: Reduziert oder erhöht die Helligkeit der Tonwerte in den Tiefen.
- *Lichter*: Reduziert oder erhöht die Helligkeit der Tonwerte in den Lichtern.
- *Dynamik und Sättigung*: Funktionieren identisch mit denen bei Adobe Camera Raw.

In der Gradationskurve können Sie auf die lineare Verteilung der Helligkeit Einfluss nehmen bzw. die Tonwerte beschneiden.

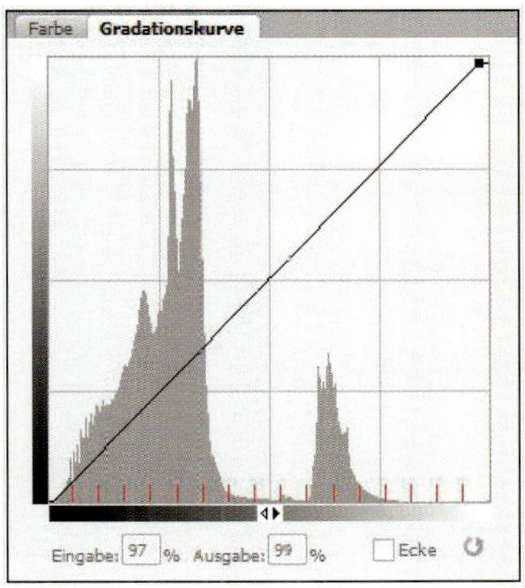


*Hier wurden die Tonwerte der Lichter leicht beschnitten, um so dem Himmel etwas mehr Kraft zu geben.*

i

## DIE FRAGE NACH DER MENGE

**Häufig wird darüber diskutiert, wie viele Aufnahmen es denn eigentlich für ein gutes HDR-Bild sein müssen. Meine Antwort ist recht einfach - so viele wie nötig. HDR ist dafür da, das, was die Kamera durch ihre begrenzte Aufnahme von Helligkeitsunterschieden nicht aufnehmen kann, wirklichkeitsnah zu rekonstruieren - heute bis zu knapp 13 Blenden Unterschied. Zum Vergleich: Ein RAW hat in der Regel -2 und +2 Blenden, also 4 Blenden. Dann gilt es, sich zu entscheiden, was man von beidem mitnimmt - die Tiefen oder die Lichter. HDR soll dazu da sein, um eben dieses Problem durch zusätzliche Belichtungen zu lösen. Demzufolge müssen Sie so viele Belichtungen machen, bis Sie den Himmel korrekt wiedergegeben haben (Lichter) und auch die Kokosnuss unter der Palme (Tiefen). Meiner Meinung nach ist die „Hand-made-HDR"-Technik erst sinnvoll ab fünf Aufnahmen, also Basisbelichtung plus zwei überbelichtete und zwei unterbelichtete Aufnahmen, weil man einfach immer eine Belichtung braucht, die auf *Normal* steht, damit sich die Ebene darauf beziehen kann. Natürlich sind nach oben keine Grenzen gesetzt. Teilweise ist es sogar sinnvoll, mit 9 oder 15 Belichtungen zu arbeiten. Das hängt ganz von Motiv und Helligkeitsunterschied ab.**

**3 So nicht!**

Hier ein typischer Fall von falscher Anwendung des Dialogs. Das Bild wurde unruhig aufgenommen, entweder hat die Kamera gewackelt, oder die Blumen haben sich im Wind bewegt. Daraus ergeben sich dann sogenannte Geisterbildereffekte. Diese Bezeichnung meint das mehrfache Auftreten eines Objekts in einem Bild, häufig verursacht durch Bewegungen der Kamera oder des Objekts. Hier sind die Geisterbilder deutlich an den Blumen, die in den Himmel ragen, zu erkennen. Es gibt zwar ein Kontrollfeld im Dialog, das dies verhindern soll - meist tut es das aber nur schlecht bis gar nicht, wie hier gut zu sehen ist.

Ein weiterer Fehler sind die deutlich zu starken Details - also die Mikrokontraste. Das

*Überschärft, Geisterbilder und Falschfarben - so kann ein HDR danebengehen.*

Holz wirkt zu präsent, ebenso wie Teile der Blumen. Die Kante der Wand tritt deutlich hervor - und das, obwohl sie eigentlich nicht im Schärfebereich liegt.

Darüber hinaus hat die Sonne überhaupt keinen kugelartigen Charakter mehr, sondern nur noch ihre Strahlung außen herum. Die Wolken wirken ebenfalls durch die Mikrokontraste überschärft und scheinen sich auch deutlich bewegt zu haben.

**4 Recht so!**

Gehen Sie es dezent an. Mit den leichten Einstellungen, die zu Beginn gezeigt wurden, ließ sich dieses HDR-Bild realisieren. Ein fester Standpunkt der Kamera und des Objekts war auch gegeben und führte zu keinen Geisterbildern.

Die Tiefen wurden recht dezent aufgehellt und die Lichter sanft nach unten korrigiert, damit der Himmel noch seine gewöhnliche Färbung und Form beibehält.

Vergleichen Sie nun auch einmal die Farben des schlechten Beispiels links und des dezenten Beispiels hier. Sie werden feststellen, dass die Farben hier deutlich näher an der Realität sind und harmonischer wirken. Das sollte immer das Ziel sein - möglichst nah an der menschlichen Wahrnehmung -, zumindest wenn es so gewollt ist.

Vergleichen Sie nun auch noch die HDR-Verrechnung von Photoshop, also diese Aufnahme, mit der, die Sie per Hand zusammengesetzt und retuschiert haben. Wenn Sie sauber gearbeitet haben, werden Sie als klarer Sieger hervorgehen.

*Mit nur leichten Einstellungen retten Sie die meisten HDR-Aufnahmen und bewahren sie vor vielen kleinen Fehlern.*

6

# SCHÄRFEN – EINE KUNST FÜR SICH

# Schärfen – eine Kunst für sich

*Eine klassische Situation, die eine Nachschärfung benötigt – der Hintergrund wirkt scharf, der Boden im Vordergrund nicht. Da muss Hand angelegt werden.*

# 6 Schärfen – eine Kunst für sich

*Schärfe ist etwas, das subjektiv betrachtet werden muss. Jede Person hat einen anderen Eindruck davon, ob ein Bild scharf ist oder nicht. Klar ist aber, dass auch nicht jedes Bild scharf sein muss – kreative Unschärfe, wie man gern sagt. Allerdings muss ebenfalls klar sein, dass eigentlich jedes digitale Bild geschärft werden muss. Zwar nicht immer global, aber dafür selektiv.*

■ In der digitalen Welt gibt es diverse Wege zum Nachschärfen eines Bilds. Jeder hat sein Für und Wider. In diesem Kapitel geht es darum, die Tücken der jeweiligen Techniken kennenzulernen, die passende Technik an den entsprechenden Orten anzuwenden und überhaupt zu verstehen, was diese ominöse Schärfe eigentlich ist.

## Was ist Schärfe?

Schärfe ist, wie bereits gesagt, eine rein subjektive Angelegenheit. Dennoch gibt es Grundsätzlichkeiten, nach denen Schärfe hergestellt wird, denn Schärfe basiert auf der Unterscheidung von Details.

### Ein Pixel für alle, alle Pixel für einen

Diese Unterscheidung wird möglich durch das Wahrnehmen von Differenzen. Je feiner die Differenzen, desto höher ist der Schärfeeindruck. Die Differenzen, also die kleinen Detailunterschiede, ergeben sich hauptsächlich durch drei Dinge.

1. **Helligkeitsunterschiede**: Einer der einfachsten Wege, einen hohen Schärfeeindruck zu vermitteln, sind feinste Helligkeitsunterschiede in den Details. Grundsätzlich ist ein Hell-dunkel-Kontrast förderlich, wenn man den Eindruck eines scharfen Bilds erwecken möchte. Allerdings reicht dafür nicht die globale Ausleuchtung eines Bilds, sondern gerade die Details sind entscheidend.
2. **Sättigungsunterschiede**: Neben der Helligkeit einzelner Details, also genau genommen ihrer Tonwerte, sind auch die Sättigungsunterschiede relevant. Stellen Sie sich eine Tomatensoße mit Hackfleischstückchen vor. Wenn Sie nun die gesamte Soße betrachten, können Sie die Fleischstücke recht gut erkennen. Sie würden die leichten Sättigungsunterschiede des Fleischs zur Soße ausmachen und wahrnehmen. Das liegt vielleicht dann auch an Ihren Geschmacksassoziationen, aber primär daran, dass es dem Auge leichter fällt, Sättigungsunterschiede zu differenzieren. Selbst feine Sättigungsunterschiede kann das Auge recht gut wahrnehmen. Deshalb erscheinen Dinge für das menschliche Auge auch schärfer, wenn sie viele und hohe Sättigungsunterschiede aufweisen - sowohl global als auch lokal in den Details.
3. **Farbtonunterschiede**: Auch beim Farbton geht es um die Differenzen zwischen den einzelnen Pixeln und ihren Farbtönen. Wieder ein kleiner Soßenvergleich als Beispiel: Die eben schon gekochte Tomatensoße wird nun noch oben mit zwei Basilikumblättern ausgeschmückt. Knallgrün, ein für das menschliche Auge riesiger Kontrast. Dieser Kontrast hilft dabei, die Soße und die Blätter zu differenzieren, was wiederum zu einem Schärfeeindruck führt. Ob das dann physikalisch wirklich scharf ist, steht auf einem anderen Blatt. Der Mensch nimmt es aber so wahr.

Die eben genannten Bereiche entscheiden also über den Schärfeeindruck eines Bilds. Dabei setzt sich jedes Bild aus vielen kleinen Pixeln zusammen, die sich alle voneinander unterscheiden. Natürlich ist es für keinen Bildbearbeiter rentabel, mithilfe der drei Parameter Pixel für Pixel abzuarbeiten, um so die Schärfe zu erhöhen. Deshalb gibt es diverse Methoden, Bilder optimal nachzuschärfen. Jede legt den Fokus etwas anders und funktioniert auch etwas anders. Dennoch arbeiten alle Methoden mit diesen drei Parametern.

# Hochpass – einfach, aber effektiv

Der *Hochpass*-Filter gehört zu jenen Techniken, die sehr einfach funktionieren und dennoch recht gute Ergebnisse erzielen. Bereits im Kapitel 3 haben Sie die Funktionsweise kennengelernt. Man erstellt einfach eine Kopie aller aktuellen Ebenen und wendet darauf den Hochpass an.

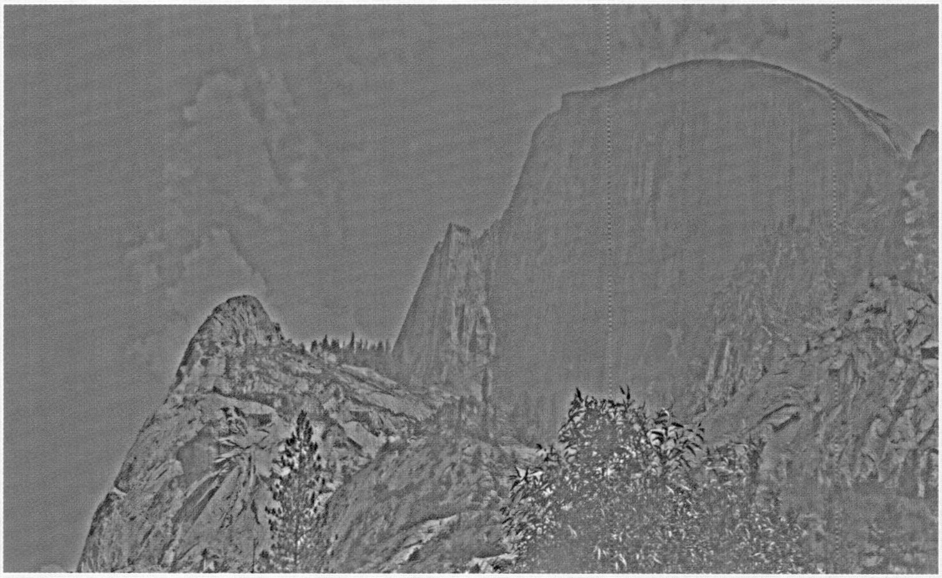

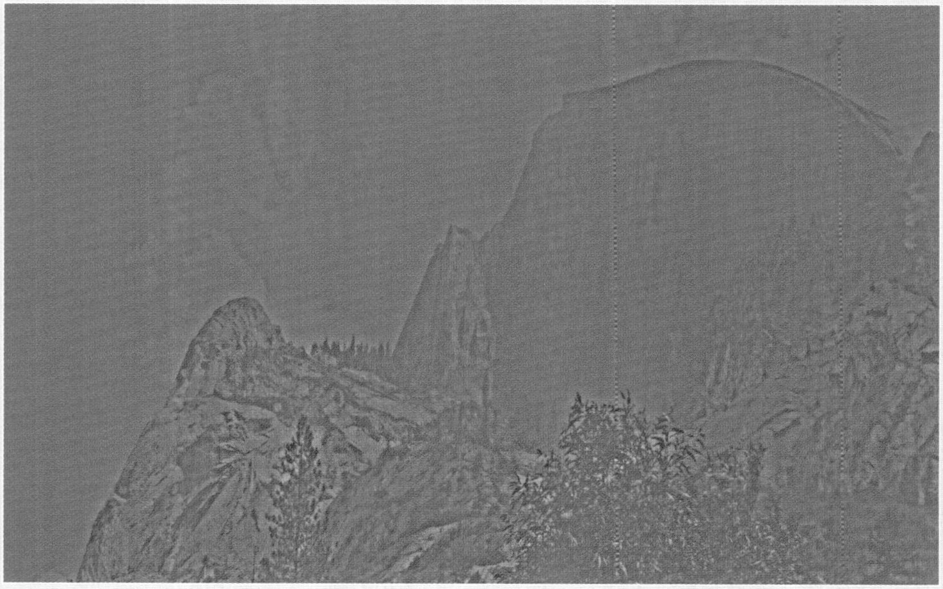

*Hinter dem* Hochpass-*Filter versteckt sich einiges an Ressourcen, die man so einfach nicht herauskitzeln kann. Das Problem des Filters ist nämlich seine nicht ganz genaue Arbeitsweise. Es gibt aber eine Möglichkeit, sich einen exakten Hochpass von Photoshop ausgeben zu lassen. Hier ein kleiner Vergleich – beide Bilder wurden mit 10 Pixeln Radius und Hochpass geschärft. Das untere Bild zeigt deutlich weniger Halobildung als das obere. Dennoch zeichnet das untere nahezu identisch zum oberen scharf. Nur mit dem Nebeneffekt, dass es genauer ist und kaum Überstrahlungen an den Übergängen aufweist.*

### 1 Weg zum exakten Hochpass

Den Filter finden Sie im Menü *Filter* unter *Sonstige Filter/Hochpass*. Anschließend wendet man eine der Ebenen-Füllmethoden *Ineinanderkopieren*, *Weiches Licht* oder *Hartes Licht* an. Nach Belieben wird dann über eine Ebenenmaske hineingemalt in den Stellen, an denen die Nachschärfung aktiv bzw. nicht aktiv sein soll.

Laden Sie zuerst das zu schärfende Bild, hier die Ansicht eines Bergpanoramas. Dann duplizieren Sie die Hintergrundebene zweimal und nennen die untere *Low* und die obere *High*.

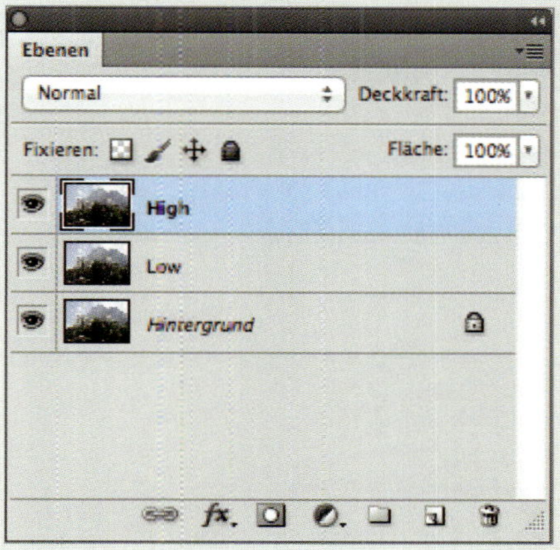


*Zu schärfendes Bild laden und die Hintergrundebene duplizieren.*

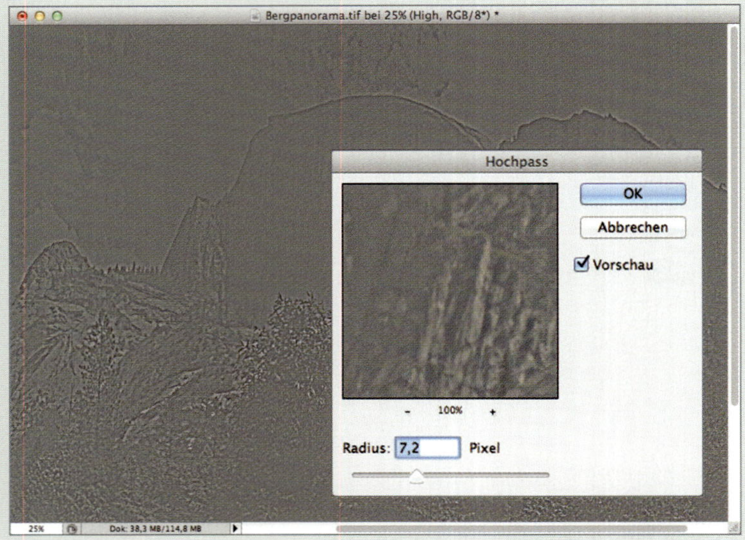


### 2 Hochpass-Dialog öffnen

Nun öffnen Sie im Menü *Filter* den normalen *Hochpass*-Filter unter *Sonstige Filter/Hochpass*. Schauen Sie, bis zu welchem Grad Sie das Bild schärfen wollen, und merken Sie sich den Wert des Pixelradius. Klicken Sie dann nicht auf *OK*, sondern brechen Sie ab.

*Low-Ebene mit dem* Gaußschen Weichzeichner *bearbeiten.*

### 3 Vorarbeit zum Hochpass

Nun wählen Sie die soeben benannte *Low*-Ebene aus und wenden den Filter *Gaußscher Weichzeichner* mit dem gerade ermittelten Wert für den Hochpass an. Den Filter finden Sie im Menü *Filter* unter *Weichzeichnungsfilter/Gaußscher Weichzeichner*. Hatten Sie etwa bei *Hochpass* den *Radius*-Wert *7,2 Pixel*, tragen Sie diesen auch hier ein und bestätigen mit *OK*.

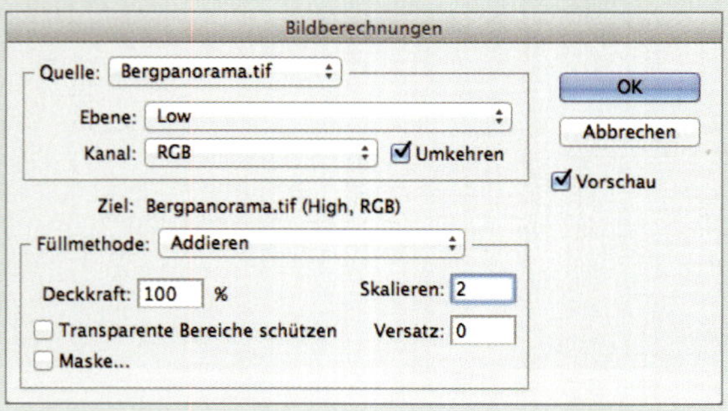


*Durchführen einer Bildberechnung.*

### 4 Hochpass berechnen

Jetzt müssen Sie nur noch den Hochpass von Photoshop berechnen lassen. Dazu wählen Sie die *High*-Ebene aus. Anschließend gehen Sie auf *Bild/Bildberechnungen*. Dort wählen Sie als *Quelle* das zu schärfende Dokument aus. Als *Ebene* geben Sie die gerade weichgezeichnete *Low*-Ebene an. Den *Kanal* können Sie auf *RGB* belassen, wichtig ist nur, dass Sie das Häkchen bei *Umkehren* setzen. Anschließend stellen Sie noch *Füllmethode* auf *Addieren* und bestätigen die Eingaben mit *OK*.

Was während der Bildberechnung passiert, ist nichts anderes als ein Rückwärtsrechnen. Photoshop hat eine weichgezeichnete Ebene mit einem *Radius* von *7,2 Pixel* und soll nun von eben jener *Low*-Ebene den Ursprung herstellen. Das geschieht, indem das, was normalerweise addiert wird, umgekehrt wird. Demzufolge wird nicht noch weitere Weichzeichnung auf Basis der *Low*-Ebene berechnet, sondern eben genau die Umkehrung. Statt weiter weichzuzeichnen, wird nun scharfgezeichnet, da wir ja exakt die Umkehrung durch das Häkchen erreichen. Dadurch wird auf die *High*-Ebene ein exakter Hochpass für 10 Pixel errechnet.

### 5 Aufräumen tut not

Vergessen Sie nicht, bei der Berechnung des exakten Hochpass, die *Low*-Ebene wieder zu löschen, da ja jede Kopie einer Ebene die Größe der Ursprungsebene enthält. Hat der Hintergrund eine Größe von 50 MByte und Sie duplizieren die zwei Ebenen für den exakten Hochpass, sind Sie bereits bei einer Größe von 150 MByte. Löschen Sie, wann immer es geht, Hilfsebenen, um die Rechenleistung Ihres Computers hochzuhalten.

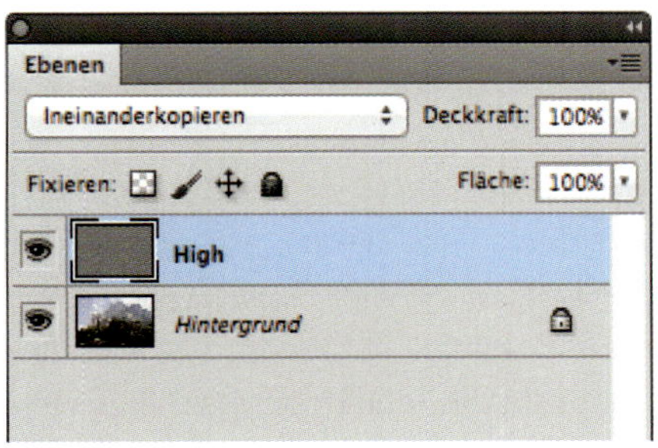


Nachdem Sie die Ebene nun erstellt haben, müssen Sie noch einen der passenden Modi wählen, damit der Hochpass auch angewendet wird – hier die Füllmethode *Ineinanderkopieren*.

## SKALIEREN VON 16-BIT-BILDERN

**Der Wert für *Skalieren* muss bei 16-Bit-Bildern auf *2* stehen und der für *Versatz* auf *0* – bei der *Füllmethode/Addieren*. Bei der *Füllmethode/Subtrahieren* werden ein Versatz von 128 und ein Skalierungswert von 2 nötig. Bei einem 8-Bit-Bild werden ein Skalierungswert von 2 und ein Versatz von 128 nötig – beim Addieren wiederum ein Skalierungswert von 2 und ein Versatz von 0. Alternativ zu diesen Einstellungen geht natürlich auch die Füllmethode *Subtrahieren* ohne das Häkchen bei *Umkehren*. Der Effekt ist derselbe.**

## DAS KLEINE HOCHPASS-PROBLEM

**Allerdings birgt der *Hochpass*-Filter ein „kleines" Problem, das bereits bei der Beschreibung des *Klarheit*-Reglers in Adobe Camera Raw angesprochen wurde. Der *Hochpass*-Filter verstärkt vor allem die Helligkeitsunterschiede in den Bildern. An starken Kontrastkanten kann das dazu führen, dass eine Art Glühen an den Kanten entsteht. Eine Seite der Kante ist dann zu hell bzw. die andere zu dunkel. Diese auftretenden Lichter nennt man Halos – sie treten auch bei HDR-Konvertern recht häufig auf. Darüber hinaus sollte man, sobald Farben in der *Hochpass*-Ebene auftauchen, die Ebene entsättigen, da ansonsten die Farben deutlich verändert werden können. Das geschieht ganz einfach durch die Tastenkombination [Strg]+[⇧]+[U] (Win) bzw. [⌘]+[⇧]+[J] (Mac).**

## Unscharf maskieren

Der *Unscharf maskieren*-Filter arbeitet ohne eine zusätzliche Ebene und das damit verbundene Überblenden. Es wird unmittelbar auf der Ebene gearbeitet, auf die der Filter angewendet wird. Der Name verheißt zwar nichts Gutes, wenn man scharfzeichnen möchte, aber man täuscht sich doch gewaltig. In diesem Fall ist der Spruch „Nomen est omen" nicht ganz korrekt.

Der *Unscharf maskieren*-Filter arbeitet wie der *Hochpass*-Filter mit den Hell-dunkel-Kontrasten. Also wird im Prinzip in den Bereichen, in denen geschärft wird, Helles heller und Dunkles dunkler gemacht, um so den Kontrast zu erhöhen. Der Vorteil des *Unscharf maskieren*-Filters ist es, dass er recht gut regulierbar ist. Durch die drei Parameter *Stärke*, *Radius* und *Schwellenwert* kann man den Filter gut in die gewünschte Richtung lenken.

Unscharf maskieren-*Filter bei der Arbeit.*

Wenn man mit dem Filter richtig scharfzeichnen will, muss man verstehen, was jeder Parameter besagt und was er verändert.

1. **Stärke**: Es geht auch hier wieder um den Kontrast in den Details, genau genommen den Hell-dunkel-Kontrast an den Kanten. Wie stark dieser intensiviert werden soll, ist mithilfe des *Stärke*-Reglers regulierbar. Der Prozentwert *100* ist übrigens nicht, wie man vom Namen vielleicht schließen könnte, eine unveränderte Wiedergabe des Bilds, sondern bereits eine Intensivierung der Kontrastkanten um das Doppelte. *0 %* zeigen demnach gar keine Veränderung im Bild.

2. **Radius**: Der *Radius* beschreibt in Pixeln, wie weit um die Kontrastkante herum geschärft werden soll. Erhöht man also dort den Wert stark, führt das dazu, dass auf einmal Bereiche, die weit von der Kontrastkante entfernt sind, deutlich mitgeschärft werden. Man sollte in der Regel, solange man nicht auf den Effekt abzielt, versuchen, den *Radius* relativ moderat zu halten.

3. **Schwellenwert**: Der *Schwellenwert* des Filters reguliert, wie bei allen anderen Photoshop-Dialogen, die ihn anbieten, welche Bereiche eigentlich geschärft werden sollen. Hierbei gibt der *Schwellenwert* an, wie viele Tonwerte zwischen den einzelnen Tonwerten der Pixel liegen müssen, damit sie geschärft werden. Ein *Schwellenwert* von *0* besagt also, dass alle Bereiche geschärft werden sollen, ein Wert von *50*, dass nur die Kontrastkanten geschärft werden sollen, in denen der Unterschied mehr als 50 Tonwerte beträgt. Ein *Schwellenwert* von *100* bewirkt entsprechend das Gleiche mit 100 Tonwerten.

**i**

### SCHÄRFE BEURTEILEN

**Schärfe sollte man immer in der 100 %-Ansicht beurteilen. Der Grund dafür ist, dass, immer wenn man aus dem Bild herauszoomt, beispielsweise auf 33 %, das Bild von Photoshop für die neue Ansicht kleingerechnet wird. Es wird interpoliert. Diese Interpolation kann zu Fehlern führen, die dann etwa Linien dicker oder schmaler erscheinen lassen, als sie in Wirklichkeit sind. Ebenso kann es dazu führen, dass ein verstärkter Moiré-Effekt auftritt. Das heißt, es überlagern sich feine Raster, die dann eine neue Struktur bilden, die aber faktisch nicht vorhanden ist. Sie wird lediglich durch die Interpolationsfehler hergestellt. Sobald Sie wieder auf 100 % zoomen, sind alle Fehler verschwunden, da sie lediglich beim Interpolieren auftreten und nicht bei der vollen 100 %-Ansicht.**

*Oben:* Unscharf maskieren – Stärke *200 %*,Radius *2,5 Pixel*, Schwellenwert *25*.
*Unten:* Unscharf maskieren – *Stärke 200 %, Radius 2,5 Pixel, Schwellenwert 0.*

# Mikrokontraste: hilfreich, aber oft überdosiert

Es gibt den globalen Kontrast eines Bilds, den von lokalen Stellen und, wenn man ganz penibel und genau sein will, noch den einzelner Pixel. Das sind wirklich mikroskopisch kleine und feine Unterschiede. Sie sorgen für die wirklichen Feinheiten in einem Bild. Diese kleinsten Differenzierungen in den Kontrasten der vielen einzelnen Pixel kann man kaum mit einem einfachen Kontrastregler regulieren.

*Eine Schieferplatte mit vielen feinen Strukturen, links die direkte Aufnahme, wie sie aus der Kamera kam, rechts die Aufnahme mit verstärkten Mikrokontrasten. Die Verstärkung der Mikrokontraste ist hier jedoch schon etwas übertrieben worden.*

Um diese Kontraste hervorzuheben und somit die wirklich feinsten Strukturen in Fassaden, Blättern und anderen Oberflächen zu verstärken, gibt es diverse Techniken. Meiner Meinung nach gibt es aber nur eine wirklich sinnvolle, da die Technik gut regulierbar ist und sehr viel Feintuning zulässt.

### 1 Vorbereitung der Ebenen

Suchen Sie sich zunächst für diese Technik ein beliebiges Bild aus, egal ob 8-Bit-Farbtiefe pro Kanal oder 16-Bit-Farbtiefe. Auch Schwarz-Weiß-Aufnahmen funktionieren wunderbar. Besonders geeignet sind Bilder mit vielen feinen Details oder Strukturen.

Nachdem Sie eine passende Datei geöffnet haben, erstellen Sie vom Hintergrund drei Ebenenkopien, vorzugsweise per Tastenkombination `Strg`+`J` (Win) bzw. `⌘`+`J` (Mac).

Benennen Sie die unterste Ebene mit dem Namen *EndResultat*, die darüberliegende Ebene *HilfsEbene*, und die oberste Ebene nennen Sie *Basis*.

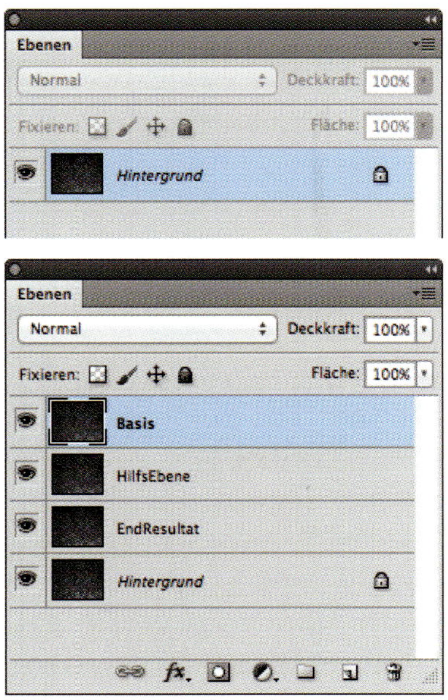


*Die* Hintergrund*-Ebene wird dreimal kopiert und umbenannt.*

### 2 Basis-Ebene kontrastieren

Beginnen Sie mit der *Basis*-Ebene. Markieren Sie die *Basis*-Ebene und invertieren Sie sie anschließend – Sie drehen also alle Farben bzw. Tonwerte um. Schwarz wird Weiß, Weiß wird Schwarz. Dies tun Sie mit der Tastenkombination `Strg`+`I` (Win) bzw. `⌘`+`I` (Mac).

*Die* Basis*-Ebene wird invertiert.*

*Nach der Füllmethode erschient die Ebene neutral grau.*

Anschließend wählen Sie für die *Basis*-Ebene noch als Füllmethode den Modus *Strahlendes Licht* aus. Jetzt sollte die Ebene etwa so aussehen, fast wie ein Neutralgrau mit einigen wenigen Differenzen in den Tonwerten.

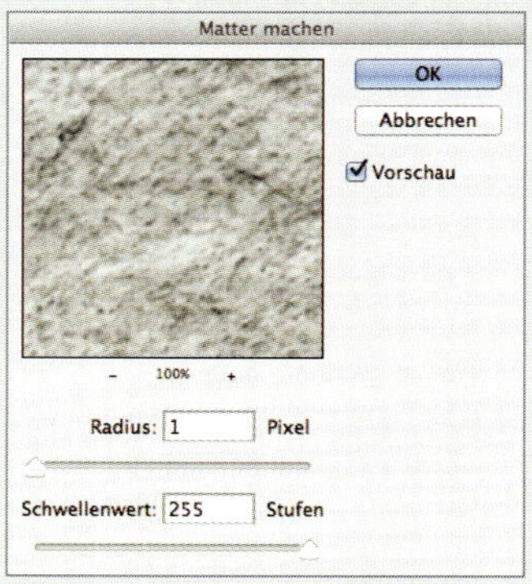


*Die Struktur der* Basis-*Ebene wird matter gemacht.*

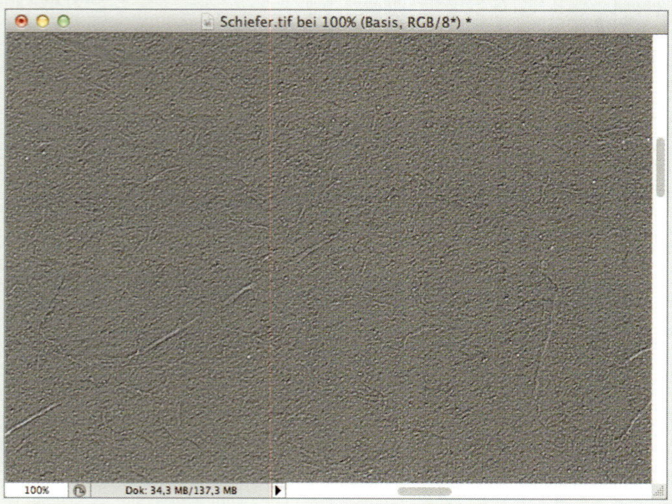


**3 Basis-Ebene kontrastieren**

Jetzt wenden Sie auf die *Basis*-Ebene den Filter *Matter machen* an. Den Filter finden Sie unter *Filter/Weichzeichnungsfilter*. Wählen Sie für den *Radius* zunächst den Wert *1 Pixel* und setzen Sie den *Schwellenwert* auf *255 Stufen*. Das führt dazu, dass der Filter wegen des hohen Schwellenwerts alle Bereiche einbezieht, aber dank des geringen Radius nur schwach arbeitet.

Beginnen Sie nun zunächst mit dem *Radius*-Regler, den entsprechenden Wert zu finden, der die Struktur, die Sie hervorheben wollen, einschließt und entsprechend hervorhebt.

Danach drehen Sie den Regler *Schwellenwert*, wie schon beim *Unscharf maskieren*-Beispiel, herunter. Der Wert gibt an, wie groß der Unterschied zwischen den beiden zu bearbeitenden Tonwerten liegen muss – besser der Unterschied der Kontrastkanten. Sobald Sie dort einen entsprechenden Wert gefunden haben, der dazu führt, dass nur die Kanten stärker kontrastiert werden, die auch verstärkt werden sollen, bestätigen Sie die Einstellungen mit *OK*.

### 4 Halobildungen weich machen

Jetzt müssen Sie nur noch den *Gaußschen Weichzeichner* auf die Ebene anwenden, damit leichte Halobildungen weichgezeichnet werden. Diesen Filter finden Sie ebenfalls unter *Filter/Weichzeichnungsfilter.*

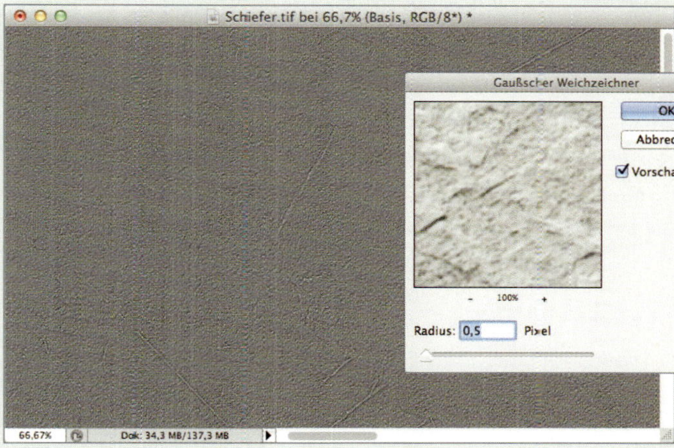


*Überstrahlungen werden mit dem* Gaußschen Weichzeichner *weich gemacht.*

### 5 Bearbeiten der Hilfsebene

Reduzieren Sie nun die *Basis*-Ebene auf die darunterliegende Ebene. Dazu wählen Sie zuerst die *Basis*-Ebene aus und drücken die Tastenkombination [Strg]+[E] (Win) bzw. [⌘]+[E] (Mac). Damit wurde die *Basis*-Ebene auf die *HilfsEbene* reduziert. Die Ebenen wurden also mittels der Ebeneninhalte und der *Füllmethode* verrechnet.

Die *HilfsEbene* hat nun wieder die Füllmethode *Normal*, nachdem sie mit der *Basis*-Ebene zusammenfügt wurde. Stellen Sie jetzt die Füllmethode *Normal* auf *Ineinanderkopieren* um.

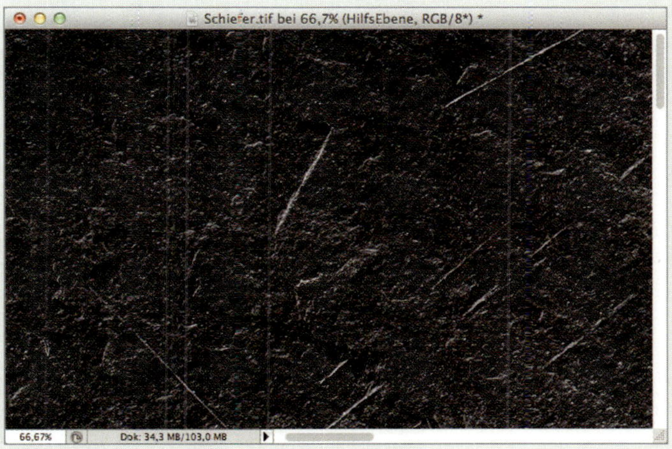


*Ebenen reduzieren und die Hilfsebene bearbeiten.*

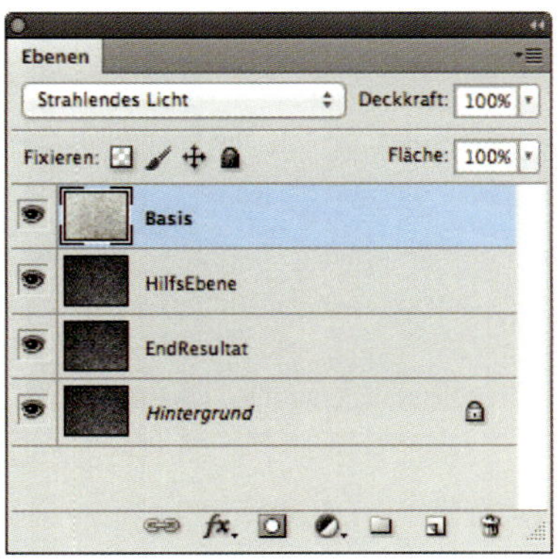


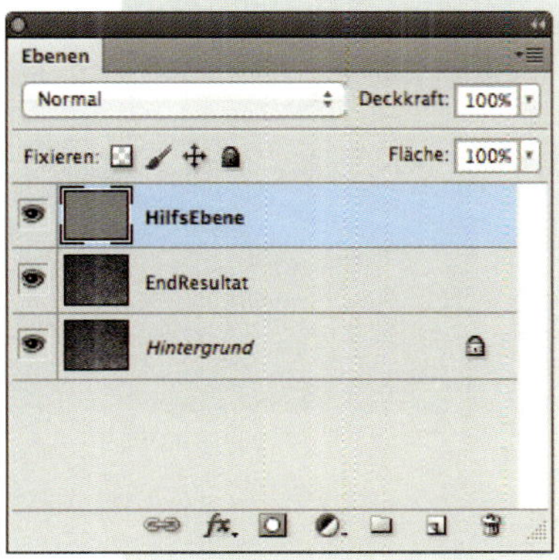


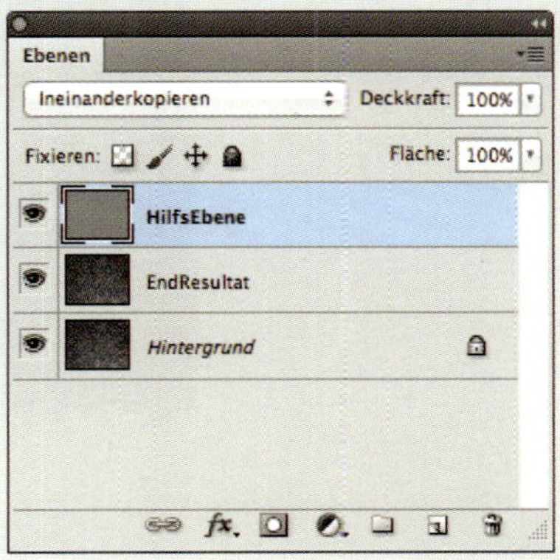

## 6 Lichter ausgehen lassen

Jetzt gehen Sie in das Menü *Bild/Korrekturen* und wählen dort die Funktion *Tiefen/Lichter*. Im gleichnamigen Dialogfeld setzen Sie die *Stärke* auf *0* und aktivieren dann das Kontrollfeld *Weitere Optionen einblenden*. Direkt anschließend öffnet sich der erweiterte *Tiefen/Lichter*-Dialog. Hier stellen Sie zunächst alle Werte auf *0*.

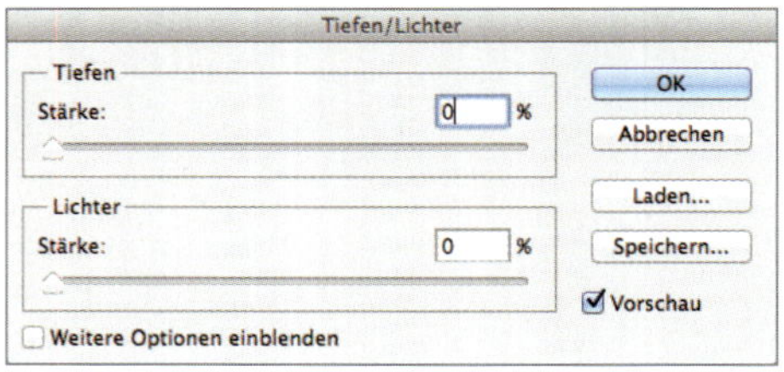


Dann beginnen Sie, nur mit dem *Mittelton-Kontrast*-Regler zu arbeiten. Alle anderen Regler benötigen Sie nicht, lediglich der *Mittelton-Kontrast* ist relevant. Stellen Sie hier einen Wert ein, der die Details nochmals verstärkt, und schließen Sie den Dialog mit *OK*.

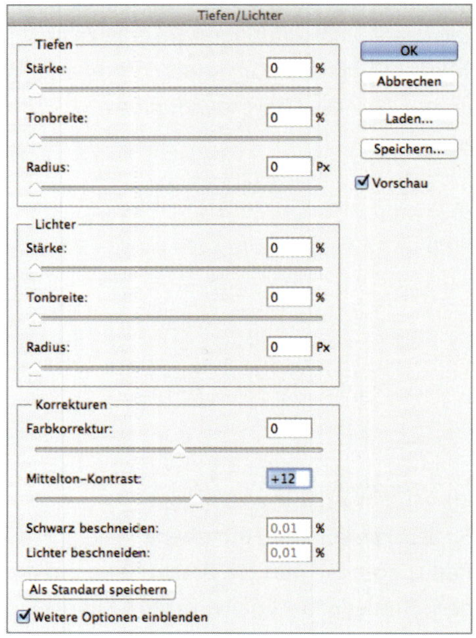


*Einstellen der Tiefen und Lichter.*

### 7 Das Endresultat

Wiederholen Sie nun den Beginn von Schritt 5. Reduzieren Sie erneut die Ebenen. Wählen Sie die *HilfsEbene* aus und drücken Sie die Tastenkombination [Strg]+[E] (Win) bzw. [⌘]+[E] (Mac), sodass Sie nun nur noch die Ebenen *EndResultat* und *Hintergrund* haben. Wählen Sie für die Füllmethode der Ebene den Modus *Luminanz*. Dieser Modus sorgt dafür, dass nur die Helligkeitsunterschiede auf die darunterliegende Ebene abgebildet werden. In diesem Beispiel führt das dazu, dass nur die gerade verstärkten Hell-dunkel-Kontraste auf der Hintergrundebene abgebildet werden.

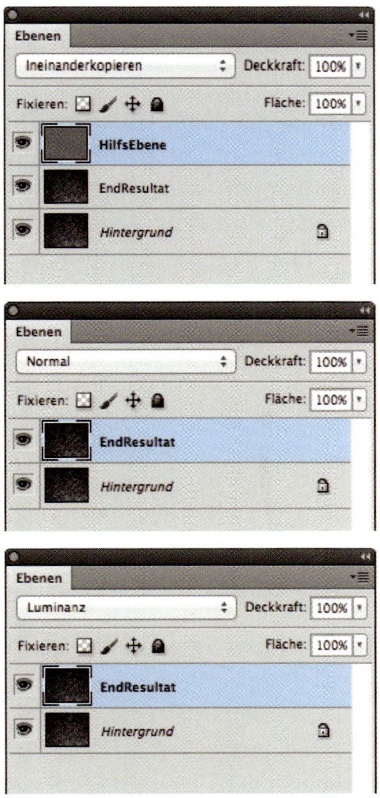


*Ebenen reduzieren und eine neue Füllmethode festlegen.*

### 8 Zum Finale

Im letzten Schritt erstellen Sie noch eine Schnittmaske in Form einer Einstellungsebene *Farbton/Sättigung*. Fügen Sie dazu zunächst über das Symbol *Neue Füll- oder Einstellungsebene erstellen* eine *Farbton/Sättigung*-Ebene hinzu. Den Button finden Sie in der Leiste am unteren Bedienfeldrand.

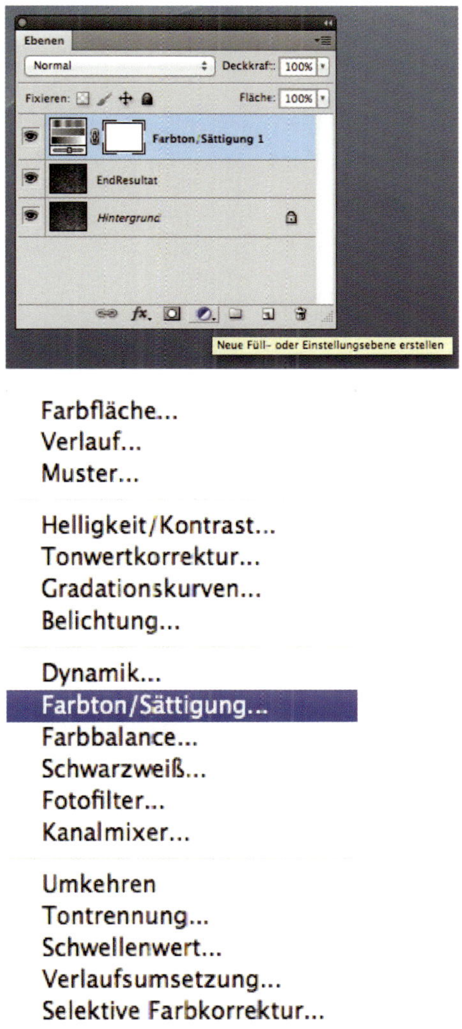


*Hinzufügen einer neuen Einstellungsebene des Typs* Farbton/Sättigung.

*Zur darunterliegenden Ebene eine Schnittmaske erstellen.*

Nach dem Erstellen der Einstellungsebene *Farbton/Sättigung* legen Sie die Ebene direkt über die Ebene *EndResultat*. Dazu halten Sie die `Alt`-Taste gedrückt und klicken mit dem Mauszeiger exakt auf die Trennlinie der beiden Ebenen. Die Schnittmaske sorgt dafür, dass sich die Einstellungsebene ausschließlich auf die Ebene *EndResultat* bezieht.

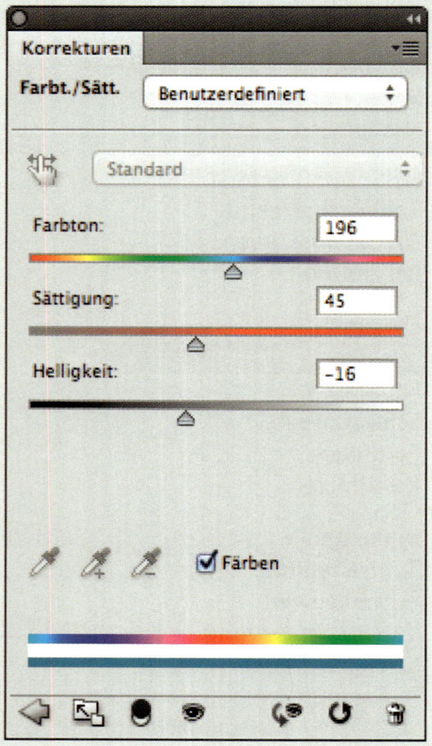


*Im Bedienfeld* Korrekturen *das Kontrollfeld* Färben *aktivieren.*

Die neue Einstellungsebene hilft dabei, die Mikrokontrastebene nun noch besser zu regulieren. Aktivieren Sie dazu im Bedienfeld *Korrekturen/Farbt./Sätt.* das Kontrollkästchen *Färben*. Damit können Sie dann nach Belieben die Kontraste nochmals deutlich verändern, sollte Ihnen der Sättigungsparameter nicht ausreichend erscheinen.

Anschließend können Sie als definitiv letzten Schritt noch die Einstellungsebene und die Ebene *EndResultat* in einer Gruppe zusammenfassen und eine Ebenenmaske hinzufügen, damit Sie genau festlegen können, wo die Kontraste verstärkt werden sollen.

## AUFPASSEN MIT MIKROKONTRASTEN

**Mikrokontraste zu verstärken, ist eine wunderbare Methode, um noch etwas mehr aus den Bildinformationen herauszukitzeln. Allerdings führt das bei einigen Motiven zu sehr merkwürdigen Eindrücken. Wenn Sie diese Technik auf die menschliche Haut anwenden, besonders in Gesichtern, wird jede noch so kleine Falte und Pore verstärkt. Das führt dann dazu, dass meist die gesamte Haut unnatürlich aussieht und wesentlich älter wirkt. Sollten Sie aber beispielsweise ein Porträt eines älteren Herren vor sich haben, kann diese Technik sehr hilfreich sein, um noch mehr Plastizität in das Gesicht zu bringen. Ob es sinnvoll ist, die Mikrokontraste zu verstärken, muss von Fall zu Fall entschieden werden. Betrachten Sie nach der Anwendung der Technik einfach das Bild in der 100-%-Ansicht und schauen Sie, ob Sie es nicht vielleicht etwas übertrieben haben. Man tendiert sehr schnell dazu, Kontraste zu übersteuern, behalten Sie das immer im Hinterkopf.**

# HOCHPASS UND MIKROKONTRASTE

[ 7 ]

# Hochpass und Mikrokontraste

*Bilder müssen in fast allen Fällen nachgeschärft werden, egal ob Architektur, Landschaft oder Porträt.*

# 7 Hochpass und Mikrokontraste

*Hochpass und Mikrokontraste sind sehr häufig einsetzbar und auch sinnvoll. Meist siegt aber die Faulheit, was dann dazu führt, dass man diese etwas aufwendigeren Techniken nicht durchführt. Um diesem Dilemma zu entkommen, schreiben Sie gleich wieder entsprechend je eine flexible und eine universell einsetzbare Aktion für beide Techniken.*

■ Vergessen Sie nicht, beide Aktionen nach der Aufzeichnung einmal zu testen, um festzustellen, ob sich nicht doch Fehler eingeschlichen haben. Und vergessen Sie auch nicht, die Aktionen anschließend wieder in das Panel einzubauen!

## ... UND AKTION!

### 1 Bild laden und Aufzeichnung starten

Laden Sie ein beliebiges Bild und starten Sie die Aufzeichnung. Die neue Aktion nennen Sie *exakter Hochpass*.

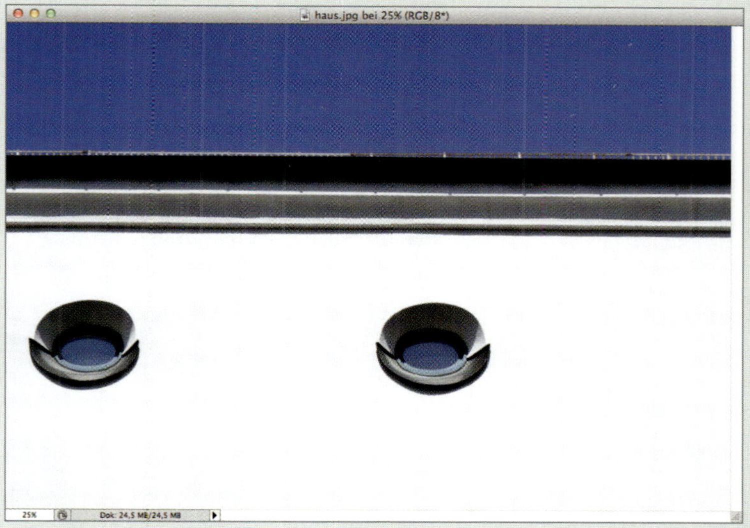


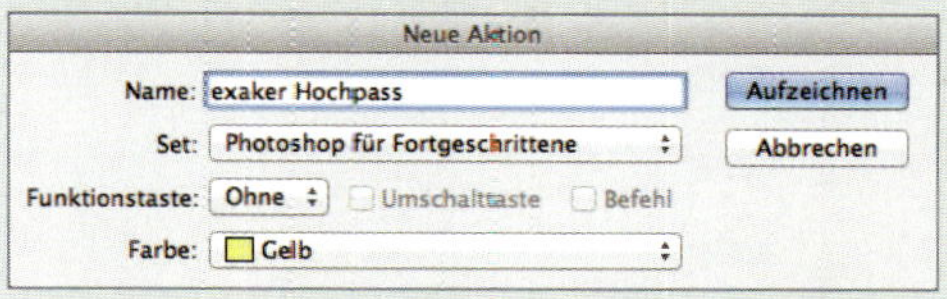


*Aufzeichnung der neuen Aktion starten.*

### 2 Neue Aktionsebene erstellen

Nach dem Start der neuen Aktion legen Sie zunächst eine neue Ebene an, der Sie den Namen *eHP-AktionsBasis* geben. Weisen Sie der Ebene dann die Farbe *Gelb* zu. Dadurch erkennen Sie später im Ebenenstapel immer, welche Ebene die Aktionsbasis ist.

Auf die noch transparente Ebene *eHP-AktionsBasis* kopieren Sie jetzt den Inhalt der Hintergrundebene. Das geht am schnellsten mit der Tastenkombination `Strg` + `⇧` + `Alt` + `E` (Win) bzw. `⌘` + `⇧` + `Alt` + `E` (Mac).

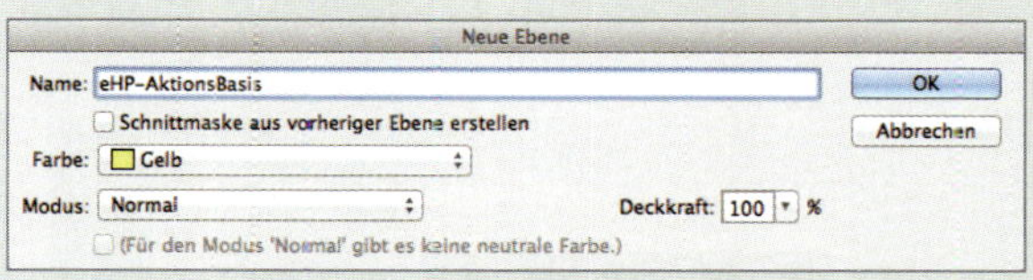


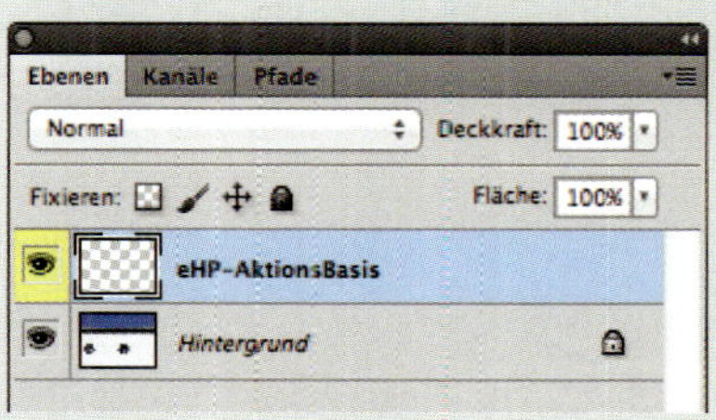


*Erstellen der neuen Aktionsebene.*

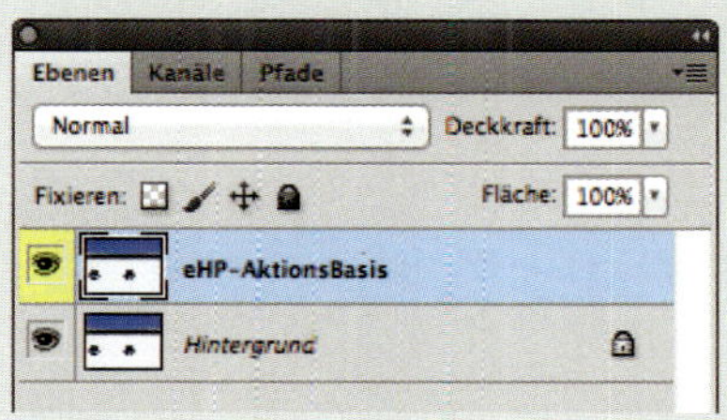

So sollte nun das Ebenen-*Bedienfeld aussehen.*

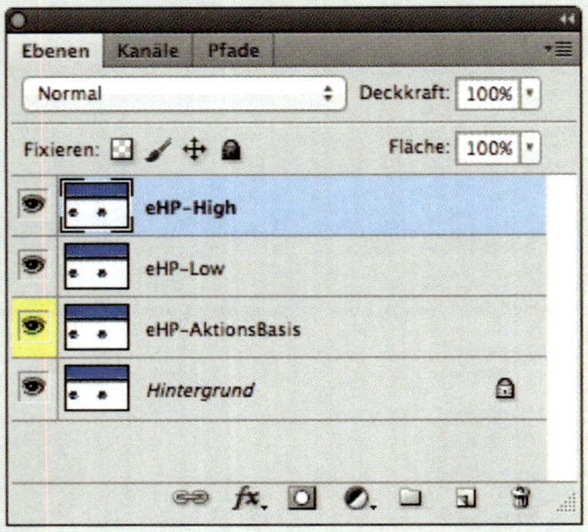


### 3 Weitere Ebenen hinzufügen

Auf die gleiche Weise erstellen Sie nun zwei weitere Ebenen. Die eine Ebene nennen Sie *eHP-Low* und die andere *eHP-High*.

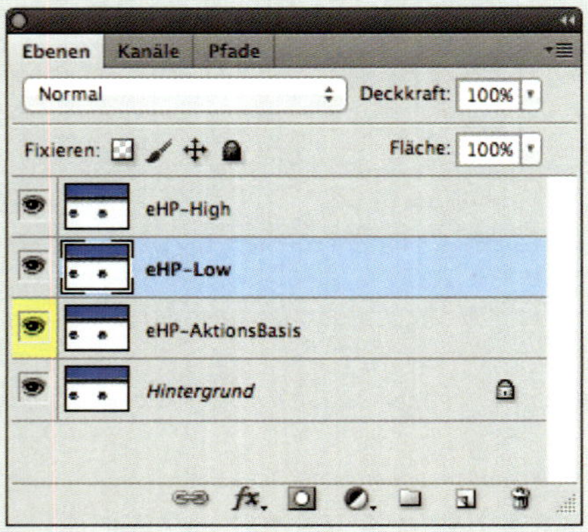


### 4 Filtern und Bildberechnung

Markieren Sie jetzt die Ebene *eHP-Low* und rufen Sie im Menü *Filter/Weichzeichnungsfilter* den *Gaußschen Weichzeichner* auf. Tragen Sie im Dialogfeld des Filters unter *Radius* den Pixelwert ein, den Sie entsprechend beim *Hochpass*-Filter verwenden würden, hier *15,0 Pixel*. Bestätigen Sie das Ganze mit *OK*.

Markieren Sie nun die Ebene *eHP-High* und öffnen Sie über das Menü *Bild* die Funktion *Bildberechnungen*. Hier wählen Sie unter *Ebene* die Ebene *eHP-Low* aus und setzen die *Füllmethode* auf *Addieren*. Danach setzen Sie noch das Häkchen bei *Umkehren* und bestätigen mit *OK*.

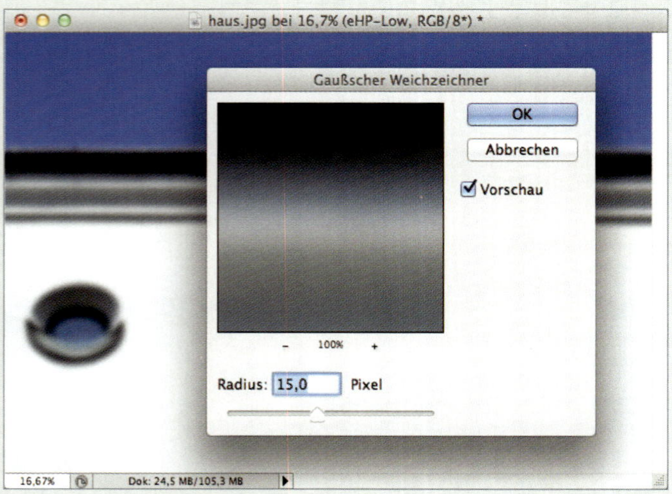


Gaußscher Weichzeichner *auf die Ebene* eHP-Low *anwenden.*

Alternativ können Sie auch statt *Addieren* als *Füllmethode Subtrahieren* auswählen und dann das Häkchen bei *Umkehren* weglassen. Vergessen Sie nicht, die richtigen Werte für *Skalieren* und *Versatz* einzugeben!

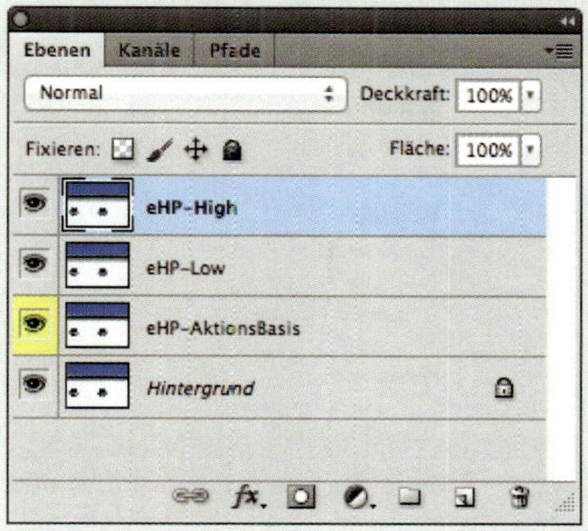


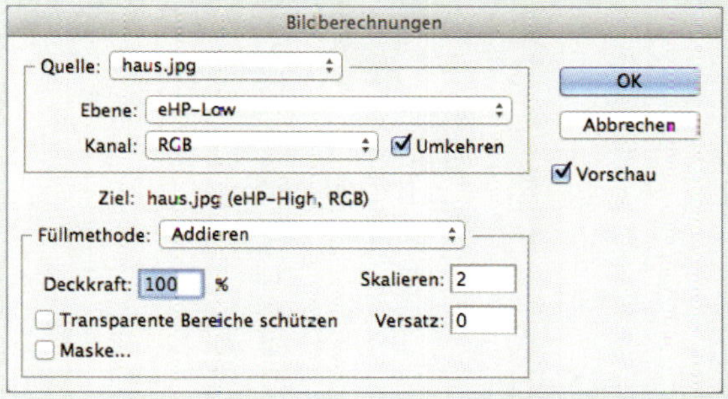


*Einstellungen für die Bildberechnungen festlegen.*

## 5 Gruppieren und finale Einstellungen

Stellen Sie zunächst die Füllmethode der Ebene *eHP-High* von *Normal* auf *Weiches Licht*. Danach löschen Sie die Ebene *eHP-Low* und fügen die Ebene *eHP-High* und *eHP-AktionsBasis* zu einer Gruppe zusammen. Den Namen der Gruppe ändern Sie in *eHP-AktionsGruppe* um.

Jetzt fügen Sie der Gruppe noch eine invertierte Ebenenmaske hinzu, indem Sie die Alt-Taste gedrückt halten und auf das Ebenenmaskensymbol am unteren Bedienfeldrand klicken.

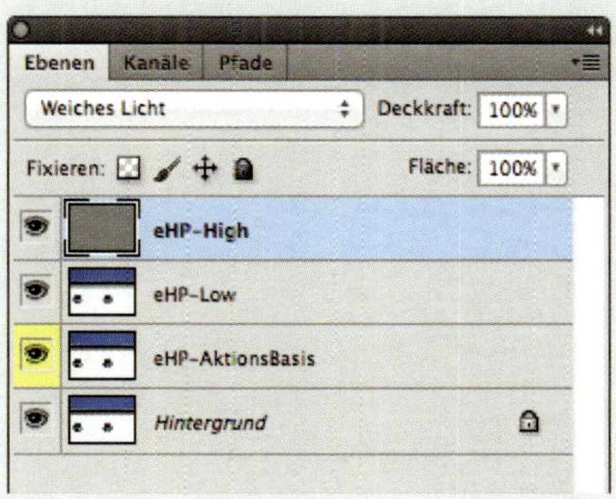


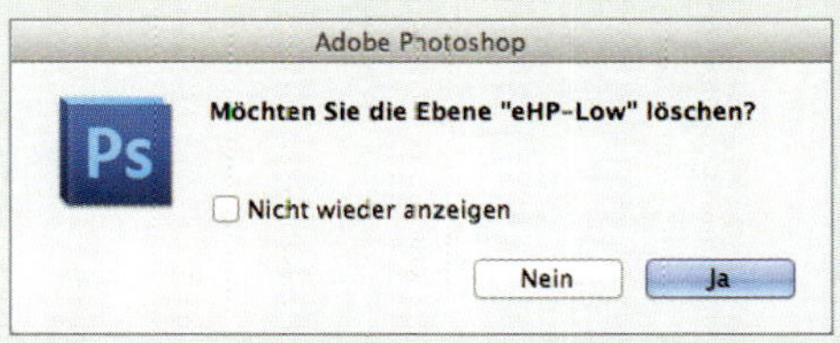


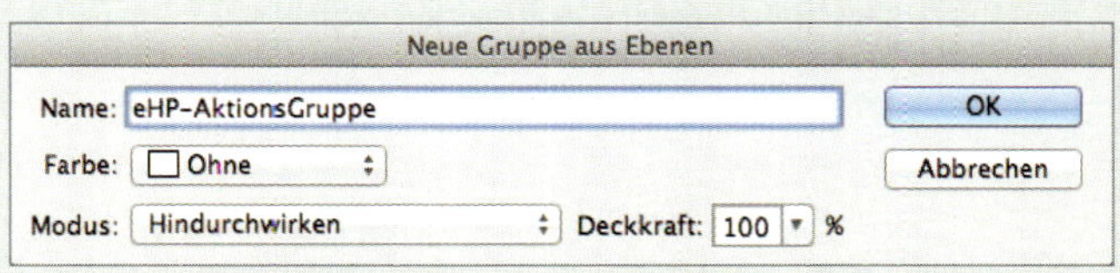


*Ebenen zu einer Gruppe zusammenfügen.*

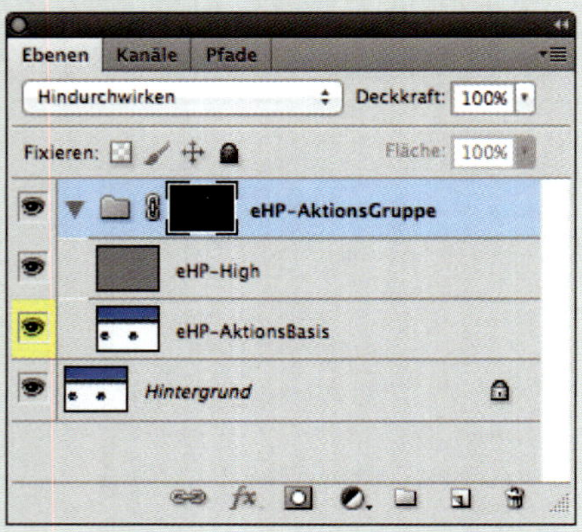


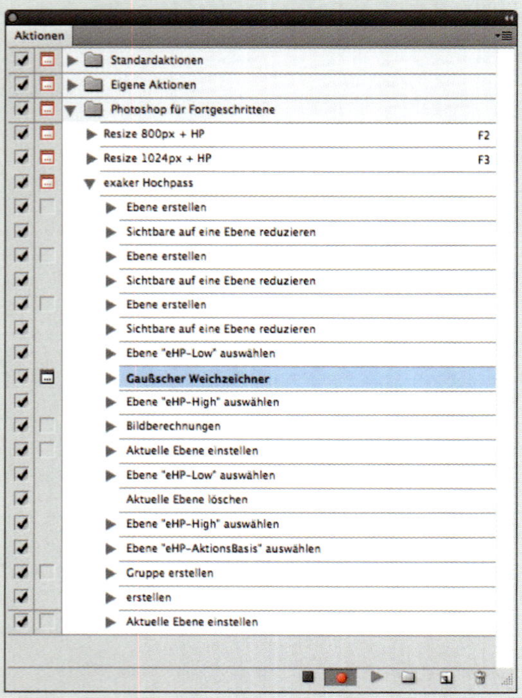


Dann ändern Sie die Füllmethode der Ebenengruppe von *Hindurchwirken* auf *Luminanz*. Das sorgt dafür, dass lediglich die veränderten Helligkeitswerte aus der Gruppe auf die Hintergrundebene abgebildet werden. Dadurch kann keine Verschiebung der Farben durch einen zu hoch gewählten Hochpass auftreten.

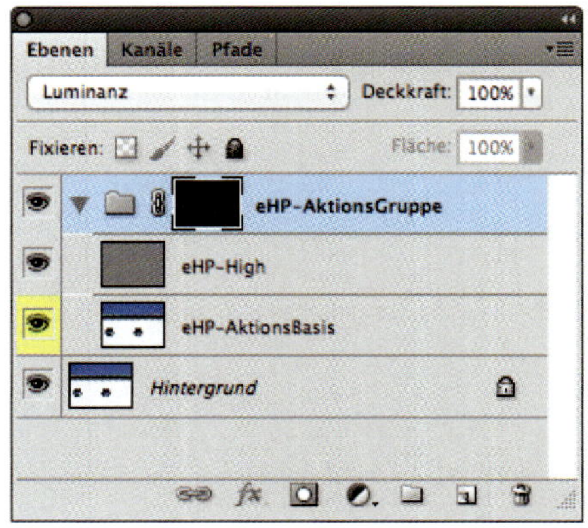


*So sieht der fertige Ebenenstapel aus, wenn Sie alles richtig gemacht haben.*

### 6 Stopp und Meldung aktivieren

Wie sonst auch bei Aktionen müssen Sie jetzt noch die Meldung aktivieren, indem Sie einfach neben dem Befehl für den *Gaußschen Weichzeichner* links in das freie Kontrollfeld klicken. Dadurch öffnet der Weichzeichner beim Abspielen jedes Mal den Dialog und fragt nach, welcher Wert verwendet werden soll. Weitere Dialoge müssen Sie nicht aktivieren, weil dieser Wert alles Weitere, also den *Hochpass*-Wert, bestimmt.

Im letzten Schritt fügen Sie noch eine Unterbrechung hinzu, die Sie direkt über dem Befehl *Gaußscher Weichzeichner* positionieren. Markieren Sie zuerst im Bedienfeld *Aktionen* den Befehl *Ebene „eHP-Low" auswählen* und klicken Sie direkt danach im Kontextmenü des Bedienfelds auf den Eintrag *Unterbrechung einfügen*.

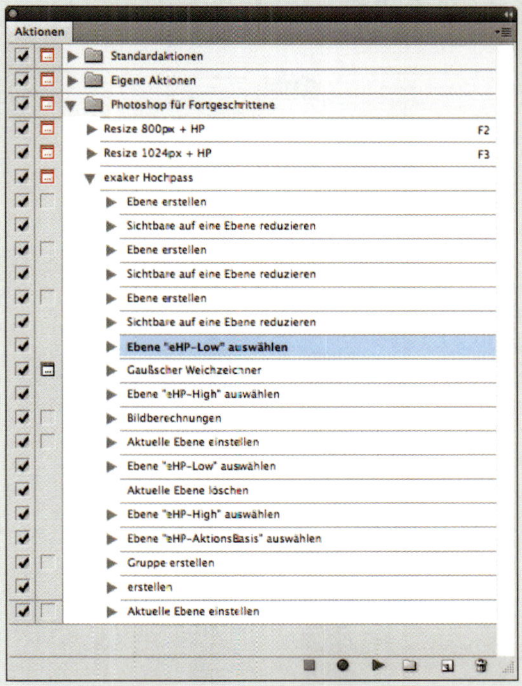


*Ebene markieren, hinter der die Unterbrechung eingefügt werden soll.*

Im Dialogfeld *Aufzeichnung beenden* geben Sie als *Meldung* folgenden Text ein:

> **Wählen Sie den Wert im Gaußschen Weichzeichner, den Sie auch im Hochpass verwenden würden.**

Vergessen Sie nicht, das Kontrollfeld *Fortfahren zulassen* mit einem Häkchen zu aktivieren.

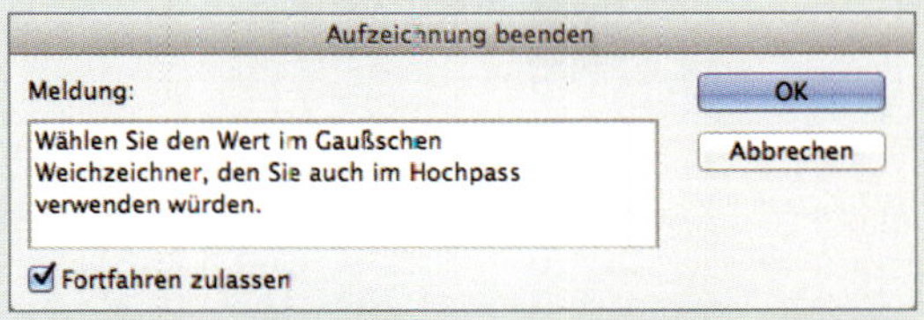


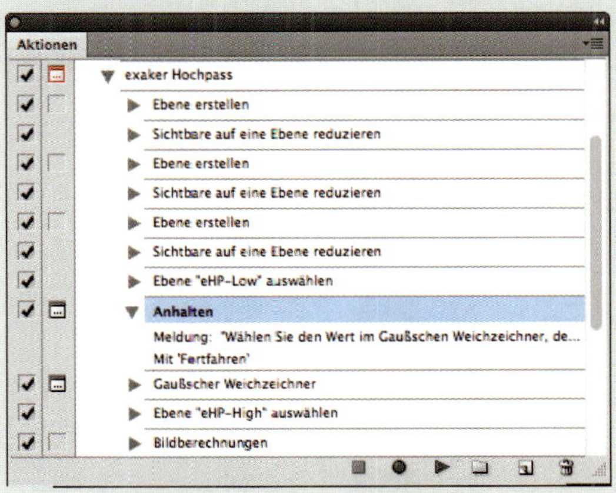


*Wichtig! Vergessen Sie nicht, den Dialog zu aktivieren und einen „Anhalter" zu setzen.*

# Mikrokontraste verstärken

Auch hier öffnen Sie wieder eine beliebige Aufnahme, deren Mikrokontraste verstärkt werden sollen, egal ob 16-Bit-Farbtiefe pro Kanal oder nur 8-Bit-Farbtiefe. Dann beginnen Sie, wie bereits gewohnt, mit dem regulären Aktionsstart.

*Wichtig ist, dass Sie auch die Reihenfolge der Ebenen einhalten, da es ansonsten zu Problemen kommt. Sie brauchen also eine Aktionsbasisebene, eine Mikrokontrastebene, eine Hilfsebene und eine Basisebene. Stellen Sie alle diese Ebenen durch das oben beschriebene Verfahren her und nicht durch Duplizieren.*

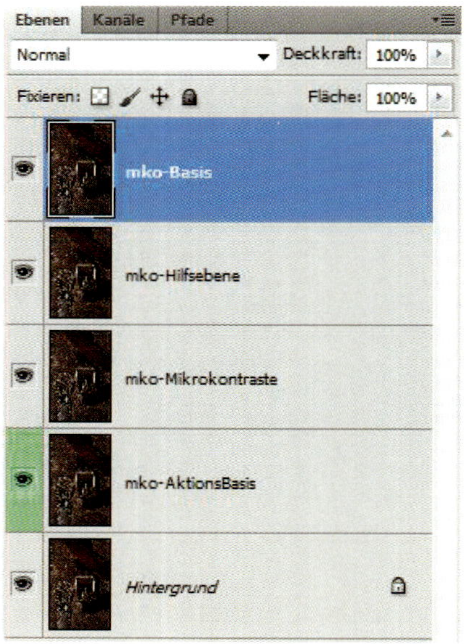


**1 Start-up der Aktion**

Erstellen Sie eine neue Ebene und nennen Sie diese *mko-AktionsBasis*. Danach füllen Sie die transparente Ebene wieder per Tastenkombination mit dem Inhalt der Hintergrundebene.

Wiederholen Sie diesen Vorgang nun zusätzlich zur *mko-AktionsBasis*-Ebene noch drei weitere Male. Sie benennen die Ebenen mit *mko-Mikrokontraste*, *mko-Hilfsebene* und *mko-Basis* – so wie in folgender Abbildung.

*Im Ebenen-Bedienfeld sollte der Status quo nun dieser sein.*

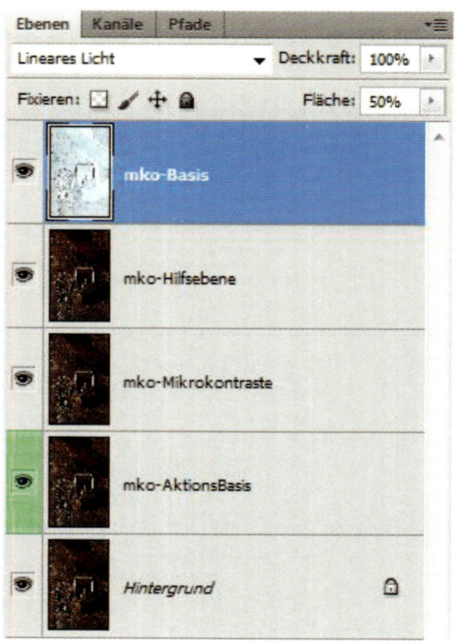


**2 Invertieren und lineares Licht**

Wählen Sie nun die oberste Ebene *mko-Basis* aus.

**Achtung!** Um ein noch genaueres Ergebnis bei den Kontrasten zu erhalten, verfahren Sie jetzt etwas anders.

Ändern Sie die Füllmethode der Ebene auf *Lineares Licht*, reduzieren Sie dann noch die *Fläche* auf *50%* und invertieren Sie die Ebene mit der Tastenkombination Strg + I (Win) bzw. ⌘ + I (Mac).

### 3 Matter machen und weichzeichnen

Nun rufen Sie im Menü *Filter/Weichzeichnungsfilter* den Filter *Matter machen* auf und wählen einen beliebigen Wert, der später sowieso flexibel durch einen Unterbrecher gehandelt wird.

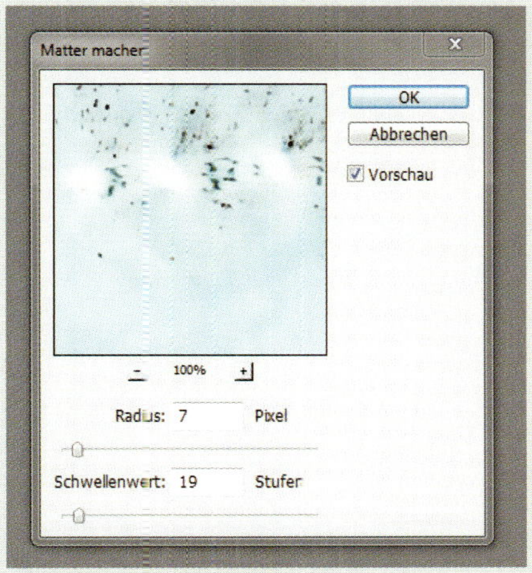


Anschließend führen Sie, um die Halos etwas zu reduzieren, mit dem *Gaußschen Weichzeichner* eine Weichzeichnung durch. Diesen finden Sie auch unter *Filter/Weichzeichnungsfilter*.

*Ebene matter machen und weichzeichnen.*

### 4 Ebenen reduzieren

Jetzt müssen Sie nur noch die Ebenen via Tastenkombination Strg + E (Win) bzw. ⌘ + E (Mac) reduzieren. Sobald Sie das getan haben, sieht Ihr *Ebenen*-Bedienfeld so aus.

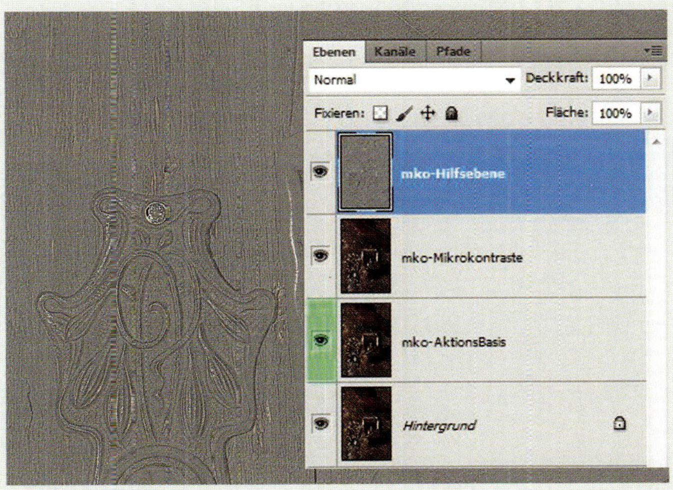


*Der Ebenenstapel nach dem Reduzieren.*

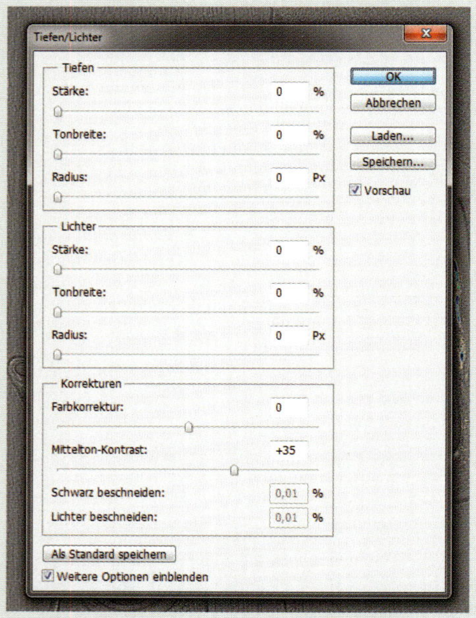


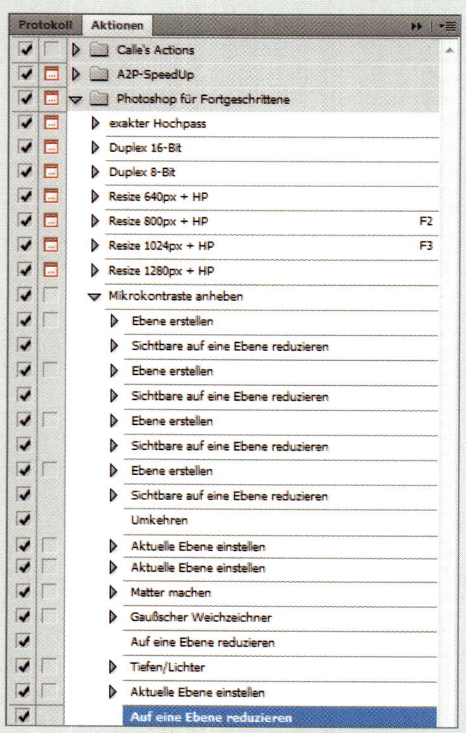


*So sieht der aktuelle Stand im Aktionen-Bedienfeld aus. Er zeigt, dass zuletzt eine Ebene reduziert wurde. Gerade eben haben Sie auch die Hilfsebene auf die Mikrokontrastebene reduziert.*

## 5 Hilfsebene kontrastieren

Markieren Sie jetzt, sofern nicht aktiv, die *mko-Hilfsebene* und wählen Sie im Menü *Bild/Korrekturen* die Funktion *Tiefen/Lichter*. Hier können Sie einstellen, was Sie möchten, denn das ist im Moment irrelevant, weil wir später ja auch den Dialog aktivieren werden, sodass die Einstellungen jedes Mal beim Abspielen der Aktion erneut einstellbar sind.

Stellen Sie nun noch die Füllmethode der *mko-Hilfsebene* auf *Ineinanderkopieren* und reduzieren Sie die Ebene erneut auf die darunterliegende Ebene *mko-Mikrokontraste*.

## 6 Feinschliff und Ende der Aktion

Wählen Sie zunächst die Ebene *mko-Mikrokontraste* aus. Dann erstellen Sie mit gedrückter `Alt`-Taste über das Symbol *Neue Füll- oder Einstellungsebene erstellen* eine Einstellungsebene des Typs *Farbton/Sättigung*. Sie tun das deshalb mit der `Alt`-Taste, da sich nur so der Benennungsdialog direkt öffnet. Tun Sie das nicht, wird unnötig ein Schritt mehr aufgezeichnet, der zu Fehlern führen kann.

Deshalb gilt es – wenn eine Einstellungsebene erzeugt wird –, diese immer mit gedrückter `Alt`-Taste hinzuzufügen und direkt umzubenennen.

Aktivieren Sie im Dialogfeld das Kontrollfeld *Schnittmaske aus vorheriger Ebene erstellen*. Dadurch wird direkt eine Schnittmaske auf der aktuell ausgewählten Ebene erstellt. Deshalb ist es wichtig, die richtige Ebene bereits vorher ausgewählt zu haben.

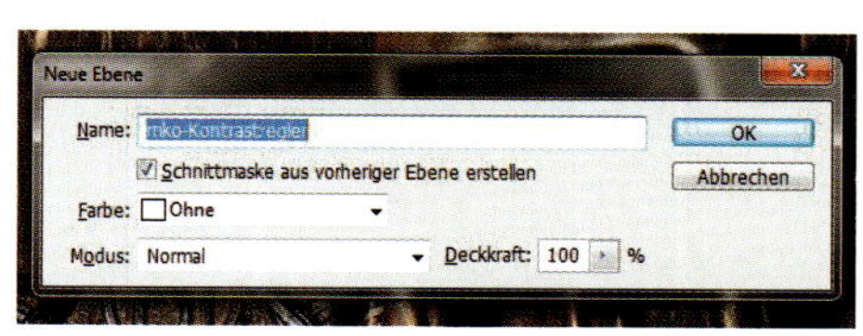

Anschließend wählen Sie die Ebenen *mko-AktionsBasis* und *mko-Mikrokontraste* inklusive der *Farbton/Sättigung*-Einstellungsebene aus und gruppieren diese. Wichtig dabei ist, dass Sie die Gruppe direkt in *mko-AktionsGruppe* umbenennen. Wenn Sie das nicht sofort tun, kann es zu Problemen mit der Namensgebung mit anderen Gruppen kommen.
Stellen Sie nun die Füllmethode der Gruppe auf *Luminanz* um. Anschließend sollten Sie der Gruppe noch eine invertierte Ebenenmaske hinzufügen.

### i WARUM KEINE MENÜBEFEHLE?

**Wenn Sie sich etwas näher mit dem Reiter *Optionen* der Aktionen auseinandergesetzt haben, werden Sie dort neben *Unterbrechung einfügen* einen Punkt mit der Bezeichnung *Menübefehl einfügen* gefunden haben. Diese Funktion ermöglicht es, den direkten Menübefehl einzufügen. Das klingt im ersten Moment sinnvoll, weil man so beispielsweise einen Filter einfach auswählen würde und dieser sich dann ohne eingestellte Werte nahtlos in die Aktion einreihte. Grundsätzlich funktioniert das auch gut, allerdings muss man sich im Klaren darüber sein, dass man so immer einige Klicks mehr machen muss. Im Endeffekt läuft es mit aktivierten Dialogen genau auf das Gleiche hinaus, nur dass Sie noch veränderbare Werte vorgeben können.**

### 7 Ein paar Päuschen und Dialoge

Wie immer müssen Sie jetzt noch die Dialoge aktivieren, bei dieser Aktion beim Befehl *Matter machen*, beim Befehl *Gaußscher Weichzeichner* und beim Befehl *Tiefen/Lichter*. Anschließend fügen Sie noch folgende drei Pausen, sprich Unterbrechungen, ein:

Unterbrechung 1:

> **Zeichnen Sie mit dem Matter machen-Filter die Details scharf. Vermeiden Sie Überstrahlungen (Halos) an Kanten.**

Unterbrechung 2:

> **Wählen Sie den Radius so, dass die leichten Überstrahlungen an den Kanten etwas reduziert werden. Nicht den Wert zu hoch ansetzen!**

Unterbrechung 3:

> **Aktivieren Sie die weiteren Optionen und stellen Sie alles auf 0. Verstärken Sie nun nach Ihrem Wunsch den Mittelton-Kontrast.**

Die erste Unterbrechung wird direkt vor dem *Matter machen*-Befehl platziert, die zweite nach dem *Matter machen*-Befehl und die dritte vor dem *Tiefen/Lichter*-Dialog.

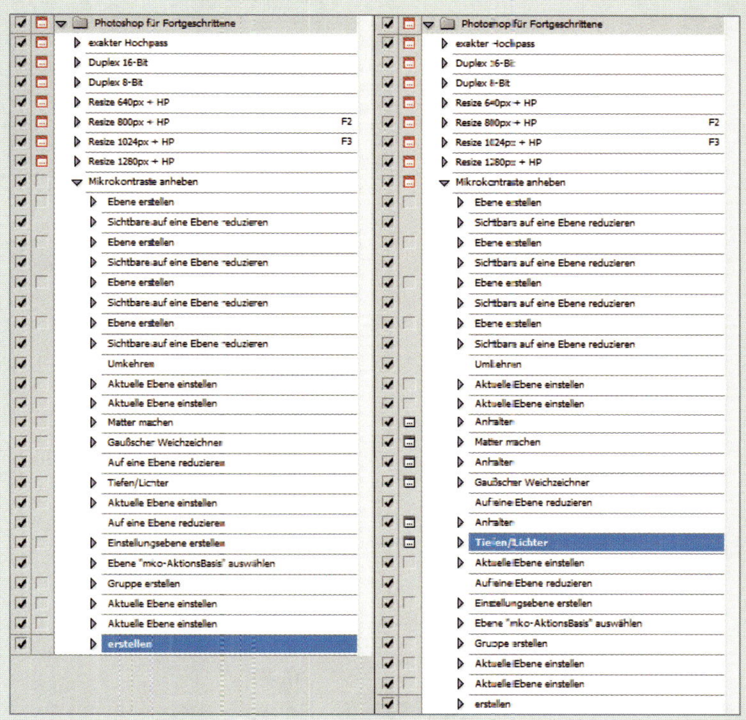


*Links die Aktion ohne Dialoge und Unterbrechungen, rechts mit den Unterbrechungen und den aktivierten Dialogen.*

# Makro- und Mikrokontraste anheben

Neben den Mikrokontrasten gibt es natürlich noch Makrokontraste, also Kontraste, die recht groß sind und weite Bereiche des Bilds betreffen. In dieser Aktion geht es darum, einen weiteren Weg zur Erstellung von Mikrokontrasten kennenzulernen und nebenher zu erlernen, wie man die Makrokontraste noch verstärkt.

*Links die komplett unbearbeitete Seite, rechts die Seite mit verstärkten Mikro- und Makrokontrasten.*

### 1 Startschuss

Öffnen Sie ein beliebiges Bild und erstellen Sie eine neue Ebene mit dem Namen *mak-AktionsBasis* – *mak* steht hier für Makrokontraste. Die neue transparente Ebene füllen Sie wie gewohnt mit dem Inhalt der Hintergrundebene. Nutzen Sie dazu die Tastenkombination [Strg]+[⇧]+[Alt]+[E] (Win) bzw. [⌘]+[⇧]+[Alt]+[E] (Mac).
Diesen Vorgang wiederholen Sie, bis Sie fünf neue Ebenen haben. Nach der Aktionsbasisebene erstellen Sie eine Ebene, die Sie *mak-Mikrokontraste* nennen. Die Ebene direkt danach wird *mak-Mikro-Hilfsebene* genannt. Die darauffolgenden zwei Ebenen werden nach demselben Muster benannt, nur statt *Mikro* wird *Makro* verwendet.

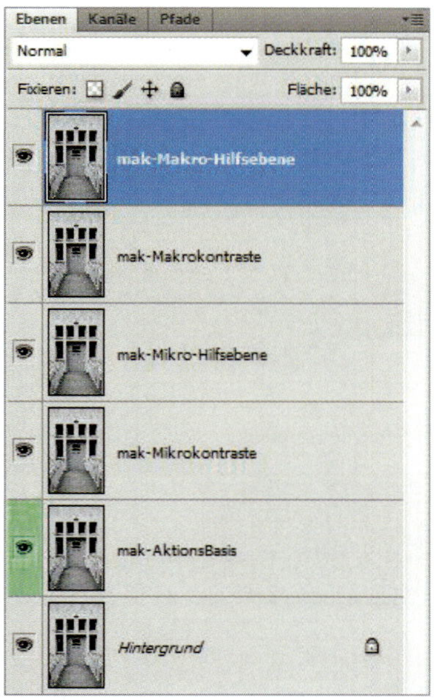


*Der Ebenenstapel besteht aus fünf Aktionsebenen: eine Basis-, zwei Kontrast- und zwei Hilfsebenen.*

### 2 Makrokontraste extrahieren

Markieren Sie nun die *mak-Makro-Hilfsebene*. Stellen Sie den Füllmodus der Ebene auf *Linear nachbelichten* und invertieren Sie die Ebene mit der Tastenkombination [Strg]+[I] (Win) bzw [⌘]+[I] (Mac).

*So sieht die invertierte Ebene im Ebenenstapel jetzt aus.*

### 3 Kontraste hervorheben

Gehen Sie nun auf *Filter/Weichzeichnungsfilter/Gaußscher Weichzeichner*. Wenden Sie den Filter mit einem sehr hohen *Radius* an, etwa *80 Pixel* oder mehr. Achten Sie beim Verschieben des Reglers darauf, dass ein flaches Bild entsteht. Die Bildbereiche, die sich während des Änderns des Radius hervortun, sind die Bereiche, die später einen stärkeren Kontrast erhalten. Bestätigen Sie dann mit *OK*.

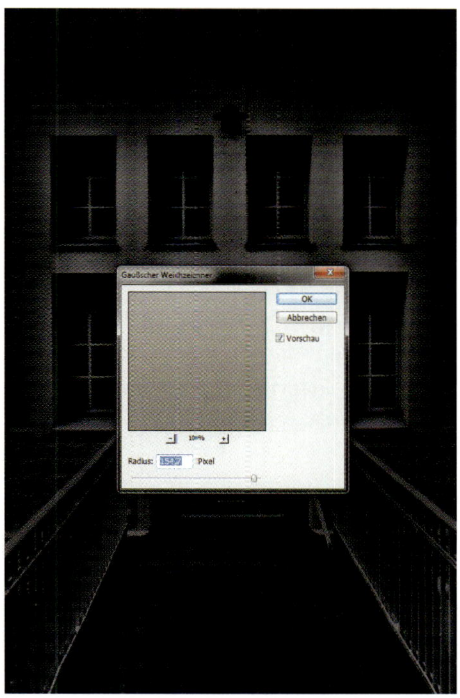

*In diesem Fall ist ein sehr hoher Wert von über 150 Pixeln durchaus sinnvoll.*

### 4 Makrokontraste sichtbar machen

Markieren Sie nun die *mak-Makro-Hilfsebene* und reduzieren Sie die Ebenen mithilfe der Tastenkombination `Strg`+`E` (Win) bzw. `⌘`+`E` (Mac) auf die darunterliegende Ebene *mak-Makrokontraste*.
Jetzt stellen Sie die Füllmethode der Ebene *mak-Makrokontraste* auf *Negativ multiplizieren* um.

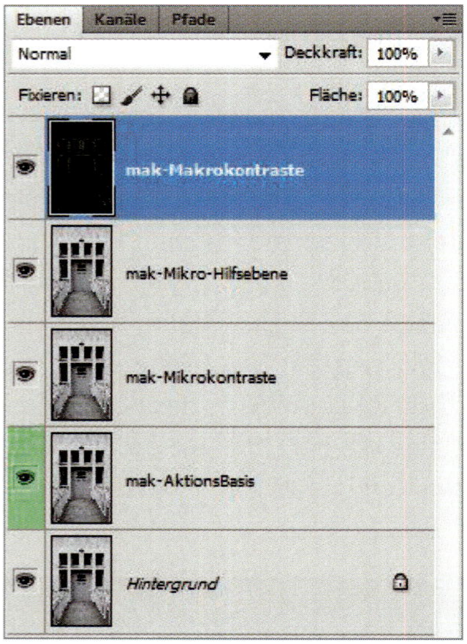


*Die Ebene* mak-Makrokontraste *macht die Kontraste sichtbar.*

### 5 Mikrokontraste ausarbeiten

Jetzt gilt es noch, die Mikrokontraste aufzumöbeln. Dazu deaktivieren Sie zunächst die Ebene *mak-Makrokontraste*. Anschließend wählen Sie die *mak-Mikro-Hilfsebene* aus. Diese invertieren Sie erneut mit der Tastenkombination `Strg`+`I` (Win) bzw. `⌘`+`I` (Mac). Ebenso stellen Sie wieder die Füllmethode auf *Linear nachbelichten*. Erneut erhalten Sie ein schwarzes Bild.

**Achtung!** Nun gibt es zwei Wege, wie Sie weiter verfahren können. Der eine ist schnell und wenig rechenintensiv, der andere flexibler, aber deutlich rechenintensiver.

### 6 Rechenschwache Systeme

Wenn Sie mit einem rechenschwachen System arbeiten, verwenden Sie einfach wie zuvor den *Gaußschen Weichzeichner*, um die Details hervorzuheben. Achten Sie darauf, einen recht niedrigen *Radius* zu verwenden. Ein Wert zwischen *1* und *5 Pixel* reicht in der Regel aus.

### 7 Rechenstarke Systeme

Bei einem starken Rechner sollten Sie statt des *Gaußschen Weichzeichners* besser den Filter *Matter machen* verwenden. Diesen finden Sie ebenfalls unter *Filter/Weichzeichnungsfilter*. Heben Sie vorsichtig die feinen Kontraste hervor, die Sie verstärken möchten. Sobald Sie fertig sind, bestätigen Sie die Einstellungen mit *OK*.

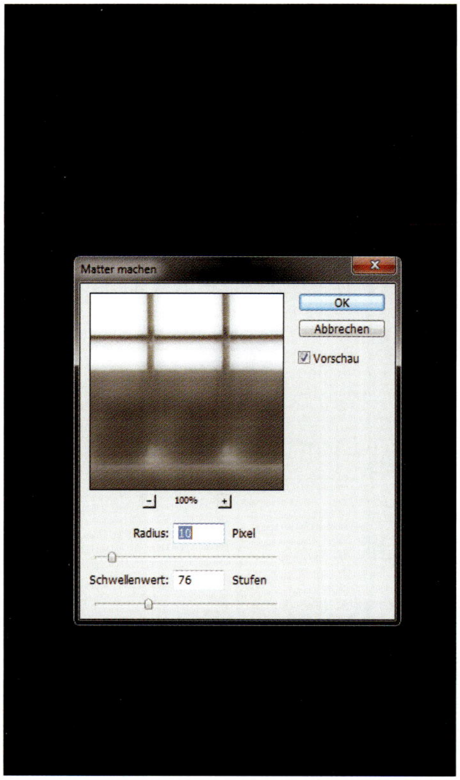


*Die feinen Kontraste werden mit dem Filter* Matter machen *vorsichtig herausgearbeitet.*

### 8 Mikrokontraste sichtbar machen

Jetzt gehen Sie genau so vor, wie bereits in Schritt 4 beschrieben. Reduzieren Sie die *mak-Mikro-Hilfsebene* auf die Ebene *mak-Mikrokontraste* und stellen Sie die Füllmethode auf *Negativ multiplizieren*.
Wählen Sie dann die Ebene *mak-Makrokontraste* aus und aktivieren Sie die Ebene durch einen Klick auf das Augensymbol wieder.

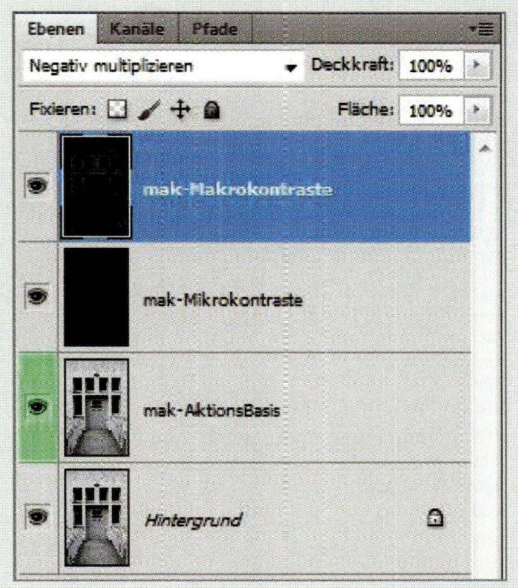


*Mit der Füllmethode* Negativ multiplizieren *werden die Mikrokontraste sichtbar gemacht.*

### 9 Gruppieren im Fotofinish

Im letzten Arbeitsschritt fügen Sie dann noch die gesamten *mak*-Ebenen via Tastenkombination Strg + G (Win) bzw. ⌘ + G (Mac) zu einer Gruppe zusammen. Benennen Sie die Gruppe dann in *mak-Aktions-Gruppe* um und fügen Sie noch eine invertierte schwarze Maske hinzu.

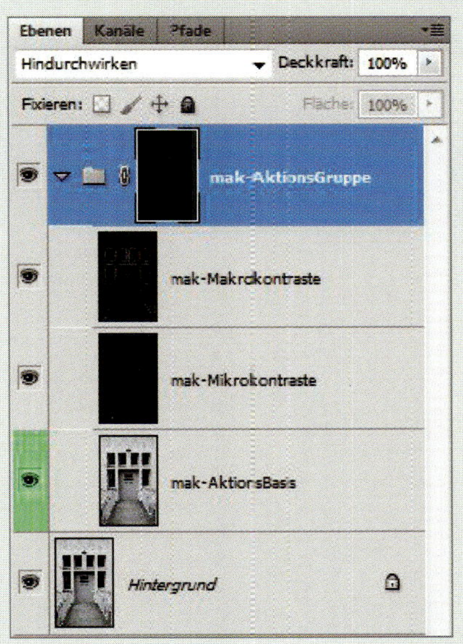

**10 Nicht vergessen: Dialoge aktivieren**
Das Wichtigste sollte natürlich auf keinen Fall vergessen werden: das Aktivieren der Dialoge, die dazu dienen, dass die Aktion bei jedem Ablauf feinjustiert werden kann. Klicken Sie dazu wie gewohnt auf der linken Seite neben den Häkchen ins leere Feld neben den Befehlen, die justierbar werden sollen.

In die Unterbrechungen betten Sie folgenden Texte ein:

Unterbrechung 1:

**Wählen Sie einen sehr hohen Radius beim Weichzeichner, bis Sie ein sehr flaches Bild erhalten. Werte über 80 sind zu empfehlen.**

Unterbrechung 2:

**Wählen Sie im folgenden Dialog einen Wert, der lediglich die Details leicht hervorhebt. Werte zwischen 0,5 und 3 Pixeln sind zu empfehlen.**

Nun ist die Aktion komplett justierbar und enthält Informationen zur richtigen Anwendung. Fertig.

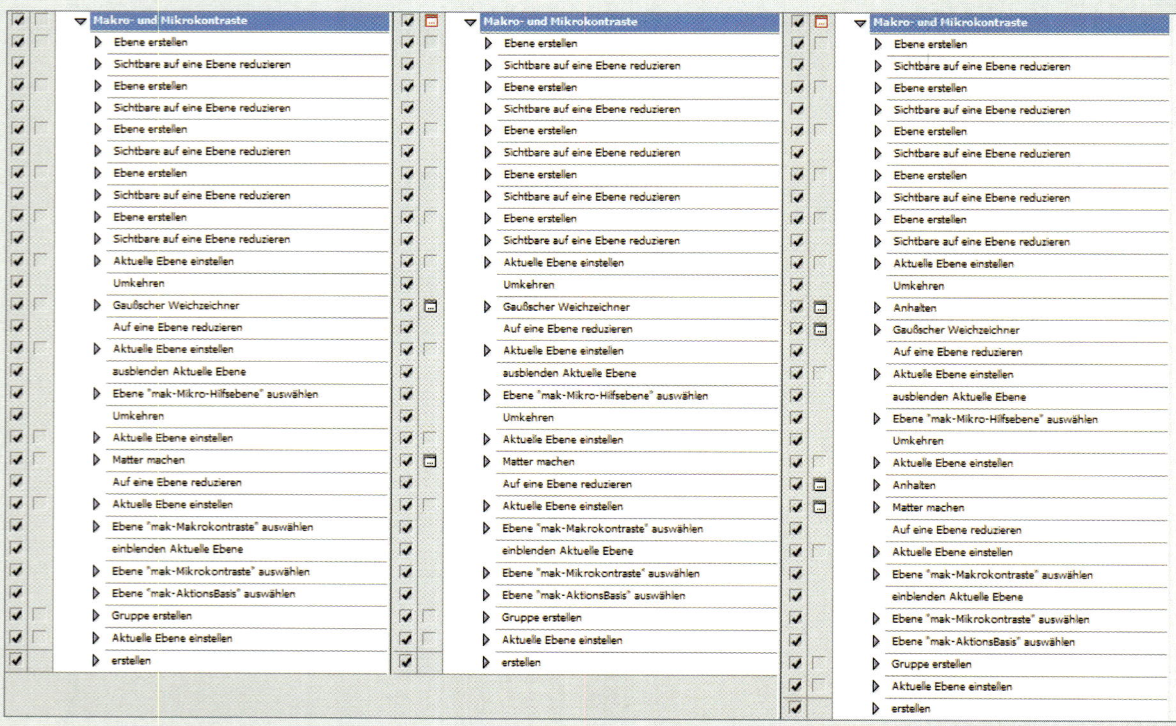


*Links die Ausgangsaktion, mittig die Aktion mit aktivierten Dialogen, rechts die Aktion mit eingefügten Unterbrechungen.*

**Eine Frage des Verständnisses**

Wer genau verfolgt hat, was bei der Aktion passiert, müsste jetzt die Nase rümpfen - und das völlig zu Recht. Durch die verwendete Technik - Füllmethode *Linear nachbelichten* und anschließend *Negativ multiplizieren* - werden vor allem die Tonwerte in den Lichtern verstärkt. Dadurch erhöht sich der Kontrast. Allerdings ist das nicht das Ende - wenn man sauber und sinnvoll arbeiten möchte, sollte man nun auch die Aktion genau so aufzeichnen bzw. duplizieren und dann editieren. So, dass man statt *Linear nachbelichten* die Füllmethode einstellt, die genau das Gegenteil bewirkt - *Linear abwedeln*. Das führt dazu, dass statt eines schwarzen Bilds nun ein weißes entsteht und statt weißer Linien schwarze.

Damit das Ganze dann noch rund läuft, müssen Sie die Füllmethode der Mikrokontrast- und Makrokontrastebenen noch auf die Füllmethode *Multiplizieren* stellen. Denn auch hier benötigen wir das genaue Gegenteil. Auch nicht vergessen sollten Sie, die Namen von *mak* in *mrk* umzuändern oder in ein anderes beliebiges Kürzel, da sich sonst beide Aktionen vermischen, wenn Sie beide abspielen wollen.

Zusammengefasst heißt das:

- Überall dort, wo *Linear nachbelichten* stand, ändern Sie dies in *Linear abwedeln* (Hinzufügen) ab.
- Überall dort, wo *Negativ multiplizieren* stand, ändern Sie dies in *Multiplizieren* ab.
- Ändern Sie das Namenskürzel *mak* in einen anderen Namen.
- Verfahren Sie ansonsten identisch.

**Achtung,** grundsätzlich führt das Ausführen beider Aktionen zum Aufheben der jeweils anderen (bei gleichen Werten)! Sie können aber die Werte der Filter und die Position, in der welche Kontrastverstärkung aktiv sein soll, nun sehr genau definieren. Probieren Sie es einfach mal aus.

# 8

# PEOPLE-RETUSCHE

8

# People-Retusche

*Menschen noch schöner machen – eine reizvolle und gleichzeitig enorm aufwendige Arbeit.*

# 8 People-Retusche

*Der wohl beliebteste und am weitesten verbreitete Bereich der Retusche mit Photoshop ist die Porträtretusche bzw. die allgemeine People-Retusche – einen Menschen mithilfe von Photoshop also zu verschönern. Der Bereich ist groß und ausufernd, aber auch sehr interessant und spannend. Um eine korrekte Retusche am Menschen vorzunehmen, muss man aber zunächst die einzelnen Techniken beherrschen und richtig anwenden können.*

## Was ist für welches Motiv sinnvoll?

■ Sobald man die einzelnen Retuschetechniken beherrscht, kommt der wichtigste Teil der Porträtretusche ins Spiel: die rationale Einschätzung dessen, was für welches Motiv sinnvoll ist. Man muss zunächst mal herausfinden, ob der Kunde für die erbrachte Zeit, die bei einer peniblen Retusche schon mal sechs und mehr Stunden betragen kann, auch bezahlen möchte bzw. kann. Das heißt, ein Passbild für 7 Euro darf natürlich in der Retusche nicht mehr als wenige Minuten dauern – sonst ist das Ganze nicht mehr kostendeckend.

Deutlich schwerer einzuschätzen ist die Tatsache, dass man häufig deutlich zu stark in die Personenaufnahme eingreift. Das führt dann gern mal dazu, dass das digitale Skalpell fleißig geschwungen wird, alles glatt gerechnet wird und am Ende der Retusche eine ganz andere Person herauskommt als die Person, die fotografiert wurde. Das sollte in der Regel nicht der Fall sein. Wichtig in diesem Zusammenhang ist auch, sich mit dem momentan vorherrschenden Schönheitsideal zu beschäftigen. Denn letztlich arbeitet man, egal wie stark man mit der Retusche eingreift, immer auf dieses aktuell geltende Schönheitsideal hin.

## An erster Stelle steht die RAW-Entwicklung

Wie bei jedem im Rohdatenformat geschossenen Bild steht zunächst die Rohdatenentwicklung auf dem Programm. Hierbei gehen Sie wie gewohnt vor. Vermeiden Sie aber, bereits im RAW-Dialog zu schärfen. Sie sollten auch nicht zu stark mit dem Regler *Klarheit* arbeiten, besonders nicht in Kombination mit dem *Korrekturpinsel* – außer Sie wollen ausdrücklich ein schnelles, aber etwas unsaubereres Resultat erhalten.

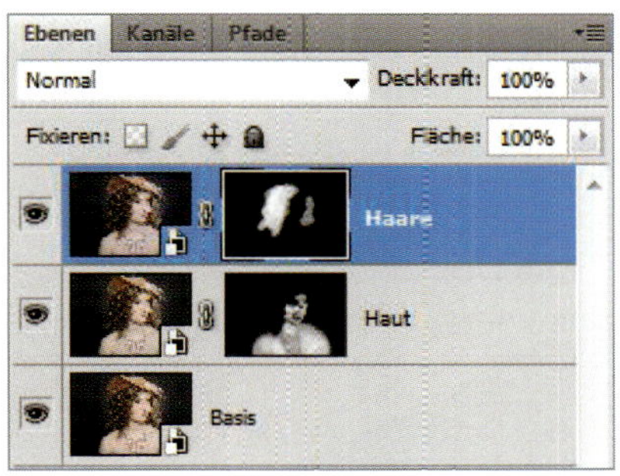


*Nicht vergessen! Jede vollständige duplizierte Ebene vergrößert das Photoshop-Dokument jeweils um die Größe der duplizierten Ebene. Rechenschwache Systeme sollte man schonen, indem man die einzelnen Ebenen zusammenfügt, sobald man mit der RAW-Entwicklung fertig ist.*

Hilfreich kann es auch sein, das Bild zweimal zu entwickeln und dabei den Fokus auf verschiedene Dinge zu legen. Beispielsweise könnten Sie in der einen Bearbeitung das Bild global entwickeln und in der zweiten Bearbeitungsphase speziell die Dynamik in

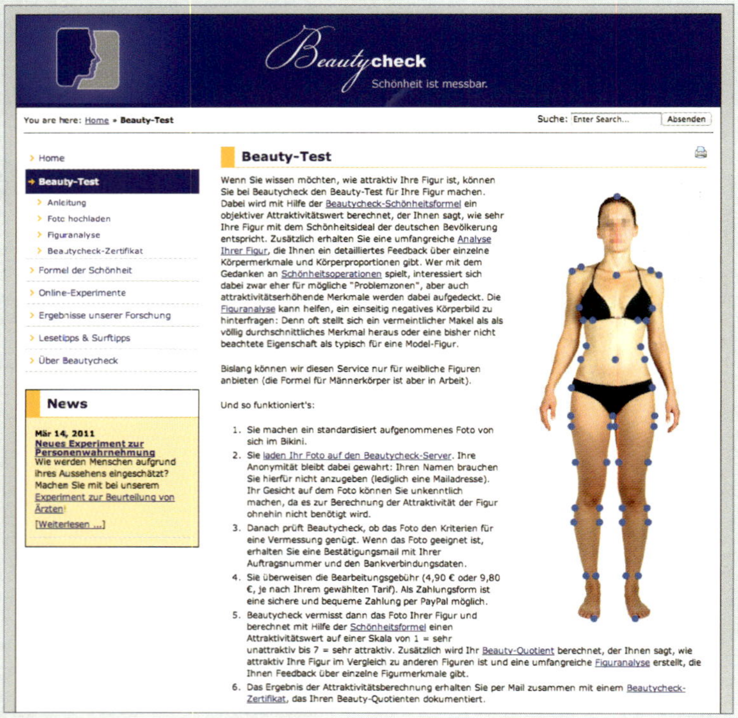


*Wenn Sie sich intensiv mit dem aktuellen Schönheitsideal auseinandersetzen möchten, sollten Sie sich die Webseite* www.beautycheck.de *einmal genauer ansehen.*

den Gesichtspartien anpassen. Wenn Sie das tun, verwenden Sie einfach die Ebenenmasken, um entsprechende Bereiche anzuwenden oder auch auszuschließen.

## Verflüssigen: das digitale Skalpell

Der *Verflüssigen*-Filter bietet die Möglichkeit, ein bisschen Schönheitschirurg zu spielen – ganz ohne Narkose. Durch diesen Filter sind Sie in der Lage, alle Partien eines Bilds durch einfaches Verschieben mit der Maus zu verändern. So können Sie beispielsweise ein etwas markantes Kinn durch einfaches Einschieben der Ecken direkt abrunden. Ebenso können Sie Augen etwas vergrößern, um näher am Kindchenschema zu sein, die Nase korrigieren und so weiter.

*Zur korrekten Verwendung des Filters, den Sie über* Filter/Verflüssigen *oder die Tastenkombination* Strg + ⇧ + X *(Win) bzw.* ⌘ + ⇧ + X *(Mac) aufrufen, gilt es einige Dinge zu beachten.*

## AKTUELLES SCHÖNHEITSIDEAL

**Auf der Webseite *www.beautycheck.de* haben sich vier Nachwuchsforscher im Rahmen des Forschungswettbewerbs „Deutscher Studienpreis“ der Körber-Stiftung mit dem Thema „Ursachen und Folgen der Attraktivität“ beschäftigt. Unter anderem ermittelten sie wichtige Parameter, an denen man Schönheit heute festmacht, wie etwa ein symmetrischer Gesichtsbau oder das Kindchenschema bei Frauen. Darüber hinaus ließen sie Testpersonen Beispielbilder bewerten. Daraus erarbeiteten sie eine Schönheitsformel, aus der sie wiederum Idealbeispiele erstellten und wieder den Testpersonen vorlegten. Ihr eigenes ausgearbeitetes Beispiel für das Ideal wurde von fast allen Probanden sehr nah am Schönheitsideal gesehen. Wer also wissen möchte, wie genau das momentane Schönheitsideal aussieht, und in Hinblick darauf arbeiten möchte, sollte sich auf jeden Fall mit dieser Webseite beschäftigen. Übrigens – das Team der vier Forscher gewann damals den zweiten Platz und 4.000 Euro.**

### Werkzeuge und Einstellungen

Das wichtigste Werkzeug ist über das Tastaturkürzel W zu erreichen und nennt sich *Vorwärts-krümmen-Werkzeug.*

Mit diesem Werkzeug können Sie Bereiche gezielt verschieben. Dementsprechend können Sie beispielsweise eine Nase durch das Zusammenziehen beider Nasenflügel etwas schmaler machen. Um genau und sinnvoll mit allen Werkzeugen des Filters zu arbeiten, sollten Sie immer ein Auge auf die Einstellungen des Werkzeugs haben.

*Die Pinselgröße entspricht der üblichen bekannten Pinselgröße aus Photoshop. Je höher der Wert, desto größer der Pinsel.*

Die *Pinseldichte* ähnelt der Härte von normalen Pinseln in Photoshop. Allerdings ist selbst bei einem Wert von *100* die Kante nicht hart, sondern weich. Die Dichte beschreibt also eher, wie weit vom Zentrum des Pinsels nach außen gearbeitet werden soll.
Der *Pinseldruck* hingegen bestimmt, wie stark die Veränderungen sein sollen, wenn Sie über einen bestimmten Bereich mit der Maus fahren. Bei einem niedrigen *Pinseldruck* passiert eher wenig, bei einem hohen

sehr viel. Meist ist es ratsam, mit einem relativ niedrigen Wert zu arbeiten, um kleinste Bereiche Stück für Stück zu korrigieren. Testen Sie einfach verschiedene Werte aus und suchen Sie sich den passenden Wert für Ihr Bild heraus.

Zusammenziehen-Werkzeug.

Die *Pinselgeschwindigkeit* beschreibt bei Spezialpinseln wie etwa dem *Zusammenziehen-Werkzeug*, wie schnell der Pinsel arbeiten soll. Der Pinsel wird nämlich durch eine gedrückt gehaltene Maustaste aktiviert und läuft so lange, bis nichts mehr „zusammenziehbar" ist. Wenn die Geschwindigkeit dann niedriger ist, können Sie präziser arbeiten und werden von dem Pinsel nicht überrumpelt.

Turbulenz-Werkzeug.

Der *Turbulenz-Zufallswert* beschreibt für das *Turbulenz-Werkzeug*, wie stark die zufälligen Turbulenzen auftreten. Sowohl die Einstellung als auch das Werkzeug sind in der Regel zu vernachlässigen.

Aufblasen-Werkzeug.

Neben dem *Zusammenziehen-Werkzeug* mit dem Tastenkürzel [S] gibt es noch das genaue Gegenteil, das *Aufblasen-Werkzeug*, das man über die Taste [B] erreicht. Beide Werkzeuge kommen hin und wieder zum Einsatz, meist reicht aber das *Vorwärts-krümmen-Werkzeug* vollkommen aus.

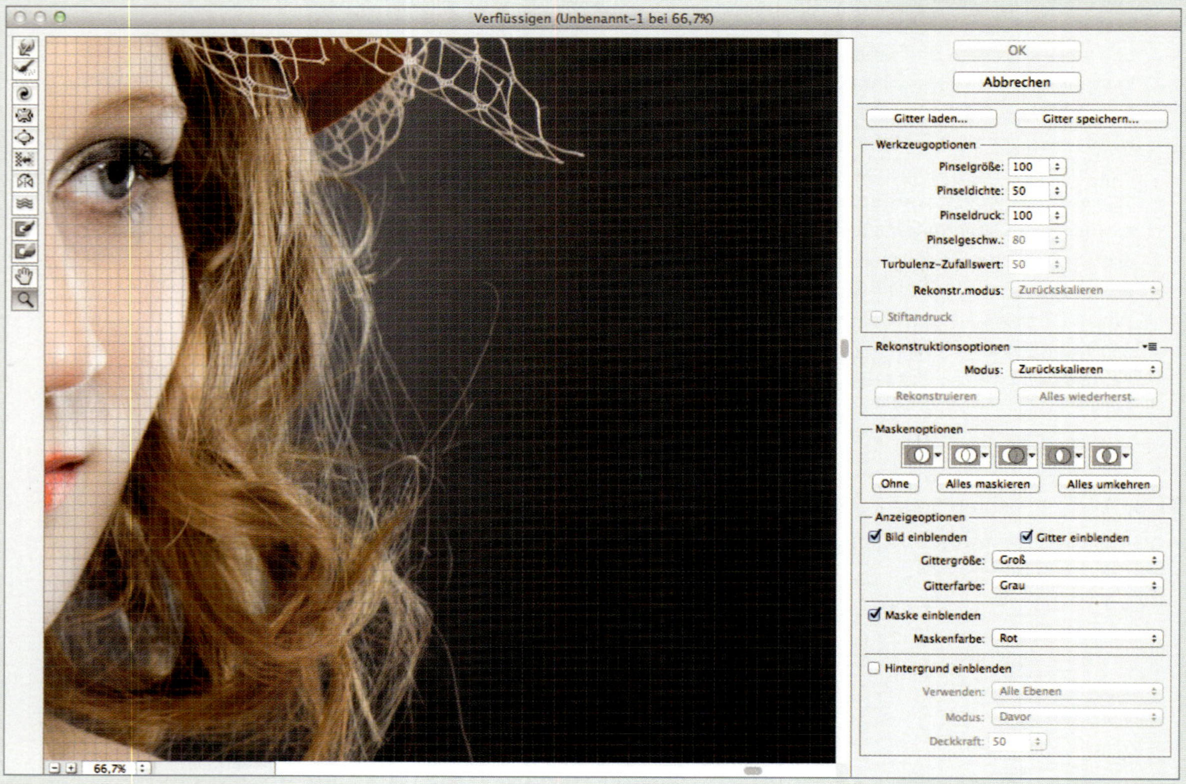


*Das Einblenden eines Gitters erleichtert die Arbeit am Objekt ungemein.*

Nach-links-verschieben-Werkzeug.

Manchmal ist das *Nach-links-verschieben-Werkzeug*, mit dem Tastenkürzel O zu erreichen, nützlich. Durch Bewegen der Maus nach oben – mit gedrückter linker Maustaste – wird der Pinselbereich nach links verschoben. Beim Bewegen nach unten wird der Bereich nach rechts verschoben. Wenn man dann mit der Maus nach links fährt, wird der Pinselbereich nach unten verschoben – bei der Bewegung nach rechts wird entsprechend der Bereich nach oben verschoben.

Interessant und hilfreich sind auch noch das *Rekonstruktionswerkzeug*, Tastenkürzel R, das bereits getätigte Verflüssigungen zurücknehmen kann, und die beiden Werkzeuge *Fixierungsmaske* und *Maske-lösen*. Mit diesen beiden Werkzeugen ist es möglich, bestimmte Bereiche von Veränderungen auszuschließen. So können Sie etwa die Haare aussparen, um dann sauber die Gesichtshälften etwas einzuschieben und damit das Gesicht schmaler zu machen.

Rekonstruktionswerkzeug

Fixierungsmaske-Werkzeug

Maske-lösen-Werkzeug

**Tipp:** Auf der rechten Seite im Bereich der *Anzeigeoptionen* kann man sich auch noch das *Gitter*, eine *Maske* und einen *Hintergrund einblenden* lassen.

## FIXIEREN UND MASKIEREN

**Man tendiert aus gewissen Gründen – in den meisten Fällen ist es die Faulheit – dazu, dass man das Erstellen von Fixierungsmasken über das Fixierungsmasken-Werkzeug vernachlässigt. Das sollte man sich sehr gut überlegen, weil man sich so das Arbeiten unnötig erschwert. Damit rede ich nicht nur davon, dass Sie dann ständig Bereiche mit einbeziehen, die gar nicht verändert werden sollen, sondern vor allem davon, dass man schneller etwas übersieht.**
**Legt man nämlich keine Fixierungsmasken an, kommt es im Eifer des Gefechts schon mal vor, dass man einen Bereich mit verändert, der unberührt bleiben sollte. Wenn Sie das dann nicht gleich entdecken und den Fehler korrigieren, sondern erst damit beginnen, auf Basis dieser Ebene Ihre Photoshop-Datei aufzubauen, werden Sie sich später schrecklich ärgern.**
**Kurzum: Auch wenn es nervig ist und der Filter mit dem Werkzeug etwas langsam und unkomfortabel arbeitet, kann ich aus meinen Erfahrungen berichten – es lohnt sich. Spätestens wenn Sie zweimal auf Basis einer falschen Verflüssigungsebene gearbeitet haben und letztlich alles neu machen mussten, werden Sie verstehen, was ich mit „es lohnt sich" meinte.**

# Verflüssigen-Filter beschleunigen

Der *Verflüssigen*-Filter ist sehr rechenintensiv. Wenn Sie etwas mit dem Filter herumtesten, verstehen Sie schnell, was damit gemeint ist. Allerdings kann man sich das verwendete Gittersystem mit den Gitterpunkten zunutze machen, um den Filter erheblich schneller zu machen.

*Ein kleiner Vergleich: oben die Aufnahme direkt aus der Kamera, unten das aus Camera Raw angelieferte Smart-Objekt und im* Verflüssigen-*Filter teilbearbeitete Bild.*

### 1 Protokoll überprüfen

Öffnen Sie über das Menü *Bearbeiten* die Photoshop-*Voreinstellungen*. Im gleichnamigen Dialog öffnen Sie den Eintrag *Leistung*. Kontrollieren Sie, ob Sie dort mindestens vier Protokollobjekte eingestellt haben. Ich habe in meinen Einstellungen einen Wert von *20* angegeben.

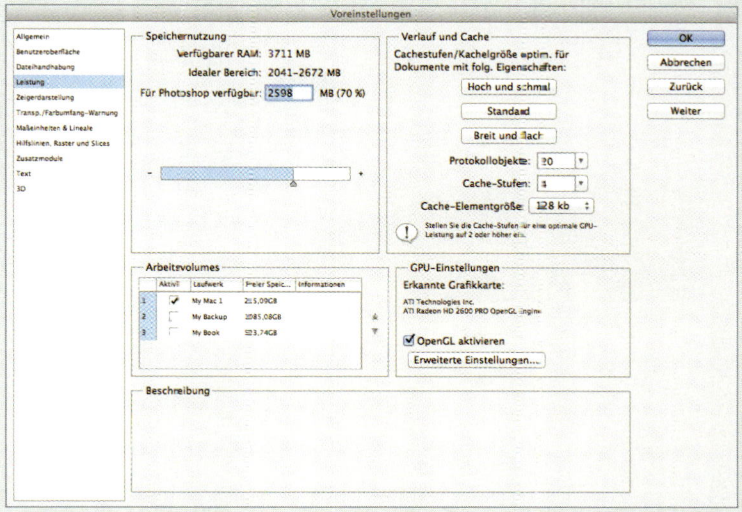


*Anzahl der* Protokollobjekte *in den Photoshop*-Voreinstellungen *erhöhen – hier auf den Wert 20.*

### 2 Bild verkleinern

Da der Filter *Verflüssigen* mit dem Gitterraster arbeitet, machen Sie sich das zunutze. Öffnen Sie dazu über das Menü *Bild* oder einfach mit der Tastenkombination `Strg`+`Alt`+`I` (Win) bzw. `⌘`+`Alt`+`I` (Mac) den Dialog *Bildgröße*.

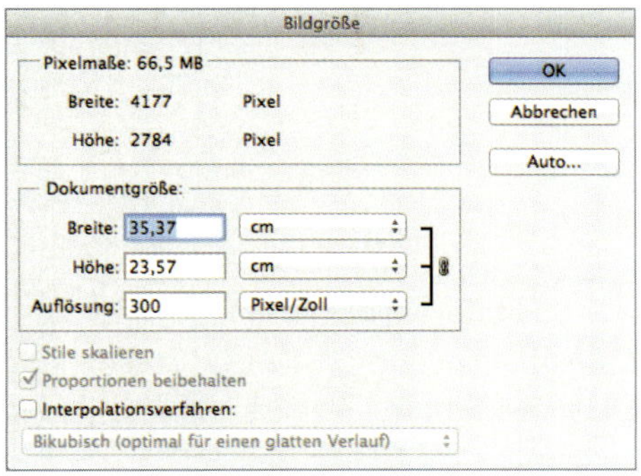


*66,5 MByte wiegen für die komfortable Bearbeitung im* Verflüssigen-*Filter in der Tat etwas schwer.*

Dort belassen Sie alle Werte wie vorgegeben und verändern lediglich die *Auflösung* des Bilds auf einen Wert zwischen *70* und *150*. Je niedriger dieser Wert, desto weniger Rechenleistung wird benötigt. Versichern Sie sich jedoch zuvor, dass Sie im Dialogfeld die unteren Kontrollkästchen *Proportionen beibehalten* und *Interpolationsverfahren* aktiviert haben. Die Verrechnungsart, also *Bikubisch (optimal für einen glatten Verlauf)*, *Bilinear* etc., kann vernachlässigt werden. Bestätigen Sie anschließend die neuen Einstellungen mit *OK*.

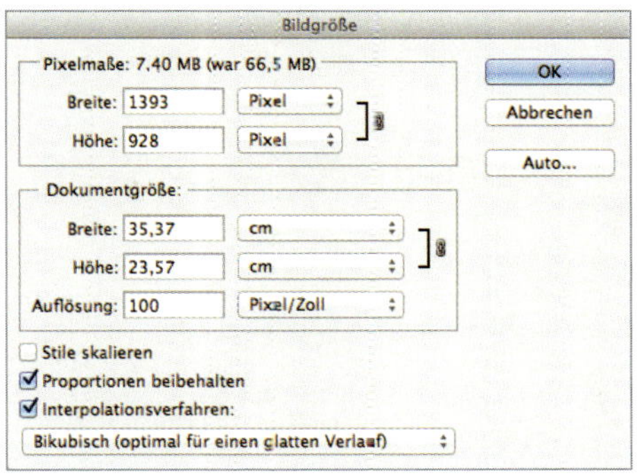


*Wie Sie sehen, ist das Bild von ehemals 66,5 MByte auf 7,40 MByte heruntergerechnet worden.*

### 3 Schönheitschirurg spielen

Wenden Sie nun Ihren Vorstellungen entsprechend den *Verflüssigen*-Filter an. Sie werden feststellen, dass Sie nun zwar eine kleinere Datei haben, aber deutlich zügiger arbeiten können, da das Berechnen jeder Verschiebung nun nur noch Bruchteile von Sekunden dauert statt zuvor mehrerer Sekunden.

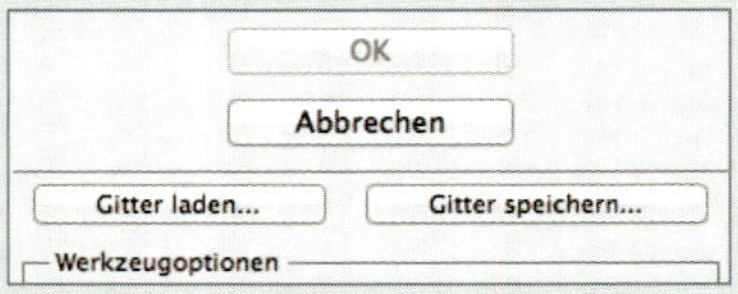


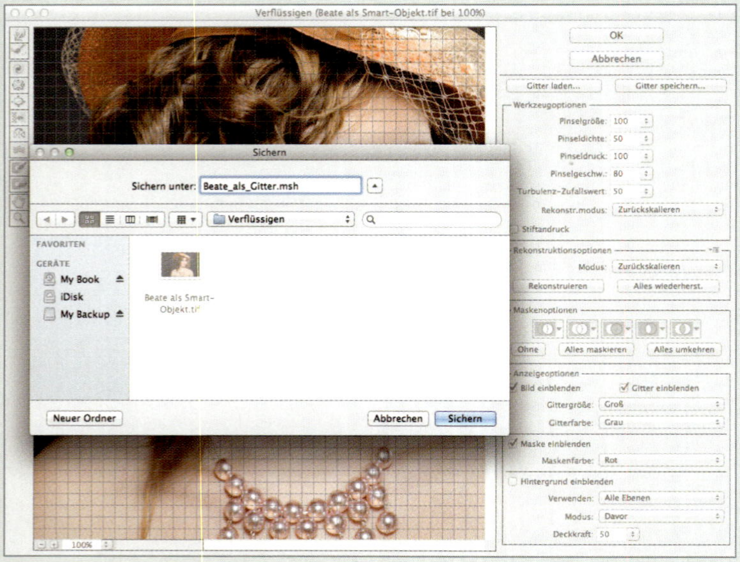


Beenden Sie, wenn Sie fertig sind, den Filter **nicht**. Gehen Sie stattdessen oben rechts auf der Seite auf den Button *Gitter speichern*. Speichern Sie das Gitter, das Sie durch die Verschiebungen verändert haben, in dem Ort ab, an dem auch die PSD-Datei liegt. Gespeicherte Gitterdateien erkennen Sie an der Dateiendung *.msh*.

Anschließend drücken Sie auf *Abbrechen*, nicht auf *OK*.

*Im Bedienfeld* Protokoll *werden alle Arbeitsschritte am Bilddokument hinterlegt.*

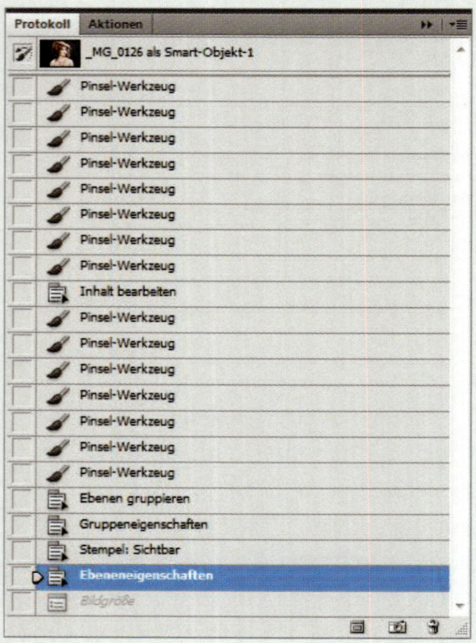


### 4 Bilddatei wieder in voller Größe

Öffnen Sie nun im Bedienfeld *Protokoll* die Liste der Protokollobjekte. Gehen Sie bis zu dem Schritt zurück, an dem Sie das Bild verkleinert hatten, und nehmen Sie diesen ebenfalls zurück. Nun haben Sie wieder die Ausgangsgröße der Datei hergestellt und somit keinen Verlust an Bildinformationen erlitten.

### 5 Gitter laden

Jetzt öffnen Sie erneut den *Verflüssigen*-Filter und laden diesmal über den Button das Gitter, das Sie eben erstellt haben, direkt in den Filter hinein. Das ist nun der einzige Rechenvorgang, der vom Filter getätigt werden muss. Anschließend bestätigen Sie das neue Gitter mit *OK*.

Durch die Anwendung dieser Technik sind Sie in der Lage, sehr schnell mit dem Filter zu arbeiten, da Sie nicht mit der vollen und daher verlangsamenden Auflösung des Bilds arbeiten müssen. Trotz der Erstellung des Gitters in einer kleineren Auflösung geht nichts an Bildinformationen beim Anwenden auf die volle Auflösung verloren.

Übrigens – diese Technik birgt auch den Vorteil, sehr große Bildbereiche gleichzeitig editieren zu können, da der Pinselradius auf maximal 1500 einstellbar ist. Das heißt, wenn Sie es mit wirklich großen Dateien zu tun haben, werden Sie schnell mit 1500 Pixeln an die Grenzen stoßen. Mit der Verkleinerung des Bilds und dem Abspeichern des Gitters umgehen Sie diese Limitierung seitens Photoshop und können dennoch mit sehr großen Pinselspitzen arbeiten.

### 6 Konkret arbeiten

Sobald Sie mit der Retusche beginnen wollen, sollten Sie zuvor eine neue Ebenenkopie anfertigen, die alle vorherigen Schritte einbezieht. Das erledigen Sie mit der Tastenkombination Strg + Alt + ⇧ + E (Win) bzw. ⌘ + Alt + ⇧ + E (Mac).

Geben Sie der neuen Ebene direkt einen entsprechenden Namen, am besten *Verflüssigen*, damit Sie die Ordnung im Photoshop-Dokument beibehalten.

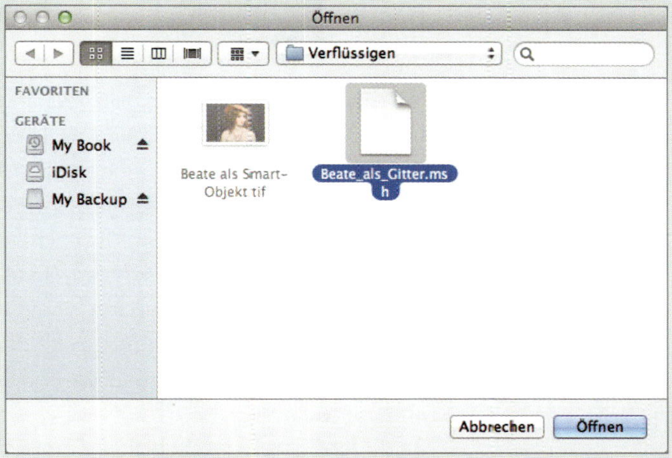


*Zurück im* Verflüssigen-*Filter, wird die Gitterdatei mit Klick auf* Gitter laden *zur Bearbeitung geöffnet.*

## Tipps für spezielle Gesichtspartien

Zunächst mal geht es um etwas Globales, das das Verflüssigen aller wichtigen Gesichtspartien betrifft – die Pinselgröße. Achten Sie stets darauf, möglichst großflächig zu arbeiten, andernfalls werden Sie sehr schnell an kleinen Treppchen in den entsprechenden Hautstellen Gefallen finden müssen. Das sieht dann nichts nur merkwürdig aus, sondern führt auch dazu, dass jeder den chirurgischen Eingriff direkt entlarven kann.

Beim Verflüssigen selbst sollten Sie speziell für die folgenden aufgeführten Bereiche besondere Sorgfalt walten lassen:

### Hals

Passen Sie beim Hals darauf auf, dass sich dieser vorzugsweise „zierlich" präsentiert und nicht als Bergmassiv aus dem Oberkörper hervortritt. Allerdings sollten Sie dabei stets im Blick haben, dass der Hals dennoch sauber an das Kinn bzw. den Kopf anschließt.

In der Regel sind hier das *Vorwärts-krümmen-Werkzeug* und das *Nach-links-verschieben-Werkzeug* die besten Helferlein. Passen Sie aber darauf auf, dass Sie nicht die Haare zu sehr mit einbeziehen – im besten Fall gar nicht, weil diese dann häufig seltsame Verzerrungen und Beugungen erhalten. Das wirkt schnell unrealistisch und im Vergleich zum regulären Haarverlauf nicht sehr homogen.

### Schultern

Achten Sie im Idealfall schon bei der Aufnahme der Person auf eine ordentliche Stellung der Schultern. Häufig tendieren die porträtierten Personen dazu, nach wenigen Sekunden die Schultern komplett erschlaffen zu lassen, was dazu führt, dass die Schultern von der Gesichtspartie sehr weit entfernt sind. In der Regel sieht das unvorteilhaft aus und lässt Hals und Kopf massiver wirken.

Des Weiteren sollten Sie, falls nicht anders erwünscht, darauf achten, die Schultern etwa auf der gleichen Höhe zu positionieren. Ansonsten hat man beim Betrachten einer Aufnahme schnell das Gefühl, dass das Foto schief ist, weil man versucht, sich eine horizontale Linie zu suchen. Diese findet man in den meisten Fällen in der Schulterstellung. Ist sie nicht da, wirkt das Bild schief.

Um dieses Problem zu beheben, sind ebenfalls das *Vorwärts-krümmen-Werkzeug* und das *Nach-links-verschieben-Werkzeug* das Maß aller Dinge. Achten Sie beim Verändern der Schultern darauf, die Proportionen zu erhalten. Ebenso sollten Sie ein Auge auf die natürlichen Muskelstränge haben und diese auch bestehen lassen.

### Gesichtsbreite und Stirnhöhe

Auch wenn ein schmales Gesicht und eine niedrige Stirn momentan zum Schönheitsideal gehören, müssen Sie darauf achten, wie das Gesicht ansonsten geformt ist. Es ergibt de facto nämlich keinen Sinn, wenn Sie einfach den Haaransatz an der Stirn deutlich nach unten setzen und das Gesicht schmaler machen und dadurch andere Bereiche des Gesichts deutlich markanter wirken.

Versuchen Sie, einen Kompromiss zu finden zwischen Maximum und Minimum. Behalten Sie in beiden Fällen auch die Haare im Auge! Möglicherweise müssen Sie sie zuvor mit einer Fixierungsmaske mit dem entsprechenden Werkzeug aussparen. Ansonsten sind auch hier das *Vorwärts-krümmen-Werkzeug* und das *Nach-links-verschieben-Werkzeug* die Werkzeuge des Bildbearbeiters.

### Haare

Bei Haaren sollten Sie vor allem auf das Volumen achten. Besonders schön sind noch kleine Akzentuierungen, die markante Haarbereiche etwas hervorheben oder unwichtige zurücknehmen.

Wenn Sie die Haare mit dem *Verflüssigen*-Filter editieren, ist eigentlich jedes Werkzeug anwendbar. Lediglich das *Turbulenz-Werkzeug* und das *Spiegeln-Werkzeug* sind häufig nicht brauchbar. Alle anderen Werkzeuge können Sie gut einsetzen. Passen Sie allerdings darauf auf, dass Sie es nicht übertreiben. Gerade mit dem *Aufblasen*- und dem *Zusammenziehen-Werkzeug* schießt man sehr schnell über das gesetzte Ziel hinaus. Benutzen Sie diese beiden Werkzeuge nur zur selektiven Akzentuierung. Meist reicht es schon, wenn Sie mit dem *Nach-links-verschieben-Werkzeug* das Haar etwas voluminöser gestalten oder umgekehrt etwas bändigen.

### Nase

Eine ideale Nase ist wohl reine Geschmackssache, wie vieles beim menschlichen Körper. Dennoch kann man davon ausgehen, dass ein Buckel auf der Nase in den meisten Fällen als Makel betrachtet wird. Achten Sie also auf eine möglichst gerade verlaufende Nase. Behalten Sie dabei auch die Nasenflügel immer im Blick. Wenn diese zu weit nach außen laufen, wirkt das etwas markant. Daneben sollten Sie auf jeden Fall noch die Länge der gesamten Nase beachten. Eine sehr lange Nase wirkt meist massiv und etwas fremd im Gesicht.

Um gegen diese kleinen Problemzonen vorzugehen, reicht das *Vorwärts-krümmen-Werkzeug*. Hier ist allerdings auch die Gefahr zu übertreiben enorm hoch. Zoomen Sie ruhig häufiger mal raus aus dem Bild, um sich einen Gesamteindruck vom Gesicht zu verschaffen, denn häufig passt die Nase nicht zum Gesicht oder andersherum.

### Augen und Lippen

Kurz und knapp – große Augen wirken aufgrund der Kindchenschemas angenehm, deshalb sind etwas vergrößerte Augen ratsam. Füllige Lippen sind manchmal ebenfalls angenehmer anzusehen, das ist aber sehr motivabhängig. Teilweise wirken vergrößerte Lippen wie schlecht mit Silikon aufgespritzt. Von so etwas sollte man tunlichst Abstand nehmen.

Gut umzusetzen ist die Korrektur der Augen und Lippen mit dem *Aufblasen*- und *Vorwärts-krümmen-Werkzeug*. Achten Sie beim Verwenden des *Aufblasen-Werkzeugs* darauf, nur in sehr kleinen Dosierungen vorzugehen, ansonsten ähneln die Augen sehr schnell merkwürdigen Bä len. Um dieses Problem zu umgehen, ist es häufig der bessere Weg, das *Vorwärts-krümmen-Werkzeug* zu verwenden und die Augen und Lippen dezent aufzuziehen. Damit ist gemeint, dass Sie zum Vergrößern immer nur einen kleinen Tick an der Ober- und Unterkante des Auges oder der Lippen ziehen. Dadurch umgehen Sie das Kugelproblem, das bei der Anwendung des *Aufblasen-Werkzeugs* auftreten kann.

# Hautunreinheiten sofort vor die Tür!

Die Haut zu säubern gehört mit der Dodge-and-Burn-Technik zu den umfangreichsten Bereichen der Porträt- und People-Retusche. Ziel ist es, eine möglichst makellose Haut ganz ohne Unreinheiten, Pickel und Mitesser zu erarbeiten. Auch kleinere Wunden und Narben gehören mit dazu. Früher verwendete man dafür häufig den *Kopierstempel* und kopierte einfach eine saubere, glatte Hautstrukturstelle über das ganze Gesicht. Das führte nicht nur zu einem absolut glatten und flachen Gesicht, sondern auch zu total verfremdenden Ergebnissen.

*Ein schönes, natürliches Gesicht, das nur mit der Dodge-and-Burn-Technik retuschiert wurde. Das Ergebnis zeigt eine perfekt makellose Haut.*

Inzwischen ist der Healing-Brush, zu Deutsch das *Reparatur-Pinsel-Werkzeug* ([J]-Taste), das Maß aller Dinge. Zumindest in den meisten Fällen. Der Grund dafür liegt auf der Hand. Der Pinsel kopiert nicht nur stur die Struktur, sondern passt sie in den Tonwerten noch an die Umgebung an. Das ist eine enorme Hilfe für das Retuschieren von Haut, allerdings auch kein Allheilmittel.

### Der einfache Weg

Grundsätzlich gibt es zwei sinnvolle Varianten, den *Reparatur-Pinsel* einzusetzen. Eine ist recht einfach gestrickt, die andere etwas umfangreicher, aber besser im allgemeinen Umgang zu handeln.

### 1 Ebene vorbereiten

Um die etwas einfachere Technik anzuwenden, erstellen Sie zunächst mit der Tastenkombination [Strg]+[⇧]+[N] bzw. [⌘]+[⇧]+[N] eine neue Ebene. Nennen Sie die neue Ebene *Hautunreinheiten*, sodass Sie direkt erkennen können, worum es sich bei dieser Ebene handelt.

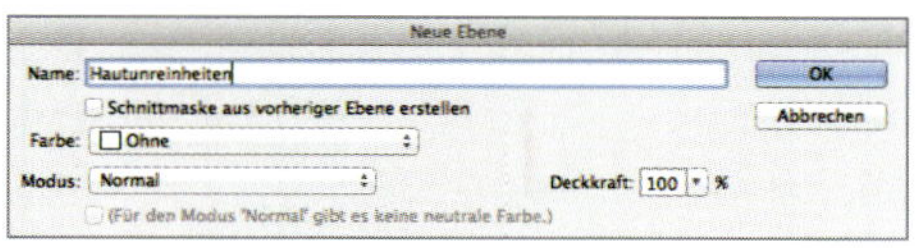


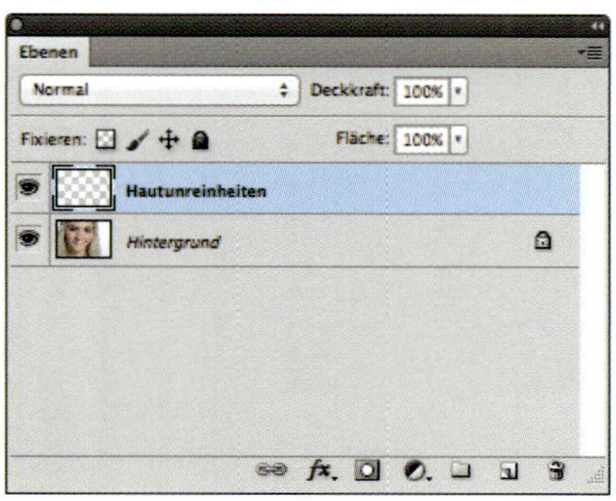


*Erstellen einer neuen Ebene für die Retusche der Haut.*

### 2 Reparatur-Pinsel fit machen

Wählen Sie nun das *Reparatur-Pinsel-Werkzeug* ([J]) aus. Stellen Sie sicher, dass Sie oben in der Optionsleiste des Werkzeugs den Modus auf *Normal* eingestellt haben. Des Weiteren vergewissern Sie sich, dass Sie entweder *Akt. u. darunter* oder *Alle Ebenen* bei der Option *Aufnehm/* eingestellt haben.

Das führt dazu, dass, wenn Sie mit der [Alt]-Taste die Stelle definieren, von der die Struktur kopiert werden soll, sich diese auch auf der aktuellen und darunterliegenden Ebene befindet. Ansonsten würden Sie auf der eben erstellten transparenten Ebene nicht arbeiten können, da diese ja keine Struktur zum Kopieren enthält.

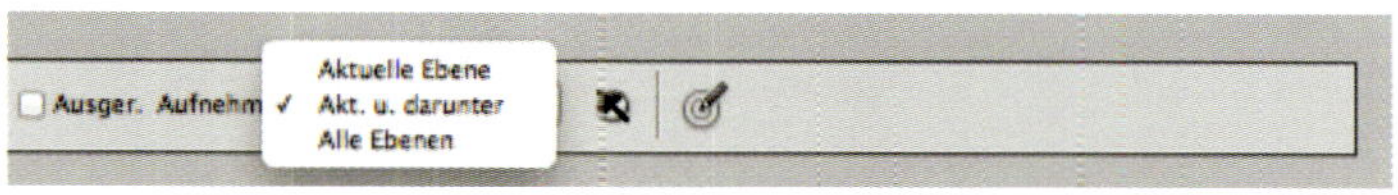


*Nicht vergessen! Immer die richtige Aufnahmestelle einstellen.*

*Vergessen Sie auch nicht, den Modus immer richtig eingestellt zu haben, da Sie ansonsten nicht die gewünschten Ergebnisse erhalten.*

Der große Vorteil dieser Technik ist, dass Sie nun eine Ebene haben, in die Sie ausschließlich die Informationen hineinkopieren, die Sie auch wirklich brauchen. Demzufolge bleibt das Photoshop-Dokument recht klein, und Sie haben dennoch eine non-destruktive Arbeitsweise, weil Sie die bearbeiteten Stellen stets auf die neue transparente Ebene anwenden.

Nun können Sie die Haut nach Belieben retuschieren. Achten Sie aber darauf, ständig neue Quellen für das Kopieren mit der

Alt-Taste zu setzen, da Sie ansonsten recht zügig überall die gleiche Struktur haben.

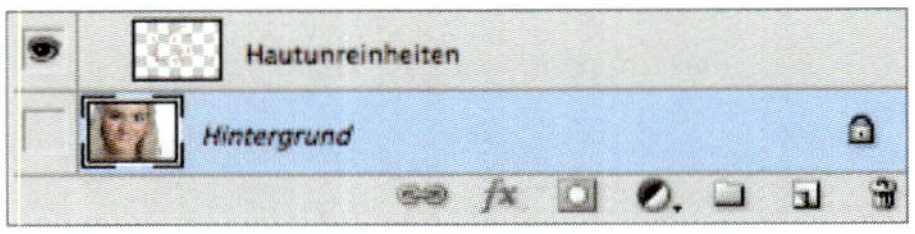

*So sieht dann beispielsweise die* Hautunreinheiten*-Ebene aus, die ausschließlich mit Variante 1) bearbeitet wurde. Jede veränderte Stelle wurde auf die neue transparente Ebene kopiert und ist dabei direkt vom* Reparatur-Pinsel-Werkzeug *korrigiert worden.*

## Der klügere Weg

Hier nun zu der etwas umfangreicheren, aber im allgemeinen Umgang besser zu handhabbaren Variante 2 - dem klügeren Weg.

### 1 Vorbereiten der Technik

Erstellen Sie zunächst zwei Stempel aller aktiven Ebenen mithilfe der Tastenkombination Strg + ⇧ + Alt + E (Win) bzw. ⌘ + ⇧ + Alt + E (Mac).

Diese beiden Ebenen werden umbenannt in *Low* und *High*, wobei die *Low*-Ebene unten liegen muss. Anschließend können Sie noch die beiden Ebenen in einer separaten Gruppe ablegen, um die Ordnung des Dokuments zu wahren.

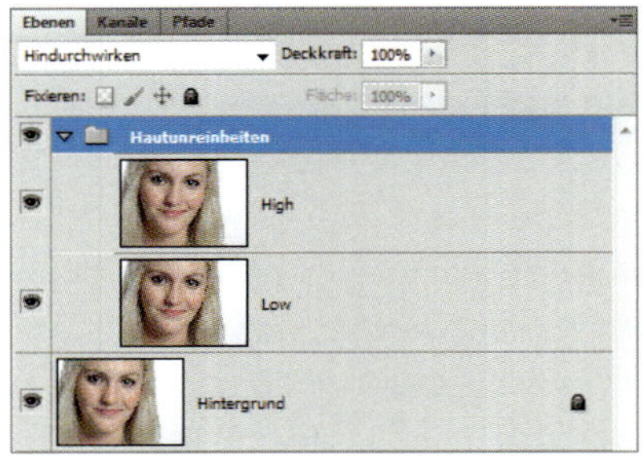


*Die Ordnung spielt hier bereits mit den wenigen Ebenen eine wichtige Rolle, besonders wenn Sie Variante 2 gleich angefertigt haben.*

### 2 Gaußschen, was das Zeug hält

Schalten Sie nun mit einem Mausklick auf das Augensymbol der Anzeige die *High*-Ebene aus und markieren Sie danach die Ebene *Low*. Im Menü *Filter/Weichzeichnungsfilter* wählen Sie den *Gaußschen Weichzeichner* aus. Wenden Sie den Filter so stark an, dass keine Schärfedetails mehr für Sie sichtbar sind, und bestätigen Sie mit *OK*.

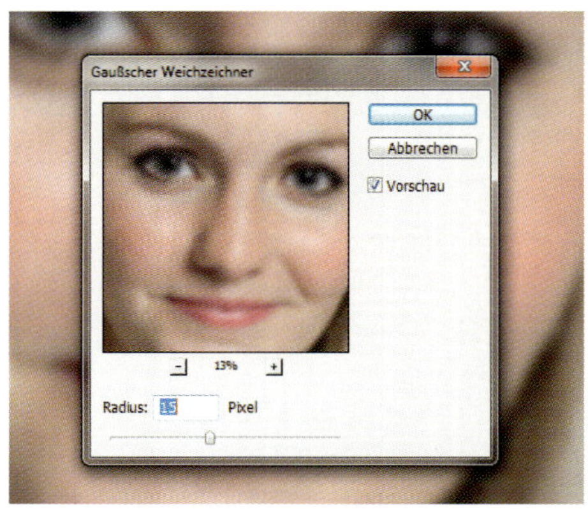


*In diesem Fall ist es ein Radius von etwa 15 Pixeln, der dazu führt, dass jegliches Detail weichgezeichnet wird.*

### 3 Kopfrechnen für Fortgeschrittene

Schalten Sie jetzt die Ansicht der Ebene *High* mit Klick auf das Augensymbol wieder ein. Danach setzen Sie die Füllmethode der Ebene auf *Lineares Licht* und öffnen aus dem Menü *Bild* den Dialog *Bildberechnungen*.

Dort wählen Sie, wie bereits vom exakten Hochpass bekannt, im Bereich *Quelle* die Ebene *Low* aus und stellen die *Füllmethode* auf *Subtrahieren* oder auf *Addieren*, wenn Sie mit einem Klick das Kontrollfeld *Umkehren* aktivieren.

Kontrollieren Sie, ob *Skalieren* auf *2* steht und *Versatz* auf *128* – sofern die *Füllmethode* auf *Subtrahieren* steht. Steht die *Füllmethode* auf *Addieren*, setzen Sie *Skalieren* auf *2* und *Versatz* auf *0*.

Danach bestätigen Sie die Eingaben mit *OK*.

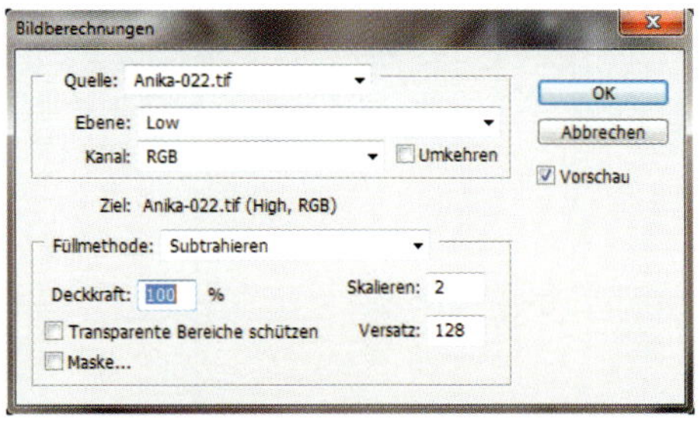


### 4 Verstehen, was passiert

Wenn Sie nun die beiden Ebenen zu einer Gruppe zusammengefasst haben, können Sie die Gruppe testweise ein- und ausblenden. Sie werden keinen Unterschied feststellen.

Sie haben durch die Technik das Bild in zwei Ebenen aufgeteilt. Die Ebene *Low* enthält im Wesentlichen nur die Farbinformationen. Die Ebene *High* beinhaltet die Kontrast- und somit die Schärfeinformationen.

Durch diese strikte Trennung von Farb- und Schärfeinformationen ist es möglich, ganz gezielt die Struktur des Bilds zu editieren. Mit anderen Worten, Sie können nun die Hautunreinheiten ganz präzise auf der *High*-Ebene entfernen, ohne die Farbinformationen mit zu verändern. Darüber hinaus tritt jetzt deutlich seltener die größte Schwäche des *Reparatur-Pinsels* auf, nämlich dass er an Kontrastkanten die Farben zusammenmischt und somit unscharfe Strukturen schafft.

Nachteile gibt es allerdings auch bei dieser Technik. Aufgrund der Konzeption auf zwei Ebenen ist es Ihnen nicht mehr möglich, auf noch einer weiteren Ebene die Hautunreinheiten zu korrigieren, insofern sind Sie also (nur auf diese *High*-Ebene bezogen) destruktiv unterwegs. Um diesem Problem entgegenzuwirken, sollten Sie einfach die *High*-Ebene ohne Veränderungen mit der Tastenkombination [Strg]+[J] (Win) bzw. [⌘]+[J] (Mac) duplizieren. Die erstellte Kopie der Ebene nennen Sie einfach *Backup* und deaktivieren sie durch einen Mausklick auf das Augensymbol.

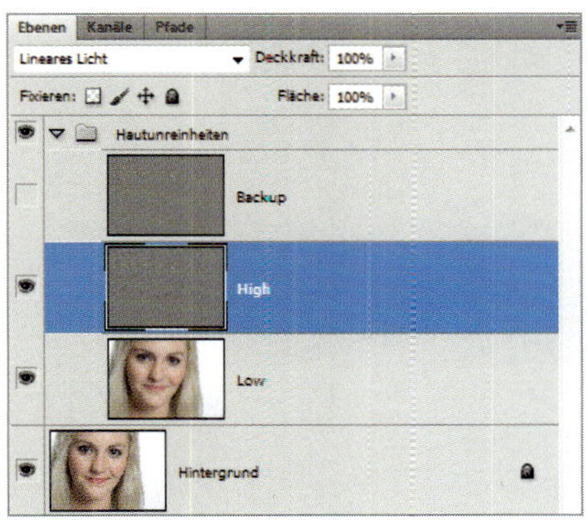


*Nicht vergessen! Füllmethode* Lineares Licht *für die* High-*Ebene einstellen.*

## HAUT SOLLTE HAUT BLEIBEN

**Gerade wenn man einmal voll im Workflow ist und sich mit dem Entfernen von Hautunreinheiten beschäftigt, sollte man sich immer eines vor Augen halten: Haut muss Haut bleiben. Damit das aber weiterhin möglich ist, dürfen Sie nicht allzu stark eingreifen. Nicht jede Pore ist der Gegner. Nicht jedes Fältchen muss weg. Viele kleinere Hautunreinheiten und Falten werden Sie später mit Dodge and Burn bis zu einem Punkt reduzieren, an dem sie nicht mehr störend wirken. Achten Sie also darauf, dass Sie nicht in einen Korrekturwahn verfallen und alles rausmalen, was die gesunde Hautstruktur ausmacht.**

# Hilfsebenen machen das Leben leichter

Häufig stellen Sie eine gewisse Zeit nach einer fertigen Retusche verwundert fest, dass Sie ziemlich viele noch unbearbeitete Stellen übersehen haben. Der Grund dafür ist, dass das Auge schnell sehr träge wird und ermüdet. Wenn Sie ständig einen sehr ähnlichen Farbton (Hautton) betrachten, werden Sie irgendwann Schwierigkeiten haben, die feinen Unterschiede noch zu sehen. Diese feinen Unterschiede sind aber genau das, was den Bildern in den meisten Fällen den letzten Schliff verpasst. Also muss man einen Weg finden, das Auge zu überlisten. Die Antwort dafür lautet: Hilfsebenen!

*Nach der Retusche: Die Hilfsebenen machen noch zu bearbeitende Hautbereiche sichtbar. Später werden wir die einzelnen Tonwerte so anpassen, dass sie homogener wirken – mit der Dodge-and-Burn-Technik.*

### 1 Hilfsebene erstellen, Typ A

Öffnen Sie zunächst das vermeintlich fertig retuschierte Porträt und erzeugen Sie eine neue Ebenengruppe mit dem Namen *Hilfsebenen*. Danach erzeugen Sie eine neue Einstellungsebene des Typs *Schwarzweiß* und geben ihr den Namen *Hilfsebene-A*.

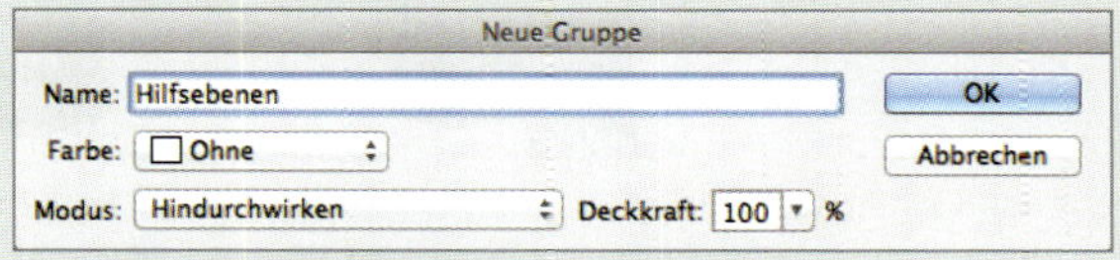


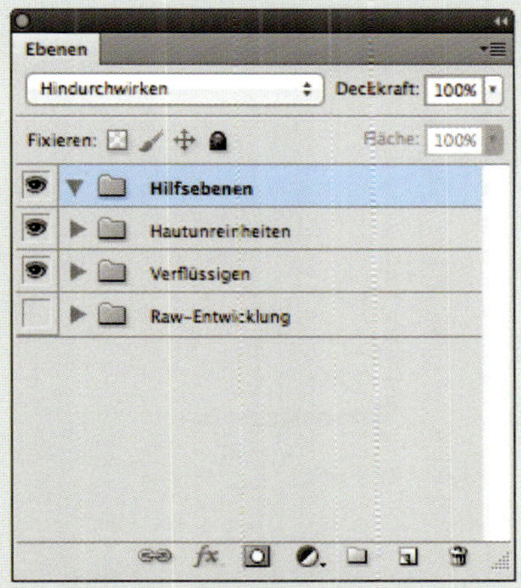


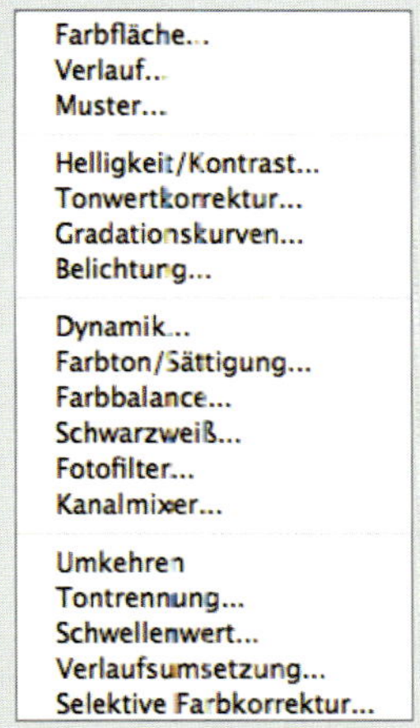


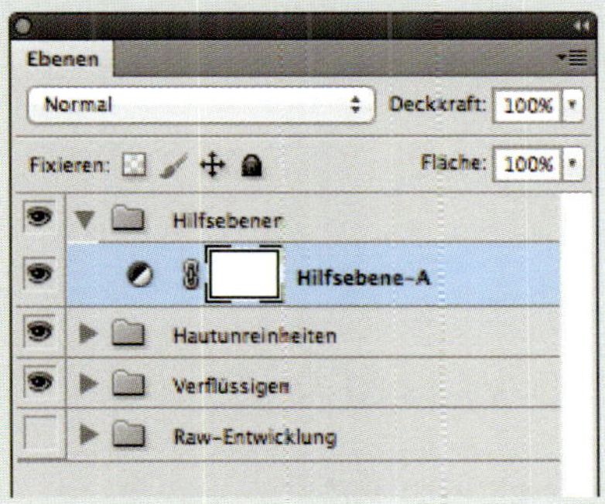


*Erstellen einer neuen Hilfsebene.*

Stellen Sie nun, entsprechend dem Hautton der Person, im Bedienfeld *Korrekturen* die Rottöne so ein, dass sie sehr dunkel werden. Dadurch treten die kleinen Hautunreinheiten besser hervor, und durch den simplen Hell-dunkel-Kontrast kann das Auge deutlich entspannter die Unterschiede erkennen, die Sie dann anschließend besser retuschieren können.

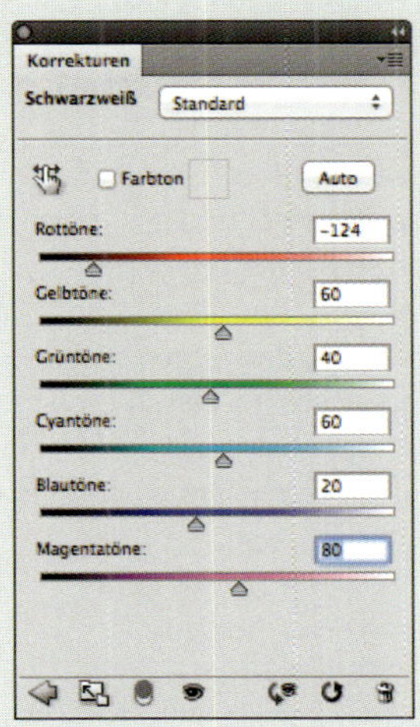


*Deutliche Absenkung der Rottöne dahingehend, dass sie als Schwarz dargestellt werden.*

*Werte der Kurvenpunkte von unten links nach oben rechts:* Ausgabe 0 *und* Eingabe 0, Ausgabe 58 *und* Eingabe 76, Ausgabe 186 *und* Eingabe 172, Ausgabe 255 *und* Eingabe 255.

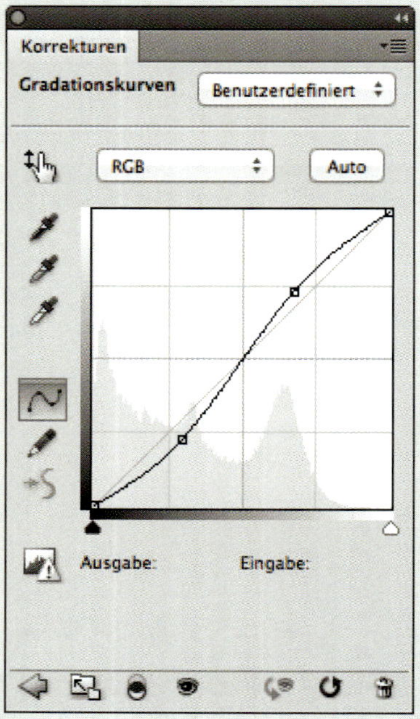


Jetzt erzeugen Sie eine weitere Einstellungsebene des Typs *Gradationskurven*. Die Kurve wird im Bedienfeld *Korrekturen* angezeigt. Biegen Sie die Kurve gemäß der Abbildung in eine leichte S-Form oder belegen Sie die vier Kurvenpunkte mit den neben der Abbildung aufgeführten Werten.

*Nun sind selbst die kleinsten Hautunreinheiten gut sichtbar. Das Auge kann sich auf die klaren Hell-dunkel-Kontraste konzentrieren und ermüdet nicht so schnell.*

## NICHT ALLES IST GOLD, WAS GLÄNZT

**Die Hilfsebenen helfen, keine Frage. Sie helfen dem Auge zu entspannen und führen dazu, mehr Details wahrzunehmen. Sie führen aber zu noch etwas anderem – Glattbügelei. Man beginnt häufig damit, wirklich alle sichtbaren Details, wie kleine Flecken, Poren, Äderchen etc., zu eliminieren. Das ist nur bedingt sinnvoll.**

**Denn gerade wenn man mit den Hilfsebenen hantiert, ist man jenseits des normalen Betrachteranblicks. Darunter ist zu verstehen, dass der spätere Betrachter diese Feinheiten ohne die Hilfsebenen überhaupt nicht wahrnehmen kann. Diese Ebenen sollten Sie wirklich nur zur Entspannung der Augen und zur groben Analyse verwenden. Wenn Sie zu sehr ins Detail gehen, werden Sie sich schnell in den Feinheiten verstricken und ein total weichgezeichnetes Bild erzeugen – und das ist das Schlimmste, was passieren kann.**

**Verwenden Sie also diese Ebenen nur dann, wenn Sie mit dem bloßen Auge keine Unreinheiten mehr feststellen, und zur Nachkontrolle – ob z. B. nicht irgendwo größere Partien komplett übersehen oder auch zu stark eingegriffen wurde.**

### 2 Hilfsebene erstellen, Typ B

Erzeugen Sie erneut eine Einstellungsebene des Typs *Gradationskurven* und geben Sie der Einstellungsebene den Namen *Hilfsebene-B*. Stellen Sie sicher, dass diese Einstellungsebene ganz oben auf dem Ebenenstapel zu finden ist, damit sie alle darunterliegenden Ebenen mit einbezieht.

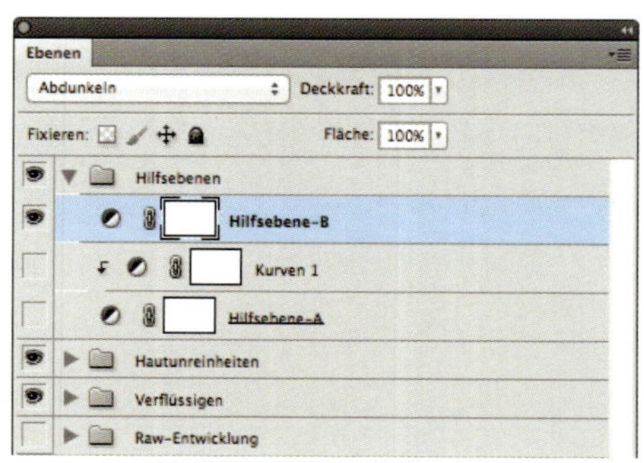


*Erstellen der* Hilfsebene-B.

### 3 Gradation einstellen

Wählen Sie jetzt den vorgegebenen Punkt der Gradationskurve unten links aus und stellen Sie diesen Punkt auf den Wert *64* für *Ausgabe* und *0* für *Eingabe*. *Ausgabe* beschreibt die vertikale Höhe, *Eingabe* die horizontale Länge.

Für den Punkt oben rechts wählen Sie nun den Wert *255* bei *Ausgabe* und den Wert *192* bei *Eingabe* aus. Diese Angaben sind natürlich auch hier alle auf die Tonwerte von 0 bis 255 geeicht.

Nun erstellen Sie zwischen den beiden Punkten auf der Linie einen weiteren Punkt und stellen diesen Punkt auf *Ausgabe 192* und *Eingabe 51*. Der *Ausgabe*-Wert ergibt sich aus der Rechnung 256 Tonwerte geteilt durch 4 gleich 64. Da wir nun 3/4 aller Tonwerte benötigen, brauchen wir also eine *Ausgabe* von *192* Tonwerten. Der *Eingabe*-Wert ergibt sich durch die Aufteilung von 256 Tonwerten auf 5 Teile - also 256 : 5. Das sind etwa 51 Tonwerte.

Nun fügen wir einen zweiten Punkt hinzu mit dem *Ausgabe*-Wert *64* und dem *Eingabe*-Wert *102*. Dadurch wird das zweite Fünftel auf den Tonwert 64 heruntergedrückt.

Der nächste Punkt kommt dann mit dem *Ausgabe*-Wert *192* und dem *Eingabe*-Wert *153* daher.

Der letzte Punkt auf der Gradationskurve wird mit dem Wert *64* für *Ausgabe* und *204* für *Eingabe* eingerichtet.

***Tipp:*** Verwenden Sie doch einfach mal beide Ebenen zusammen. Legen Sie die Gradationskurve über die Einstellungsebene *Schwarzweiß*. So können Sie der Schwarz-Weiß-Darstellung noch einige weitere Details entnehmen.

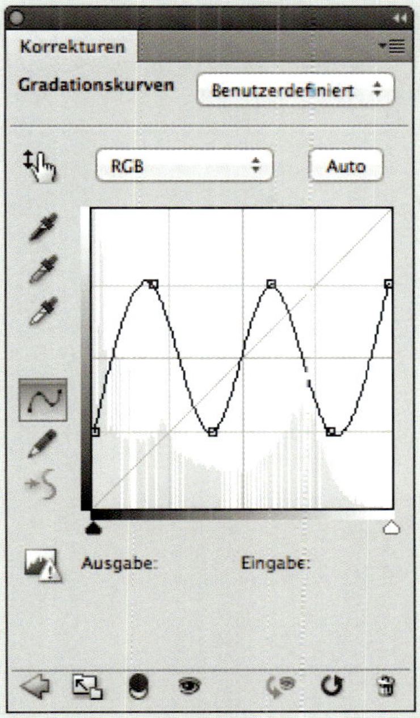


*So sollte die Gradationskurve nun aussehen. Hier nochmals alle Punkte der Gradationskurve von links nach rechts:* Ausgabe 64 *und* Eingabe 0, Ausgabe 192 *und* Eingabe 51, Ausgabe 64 *und* Eingabe 102, Ausgabe 192 *und* Eingabe 153, Ausgabe 64 *und* Eingabe 204, Ausgabe 192 *und* Eingabe 255.

*Die fleißigen Leser können nun natürlich noch die Haare ausmaskieren, sodass man sich ausschließlich auf die Haut konzentriert. Der große Vorteil dieser Kurve ist, dass man nun noch einige Details mehr – und besser – erkennt.*

# Unsaubere Schattenpartien anpassen

Einer der wichtigsten, aber gern übersehenen Bereiche der People-Retusche ist das Anpassen der Schatten, auch als Smoothing bezeichnet. Diese Schatten sind wundervoll und verleihen jedem Bild eine Seele, allerdings bergen sie auch ein Problem. Sie sind unsauber. Unsauber heißt, dass sie nicht sauber von einer Schattenpartie in eine andere Schattenpartie verlaufen. Wenn Sie also einen recht starken Schatten im Gesichtsbereich haben, etwa unter dem Kinn, und dieser sich mit einem Haarschatten schneidet, ist es nicht selten der Fall, dass diese dann einen unsauberen, tonwertabrissähnlichen Übergang haben.

*Smoothing deaktiviert – der Schatten unterhalb des Kinns hat deutliche Helligkeitsdifferenzen.*

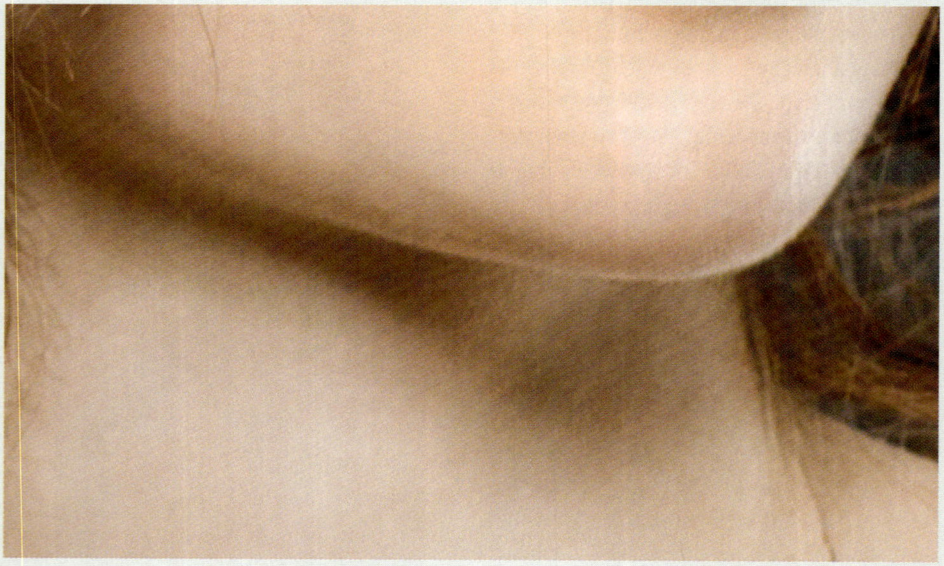

*Smoothing aktiviert – der Schatten unterhalb des Kinns hat weichere Übergänge und ist leicht selektiv aufgehellt. In der kleinen partiellen Betrachtung macht das noch einen recht kleinen Unterschied, wenn Sie aber alle Schatten durchgearbeitet haben, die das Problem aufweisen, werden Sie deutliche Unterschiede erkennen.*

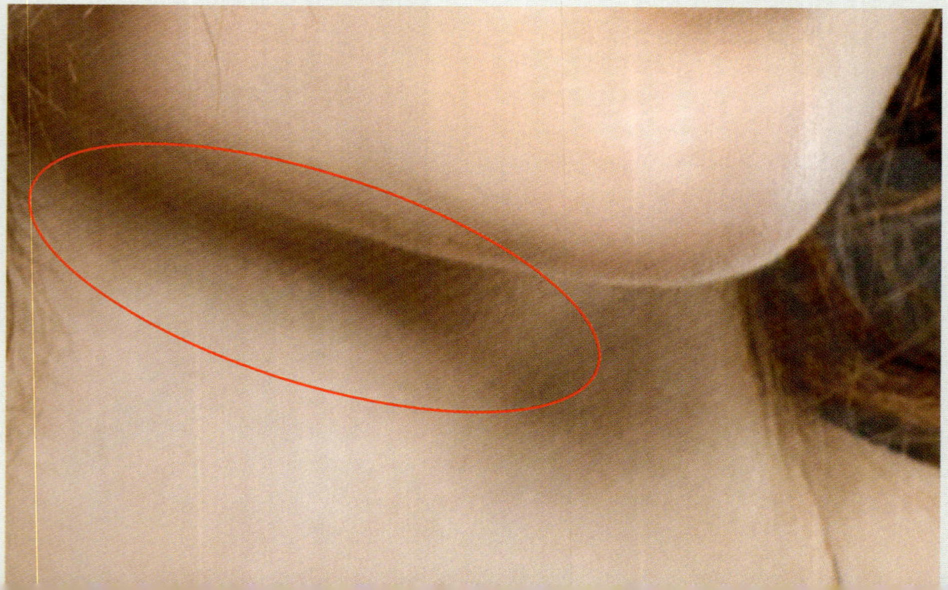

Leider tritt das Problem nicht nur bei zwei sich treffenden Schatten auf, sondern auch wenn eine Oberfläche etwas anders geformt ist und somit der Schatten anders fällt. Ein markanter Wangenknochen etwa kann ein ganzes Stück heller sein als der umliegende Schatten. Meist sind auch diese Übergänge sehr hart und somit nicht sehr ansehnlich. Allerdings kann man dem mit einer Technik, die erneut auf der Errechnung eines exakten Hochpasses basiert, entgegenwirken.

### 1 Analyse der Problemzonen

Das klingt wie eine Beratung beim Schönheitschirurgen, ganz so schlimm ist es dann aber wieder doch nicht. Betrachten Sie die Schatten in Ihrem Bild und schauen Sie, ob Sie starke Helligkeitsdifferenzen feststellen. Wenn ja, ist diese Stelle ein Fall für diese Photoshop-Technik.

### 2 Erstellen der Smoothing-Ebenen

Erstellen Sie einen Stempel aller momentan aktivierten Ebenen mit der Tastenkombination [Strg]+[⇧]+[Alt]+[E] (Win) bzw. [⌘]+[⇧]+[Alt]+[E] (Mac). Führen Sie diesen Schritt erneut durch und nennen Sie die eine Ebene *Smoothing-Hals-1*, die andere *Hilfsebene*.

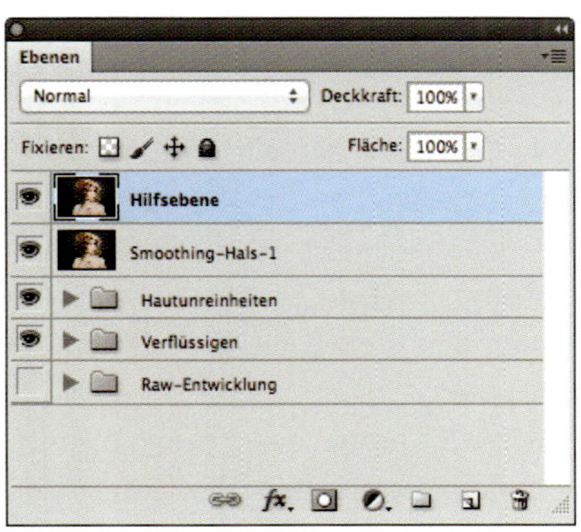


*Smoothing-Ebenen vorbereiten.*

### 3 Erstellen der Smoothing-Gruppe

Fassen Sie die Ebenen *Smoothing-Hals-1* und *Hilfsebene* zu einer Ebenengruppe namens *Schatten-Smoothing* zusammen. Im Verlauf einer Retusche wie dieser wird es bestimmt nicht bei einer Smooting-Ebene bleiben.

*Die Bearbeitung aller Schatten wird in einer Gruppe zusammengefasst.*

### 4 Helligkeitsunterschiede differenzieren

Öffnen Sie über das Menü *Filter/Sonstige Filter* den *Hochpass*-Filter. Stellen Sie dann den Filter auf die Stelle im Bild ein, an der Sie den Problemschatten festgestellt haben. Nun schieben Sie den *Radius* so lange hoch, bis sich die Helligkeitsunterschiede klar differenzieren.

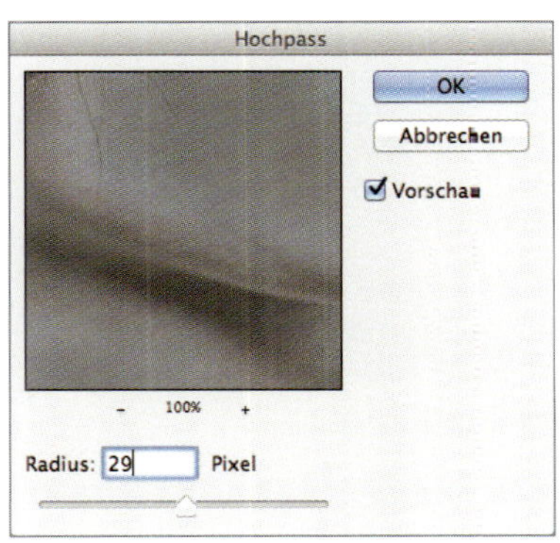


*Mit dem Hochpass-Filter werden die Problemschatten eingekreist. In diesem Beispiel ist ein Radius von 29 Pixel der passende Wert. Kurzerhand wird auf 30 Pixel erhöht, damit die Zahl durch 3 teilbar ist.*

Den passenden Wert merken Sie sich und erhöhen ihn auf das nächste Vielfache von 3. Wenn Sie also einen Radius von 29 Pixeln haben, runden Sie auf 30 Pixel auf. Grund dafür ist, dass der *Hochpass*-Filter exakter scharfzeichnet und somit der Effekt nicht so stark ausfällt wie bei dem regulären Filter. Achten Sie darauf, dass die Zahl durch 3 teilbar ist, damit Sie später entsprechend weichzeichnen können – dazu aber gleich mehr.

***Wichtig:*** Wenden Sie den Filter jetzt nicht an, sondern schließen Sie den *Hochpass*-Dialog mit Klick auf *Abbrechen*.

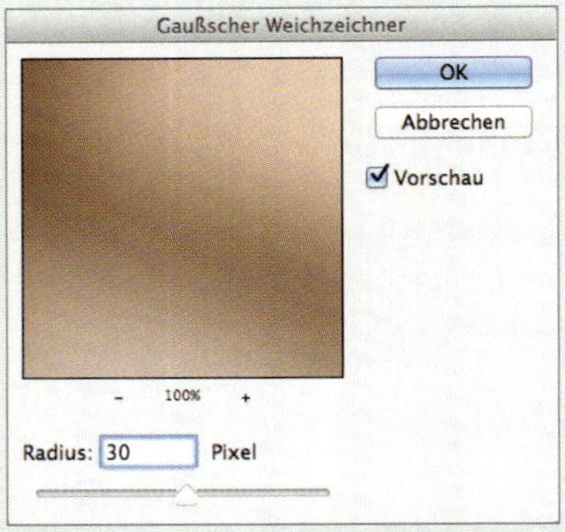


*Die Hilfsebene wird mit dem ermittelten* Hochpass-Wert *weichgezeichnet.*

### 5 Hilfsebene bearbeiten

Wenden Sie nun auf die Hilfsebene aus dem Menü *Filter/Weichzeichnungsfilter* den *Gaußschen Weichzeichner* an – mit der Stärke, die Sie gerade im *Hochpass*-Dialog definiert haben.

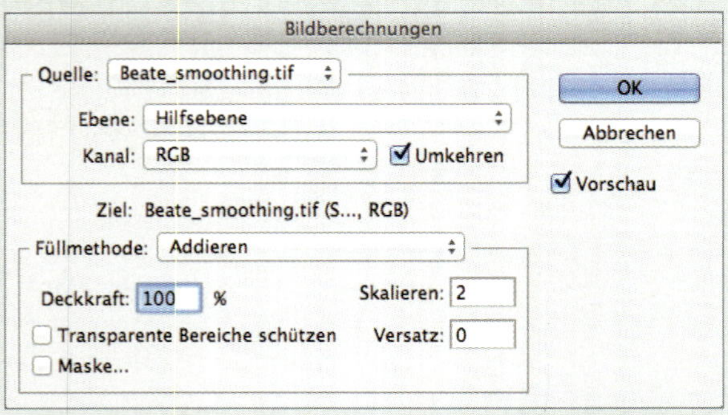


*Nicht vergessen! Bei* Addieren *als Füllmethode muss* Umkehren *aktiviert sein, bei* Subtrahieren *nicht!*

### 6 Freund und Helfer Bildberechnung

Wählen Sie nun die *Smoothing-Hals-1*-Ebene aus und öffnen Sie im Menü *Bild* die Funktion *Bildberechnungen*. Dort stellen Sie im Dialog als *Quelle* das aktuelle Dokument ein. Bei der Einstellung, welche *Ebene* verrechnet werden soll, wählen Sie die *Hilfsebene* aus. Anschließend setzen Sie das Häkchen bei *Umkehren* und stellen die *Füllmethode* auf *Addieren* um.

So erhalten Sie erneut einen exakten Hochpass, der den Gaußschen Filterwert von *30* aufhebt und somit einen präzisen Hochpass für einen *Radius* von *30 Pixel* errechnet.

### 7 Der Ebene den letzten Schliff geben

Löschen Sie nun die *Hilfsebene*, denn die benötigen Sie jetzt nicht mehr. Wählen Sie anschließend wieder die *Smoothing-Hals-1*-Ebene aus und öffnen Sie erneut den Filter *Gaußscher Weichzeichner*.

*Die* Hilfsebene *wurde wieder gelöscht.*

Im Filterdialog wählen Sie nun exakt 1/3 des Weichzeichnerwerts von der *Hilfsebene*. In diesem Beispiel beträgt der Wert *30*, also wähle ich jetzt *10*. Hätten Sie zuvor bei der *Hilfsebene* einen Wert von *21* angewendet, wählten Sie nun also 21 x 1/3, was einem *Radius* von *7 Pixel* entspräche.

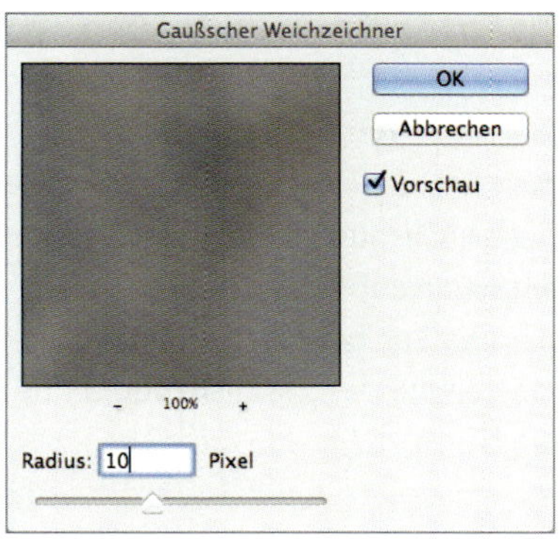


*Wenden Sie entsprechend dem eben errechneten Wert den Filter an, sodass die gerade erstellte* Hochpass-*Ebene wieder etwas weicher gezeichnet wird.*

*Die Ebene* Smoothing-Hals-1 *wird maskiert.*

*Mit dem* Pinsel-Werkzeug *werden die Schattenpartien nach und nach bearbeitet.*

## 8 Das Ende naht

Die gerade weichgezeichnete Ebene *Smoothing-Hals-1* invertieren Sie nun mit dem Tastaturkürzel Strg + I (Win) bzw. ⌘ + I (Mac).

Jetzt müssen Sie nur noch die Füllmethode der Ebene auf *Weiches Licht* abändern und eine Ebenenmaske hinzufügen. Diese Ebenenmaske invertieren Sie ebenfalls, sodass Sie zunächst die Ebene ausblenden lassen.

Malen Sie jetzt mit einer niedrigen *Deckkraft* von etwa *25%* Stück für Stück in den Schattenbereich, den Sie verbessern wollen. Passen Sie dabei darauf auf, dass Sie nicht zu sehr übermalen, weil Sie für **jeden einzelnen Schattenbereich** eine neue separate *Smoothing*-Ebene brauchen.

Demzufolge müssen Sie diese Technik für jeden Schattenbereich also einmal anwenden. Man tendiert zwar schnell dazu, eine solche Ebene für alle Bereiche zu verwenden, Sie werden aber sehen, dass sich die Arbeit absolut auszahlt, wenn Sie für jeden Bereich separat vorgehen und verschiedene Werte verwenden, die exakt zu diesen Stellen passen.

*Jede Schattenbearbeitung auf einer separaten Ebene.*

### Alles mit eigener Hand

Natürlich wäre es auch möglich, mit Filtern zu arbeiten, das Problem dabei ist jedoch, dass man nicht genau genug damit arbeiten kann. Es ist absolut empfehlenswert - sofern man sich die Zeit dafür nehmen kann -, die komplette Porträtretusche von irgendwelchen Hautpartien durchzuführen, ohne weichzuzeichnen. Denn egal wie fein man weichzeichnet und wie sehr man es durch Masken reguliert - man wird immer recht viel Hautstruktur verlieren.

Das kann und darf nicht das Ziel sein. Diese weichgezeichneten Bilder sind immer Beispiele für zu flache und zu glatte Haut - unrealistisch, unsauber und nicht homogen. Selbst wenn die Retusche per Hand viel Zeit und Geduld kostet und am Anfang einiger Fehlversuche bedarf, um den idealen Weg zu finden, so wird später jedes Bild, das Stück für Stück und ohne Filterorgien ausgearbeitet ist, besser sein als eines mit Filtern.

Sollte ein Kunde die lange Retuschezeit nicht bezahlen wollen oder Sie die Zeit nicht aufbringen können, versuchen Sie dennoch, den Anteil der „Filterei" möglichst gering zu halten. Wenn es ganz schnell gehen soll, bearbeiten Sie schon die RAW-Aufnahmen mit dem *Korrekturpinsel* und heruntergedrehtem *Klarheit*-Regler. Eventuell dann noch etwas selektiv die *High*-Ebene weichzeichnen, und eine passable Zwischenlösung sollte sich gefunden haben.

### SCHNELLER UND SCHNELLER - WORKFLOW ANHEIZEN

**Auch im Bereich der People-Retusche ist es absolut sinnvoll, seinen Workflow mit Aktionen zu beschleunigen. Legen Sie sich auf jeden Fall eine Aktion an, um die beiden Hilfsebenen zu erstellen, auch wenn Sie die *Schwarzweiß*-Einstellungsebene dann noch nachjustieren müssen. Jeder dieser einzelnen Klicks spart unterm Strich eine Menge Zeit.**
**Außerdem ergibt es auch Sinn, eine Trennung der Schärfe und der Farbinformationen in eine Aktion zu packen. Diese als Frequenztrennung bekannte Technik ist zwar aus dem Kopf recht einfach zu rekonstruieren, kostet aber dennoch mehr Zeit als eine Ein-Klick-Lösung. Achten Sie aber bei der Aktion darauf, dass Sie die Werte beim *Gaußschen Weichzeichner* flexibel gestalten, indem Sie den Dialog aktivieren.**

## Dodge and Burn: die digitale Dunkelkammer

Dodge and Burn, zu Deutsch *Abwedler* und *Nachbelichter* – wer schon einmal Schwarz-Weiß-Filme vergrößert bzw. entwickelt hat, weiß, worum es sich hierbei dreht. Die Technik ist uralt und stammt noch aus dem Zeitalter der analogen Fotografie. Damals wurden durch das Abhalten (Abwedeln) von Licht vom Papier, das unterhalb des Vergrößerers lag, Bildbereiche aufgehellt. Das geschah dadurch, dass diese Stellen nicht so stark mit Licht in Berührung kamen. Umgekehrt gab es aber auch den Weg, durch Lichtzugabe (nachbelichten) Bildbereiche dunkler zu machen. All das war schon der ganze Trick, der bereits sehr früh in der Fotografie benutzt wurde. Schon damals gab es also in gewisser Weise Retuschemöglichkeiten, auch wenn diese natürlich nicht mit den heutigen vergleichbar sind. Das Prinzip dahinter hat Photoshop aber übernommen und gibt dem Benutzer zwei sehr mächtige Werkzeuge in die Hand: den *Abwedler* (zum Aufhellen) und den *Nachbelichter* (zum Abdunkeln).

*Links der* Abwedler *und rechts der* Nachbelichter.

Die Idee hinter Dodge and Burn ist es, die Helligkeitsdifferenzen auszugleichen und somit einen ebeneren Hauteindruck zu schaffen. Darüber hinaus kann man durch das Setzen von leicht akzentuierten Schatten- und Lichterpartien die Gesichtsform hervorheben und etwas verändern. So kann man beispielsweise den Wangenknochen

*Vergleich der aktiven Dodge-and-Burn-Ebene mit bereits bearbeiteten Hautpartien. Besonders die fleckige Wangenpartie hat sich sanft angeglichen, genauso wie viele kleine Schatten und der Verlauf von Nase zu Wange und Auge zu Nase.*

etwas sauberer abrunden oder auch die Augenhöhlen nicht so stark zurückgesetzt wirken lassen.

***Wichtig:*** Bei Dodge and Burn sind die Hilfsebenen wieder das Maß der Dinge, weil man ansonsten ruck, zuck viele kleine Unterschiede übersieht. Wenn Sie diese aber korrigieren, erarbeiten Sie ein hervorragendes Hautbild, ohne dabei die Struktur zu zerstören.

### Variante A

Drücken Sie die Tastenkombination Strg + ⇧ + N (Win) bzw. ⌘ + ⇧ + N (Mac). Danach geben Sie einen aussagekräftigen Namen ein, hier *DodgeandBurn*, und ändern den *Modus* auf *Weiches Licht*.

Abschließend aktivieren Sie das Kontrollfeld *Mit neutraler Farbe für den Modus ‚Weiches Licht' füllen (50 % Grau)*. Damit wird die Fläche mit einem 50%igen Grau gefüllt. Bestätigen Sie den Dialog *Neue Ebene* mit *OK*.

Auf der Ebene *DodgeandBurn* beginnen Sie jetzt mit dem *Abwedler-* und dem *Nachbelichter-Werkzeug*, bei sehr niedriger *Deckkraft* von etwa *3%* Teile des Bilds partiell aufzuhellen, also abzuwedeln und abzudunkeln.

Wichtig ist hierbei, dass Sie wirklich mit den Hilfsebenen, gerade der Schwarz-Weiß-Ebene, arbeiten und sich bis ins kleinste Detail in das Bild hineinkämpfen. Achten Sie stets beim Arbeiten in den verschiedenen Bildbereichen darauf, dass Sie auch den passenden Bereich gewählt haben.

Wollen Sie mit der Dodge-and-Burn-Technik sauber und ordentlich arbeiten, sollten Sie viel Zeit einplanen. Wenn Sie sehr ordentlich und gründlich vorgehen, können schnell mal vier Stunden ins Land gehen, nicht selten sind es aber sogar acht Stunden und mehr. Das ist abhängig von Motiv, Schatten, Lichtern und diversen anderen Einflüssen.

Versuchen Sie, wann immer es geht, sich die Zeit zu nehmen – es lohnt sich!

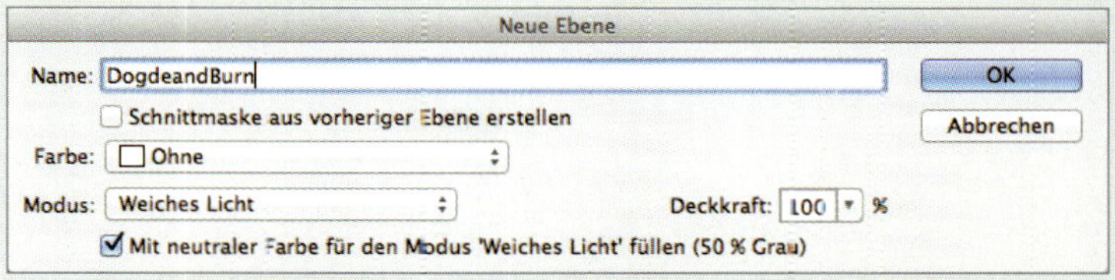


*Einstellungen für die* DodgeandBurn-*Ebene festlegen.*

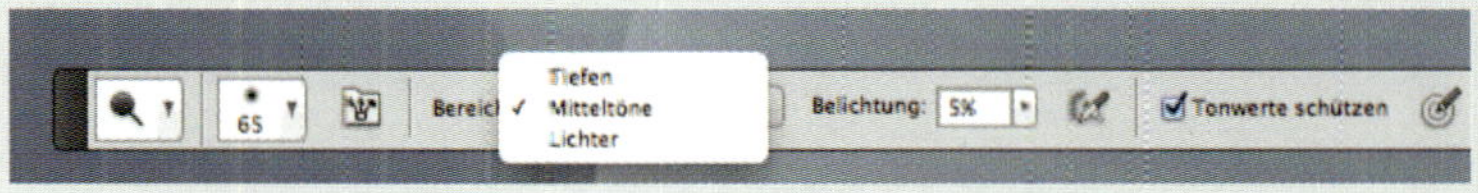


*In den Lichtern die* Lichter*, in den Mitteltönen die* Mitteltöne *und in den Tiefen, wer hätte es erahnt – die* Tiefen*!*

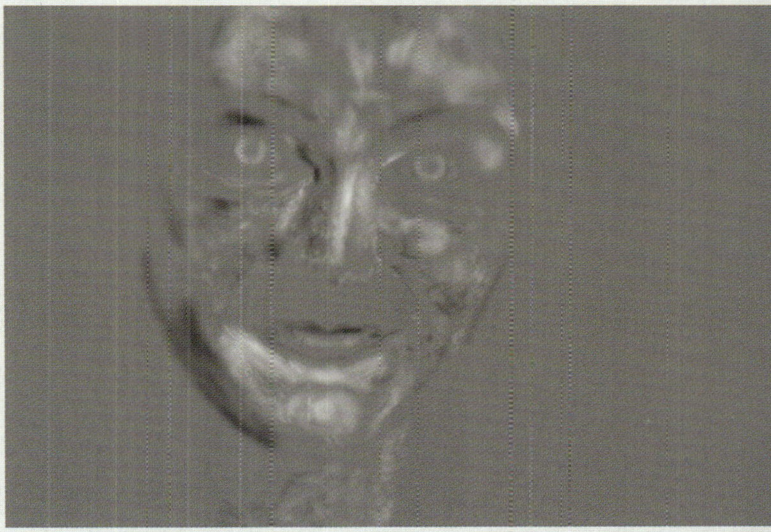

*Ein Beispiel für eine mittelmäßig sauber ausgearbeitete Dodge-and-Burn-Ebene. Die Dauer der Erstellung betrug etwa 2,5 Stunden.*

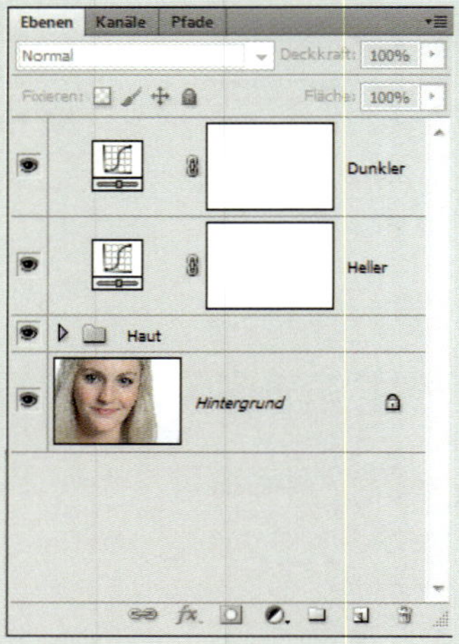


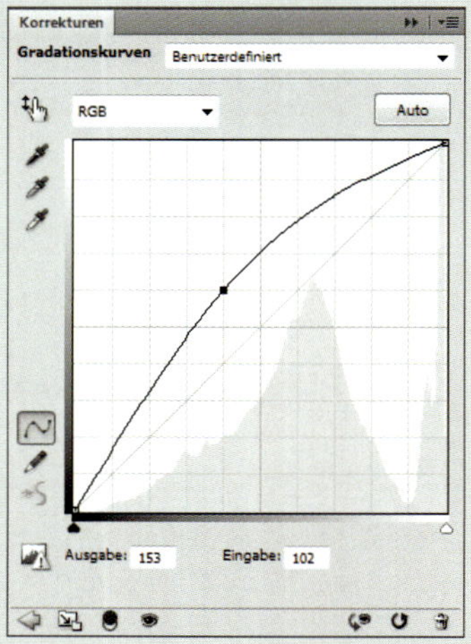


### Variante B

Eine etwas anders arbeitende Variante von Dodge and Burn funktioniert über zwei Gradationskurven. Erstellen Sie zwei *Gradationskruven*-Einstellungsebenen. Nennen Sie eine Ebene *Heller* und die andere *Dunkler*.

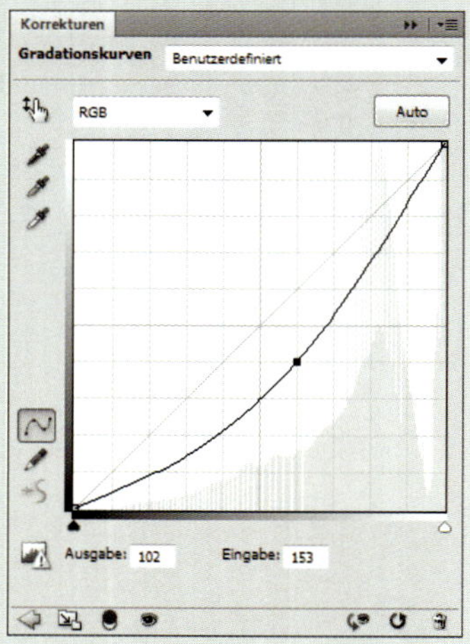


Erstellen Sie nun auf der Ebene *Heller* einen Punkt, stellen Sie den *Ausgabe*-Wert auf *153* und den *Eingabe*-Wert auf *102*. Auf der *Dunkler*-Ebene stellen Sie den *Ausgabe*-Wert auf *102* und den *Eingabe*-Wert auf *153*.

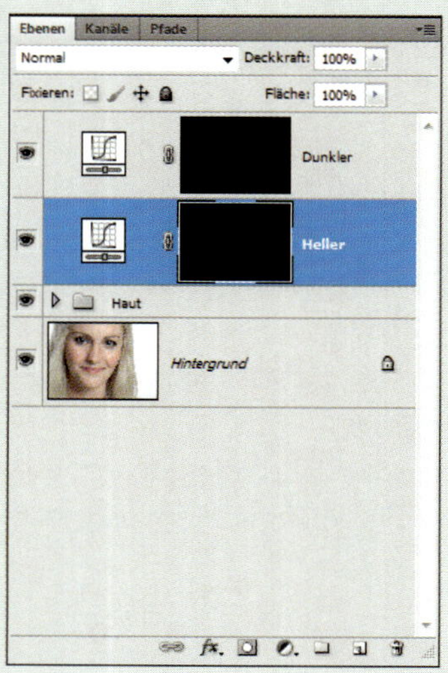


Anschließend invertieren Sie die Ebenenmaske, sodass die Gradationskurven deaktiviert sind. Nun können Sie einfach auf der *Heller*-Ebene die zu dunklen Bildbereiche durch Malen in der Ebenenmaske aufhellen. Nach diesem Schema verfahren Sie auch auf der *Dunkler*-Ebene.

## GRAFIKTABLETT

**Ein Grafiktablett ist für die saubere Ausführung unabdingbar, weil Sie so deutlich präziser und schneller arbeiten können.**

## SCHNELLES UMSCHALTEN

**Halten Sie die [Alt]-Taste gedrückt, schalten Sie vom *Abwedler* zum *Nachbelichter*. Wenn Sie aktuell den *Nachbelichter* aktiv verwenden und dann [Alt] gedrückt halten, verwenden Sie automatisch den *Abwedler*. So können Sie sich das Herumstellen zwischen den beiden Werkzeugen sparen!**

## DODGE AND BURN – IN ALLEN BEREICHEN

**Dodge and Burn ist in nahezu allen Bereichen zu Hause. Sie können es wunderbar verwenden, um Personen zu bearbeiten, aber Sie können damit ebenso gut Objekten einen besonderen Glanz verpassen oder die Schatten verstärken. Selbst im Bereich der Landschaftsfotografie ist Dodge and Burn ein sehr mächtiges Werkzeug, das vielen Fotografen und Bildbearbeitern hilft, Bereiche der Landschaft etwas präsenter wirken zu lassen oder andere etwas zurückzusetzen. Wenn Sie also das nächste Mal ein Landschaftsbild retuschieren, versuchen Sie einfach mal, mit einer der Dodge-and-Burn-Methoden Ihre Aufnahme aufzuwerten.**

Vorteil dieser Variante ist es, dass Sie klar differenzieren zwischen der Ebene, auf der Sie aufhellen, und der Ebene, auf der Sie abdunkeln. Nachteil ist, dass diese Methode etwas fummelig ist, weil Sie immer zwischen den beiden Ebenen hin- und herwechseln. Welche Variante einem mehr liegt, sollte man am besten für sich herausfinden.

***Wichtig:*** Egal welche der beiden Varianten Sie zum Abwedeln und Nachbelichten einsetzen – Sie müssen, wenn Sie fertig sind, einen Stempel aller Ebenen mit der Tastenkombination [Strg]+[⇧]+[Alt]+[E] (Win) bzw. [⌘]+[⇧]+[Alt]+[E] erstellen und diesen Ebenenstempel auf die Füllmethode *Luminanz* stellen.

Deaktivieren Sie ebenfalls die Ebenen, die Sie zuvor für das Dodge and Burn verwendet haben.

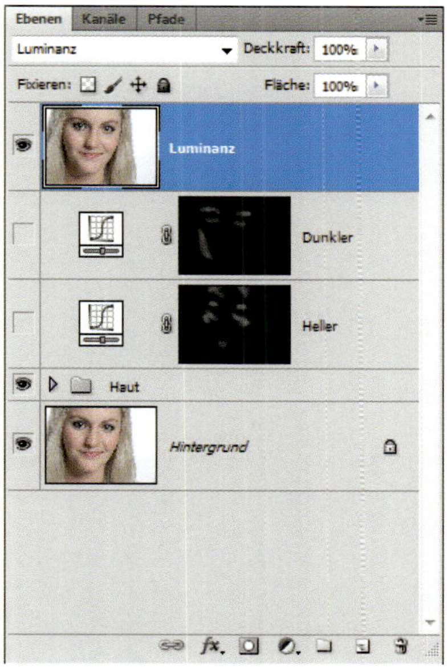


Dadurch werden lediglich die Helligkeitsinformationen übermittelt. Das bedeutet, dass eventuelle Farbverschiebungen etc. auszuschließen sind.

**Noch ein Tipp zu Dodge and Burn**

Wenn Sie wirklich sehr detailreich mit Dodge and Burn arbeiten, was natürlich das Ideal ist, stellen Sie schnell fest, dass Sie beginnen, bei der Bearbeitung zu „springen". Wenn Sie irgendwo eine Stelle sehen, bearbeiten Sie diese sofort und versuchen danach, wieder an der vorherigen weiterzuarbeiten.

Das führt aber schnell dazu, dass Sie einen Großteil der Problemzonen übersehen und nicht bearbeiten. Um dieses typische Problem zu beheben, können Sie sich mit einfachen Hilfslinien behelfen.

Ziehen Sie sich die Hilfslinien einfach so in das Dokument hinein, dass sie immer kleine Quadrate bilden. Beginnen Sie dann beim Dodge and Burn im Quadrat oben rechts und arbeiten Sie sich bis unten links durch – Zeile für Zeile, immer von rechts nach links oder von oben nach unten, so wie Sie mögen.

Wenn Sie sich an dieses System halten, sinkt die Wahrscheinlichkeit, etwas zu übersehen, drastisch. Nun werden Sie aber beim Anwenden der Methode feststellen, dass Sie an den Kanten der Hilfslinien nicht sauber arbeiten, weil Sie immer die Linie im Weg haben – dagegen hilft dann ein kurzes Aus- und Einblenden via Tastenkürzel Strg+H (Win) bzw. ⌘+H (Mac).

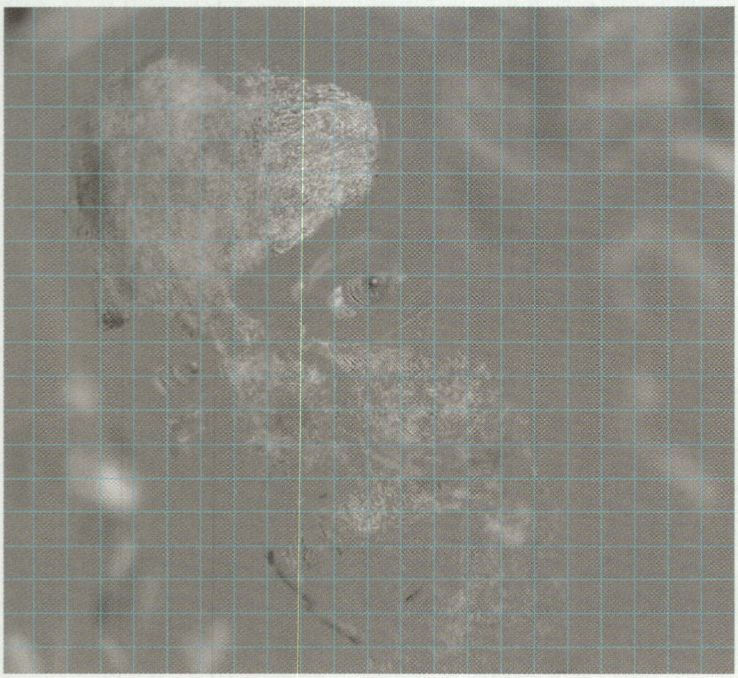

*Beim Cover sieht das System dann so aus. Allerdings ist hier lediglich das genaue Dodge-and-Burn von Haut und Haaren zu sehen, nicht das globale, um die Gesichtsform zu betonen.*

## Haare schöner machen

Wenn Sie ein sehr ordentliches Porträt oder gar eine Beautyaufnahme machen, sind in aller Regel Haare mit von der Partie, und das ist auch gut so. Leider ist es nur so, dass die Haare nicht immer ideal liegen und häufig einige Haare schärfer sind als andere, einige heller und andere dunkler.

Diese groben Unstimmigkeiten kompensieren Sie einfach mithilfe von Gradationskurven. Die kleinen feinen Haare, die in ihrer Gesamtheit einen stark störenden Effekt erzeugen, sind so nicht wegzubekommen. Dafür gibt es aber dann doch einen kleinen Trick. Das folgende Bild zeigt die Ausgangslage.

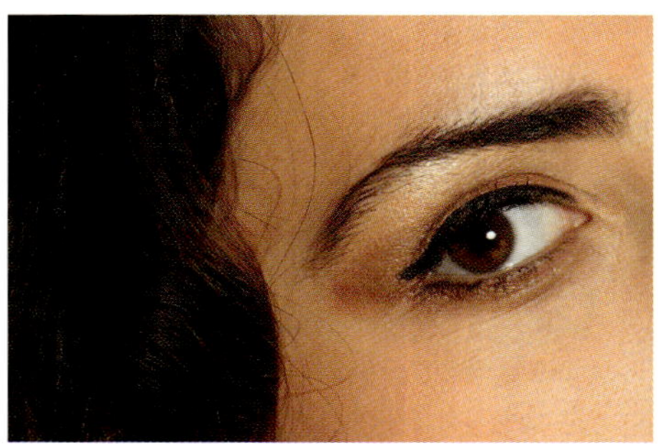

*Die Haare liegen zum Teil in der Schärfeebene, zum Teil nicht – manche sind dunkler, andere heller. Des Weiteren stören die feinen Haare, die durch das Gesicht laufen.*

## Zu den feinen Haaren im Gesicht

Haare im Gesicht können Sie in den meisten Fällen problemlos durch die Frequenztrennungstechnik entfernen, genau gesagt, mit dem Arbeiten auf der *High*-Ebene. Dort können Sie einfach mit dem *Reparatur-Pinsel-Werkzeug* zügig die Haare aus dem Gesicht entfernen.

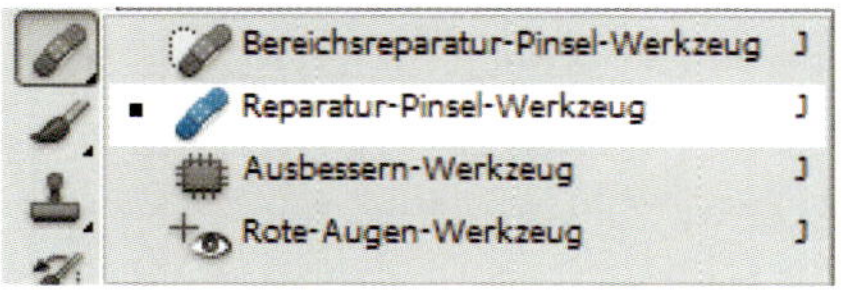


*Haare mit dem* Reparatur-Pinsel *entfernen.*

Achten Sie aber immer sorgfältig darauf, dass Sie nicht irgendwo einen kleinen Stummel des Haars übrig lassen, es sieht immer besonders merkwürdig aus, wenn einfach ein Haar herumliegt und keinen Anfang oder kein Ende hat.

***Wichtig:*** Arbeiten Sie kleinflächig. Achten Sie darauf, sich immer sehr kleine Abschnitte vorzunehmen. Stellen Sie die Pinselgröße auf einen kleinen Radius und arbeiten Sie sich Haar für Haar durch. In manchen Situationen hilft es, den Modus des Werkzeugs auf *Abdunkeln* oder *Aufhellen* zu stellen. In harten Fällen kann es auch sein, dass nur noch der Stempel weiterhilft.

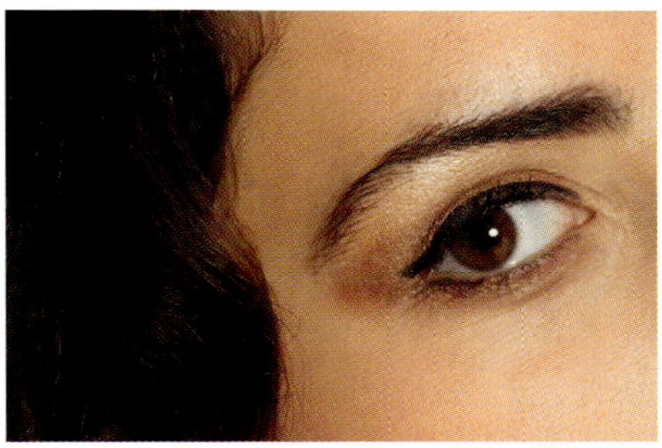

*Wenn Sie die Haare aus dem Gesicht entfernen, denken Sie daran, dass Sie diese Bereiche anschließend in Ihrem Dodge-and-Burn-Workflow nochmals begutachten.*

## Haarspalterei: Haare in den Haaren

In den Haaren selbst gibt es immer wieder fliegende und quer liegende Haare. Diese sind meist heller als die anderen und liegen nicht selten in der Schärfeebene, somit sind sie auch präsenter. Diese Haare gilt es, wenn Sie eine sehr saubere Retusche machen wollen, zu entfernen.

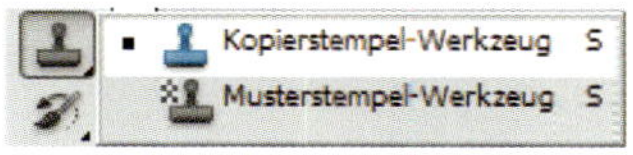


*Haare mit dem* Kopierstempel *entfernen.*

Das Entfernen dieser Haare nehmen Sie am besten auf einer separaten Ebene mit dem *Stempelwerkzeug* vor. Dieses Werkzeug stellen Sie dann je nach Haar auf *Aufhellen* oder *Abdunkeln*. Vergessen Sie nicht, bei der Quelle *alle Ebenen* einzustellen, wenn Sie auf einer separaten Ebene an den Haaren arbeiten wollen.

Die andere Möglichkeit ist, einfach weiter die Frequenztrennungsebene, also die *High*-Ebene, zu verwenden. Allerdings ist es meist klüger, die Haare auf einer separaten Ebene zu bearbeiten, weil man doch recht schnell Fehler einbaut und diese dann auf der separaten Ebene einfacher getilgt werden können.

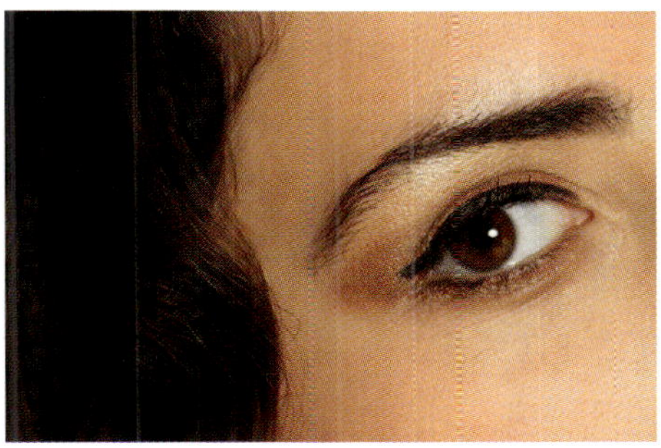

*Wenn man nun ganz ordentlich sein wollte, würde man noch die restlichen einzelnen Haare an der Locke links vom Auge begradigen. Aber das würde je nach Sorgfalt dann nochmals 30 bis 60 Minuten in Anspruch nehmen.*

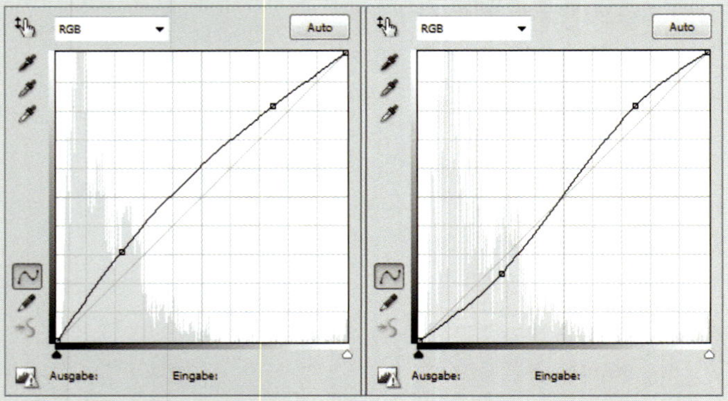

*Vergleichen Sie nun das gesamte Auge mit dem Bild oben, in dem die Haare korrigiert wurden. Selbst diese kleinen Eingriffe am Auge machen schon einen sehr großen Unterschied. Gehen Sie also vorsichtig mit den Gradationskurven um.*

***Wichtig:*** Bringen Sie Zeit mit - sehr viel Zeit. Ähnlich wie auch bei Dodge and Burn ist das Bearbeiten der Haare eine sehr zeitintensive Arbeit. Sie zahlt sich, ebenso wie eine genaue und gute Dodge-and-Burn-Ebene, zwar aus, aber Sie sollten immer im Auge behalten, was der Kunde Ihnen zu zahlen bereit ist. Zeit ist ja bekanntlich Geld.

**Ein kleiner Tipp noch für die Augen**

Um schöne, brillant wirkende Augen zu erzeugen, bedarf es keiner großen Zauberkunst, sondern lediglich zweier Gradationskurven. Beide Ebenenmasken der Kurven invertieren Sie und malen anschließend nur die Iris mit 100% und die weiße Blindfläche des Auges mit etwa 40% aus.

Die erste Gradationskurve (links) erhöht die Helligkeit, die andere Kurve (rechts) den Kontrast - gleich einer leichten S-Kurve. Stellen Sie dann noch die passenden Deckkraftwerte der Ebenen ein und maskieren Sie die Feinheiten.

## i ORDNUNG IST DIE HALBE MIETE

**Auch auf die Gefahr hin, dass ich mich wiederhole - das saubere Anordnen und Gruppieren ist beim fortgeschrittenen Arbeiten mit Photoshop unabdingbar. Schnell ist man bei der People-Retusche bei mehreren Dutzend Ebenen. Um da die Übersicht zu behalten, hilft nur Ordnung, also Gruppieren und Benennen der Ebenen. Teilweise hilft es auch, Ebenengruppen mit Farben zu kennzeichnen, aber das ist reine Geschmackssache.**

# Gesichtskonturen per Wetlook betonen

Es gibt Fotos, in denen man Glanzstellen bzw. einen Wetlook haben möchte. Dieser Look kann helfen, die Konturen des Gesichts noch besser zu betonen und das Gesicht noch schöner vom Hintergrund abzuheben.

*Der Glanzstelleneffekt wird nicht umsonst „Fresh-Look" oder auch „Wet-Look" genannt. Allein durch diesen kleinen Effekt lässt sich das gesamte Bild in seiner Wirkung neu modellieren. Im Handumdrehen geben Sie so einer müde wirkenden Aufnahme wieder eine frische und jugendliche Stimmung. Passen Sie aber bei der Anwendung dieser Technik auf – sehr schnell befindet man sich in einem Bereich, in dem die Haut durch den Effekt eher bleich als frisch wirkt.*

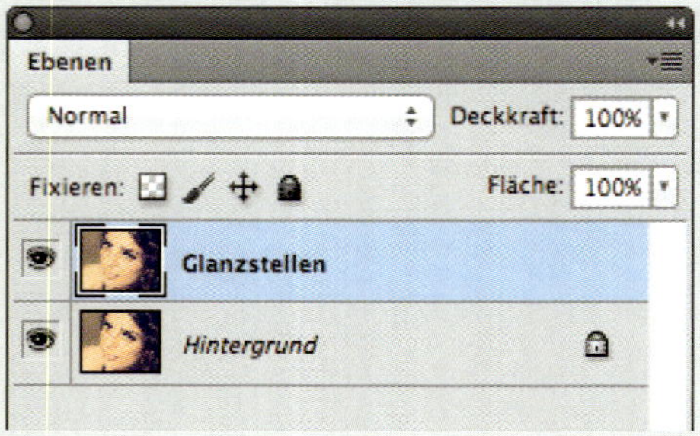


## 1 Auswahlbereich vorbereiten

Laden Sie das zu bearbeitende Bild und beginnen Sie mit einem Stempel aller momentan aktiven Ebenen, den Sie durch die Tastenkombination [Strg]+[⇧]+[Alt]+[E] (Win) bzw. [cmd]+[⇧]+[Alt]+[E] (Mac) erstellen. Geben Sie der neuen Ebene den Namen *Glanzstellen*.

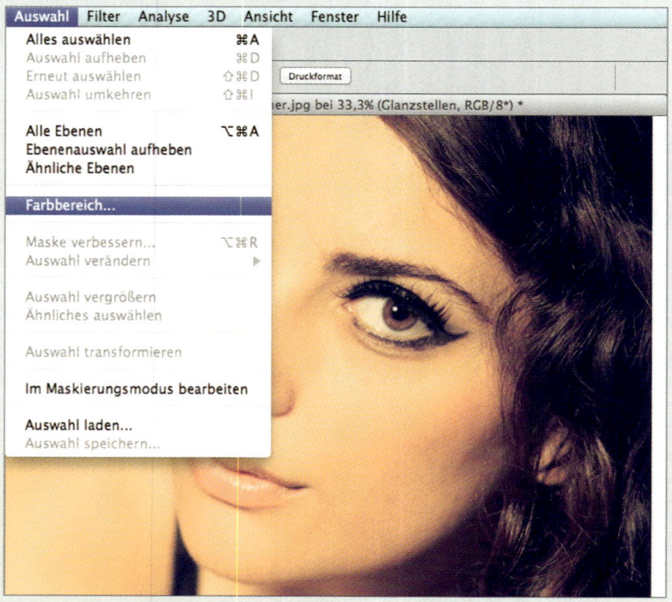


*Erzeugen einer Auswahlebene für den Farbbereich.*

Bei markierter Ebene *Glanzstellen* wählen Sie nun im Menü *Auswahl* die Funktion *Farbbereich*.

*Hautbereich für den Wetlook mit der Pipette auswählen.*

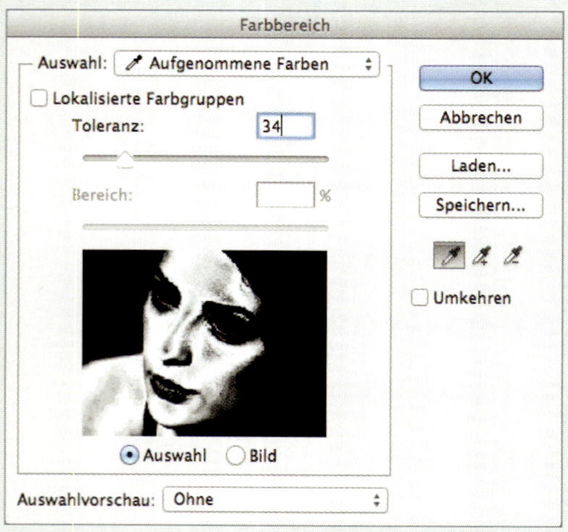


Im Dialogfeld *Farbbereich* wählen Sie die linke Pipette und klicken in den Bereich des Gesichts, dem Sie gern den Look verpassen möchten. Dann regulieren Sie den Regler *Toleranz* so, dass die gewünschten Hautbereiche grob ausgewählt sind. Bestätigen Sie anschließend mit *OK*.

## 2 Verbessern der Auswahlkante

Öffnen Sie nun über *Auswahl/Kante verbessern* den *Kante verbessern*-Dialog, alternativ auch über die Tastenkombination [Strg]+[Alt]+[R] (Win) bzw. [⌘]+[Alt]+[R] (Mac).

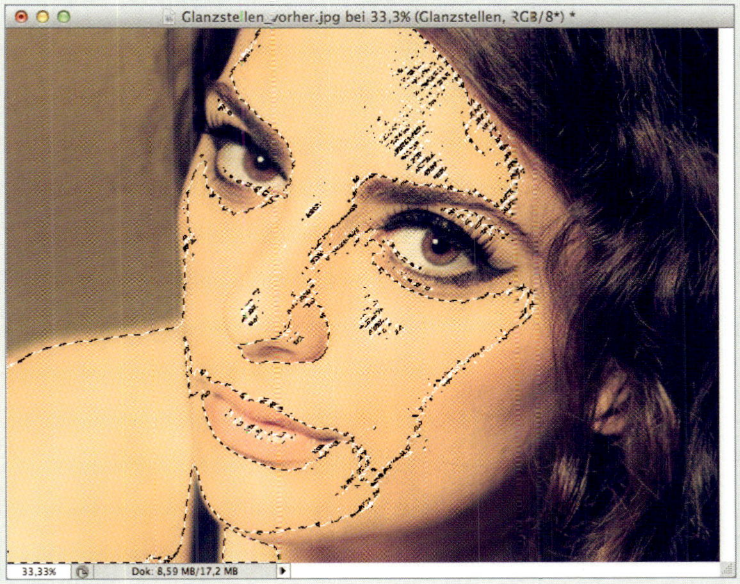


Im *Kante verbessern*-Dialog verändern Sie lediglich im Bereich *Kante anpassen* die *Weiche Kante* der Auswahl, und zwar so, dass die Auswahl nicht mehr so stark fleckig aus kleinen Teilen besteht, sondern aus einzelnen großen Flächen. Mit einem Wert von 22 *Pixel* ist man in diesem Beispiel auf der sicheren Seite. Die Werte aller anderen Einstellungen bleiben auf *0*.

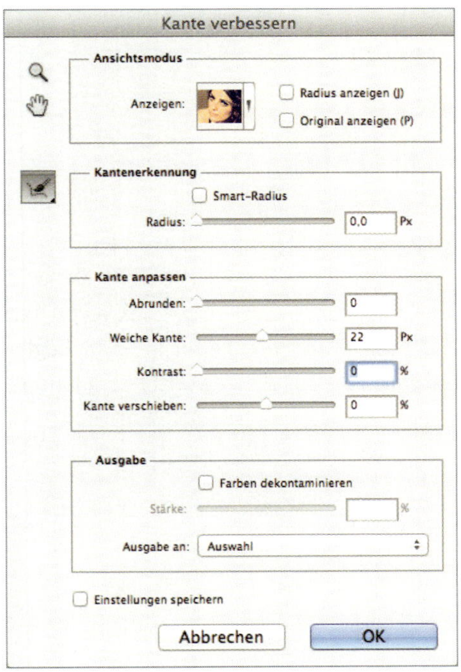

*Hier ist eine Weiche Kante von 22 Pixeln sinnvoll.*

### 3 Glanz erstellen

In diesem Schritt erzeugen Sie jetzt eine Einstellungsebene des Typs *Farbfläche* mit der Farbe Reinweiß. Achten Sie darauf, dass Ihre Auswahl bei der Erstellung der Ebene noch aktiv ist, damit die Auswahl direkt als Ebenenmaske angewendet wird. Stellen Sie die *Farbfläche*-Ebene dann auf die Füllmethode *Ineinanderkopieren* und reduzieren Sie die *Deckkraft* im *Ebenen*-Bedienfeld auf etwa *40%*.

*Grundlage für die Hautauffrischung ist eine Einstellungsebene des Typs Farbfläche mit verringerter Deckkraft.*

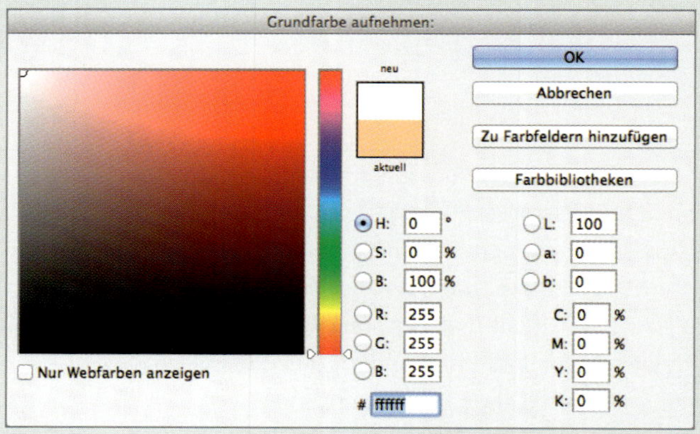

### 4 Ebenenmaske für die Feinarbeit

Um das Maximum aus dieser Ebene herauszuholen, müssen Sie die Ebene in eine Ebenengruppe packen. Dieser Gruppe heften Sie dann noch eine invertierte Ebenenmaske in Schwarz an.

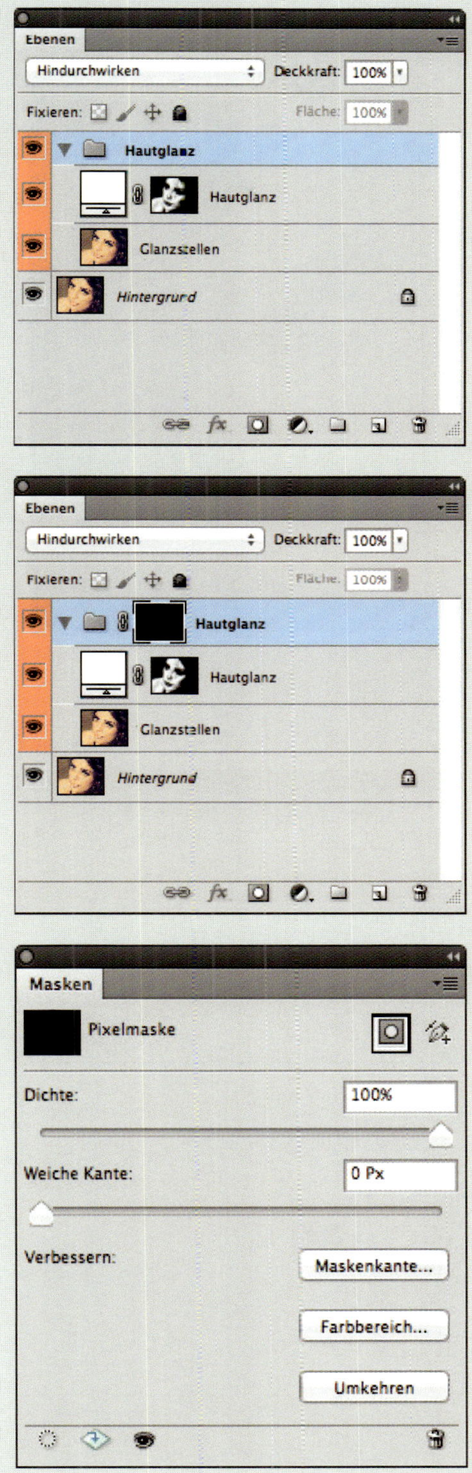


*Feinarbeiten werden über eine invertierte Ebenenmaske durchgeführt.*

## 5 Übermalen der Hautpartien

Dann wählen Sie mit der Taste [B] das *Pinselwerkzeug* aus und beginnen, mit einem großen Pinsel bei geringer Härte und einer *Deckkraft* von *30%* auf der Hautglanzebene wieder aktiv zu malen. Passen Sie aber auf, dass Sie es nicht übertreiben.

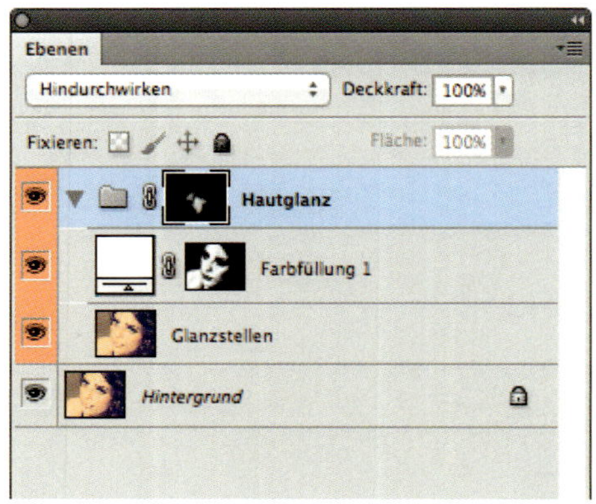


*Mit dem Pinselwerkzeug werden die Hautpartien behutsam übermalt.*

Sie können nun auch noch die Deckkraft der *Farbfläche*-Einstellungsebene etwas variieren, um den maximalen Nutzen aus der Ebene zu ziehen. Testen Sie es einfach aus – bedenken Sie aber, dass der Look nicht zu allen Fotos passt!

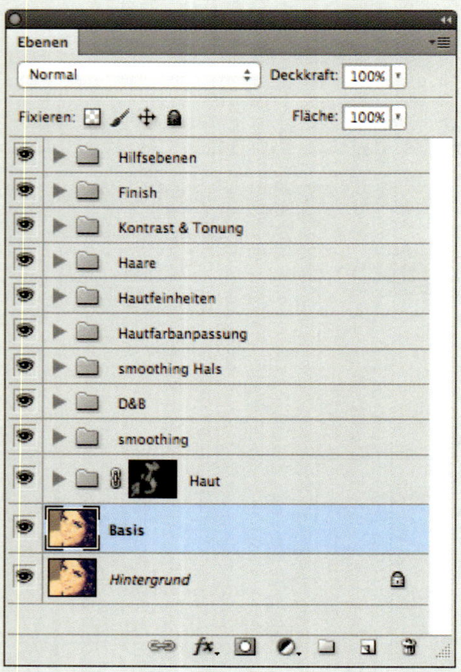


*Ordnung ist das halbe Leben – auch in Photoshop!*

**i**

### ORDNUNG IST DAS HALBE LEBEN

**Zum Abschluss der Porträtretuschen noch einmal der Hinweis: Halten Sie Ordnung im Ebenenstapel. Das ist für den reibungslosen und schnellen Workflow unverzichtbar.**

# 9

# APP-EFFEKTE, ANALOG- & FARBLOOKS

9

# App-Effekte, Analog- & Farblooks

*Hier ein kleiner Ausblick auf einen Farblook, den Sie gleich bauen werden.*

# 9 App-Effekte, Analog- & Farblooks

*Durch Apps für Handys, speziell Instagr.am und FX Camera, sind gewisse Analog- und Farblooks sehr in Mode gekommen. Darüber hinaus sorgt der momentane kleine Analog-Revival-Trend dafür, dass mehr und mehr Menschen sich wieder für etwas verwaschenere Farben, Korn und Überstrahlungen begeistern können – nicht zu vergessen natürlich auch die Lomografie.*

■ Es ist noch gar nicht allzu lange her, dass solche Dinge als technische Fehler angekreidet wurden und versucht wurde, diese zu eliminieren. Nun sind solche Effekte „in", deshalb schadet es auch nicht, sie herstellen zu können, um eventuellen Kundenwünschen zu entsprechen.

# Instagr.am-Looks

Instagr.am ist eine der beliebtesten Foto-Apps für das iPhone. Maßgeblich wurde durch Instagr.am ein Trend hin zur fehlerhaften Farbwiedergabe geschaffen. Apps auf Android-Smartphones, etwa FX Camera, taten es ihnen gleich. Inzwischen ist der Look auch in der breiten Fotografenmasse angekommen und teilweise beliebt, teilweise aber auch verhasst. Ob man die Farblooks mag, ist reine Geschmackssache. Für Interessierte zeige ich jetzt, wie man sie erstellt.

*Vergleich: Die linke Bildhälfte zeigt die Farbgebung des Ausgangsbilds, die rechte Bildhälfte zeigt sie nach dem Einsatz des Brannan-Looks.*

## Brannan: trübe Aussichten

### 1 Ready to rumble

Laden Sie vor der Aufzeichnung ein Bild, im Idealfall eine Stadtansicht oder eine Landschaft, da der Brannan-Look dort am besten zur Geltung kommt. Beginnen Sie mit dem bereits bekannten Start einer Aktion und geben Sie ihr den Namen *Instagram - Brannan.*

*Das Ausgangsbild ist flau und weist einen unübersehbaren Blaustich auf.*

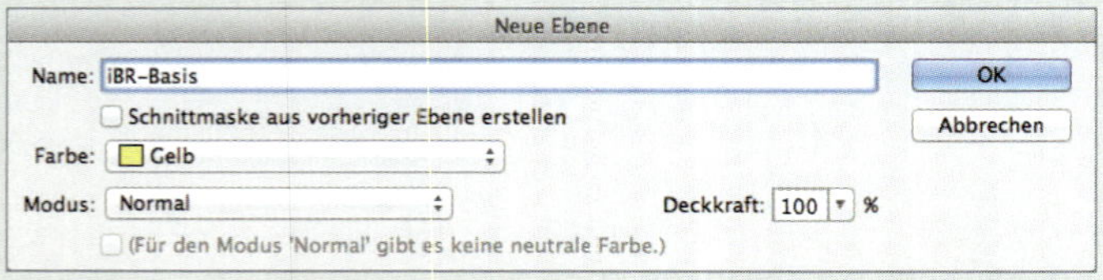


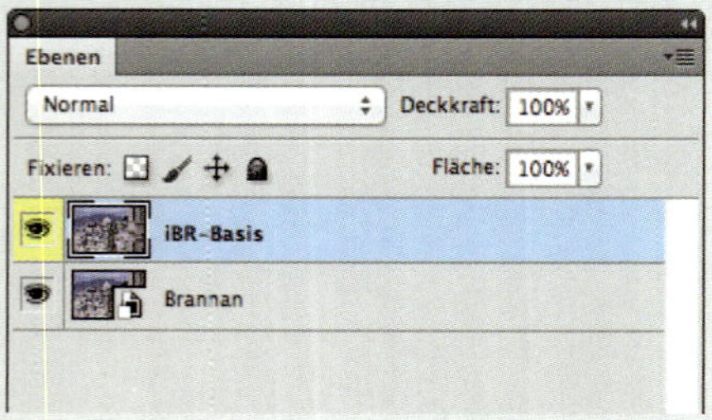


*Anlegen einer neuen Ebene als Aktionsbasis ...*

Dann erstellen Sie eine neue Ebene mit dem Namen *iBR-Basis* (steht für instagram BRannan-Basis) und geben der neuen Ebene als Erkennungsfarbe *Gelb*. Jetzt füllen Sie die noch transparente Ebene mit dem Inhalt der unteren Ebene. Am besten geht das mit der Tastenkombination [Strg]+[⇧]+[Alt]+[E] (Win) bzw. [⌘]+[⇧]+[Alt]+[E] (Mac).

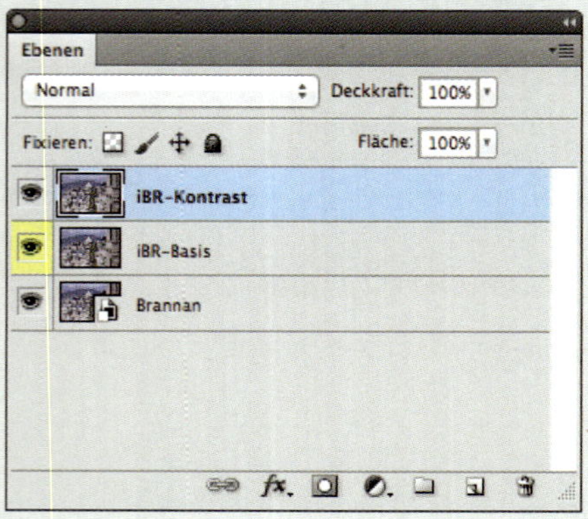


*... und einer weiteren Ebene für Kontrasteinstellungen.*

Wiederholen Sie dieses Prozedere für eine zweite Ebene. Diese nennen Sie *iBR-Kontrast*.

### 2 Ebenen vorbereiten

Markieren Sie die *iBR-Basis*-Ebene und legen Sie dann zum Entsättigen eine Einstellungsebene *Farbton/Sättigung* an. Stellen Sie bei der Einstellungsebene im Bedienfeld *Korrekturen* die *Sättigung* auf *-30*, *Farbton* und *Helligkeit* belassen Sie auf *0*. Nachdem die Einstellungsebene steht, erstellen Sie mit gedrückter [Alt]-Taste und Klick mit dem Mauszeiger zwischen beide Ebenen eine Schnittmaske.

Nun wählen Sie die Ebene *iBR-Kontrast* aus und stellen dort die Füllmethode auf *Ineinanderkopieren* um. Zudem senken Sie die *Deckkraft* auf *37%*.

Danach entsättigen Sie die Ebene mit dem Tastenkürzel [Strg]+[⇧]+[U] (Win) bzw. [⌘]+[⇧]+[U] (Mac).

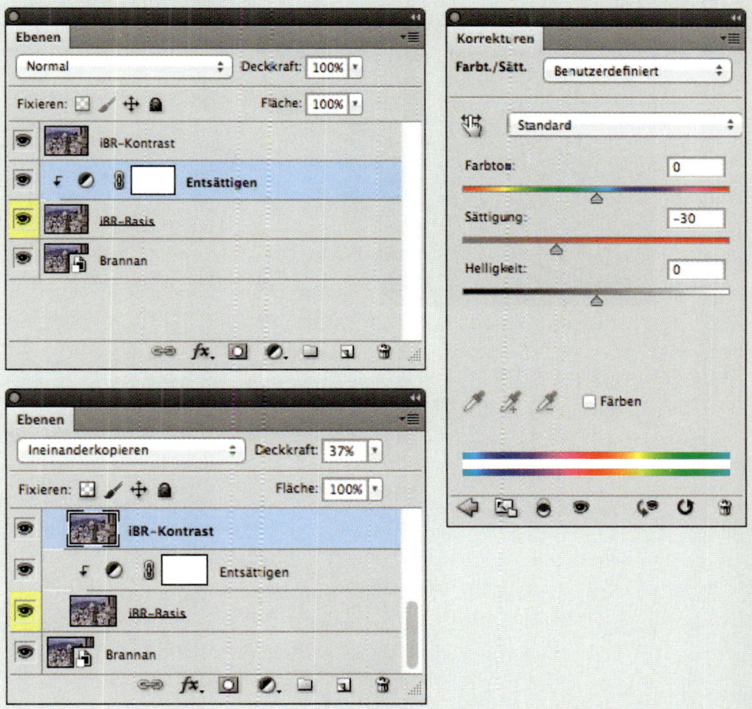


*Der Status quo im Ebenenstapel.*

### 3 Einstellungsebenen en masse

Über das Symbol *Neue Füll- oder Einstellungsebene erstellen* erstellen Sie eine weitere Einstellungsebene des Typs *Helligkeit/Kontrast*. Benennen Sie diese Ebene um in *iBR-Helligkeitsanpassung*, geben Sie für *Helligkeit* einen Wert von *-6* ein und erhöhen Sie den *Kontrast* auf *18*.

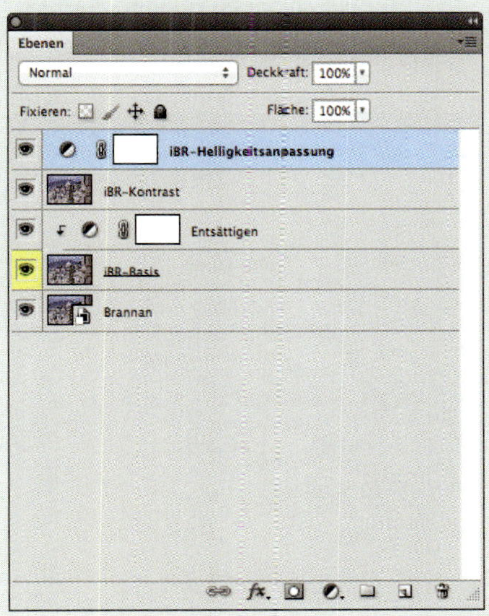


*Eine neue Einstellungsebene zur Anpassung der Helligkeit.*

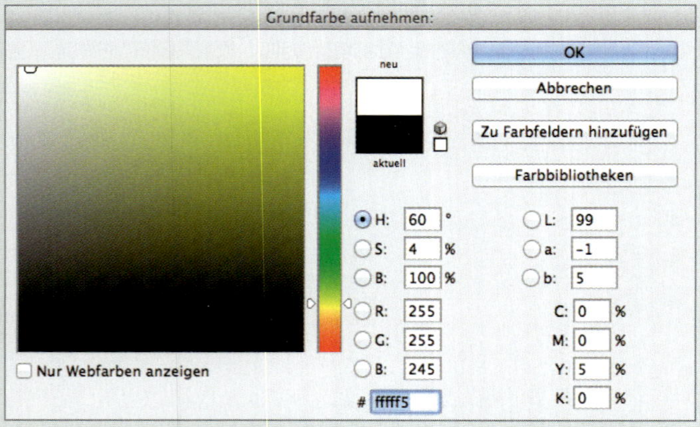


Über die Einstellungsebene *iBR-Helligkeitsanpassung* legen Sie jetzt noch eine weitere Einstellungsebene *Farbfläche* an, mit der Sie feine Anpassungen an der Grundfarbe vornehmen. Im Dialogfeld *Grundfarbe aufnehmen* legen Sie die RGB-Farbwerte *255, 255* und *245* fest. Alternativ können Sie für den Farbton auch den Farbcode *#fffff5* eingeben. Stellen Sie dann noch die Füllmethode der Ebene auf *Multiplizieren* um und nennen Sie die Ebene *iBR-Farbfeld*.

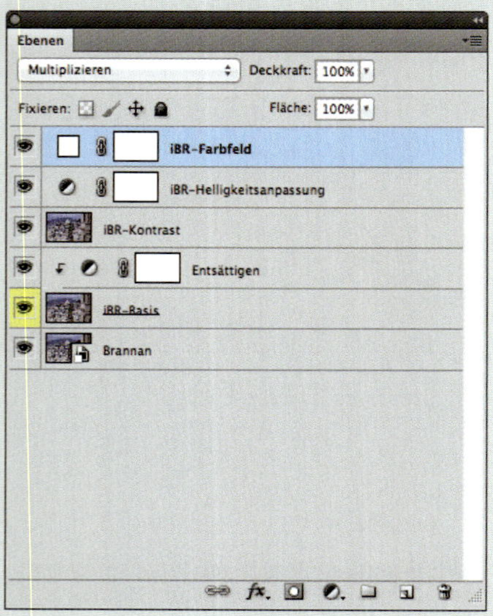


*Eine neue Einstellungsebene zur Anpassung der Grundfarbe.*

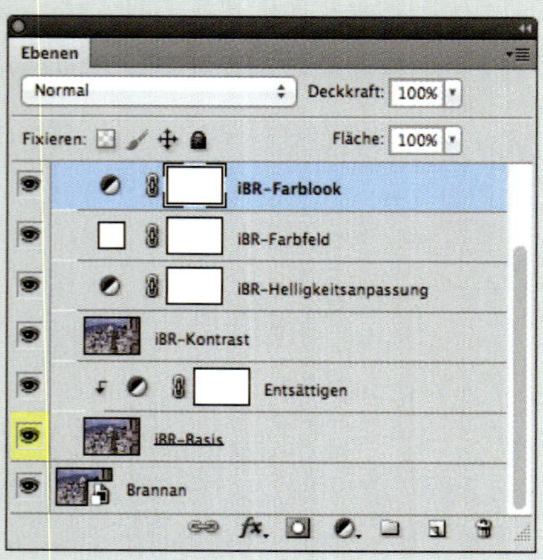


*Mit der Einstellungsebene* iBR-Farblook *sorgen Sie für den passenden Look.*

### 4 Farblook erschaffen

Zu guter Letzt erzeugen Sie über der Einstellungsebene *iBR-Farbfeld* noch eine weitere Einstellungsebene des Typs *Gradationskurve*, der Sie den Namen *iBR-Farblook* geben.

In der Gradationskurve, dargestellt im Bedienfeld *Korrekturen*, wählen Sie zunächst die undifferenzierte Ansicht, die alle *RGB*-Kanäle beinhaltet.

**RGB-Kanal**: Dort klicken Sie auf den Punkt unten links und wählen für *Ausgabe* den Wert *6* und für *Eingabe* den Wert *0*. Jetzt ist der Punkt oben rechts an der Reihe. Wählen Sie ihn aus und geben Sie den *Ausgabe*-Wert *255* und den *Eingabe*-Wert *240* ein. Mittig fügen Sie dann noch einen Punkt hinzu mit den Werten *127* für *Ausgabe* wie für *Eingabe*.

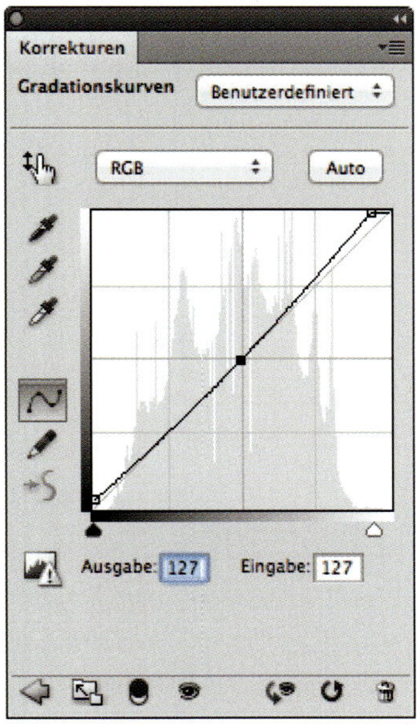


*So sollte die* RGB-*Kurve nun aussehen.*

**Rot-Kanal**: Jetzt gehen Sie in den Rot-Kanal und wählen auch dort den Punkt unten links aus. Stellen Sie für diesen Punkt die *Ausgabe* auf *38* und die *Eingabe* auf *12* ein. Dann fügen Sie mittig einen weiteren Punkt hinzu und setzen für diesen Punkt den *Ausgabe*-Wert *137* und den *Eingabe*-Wert *121*. Den Punkt oben rechts stellen Sie ebenfalls ein, setzen Sie den *Ausgabe*-Wert auf *255* und den *Eingabe*-Wert auf *248*.

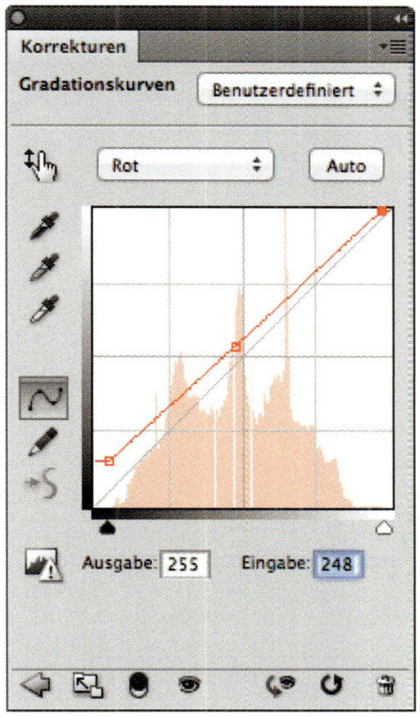


*Unten links:* Ausgabe 38, Eingabe 12,
*mittig (hinzufügen):* Ausgabe 137, Eingabe 121,
*oben rechts:* Ausgabe 255, Eingabe 248.

**Grün-Kanal**: Im Grün-Kanal gehen wir genau so vor wie zuvor beim Rot-Kanal.

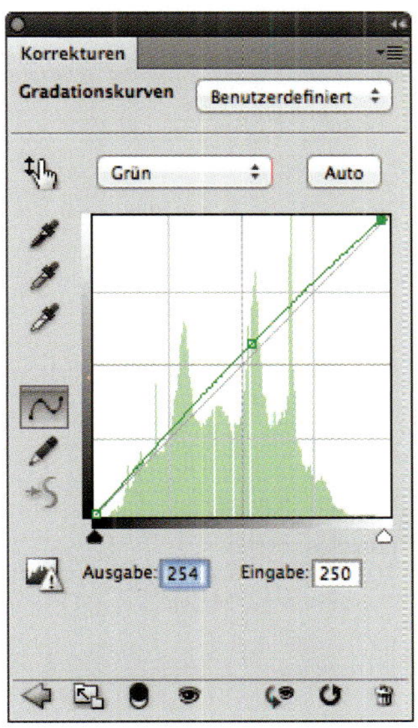


*Unten links:* Ausgabe 0, Eingabe 0,
*mittig (hinzufügen):* Ausgabe 147, Eingabe 137,
*oben rechts:* Ausgabe 254, Eingabe 250.

*Unten links:* Ausgabe 23, Eingabe 0,
*mittig (hinzufügen):* Ausgabe 121, Eingabe 118,
*oben rechts:* Ausgabe 255, Eingabe 249.

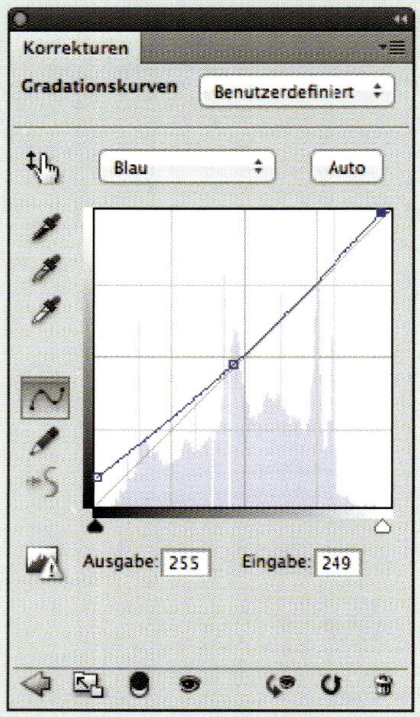


**Blau-Kanal**: Ebenso handhaben Sie den Blau-Kanal.

*Unten links:* Ausgabe 6, Eingabe 0,
*mittig (hinzufügen):* Ausgabe 127, Eingabe 127,
*oben rechts:* Ausgabe 255, Eingabe 240.

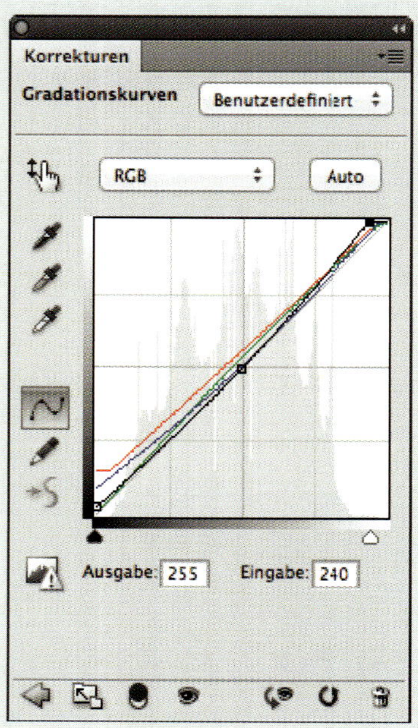


**RGB-Kanal**: Aktivieren Sie wieder den RGB-Kanal und prüfen Sie nochmals die Eingabewerte dieses Kanals. So sieht nun die fertige Gradationskurve aus, die den Großteil der Aktion ausmacht und somit das Herzstück ist.

## EXAKTER INSTAGR.AM-LOOK

**Wenn Sie den exakten Look der Instagr.am-Profile herstellen wollen, dürfen Sie die Werte keinesfalls verändern.**

### 5 Farbfeld, die zweite

Erstellen Sie jetzt über der *iBR-Farblook*-Ebene erneut eine Einstellungsebene *Farbfläche*, der Sie den Namen *iBR-Farbfeld2* geben, dieses Mal allerdings mit den Farbwerten *255*, *247* und *241* bzw. dem Farbcode *#fff7f1*. Dieses Farbfeld stellen Sie um auf die Füllmethode *Multiplizieren*, wie zuvor auch. Allerdings reduzieren Sie die *Deckkraft* auf *55%*.

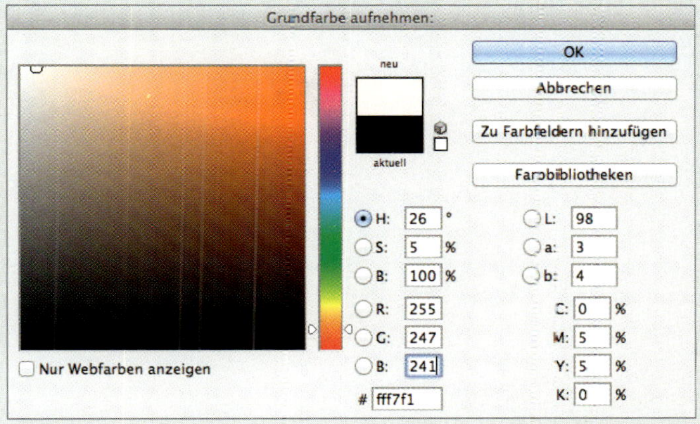

*Das zweite Farbfeld gibt dem Bild dann der letzten Hauch der warmen Tonung, die den Farblook so besonders macht.*

### 6 Aufräumen und beenden

Wie bereits bekannt, packen Sie jetzt noch alle Ebenen zu einer Gruppe zusammen, die Sie dann *iBR-AktionsGruppe* nennen. Darüber hinaus sollten Sie noch eine invertierte Ebenenmaske auf die Gruppe anwenden, sodass Sie sie dort, wo sie gebraucht wird, einarbeiten können.

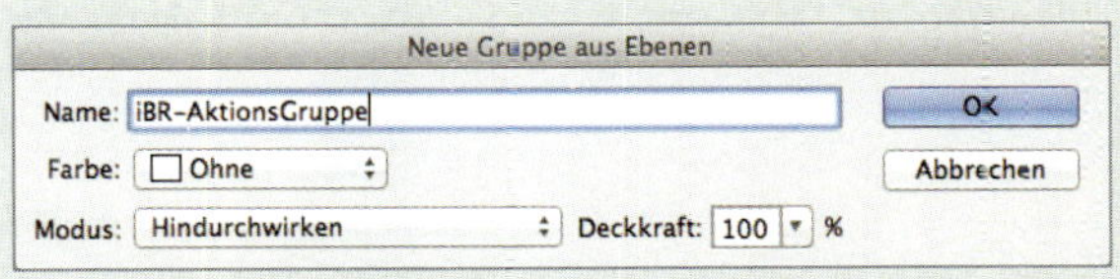


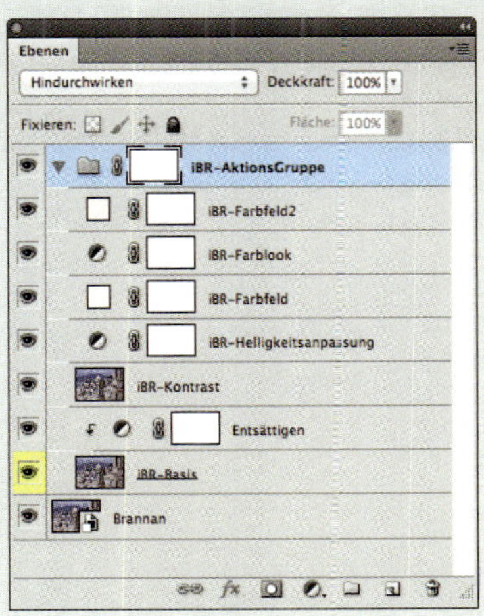


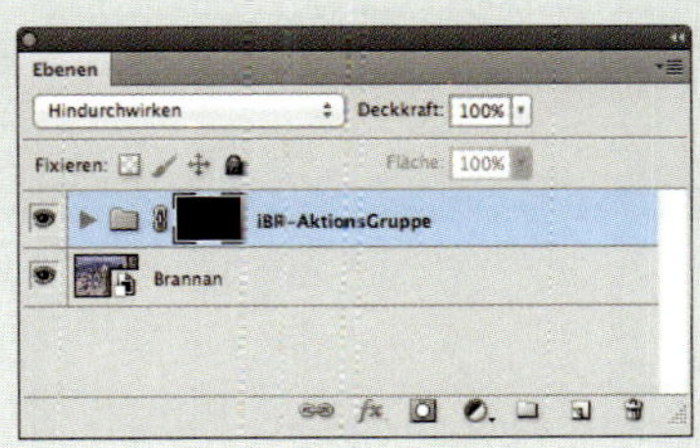


*Alle iBR-Ebenen werden zum Abschluss gruppiert und mit einer invertierten Ebenenmaske belegt.*

# Earlybird: Der frühe Vogel fängt den Wurm

*Earlybird, eine sehr schöne und schnelle Möglichkeit, Fotos aufzuwerten, die etwas langweilig und trostlos daherkommen. Die obere rechte Hälfte zeigt das Original, unten links das Ergebnis der Aktion.*

### 1 Ready for Take-off

Beginnen Sie mit dem bereits bekannten Start einer jeden Aktion. Laden Sie die zu bearbeitende Aufnahme und erstellen Sie eine neue Ebene mit dem Namen *iEB-AktionsBasis*. Auf die nun erstellte transparente Ebene werden alle momentan aktiven Ebenen mit dem bereits bekannten Tastenkürzel kopiert: `Strg`+`⇧`+`Alt`+`E` (Win) bzw. `⌘`+`⇧`+`Alt`+`E` (Mac).

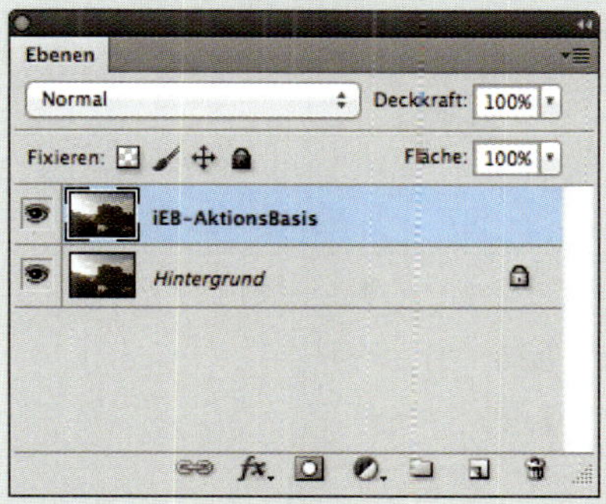


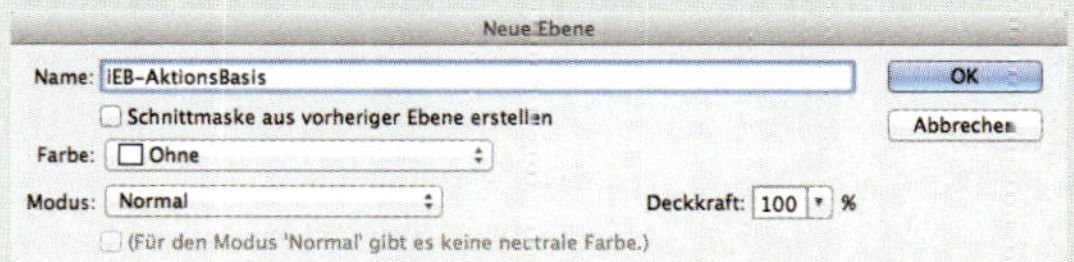


*Die Aktion beginnt mit der Ebene* iEB-AktionsBasis.

### 2 Wir brauchen Farbe!

Fügen Sie nun im ersten wirklichen Schritt in der Aktion eine Einstellungsebene *Farbton/Sättigung* hinzu. Im Bedienfeld *Korrekturen* stellen Sie die *Sättigung* auf *-49* und die *Helligkeit* auf *+1*.

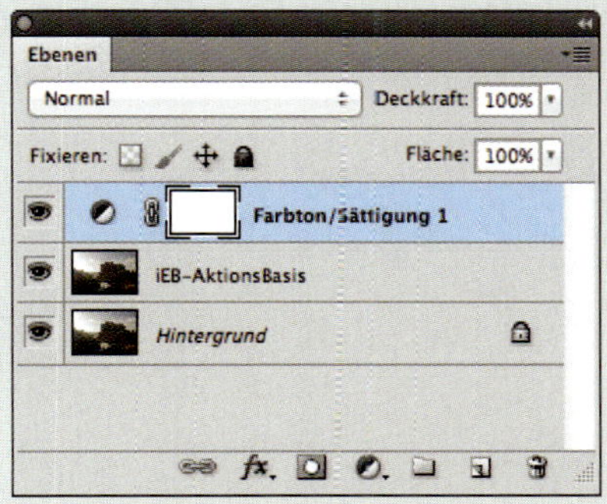


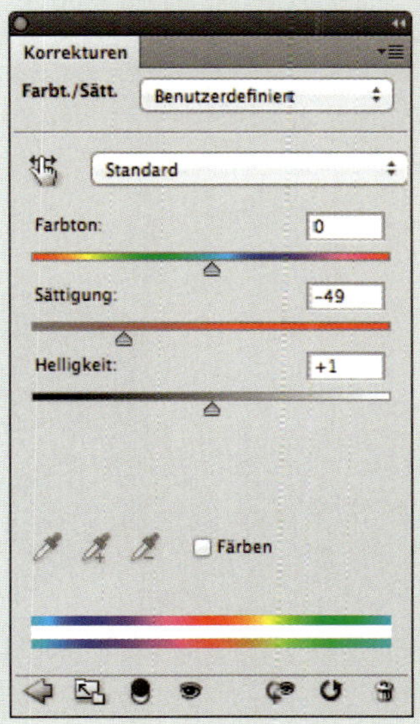


*Hinzufügen der Einstellungsebene* Farbton/Sättigung.

Anschließend fügen Sie noch eine Einstellungsebene *Helligkeit/Kontrast* hinzu, die Sie mit dem Helligkeitswert von *15* und dem Kontrastwert von *36* versehen.

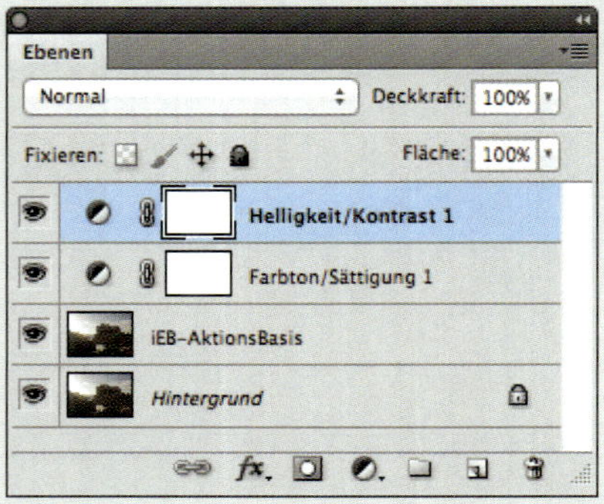


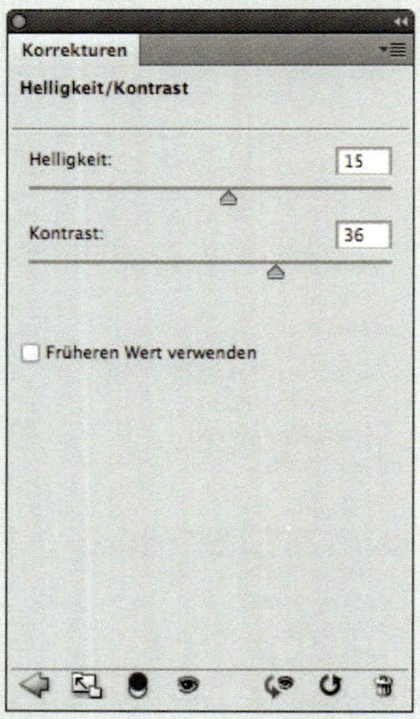


*Hinzufügen der Einstellungsebene* Helligkeit/Kontrast.

Geben Sie nun den Ebenen selbsterklärende Namen, wie etwa *iEB-Entsättigen* und *iEB-Helligkeit*, und legen Sie bereits jetzt die *iEB-AktionsGruppe* an.

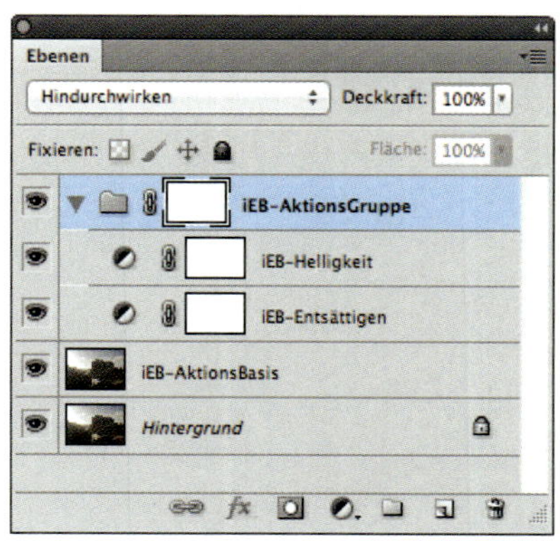

*Ihr Bild sollte nun recht flau und etwas überstrahlt aussehen.*

### 3 Farblook basteln

Jetzt geht es wieder an die Gradationskurve. Fügen Sie also zunächst eine Einstellungsebene *Gradationskurven* hinzu und benennen Sie sie gleich um in *iEB-Farbton*.

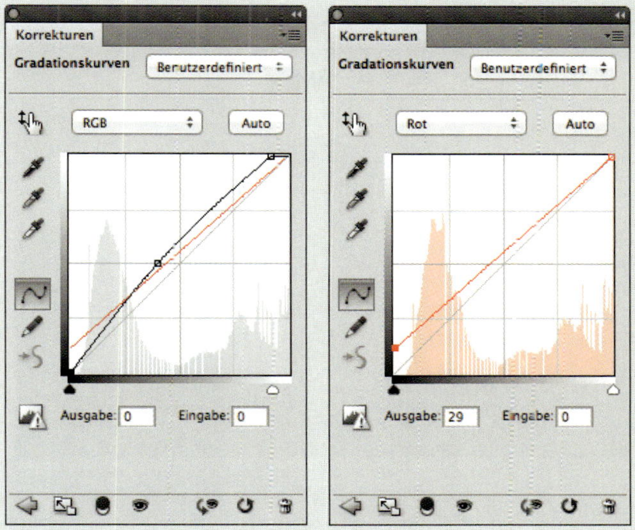


*Modifizieren der RGB- und der Rot-Kurve: Die Kurve sollte jetzt so aussehen. Die Werte müssen exakt eingetragen sein, ansonsten erhalten Sie nicht genau den Look, den Sie von Instagram kennen.*

Folgende Werte tragen Sie in den *Gradationskurven*-Dialog ein – keine Sorge, es sind nur drei:

**RGB-Kanal:**

- mittig (hinzufügen): Ausgabe *128*, Eingabe *102*
- oben rechts: Ausgabe *255*, Eingabe *235*

**Rot-Kanal:**

- unten links: Ausgabe *29*, Eingabe *0*

Jetzt gilt es noch, die Farbstimmung zu vervollständigen. Fügen Sie zu diesem Zweck eine Einstellungsebene *Farbfläche* hinzu. Definieren Sie für die *Farbfläche* den Farbcode *#fcf3d6* – in *RGB* sind es die Werte *252*, *243* und *214*. Dann stellen Sie die Ebene auf die Füllmethode *Multiplizieren* und benennen sie noch in *iEB-Farbstimmung* um.

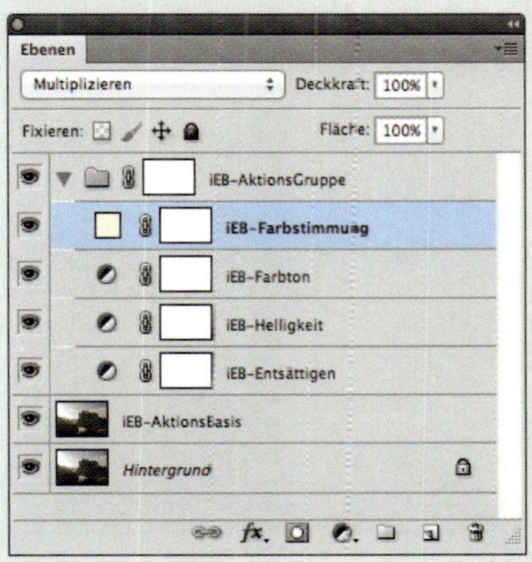


*Hinzufügen einer neuen Einstellungsebene des Typs* Farbfläche.

## 4 Vignette bauen

Wichtig für diesen Look ist auch eine starke Vignette, wie man sie von nicht abgeblendeten und minderwertigen Objektiven kennt - quasi Helligkeitsverluste in den Ecken. Dies kann man in Photoshop recht einfach, aber effektiv nachstellen.

Jetzt gilt es, sehr sauber die Befehlsfolge abzuarbeiten, ansonsten kommt etwas völlig Falsches dabei heraus.

Wählen Sie zuerst das gesamte Bild aus, sodass sich die Auswahl über das ganze Bild erstreckt. Die Auswahl erzeugen Sie mit dem Tastenkürzel `Strg`+`A` (Win) bzw. `⌘`+`A` (Mac).

*Auswahlrahmen um das gesamte Bild.*

Jetzt transformieren Sie Auswahl mit *Auswahl/Auswahl transformieren.* Das Transformieren funktioniert anhand von Prozentwerten - geben Sie oben also jeweils für *Höhe* und *Breite* einen Wert von *90%* ein.

*Transformieren des Auswahlrahmens.*

Nun müssen Sie die transformierte Auswahl noch bestätigen. Dies tun Sie über das Häkchen ganz rechts außen in der Optionsleiste zum *Auswahlwerkzeug.*

*Etwas versteckt, aber trotzdem da - mit dem Häkchen rechts wenden Sie die Transformation an.*

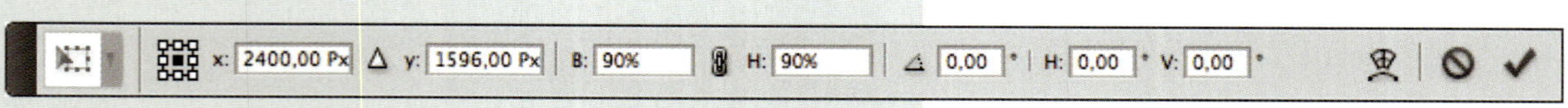

Gehen Sie nun über *Auswahl/Kante verbessern* oder via Tastenkürzel Strg + Alt + R (Win) bzw. ⌘ + Alt + R (Mac) in den *Kante verbessern*-Dialog.
Dort wählen Sie eine *Weiche Kante* mit einem Wert von *250%* und einen *Kante verschieben*-Wert von *+20%*. Dadurch wird die Auswahl bis an die Kanten gedruckt und erhält einen weichen Verlauf. Den Dialog bestätigen Sie mit *OK*. Stellen Sie aber sicher, dass Sie unten bei *Ausgabe an/* auch die Option *Auswahl* und nichts anderes gewählt haben.

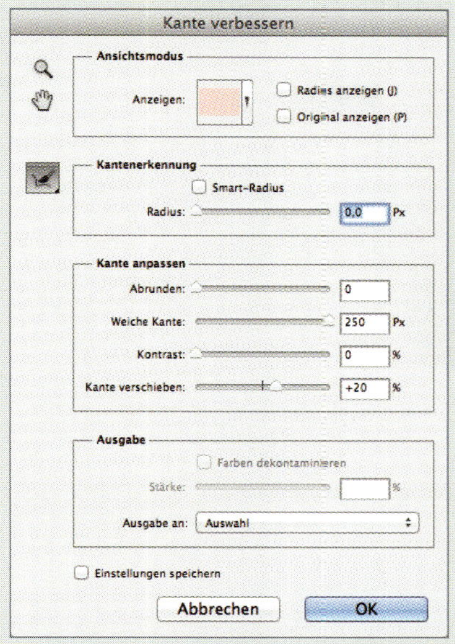


*Weichmachen der Auswahlkante und leichtes Verschieben – fast fertig.*

Kehren Sie jetzt noch die Auswahl um, indem Sie das Tastaturkürzel Strg + ⇧ + I (Win) bzw. ⌘ + ⇧ + I (Mac) verwenden, alternativ auch über das Menü *Auswahl/Auswahl umkehren*.

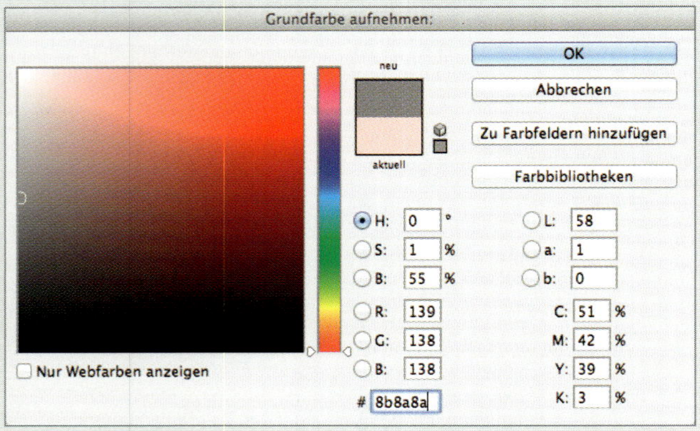


Jetzt erstellen Sie eine weitere Einstellungsebene *Farbfläche* und geben den Farbcode *#8b8a8a* ein. Die *RGB*-Werte lauten *139, 138* und *138*. Benennen Sie die Ebene dann in *iEB-Vignette* um und ändern Sie die Füllmethode auf *Farbig nachbelichten*.

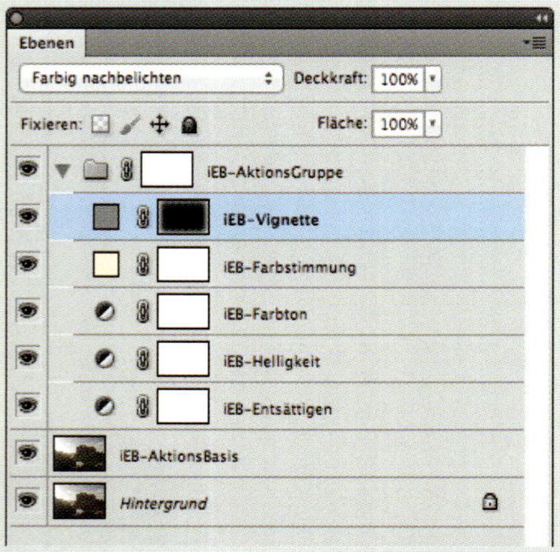

*Die Auswahl hat sich nun direkt als Ebenenmaske auf die Farbfläche angewendet und somit eine perfekte Vignette gebildet.*

## WENN ES ANALOG WERDEN SOLL

**Soll ein Bild einem analog aufgenommenen Bild zumindest ähneln, müssen Sie abseits von Farben, Kontrasten, Korn und Schärfe vor allem auf eines achten – das Format. Besonders bekannt ist inzwischen das 6-x-6-Format, das Hasselblad früher in seinen Mittelformatkameras verwendete. Es ist quadratisch und hat somit eine Ratio von 1:1. Instagr.am etwa bietet generell nur quadratische Aufnahmen, das hat einen gewissen Charme, birgt aber auch Schwierigkeiten bei der Positionierung des Motivs. Achten Sie also neben den oben genannten Parametern für das „Analogmachen" von Fotos auch auf das Format, das Sie verwenden. Die meisten können mit dem Quadrat am ehesten noch eine analoge Herkunft assoziieren. Wirkliche Profis erkennen auch noch andere Seitenverhältnisse, wie etwa die eines 10-x-8-Inch-Rückteils etc. Probieren Sie einfach mal verschiedene Seitenverhältnisse aus, im Bestfall solche, die tatsächlich existieren oder existiert haben.**

## 5 Alle in Gruppen aufstellen

Falls noch nicht geschehen, fassen Sie zum Abschluss noch alle Ebenen zu einer Gruppe zusammen. Möchten Sie es ganz chic machen, fügen Sie eine invertierte Ebenenmaske hinzu und benennen die Gruppe um in *iEB-AktionsGruppe*.

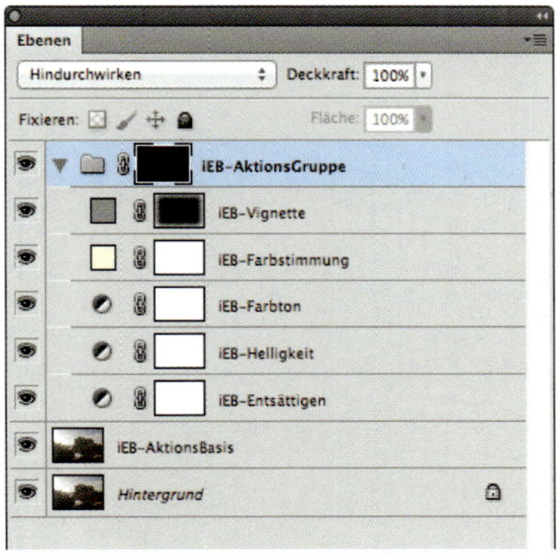


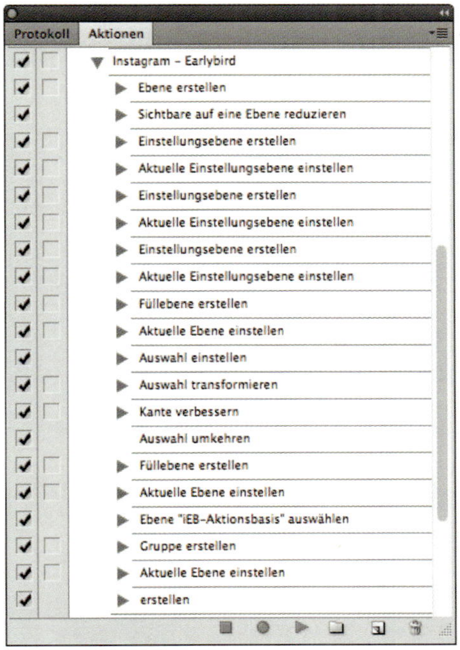


*Der komplette Ebenenstapel und der Befehlsablauf im* Aktionen-*Bedienfeld.*

# Nashville! – Livin' in the USA

Hier der Vergleich: links das Original und rechts das Ergebnis der Aktion. Besonders geeignet sind Motive mit ausgeprägtem Tiefenanteil, da dort das Blau vor allem zum Vorschein kommt und mit dem warmen Farbton dann konkurriert.

### 1 Auf geht's!

Laden Sie das zu bearbeitende Bild. Sie starten die Aktion, wie Sie es gewohnt sind, und nennen sie *Instagram - Nashville*. Das dreiteilige Kürzel vor einer jeden Ebene benennen Sie in dieser Aktion stets mit *iNV*, was so viel heißt wie instagram NashVille - nur eben abgekürzt.

*Diese Landschaftsaufnahme im Hochformat wird mit der* iNV - Nashville-*Aktion bearbeitet.*

Weiter geht es mit der Erstellung einer neuen Ebene, die den Namen *iNV-AktionsBasis* trägt. Nutzen Sie dazu das Tastenkürzel Strg + ⇧ + N (Win) bzw. Strg + ⇧ + N (Mac).

Die neue, noch transparente Ebene wird jetzt mit dem Inhalt der Hintergrundebene gefüllt. Nutzen Sie auch hier wieder die Tastenkombination Strg + ⇧ + Alt + E (Win) bzw. ⌘ + ⇧ + Alt + E (Mac).

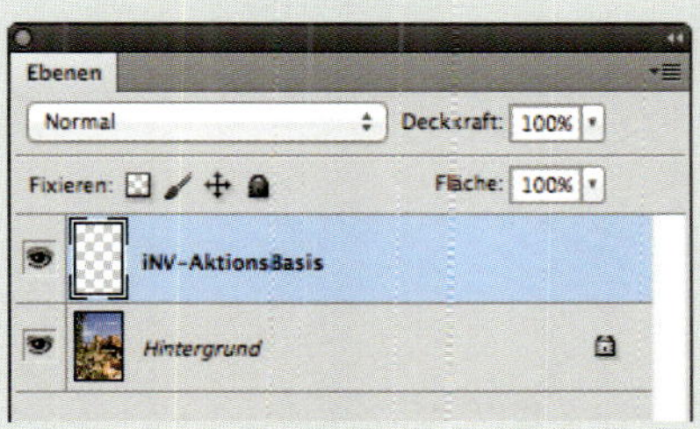


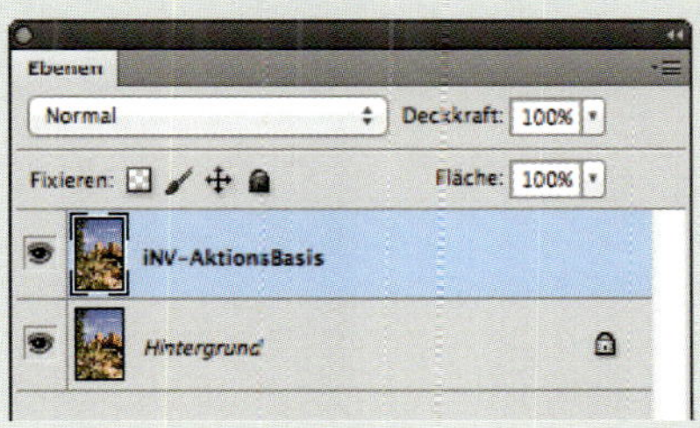


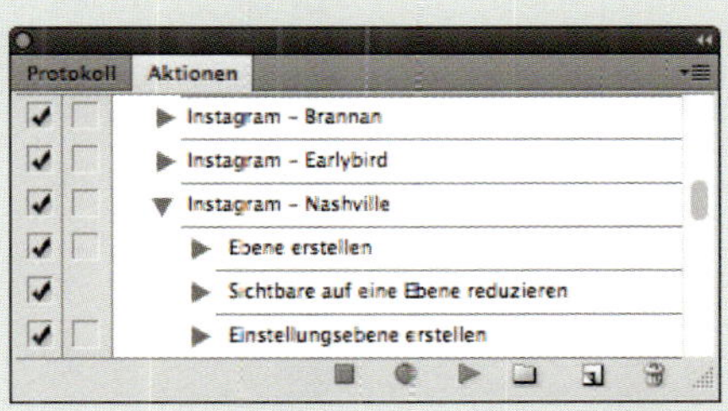


*Erstellen der* iNV-AktionsBasis-*Ebene und ein Blick in das* Aktionen-*Bedienfeld.*

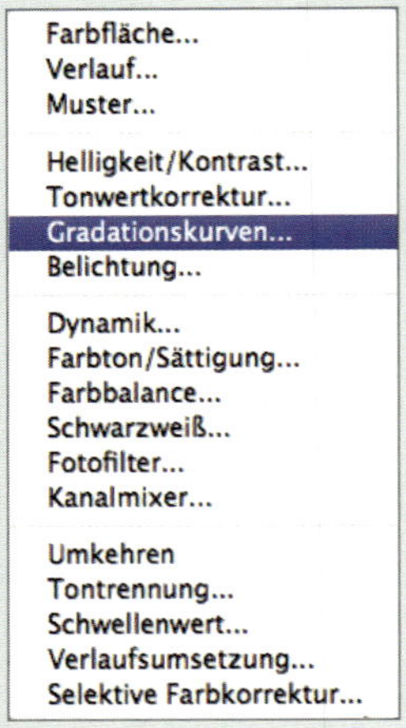


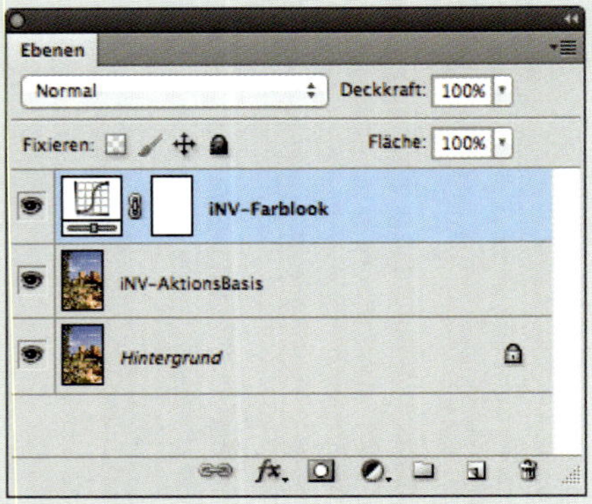


*Hinzufügen der Einstellungsebene* Gradationskurven.

## 2 Heiße Kurven

Legen Sie jetzt über die Ebene *iNV-Aktions-Basis* eine neue Einstellungsebene des Typs *Gradationskurven* und benennen Sie die Ebene direkt in *iNV-Farblook* um. Stellen Sie dann die *Gradationskurven* im Bedienfeld *Korrekturen* mit den folgenden Werten ein.

In den verschiedenen Farbkanälen sieht das Ganze dann für die einzelnen Knotenpunkte wie folgt aus:

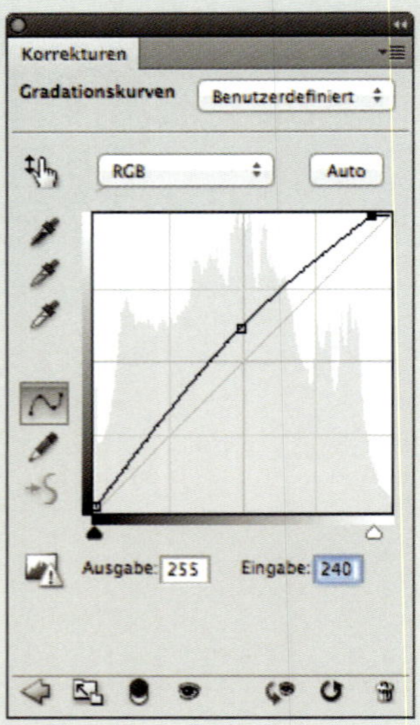


**RGB-Kanal**:
*Unten links:*
Ausgabe 3, Eingabe 0,
*mittig (hinzufügen):*
Ausgabe 157,
Eingabe 126,
*oben rechts:*
Ausgabe 255,
Eingabe 240.

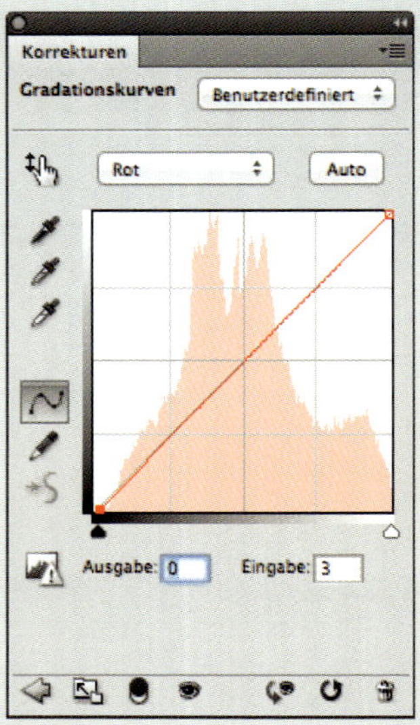


**Rot-Kanal:**
*Unten links:* Ausgabe 0,
Eingabe 3.

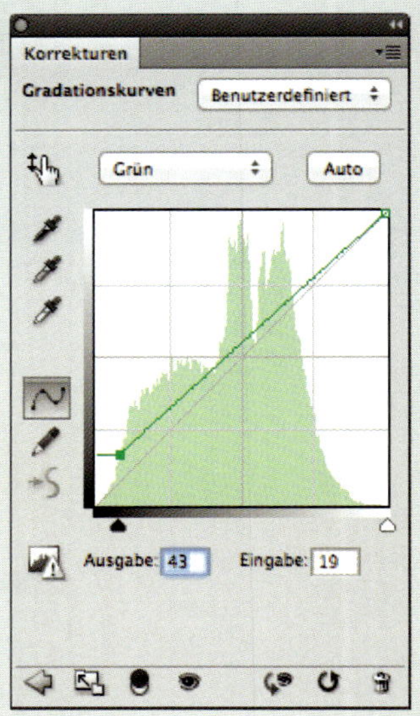


**Grün-Kanal:**
*Unten links:* Ausgabe 43,
Eingabe 19.

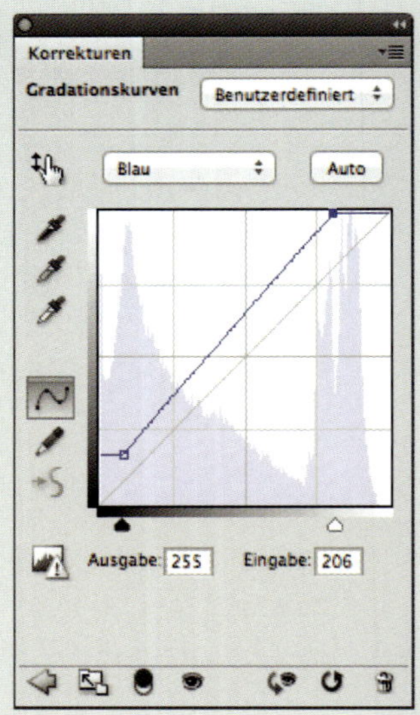


**Blau-Kanal:**
*Unten links:* Ausgabe 135,
Eingabe 87,
*oben rechts:* Ausgabe 255,
Eingabe 206.

### 3 Kleinvieh macht auch Mist

Drei kleine Dinge müssen jetzt noch erledigt werden:

Als Erstes platzieren Sie direkt über der Gradationskurve eine neue Einstellungsebene *Helligkeit/Kontrast*. Dieser Einstellungsebene geben Sie den Namen *iNV-Helligkeit*. Für die *Helligkeit* stellen Sie einen Wert von *11* ein, für den *Kontrast* einen Wert von *37*.

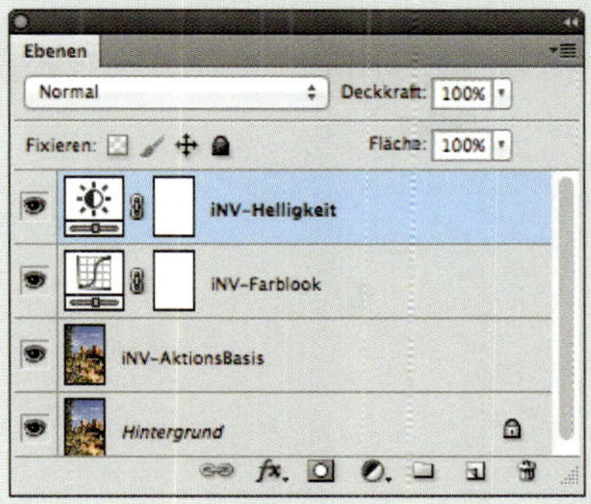


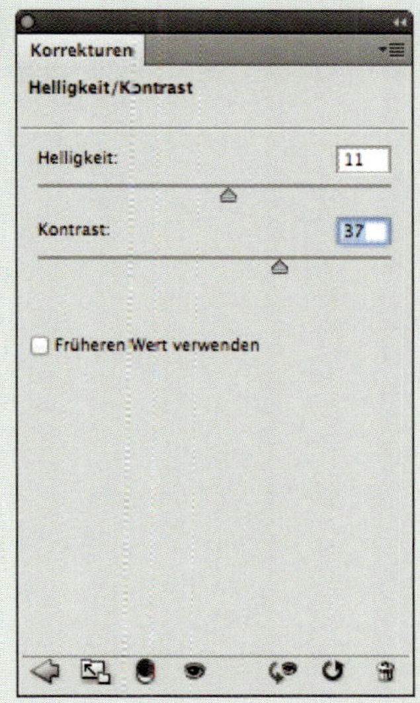


*Hinzufügen der Einstellungsebene* iNV-Helligkeit.

Das Nächste, was Sie noch tun müssen, ist die Erzeugung einer *Farbfläche*-Einstellungsebene. Der Farbcode, den Sie verwenden, lautet *#f7daae*. Oder Sie tragen die *RGB*-Farbwerte *247*, *218* und *174* ein. Danach ändern Sie die Füllmethode dieser Ebene in *Multiplizieren*. Geben Sie der Ebene den Namen *iNV-Farbton*.

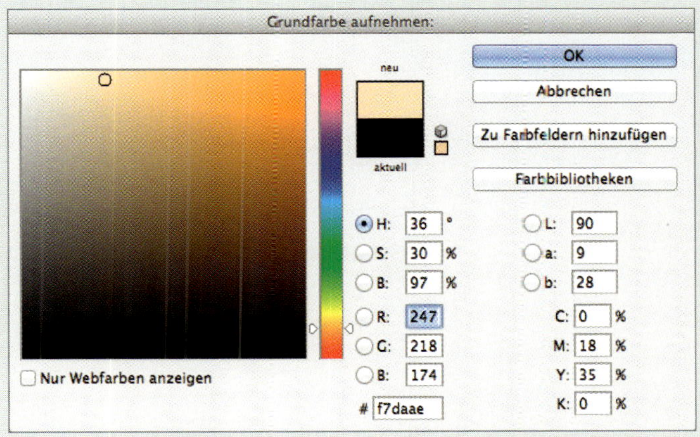

*Hinzufügen der Einstellungsebene* iNV-Farbton.

Zu guter Letzt fügen Sie die vier Ebenen dann zu einer neuen Gruppe zusammen, die Sie *iNV-AktionsGruppe* nennen. Abschließend fügen Sie noch eine invertierte, also schwarze Ebenenmaske hinzu – fertig! Es ist wichtig, dass die Ebene *iNV-Farbton* in der Gruppe an oberster Stelle positioniert ist, da sonst die Tiefen nicht mit dem Farbton multipliziert werden – was der entscheidende Faktor für diesen Look ist.

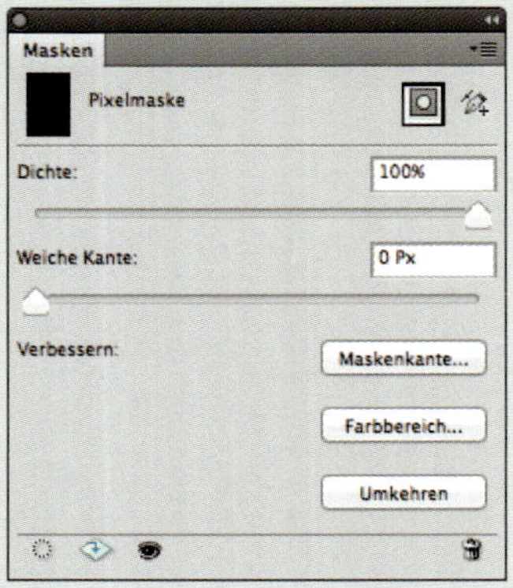


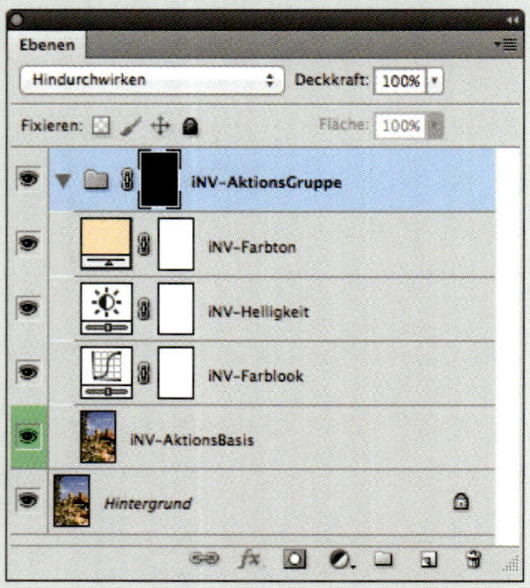


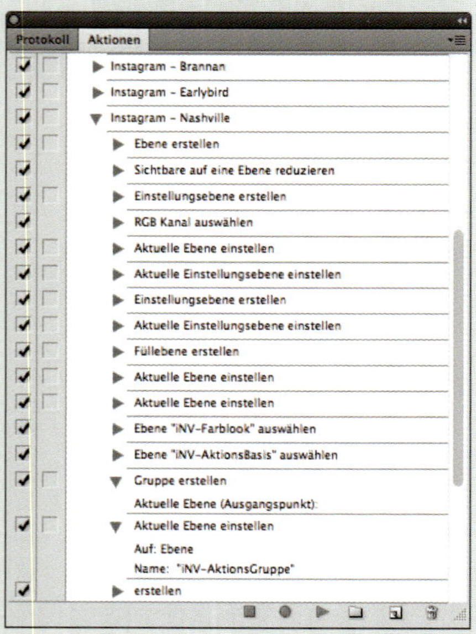


*Die mit einer invertierten Ebenenmaske belegte* iNV-AktionsGruppe *und ein Blick auf die Befehlsabfolge der Aktion* Instagram – Nashville.

*Rechts ein weiteres Beispiel für die Nashville-Aktion aus dem Genre Porträtfotografie, allerdings mit leicht reduzierter* Deckkraft *der finalen Gruppe.*

# Lomo-fi: letzte Runde Instagr.am

Der Name Lomo stammt von der St. Petersburger Firma Lomo, die seinerzeit die erste Lomo-Kamera baute. Diese Kameras waren sehr einfach konzipiert und somit extrem fehleranfällig. Darüber hinaus boten die Kameras nur minderwertige Ergebnisse an, die aber einen eigenen Charme besaßen. Heute ist Lomografie ein Trend geworden.

*Unten links der deaktivierte Teil zum Vergleich. Der Lomo-Effekt ist nicht jedermanns Sache und auch nicht auf jedem Foto sinnvoll anwendbar. Testen Sie es einfach aus und schauen Sie, ob es Ihnen gefällt.*

Die Fehlfarben und die Überstrahlungen einer Lomo-Aufnahme, die häufig und oft unkontrolliert beim Belichten des Films auftreten, ergeben bei jedem Schnappschuss einen besonderen Charakter – der maßgebliche Grund dafür, dass dieser Stil momentan sehr gefragt ist, auch wenn die Lomo-Welle inzwischen langsam wieder abebbt.

*Diese Landschaftsaufnahme im Querformat wird mit der* iLF – Lomo-Fi-*Aktion bearbeitet.*

### 1 Kompakter Aktionsstart

Starten Sie die Aufzeichnung dieser neuen Aktion mit dem Namen *Instagram – Lomo-Fi*. Alle Ebenen und später auch die Gruppe benennen Sie mit dem Kürzel *iLF*.

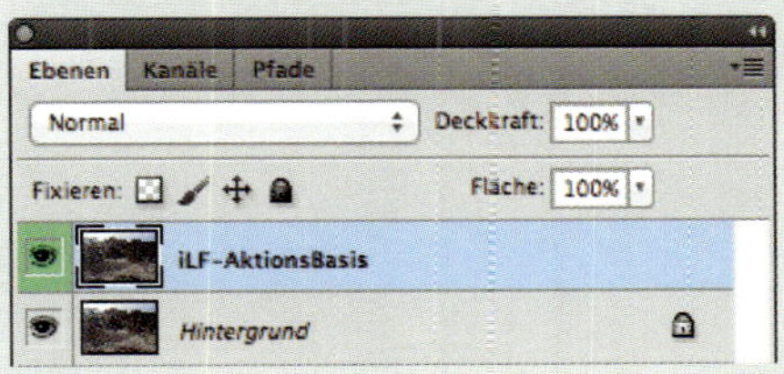


*Anlegen der* iLF-Aktions-Basis-*Ebene.*

Erstellen Sie nun nach dem bekannten Verfahren eine neue Aktionsbasisebene mit dem Namen *iLF-AktionsBasis*. Geben Sie der Ebene die Farbe *Grün* und füllen Sie dann die transparente Ebene mit dem Motiv der Hintergrundebene.

### 2 Der Dreh an Lichtern und Kontrasten

Um nun den beliebten Lomo-Look zu kreieren, müssen Sie erst mal kräftig an den Lichtern und den Kontrasten schrauben. Fügen Sie dazu eine Einstellungsebene *Helligkeit/Kontrast* hinzu und stellen Sie die Helligkeit auf den Wert *50* und den *Kontrast* auf *56*. Dadurch schaffen Sie schon etwas Überstrahlung und deutlich zu starke Kontraste. Der Einstellungsebene verpassen Sie den Namen *iLF-Überstrahlung*.

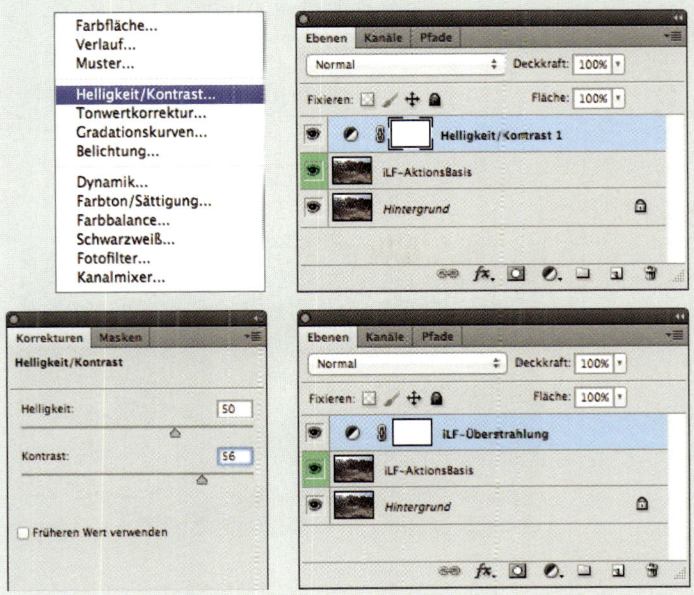


*Mit der Einstellungsebene* iLF-Überstrahlung *wird kräftig an den Lichtern und Kontrasten geschraubt.*

Hinzufügen der Einstellungsebene iLF-Kontrast.

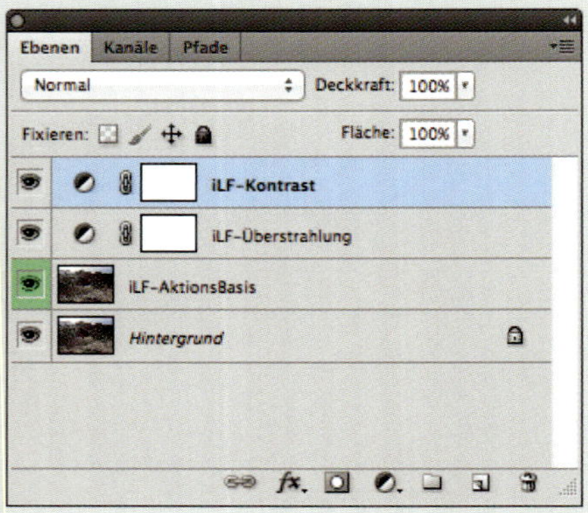


## 3 Kurviger Kurs

Da dieser Kontrast allerdings noch nicht ausreicht, um an die sehr harschen Differenzen der Farben bei einer Aufnahme heranzukommen, müssen Sie in einer Gradationskurve eine starke S-Kurve erstellen, die den Kontrast ebenfalls erhöht. Erstellen Sie daher eine weitere Einstellungsebene des Typs *Gradationskurven*. Der Ebene geben Sie den Namen *iLF-Kontrast*.

*Die so entstandene S-Kurve senkt die Tiefen ab und hellt die Lichter auf – dadurch wird der Kontrast noch stärker.*

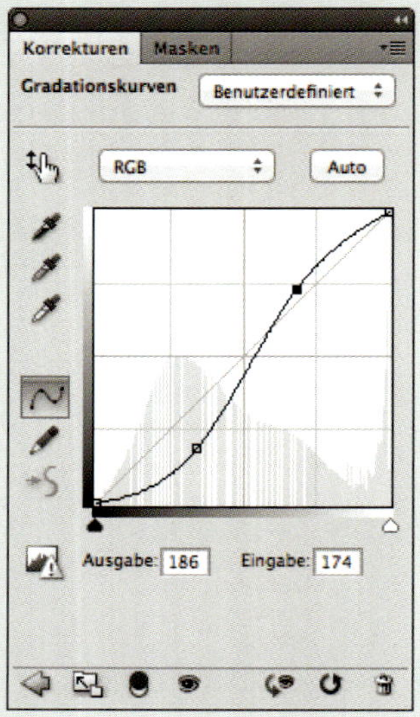


Im Bedienfeld *Korrekturen* tragen Sie dann im unseparierten RGB-Kanal die folgende Werte ein: mittig (hinzufügen): *Ausgabe 47*, *Eingabe 87* und einen weiteren Punkt mittig (hinzufügen): *Ausgabe 186*, *Eingabe 174*.

*Erstellen und Transformieren einer rechteckigen Auswahl.*

## 4 Eine Vignette erledigt den Rest

Da die Lomo-Kameras meist nur sehr einfache Linsensysteme hatten, oft sogar nur ein einziges, ergaben sich deutlichen Randabschattungen – Vignette genannt. Diese Vignette macht einen Großteil des Looks aus. Um die Vignette zu erstellen, müssen Sie eine Auswahl des gesamten Bilds erzeugen, was mit dem Tastenkürzel [Strg]+[A] (Win) bzw. [⌘]+[A] (Mac) schnell erledigt ist.

Diese Auswahl transformieren Sie dann über das Menü *Auswahl/Auswahl transformieren*. In der Optionsleiste zur Funktion stellen Sie für die x- und die y-Achse jeweils einen Wert von *80%* ein und bestätigen die Transformation durch einen Klick auf das Häkchen ganz rechts in der Optionsleiste.

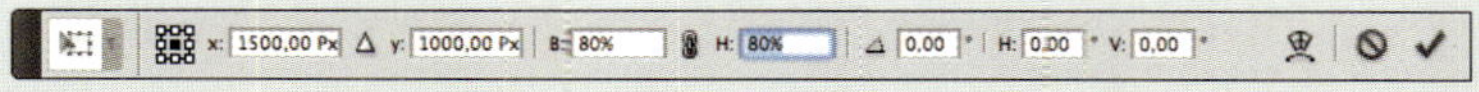

Anschließend öffnen Sie über das Menü *Auswahl/Kante verbessern* den *Kante verbessern*-Dialog. Hier stellen Sie eine *Weiche Kante* von *125 Px* ein, einen *Kontrast* von *25 %*, und den Regler *Kante verschieben* setzen Sie auf *+20 %*. Sobald das alles erledigt ist, bestätigen Sie die Einstellungen mit *OK*.

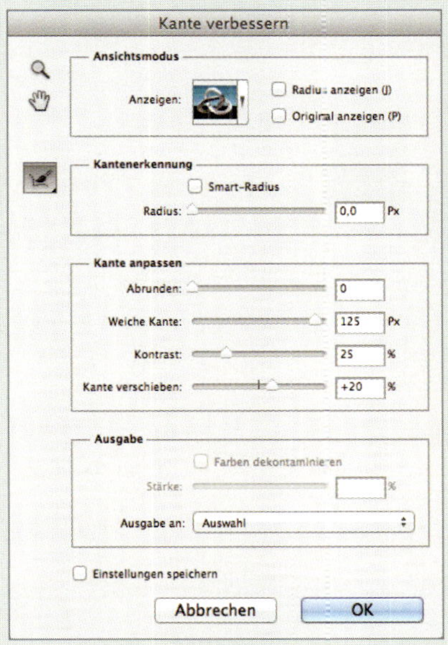


*Feintuning der Auswahlkante.*

Die gerade verbesserte Auswahl invertieren Sie nun über die Tastenkombination [Strg]+[⇧]+[I] (Win) bzw. [⌘]+[⇧]+[I] (Mac).

Alternativ dazu können Sie den Befehl auch über *Auswahl/Auswahl umkehren* aufrufen.

*Der Bereich für die Vignette entsteht durch das Invertieren der Auswahl.*

## 5 Vervollständigen der Vignette

Damit die Vignette auch funktioniert, müssen wir dieser Auswahl dann noch eine passende Farbfläche zuordnen. Erstellen Sie dazu eine neue Einstellungsebene des Typs *Farbfläche*.

Die Farbe, die Sie verwenden, hat im *RGB*-System die Werte *102, 101, 100*. Der direkte Farbcode ist *#666564*. Benennen Sie die erstellte Ebene um in *iFL-Vignette* und legen Sie als neue Füllmethode *Lineares Licht* fest.

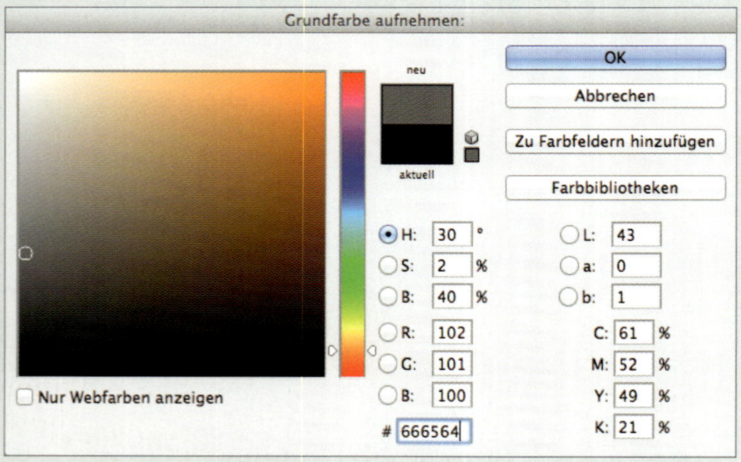


*Einen passenden Farbton für die Vignette festlegen.*

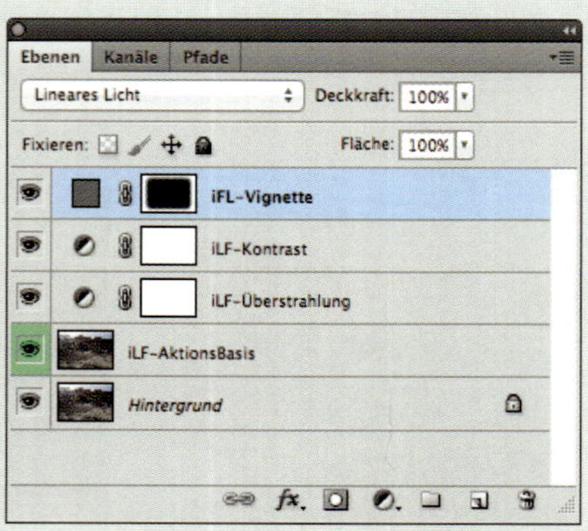

Zum Abschluss der Aktion fügen Sie die drei Einstellungsebenen und die Basisebene noch zu einer Gruppe zusammen, die Sie wie gewohnt *iFL-AktionsGruppe* nennen, und legen wieder eine invertierte Ebenenmaske darüber – fertig!

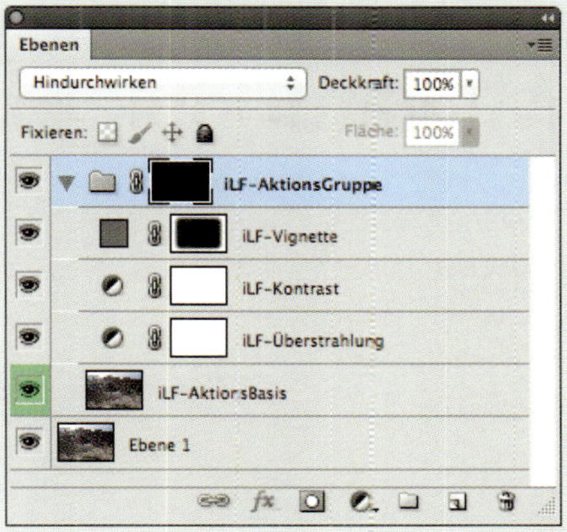


*Mit dieser Aktion wird jede Ihrer Aufnahmen zu einem unverwechselbaren Lomo.*

# Antischeimpflug oder auch Miniaturlook

Bestimmt kommt Ihnen dieser Effekt aus der Werbung des Telekommunikationsunternehmens mit dem magentafarbenen T bekannt vor. Zumindest erfreut sich der Effekt seitdem großer Beliebtheit. Er ist die Umkehrung eines Looks aus den analogen Zeiten der Großformatkameras.

*Bei diesem Stadtpanorama mit Blick von oben hilft der Effekt, die Miniaturillusion noch zu verstärken.*

Mit ihnen war es möglich, den sogenannten „Scheimpflug" (nach Theodor Scheimpflug) zu legen. Das ermöglichte, eine plane Fläche bis in die Unendlichkeit durch das korrekte Verschwenken der Aufnahme und der Objektivebene scharf abzubilden. Ebenso kann man den Spieß umdrehen, indem man „falsch herum" verschwenkt und somit die Schärfeebene bis auf wenige Millimeter reduziert. Das hat zur Folge, dass die abgebildeten Objekte sehr klein und sogar miniaturartig wirken. Mit Photoshop kann man sich diesen Antischeimpflug auch berechnen lassen - und das sogar sehr einfach.

*An einem Ausschnitt dieses Stadtpanoramas wird der Antischeimpflug demonstriert.*

**1 Bildauswahl**

Die Aktion, die jetzt aufgezeichnet wird, ist nicht für jedes Bild brauchbar. Zumindest sieht es nicht bei jedem Motiv gut aus. Am besten eignen sich Motive, die von einem erhöhten Standpunkt aus aufgenommen sind und Dinge zeigen, die der Betrachter logisch einzuordnen versucht, weil er deren reguläre Größe kennt. Gute Motive sind beispielsweise Einkaufsstraßen (von oben), Stadtpanoramen (von oben) oder etwa ein Bild im Fußballstadion von den oberen Rängen. Alle diese Dinge, die logisch einzuordnen sind, helfen dabei, die Miniaturillusion noch stärker werden zu lassen. Öffnen Sie sich also ein passendes Bild.

*Auf die Ebene* min-Tiefenschärfe *kommt es an.*

## 2 Doppelt hält besser

Nennen Sie diese neue Aktion *Miniaturlook*. Wie bei allen Aktionen gilt es, einen sauberen Start der Aktion hinzulegen. Erstellen Sie dafür auf die bekannte Art und Weise zwei Ebenen, die Sie jeweils vorne mit dem Kürzel *min* kennzeichnen – *min* steht dabei für Miniatur. Eine der Ebenen nennen Sie *min-AktionsBasis*, die andere *min-Tiefenschärfe*.

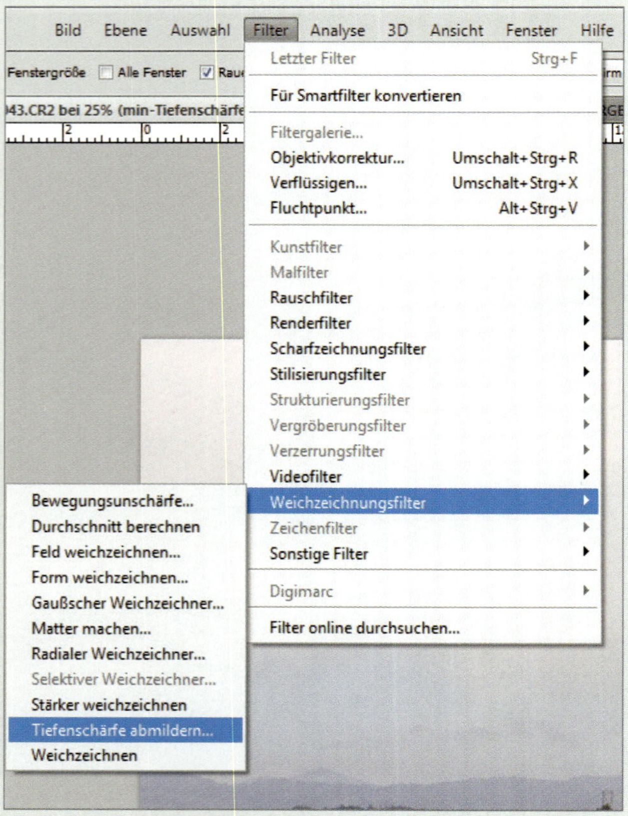


## 3 Filtern!

Wählen Sie nun die *min-Tiefenschärfe*-Ebene aus, gehen Sie auf *Filter/Weichzeichnungsfilter* und wählen Sie dort den Filter *Tiefenschärfe abmildern* aus. Der Name sagt schon, was er tut.

Achten Sie bei dem Filter darauf, bei der *Form* das *Achteck (8)* auszuwählen, da Sie ansonsten unschöne Ecken und Kanten an den Übergängen der Objekte erkennen werden. Darüber hinaus sollten Sie einen nicht zu hohen Radius wählen, da ansonsten jeglicher realistische Schärfeabfall nicht mehr vorhanden ist. Meist reicht ein Wert zwischen 20 und 80.

Wenn Sie möchten, können Sie noch *Spiegelartige Lichter* über den Helligkeitsregler hineinarbeiten und mit dem Schwellenwertregler den Tonwertabstand feinjustieren. Dies kann manchmal durchaus zu einem noch besseren Effekt führen. Aber auch hier gilt: Nicht zu dick auftragen!

*Hier ein Einblick in den Filterdialog. Achten Sie auf den Radius und die Form!*

### 4 Ebenenmaske bauen

Nun fügen Sie auf der *min-Tiefenschärfe*-Ebene eine Ebenenmaske hinzu. Diese belassen Sie auf Weiß.

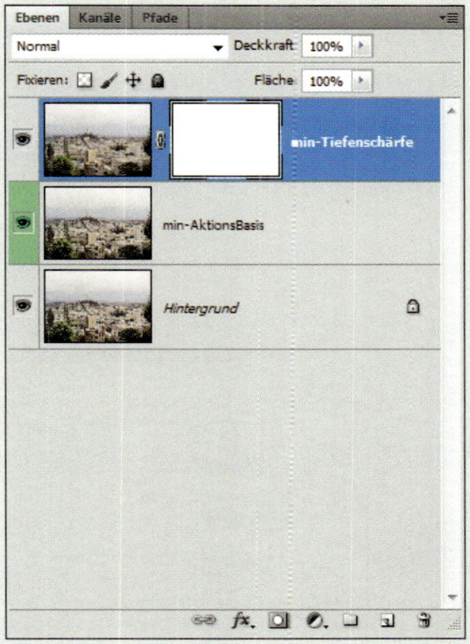


*Die Ebenenmaske fügen Sie der* min-Tiefenschärfe-*Ebene hinzu und wählen die Ebenenmaske dann aus!*

Drücken Sie nun das Tastaturkürzel [Strg] + [A] am Windows-PC bzw. [⌘]+[A] (Mac), um das gesamte Bild auszuwählen.

*Durch den Shortcut wählen Sie die gesamte Ebenenmaske aus, nicht das Bild selbst! Achten Sie darauf, dass Sie die Ebenenmaske auch wirklich in der* Ebenen-*Palette aktiviert haben.*

Gehen Sie nun auf *Auswahl/Auswahl transformieren*. Dort wählen Sie, wie bereits bei der Earlybird-Aktion, die Höhe aus, tragen einen Wert von *20%* ein und bestätigen durch einen Klick auf das Häkchen.

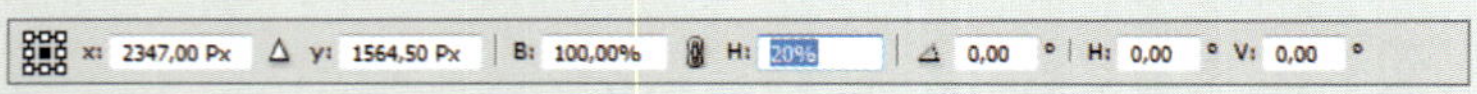


*20% eintragen bei* Höhe *und anschließend mit dem Häkchen bestätigen.*

*So sollte Ihre Auswahl nun aussehen: mittig ein dünner Auswahlstreifen, der über das gesamte Bild läuft.*

Anschließend öffnen Sie den Dialog *Kante verbessern* über die Tastenkombination ⌘+Alt+R (Mac) bzw. Strg+Alt+R (Win). Bei der Option *Weiche Kante* wählen Sie einen Pixelradius von *50* und bei *Kontrast* einen Prozentwert von *15*.

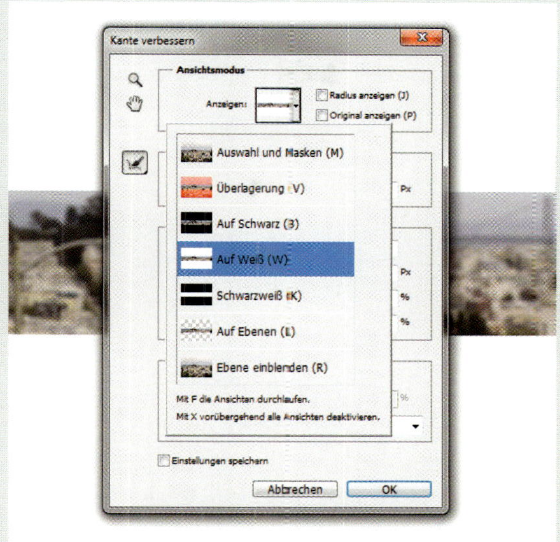


*Wenn Sie auf die kleine Grafik neben* Anzeigen *klicken, können Sie einen Darstellungstyp auswählen.* Auf Weiß *ist hier am besten geeignet. Dadurch sehen Sie nur noch das, was später scharf abgebildet werden soll – der weiße Teil wird unscharf.*

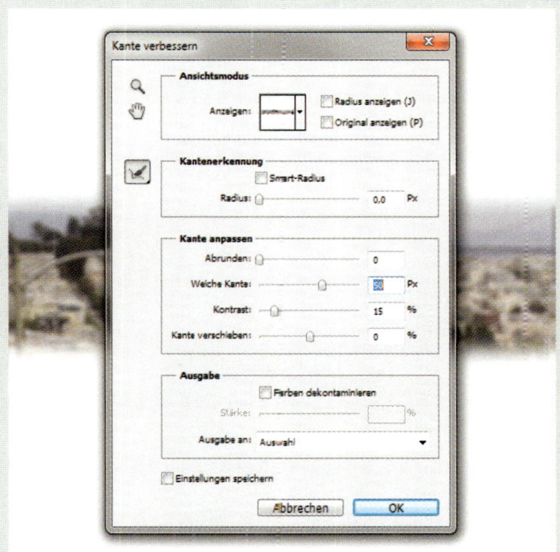


*Die eingestellten Werte sorgen dafür, dass es einen weichen Schärfeverlauf gibt. Diesen kann man jetzt schon grob erkennen. Das Weiß ist nicht mehr hart an der Kante, sondern läuft weich aus. Später wird dort die Schärfe zur Mitte hin weich zunehmen und zum Weiß hin abnehmen.*

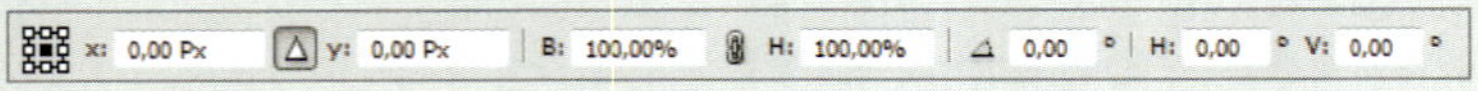


*Das kleine Dreieck macht den Unterschied, es muss aktiviert werden! Wenn Sie das getan haben, werden die Zahlen links „genullt".*

Erneut öffnen Sie nun den Dialog *Auswahl transformieren*. Zunächst stellen Sie dort durch einen Klick auf das Dreieck ein, dass relative Positionierungen der Referenzpunkte möglich sind. Das bedeutet, dass Sie von dem aktuellen Punkt, an dem die Auswahl ist, ausgehen und von dort aus mit relativen Positionen und nicht mit absoluten Werten arbeiten. Ansonsten wäre die Verschiebung der Auswahl nicht so bequem später in der Aktion zu regulieren.

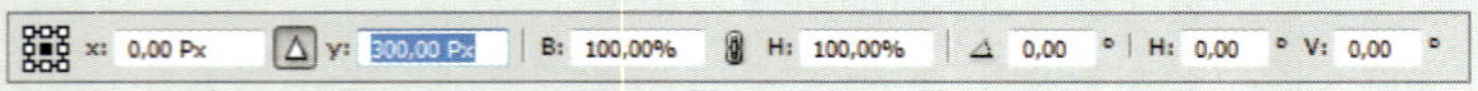


*Wenn das Dreieck aktiviert ist, können Sie auf der y-Achse einen Pixelwert eintragen – hier sind es 300 Px, das bedeutet eine Verschiebung von der Mitte um 300 Pixel nach unten.*

*Die Auswahl hat sich, wie oben in den Einstellungen gezeigt, 300 Pixel von der Bildmitte nach unten bewegt. Die durchgezogene Linie zeigt die Außenkante des weichen Verlaufs. Die gestrichelte Linie zeigt die Stelle, an der der weiche Verlauf endet.*

Tragen Sie nun auf der y-Achse einen Beispielwert von *300 Px* ein. Sie werden sehen, was passiert. Die Auswahl bewegt sich 300 Pixel auf der y-Achse nach unten. Da bei jedem Bild der Bereich des Weichzeichnens aber woanders liegt, muss dieser Parameter später flexibel sein. Wenden Sie nun zunächst den Wert von *300 Px* an.

### 5 Auffüllen und gruppieren

Beginnen Sie nun direkt damit, die momentane Auswahl über *Bearbeiten/Fläche füllen* mit schwarzer Farbe zu füllen. Verwenden Sie nicht das *Füllwerkzeug* [G], da dort absolute Zentimeterwerte verwendet werden.

***Wichtig:*** Heben Sie nun die Auswahl, die nach wie vor besteht, durch das Tastaturkürzel [Strg]+[D] (Win) bzw. [⌘]+[D] (Mac) auf. Die Auswahl würde sonst später nur Fehler verursachen. Alternativ können Sie auch über *Auswahl/Auswahl aufheben* die Auswahl eliminieren.

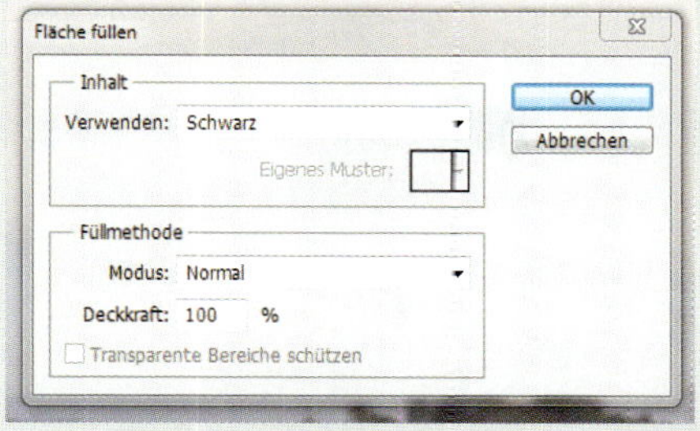


*Nicht vergessen! Wählen Sie unbedingt bei Verwenden die Farbe Schwarz aus.*

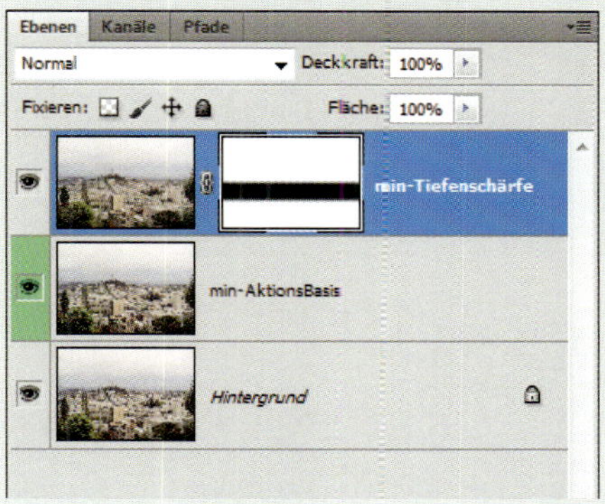


*Der Ebenenstapel zeigt nun nach dem Füllen mit Schwarz, dass Sie einen Teil der min-Tiefenschärfe-Ebene durch eine Ebenenmaske ausblenden. So soll es sein! Dadurch wird nämlich der ausgeblendete Teil scharf.*

*So sieht abschließend der Effekt aus. Die Ebenen sind aber noch nicht fertig!*

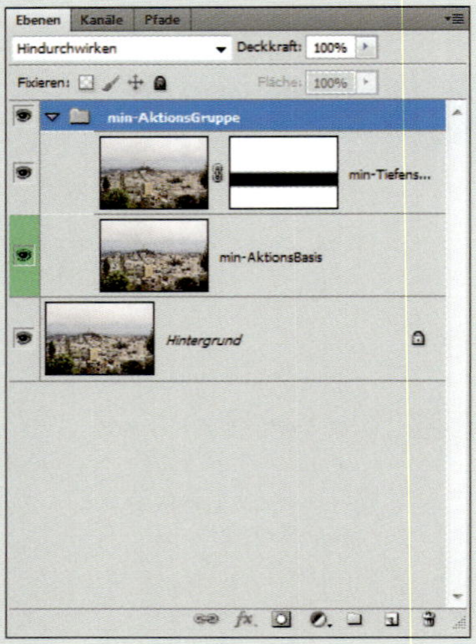


*Gruppieren Sie ordentlich alle min-Ebenen zusammen und vergessen Sie nicht, die Gruppe zu benennen!*

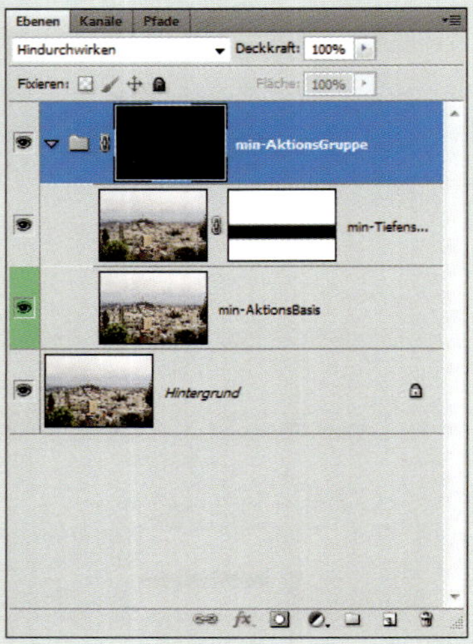


*Fertig gruppiert und mit Ebenenmaske, sieht der Ebenenstapel nun so aus.*

Sobald das geschafft ist, markieren Sie mithilfe der ⇧-Taste die beiden *min*-Ebenen und fügen sie in einer Gruppe zusammen, die den Namen *min-Aktionsgruppe* trägt. Der Shortcut dazu ist Strg + G (Win) bzw. ⌘ + G (Mac).

Auf diese Gruppe wenden Sie dann noch eine invertierte, also schwarze Ebenenmaske an.

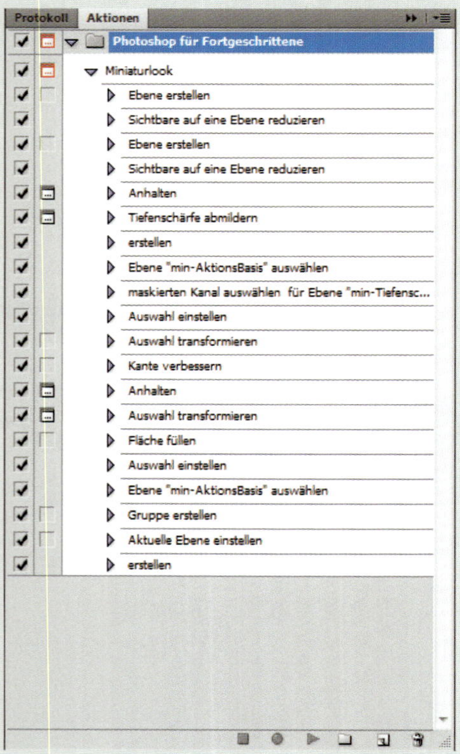


*Fertig! Wenn Sie möchten, können Sie durch Aktivieren des Dialogs auch noch die Befehle* Kante verbessern *und* Auswahl transformieren *flexibel machen, allerdings sollte in den meisten Fällen diese starre Variante ausreichen.*

### 6 Feinschliff verpassen

Sie sind fast fertig. Sie müssen nur noch die Dialoge zweier Befehle in der Aktion aktivieren und jeweils eine Unterbrechung davorsetzen.

Zum einen müssen Sie den Dialog neben dem Filter *Tiefenschärfe abmildern* aktivieren, zum anderen müssen Sie den Dialog bei der zweiten Transformierung der Auswahl aktivieren, damit jeder den Ort, an dem die Schärfe liegen soll, selbst bestimmen kann.

Unterbrechung 1:

**Wenden Sie beim Filter *Tiefenschärfe abmildern* einen Radius für die Iris zwischen 20 und 80 Pixel, um das Bild weichzuzeichnen. Darüber hinaus wählen Sie das Achteck als Form.**

Unterbrechung 2:

**Wählen Sie nun oben in den Optionen auf der y-Achse einen Wert, der die Auswahl an die Stelle verschiebt, an der der Schärfebereich liegen soll, und bestätigen Sie mit dem Häkchen rechts außen.**

*Eine Gegenlichtsituation am frühen Morgen. Die Farben wirken entsättigt, und das Licht ist ausgefressen.*

## Gegenlichtsituationen verstärken

Gegenlicht ist in der Fotografie ein schönes gestalterisches Mittel, das immer wieder gern eingesetzt wird. Besonders die Werbebranche ist vom gezielt „fehlerhaften" Look einer lebendigen Lifestyle-Aufnahme mit Gegenlicht sehr angetan. Den Effekt des Gegenlichts kann man nutzen, um den Charme der Fehlerhaftigkeit und des Zufalls herauszustellen. Dieses gestalterische Mittel wollen wir nun gezielt in Photoshop verstärken, um die Bilder aufzupeppen.

# Der normale Gang der Dinge

Um eine Gegenlichtsituation richtig anzuwenden bzw. zu verstärken, muss man zunächst einmal wissen, was der normale Gang der Dinge ist, wenn man mit einer Spiegelreflexkamera, oder auch einer anderen Kamera, in Richtung Sonne oder einer anderen Lichtquelle fotografiert. Objektive werden zwar inzwischen enorm gut korrigiert - sei es durch speziell aufgedampfte Schichten gegen Reflexionen, besondere Linsenkombinationen oder die Verwendung von parabolischen (asphärischen) Linsen -, dennoch gehört direktes oder starkes Gegenlicht immer noch zu den größten Feinden von Objektiven und den daran anschließenden Sensoren.

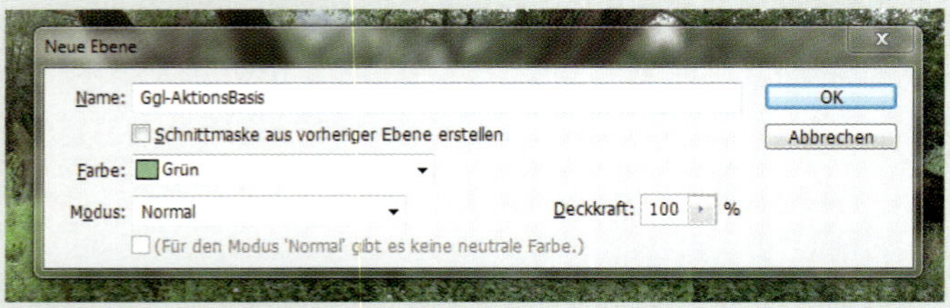


*Eine Farbe, die man allen Aktionsbasen zuordnet, hilft enorm, die Übersicht zu behalten.*

*Das Ausgangsmaterial nach grober RAW-Konvertierung.*

Typische Probleme solcher Situationen sind der meist recht flaue Kontrast, weniger Schärfe (bedingt auch durch den Kontrast) sowie das teilweise deutliche Entsättigen der Farben und Ausfressen der Lichter oder Schatten. Diese Probleme oder Fehler, die man normalerweise verhindern möchte, wollen wir uns nun zunutze machen, um ein Bild deutlich stimmungsvoller zu gestalten. Die Aktion, die wir nun bauen, ist am besten zu nutzen, wenn sie als starre Aktion ohne Dialoge angewendet wird, da sie nahezu universell bei entsprechenden Bildertypen eingesetzt werden kann.
Sollten Sie später Anpassungen vornehmen wollen, können Sie das immer noch problemlos mithilfe einer Einstellungsebene tun.

### 1 Aktion starten und Basis erstellen

Starten Sie wie gewohnt die Aktion und geben Sie ihr den Namen *Gegenlicht*. Gehen Sie nun nach dem bekannten Schema vor und arbeiten Sie die unten angegebenen Schritte Stück für Stück durch. Erstellen Sie eine neue Ebene mit dem Namen *Ggl-AktionsBasis* und kopieren Sie den Inhalt der Hintergrundebene auf die noch transparente neue Ebene.

### 2 Farben anpassen

Wie bereits oben erwähnt, führt eine Gegenlichtsituation häufig zu Farbverschiebungen, einer nicht korrekten Wiedergabe der Farben. Um diesen Effekt zu imitieren, fügen Sie einfach eine Einstellungsebene *Farbbalance* hinzu. Diese Ebene könnten Sie, wenn Sie die [Alt]-Taste gedrückt halten und dann das Kreissymbol unterhalb der *Ebenen*-Palette auswählen, direkt umbenennen.

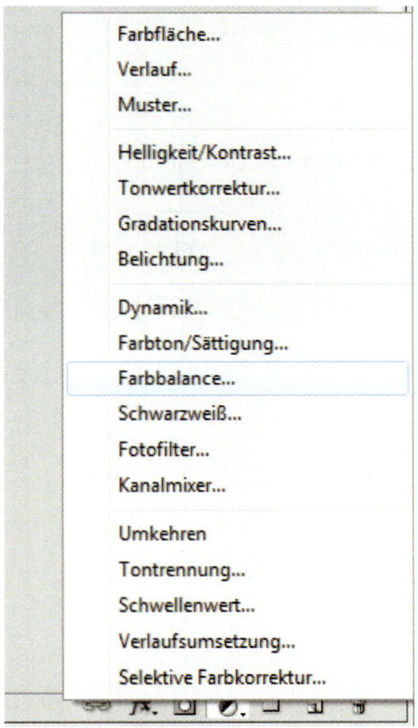


*Wenn Sie vor dem Klick auf den Eintrag* Farbbalance *die* [Alt] *-Taste drücken ...*

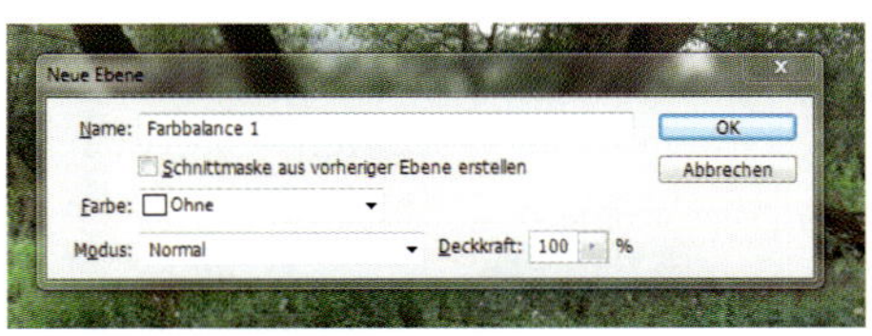


*... meldet sich das Dialogfeld* Neue Ebene. *Hier können Sie den Namen der Einstellungsebene direkt vergeben, ohne dass die Ebene zunächst erstellt und dann im* Ebenen-*Bedienfeld angeklickt werden muss.*

Geben Sie der neuen *Farbbalance*-Einstellungsebene den Namen *Ggl-Farbverschiebung*.

Jetzt öffnen Sie das *Korrekturen*-Bedienfeld und wählen dort das runde Optionsfeld *Mitteltöne* aus. Hier verändert Sie den Wert des Reglers *Cyan/Rot* in *+10* und den Wert des Reglers *Magenta/Grün* in *-5*, damit die Mitteltöne mehr Magenta-Anteile erhalten und weniger Grün. Dann stellen Sie noch den Regler *Gelb/Blau* auf *-15*, damit mehr Gelb statt Blau ins Motiv kommt. So haben Sie eine recht häufige Verteilung bei Gegenlicht, weil die zumeist starke Sonneneinstrahlung die Farben mehr in einen warmen Ton ändert.

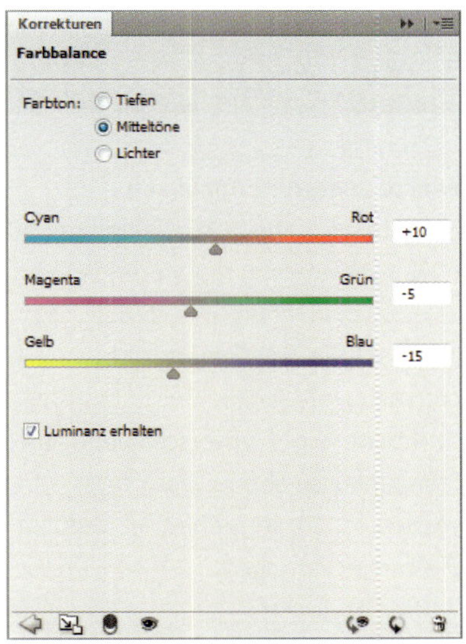


Farbbalance-*Einstellung der Ebene* Ggl-Farbverschiebung.

*Das Bild ist deutlich wärmer nach dem Anpassen der Farbbalance.*

### 3 Tonwerte zusammenpressen

Der einfachste und dennoch effektivste und gleichzeitig am besten zu regulierende Weg, um den Kontrast in einem Bild deutlich runterzudrehen, ist die Tonwertkorrektur. Hierzu fügen Sie mit gedrückter `Alt`-Taste über der Ebene *Ggl-Farbverschiebung* eine weitere Einstellungsebene des Typs *Tonwertkorrektur* ein. Dieser geben Sie den Namen *Ggl-KontrastVerringern*.

*So sieht der Ebenenstapel nun aus.*

Das Verändern des Tonwertumfangs sorgt dafür, dass die Tonwerte zusammengeschoben werden auf die Werte zwischen 22 und 235. Die Werte 0 bis 21 und 235 bis 255 bleiben frei von Bildinformationen. Dadurch flaut das Bild enorm aus. Stellen Sie in der Einstellungsebene *Tonwertkorrektur* den *Tonwertumfang* auf den Wert *22*, und für den Weißwert legen Sie *235* fest.

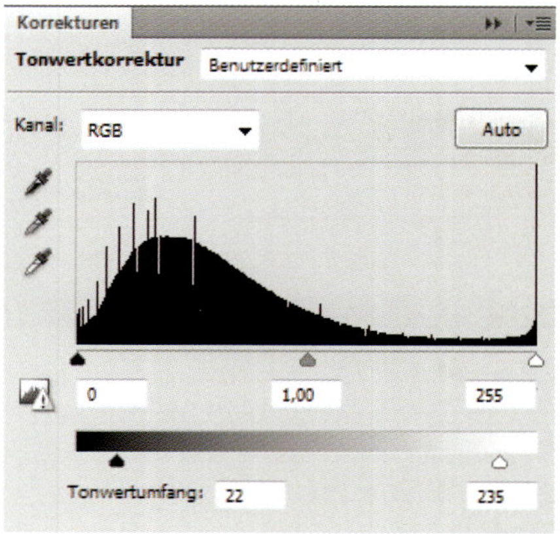


*Die Tonwerte des Tonwertumfangs werden leicht zusammengeschoben.*

### 4 Farben anpassen

Sehr beliebt ist zurzeit eine relativ große Farbgleichheit in einem Motiv. Dadurch wirkt ein Bild gleich viel harmonischer als zuvor. Dieses Phänomen tritt auch bei fast allen Gegenlichtsituationen auf, weil durch den direkten Lichteinfall der Sensor Schwierigkeiten bekommt, die Farben richtig aufzuzeichnen.

Um die Farben auf ein bestimmtes Level zu heben, ist die Einstellungsebene *Dynamik* das Maß der Dinge. Mit dieser können Sie nämlich die wenig gesättigten Farben per Dynamikregler anheben und die Gesamtsättigung zurücknehmen. Fügen Sie dazu über den bisherigen Einstellungsebenen eine *Dynamik*-Einstellungsebene hinzu und nennen Sie die Ebene einfach *Ggl-Farbanpassung*.

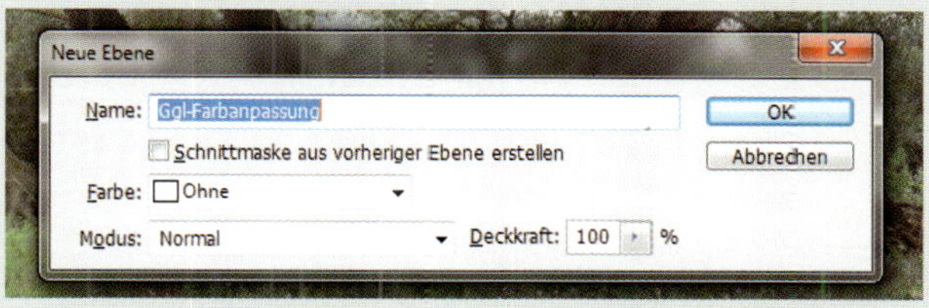


*Die neue Einstellungsebene* Ggl-Farbanpassung.

## WO SIND DIE TONWERTE?

**Die Tonwerte sind nicht weg, sondern zusammengeschoben. Das ist wichtig, da sie später wieder gebraucht werden. Wenn Sie anstelle der Werte unten oben die Regler und somit die Zahlen verwendet hätten, dann hätten Sie Tonwerte abgeschnitten und somit weggeworfen.**

*Links das Bild vor der Tonwertkorrektur. Das Bild rechts ist viel flauer, und das Histogramm zeigt deutlich, was passiert ist.*

Stellen Sie anschließend im *Korrekturen*-Bedienfeld für die *Dynamik* einen Wert von *+65* und für die *Sättigung* einen Wert von *-40* ein. Durch diese Einstellung werden die Farben entsättigt und die weniger gesättigten Farben zusammen angehoben. Es ergibt sich eine Vereinheitlichung der Farben, die das ganze Bild noch mal etwas flauer macht und eine besondere Stimmung erzeugt.

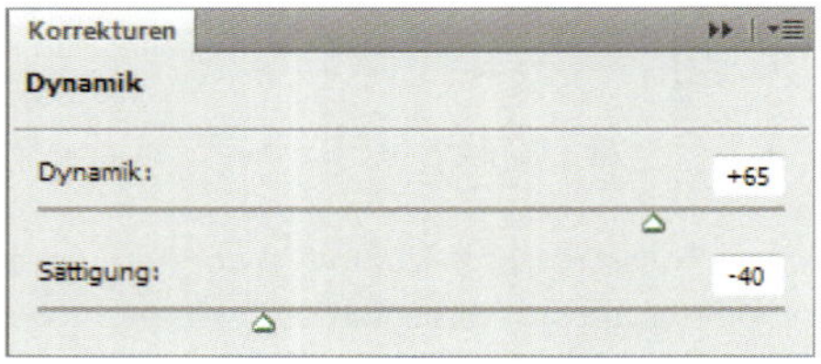


*Einstellungen der Ebene* Ggl-Farbanpassung.

*Die linke Bildseite zeigt das Bild vor der* Dynamik-*Anpassung, rechts nach der* Dynamik-*Anpassung.*

## 5 Curve it!

Um das Ganze langsam zum Abschluss zu bringen, müssen Sie nun wieder etwas mehr Kontrast in das Bild bringen. Das geht am besten, indem Sie einen Teil der Tonwerte, die Sie vorhin mit der *Ggl-Kontrast*-Ebene zusammengeschoben haben, wieder zurückholen. Am einfachsten funktioniert das mit einer *Gradationskurve*.

Erstellen Sie eine Einstellungsebene *Gradationskurven* und nennen Sie diese *Ggl-Kontrastanpassung*.

Verschieben Sie das untere linke Dreieck auf die Werte *Ausgabe 0* und *Eingabe 14*. Alternativ können Sie auch den Punkt unten links auswählen und die Werte dann dementsprechend unten eintragen.

Ebenso gehen Sie mit dem oberen weißen Dreieck vor. Stellen Sie die Werte auf *Ausgabe 255* und *Eingabe 245*. Alternativ können Sie natürlich auch hier den Punkt oben rechts auswählen und die Werte anpassen. Die Kurve ist aber noch nicht ganz fertig. Da der Umfang jetzt wieder fast auf dem gleichen Stand wie vorher ist, gilt es nun, in diesem engen Bereich die Kontraste noch ein wenig herauszuarbeiten. Gehen Sie hierfür erneut in die Korrektur der Gradationskurven-Einstellungsebene und fügen Sie zwei weitere Punkte hinzu.

Setzen Sie den Punkt an eine beliebige Stelle irgendwo in die Kurve und geben Sie anschließend die Werte *Ausgabe 75* und *Eingabe 85* ein.

Nach dem gleichen Verfahren setzen Sie einen weiteren Punkt in die Kurve, den Sie auf die Werte *Ausgabe 170* und *Eingabe 165* setzen.

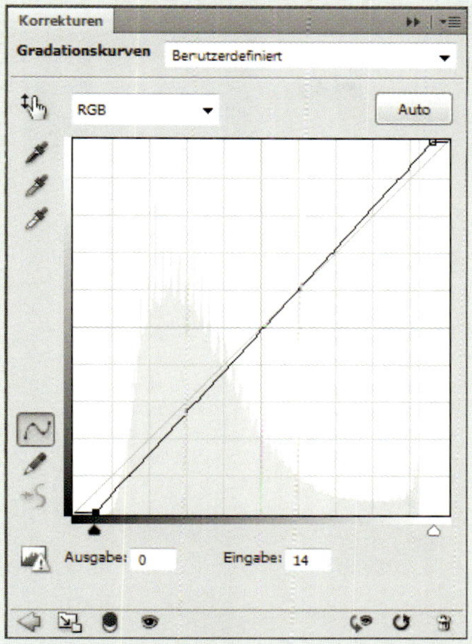


*Die RGB-Kurve nach den Einstellungen.*

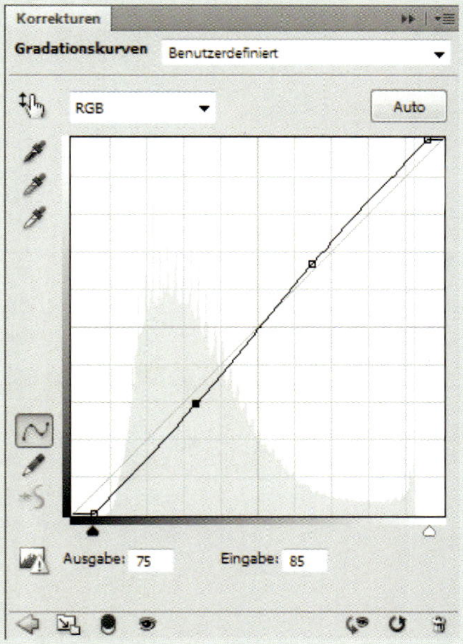


*Die fertige RGB-Kurve mit den hinzugefügten Kurvenpunkten.*

*Farben und Kontraste wurden bereits angepasst. Nun gilt es, durch einen Trick dem Bild den letzten Schliff zu verpassen.*

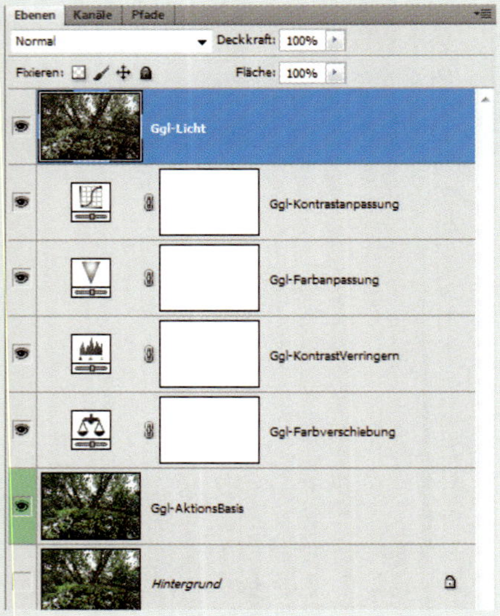


*So sollte nun der Ebenenstapel aussehen. Ganz oben die Ebene* Ggl-Licht, *die alle anderen Ebenen abbildet.*

**6 Trick 17, Teil 1**

Jetzt kommt der eigentliche Clou der Aktion. Erstellen Sie eine neue Ebene, und zwar auf die in Schritt 1 beschriebene Art und Weise. Nennen Sie die Ebene *Ggl-Licht*. Achten Sie darauf, dass alle Ebenen aktiviert sind, bevor Sie die Ebene erstellen. Bilden Sie auch alle Ebenen, wie zuvor in Schritt 1 beschrieben, auf die Ebene ab. Das machen Sie mit der Tastenkombination Strg + ⇧ + Alt + E (Win) bzw. ⌘ + ⇧ + Alt + E (Mac).

Gehen Sie jetzt in das Menü *Filter/Sonstige Filter* und öffnen Sie hier den *Hochpass*-Filter. Geben Sie im Filterdialog einen *Radius* von *1,0 Pixel* ein und bestätigen Sie mit *OK*. Als Nächstes entsättigen Sie die Ebene mit ⌘ + ⇧ + U (Mac) bzw. Strg + ⇧ + U (Win). Dadurch stellen Sie sicher, dass keine Farbreste bestehen bleiben, sondern lediglich Graustufen übrig sind.

*Unten: Sehr selten verwendet, kann aber in einigen Situationen Gold wert sein: der Filter* Helle Bereiche vergrößern.

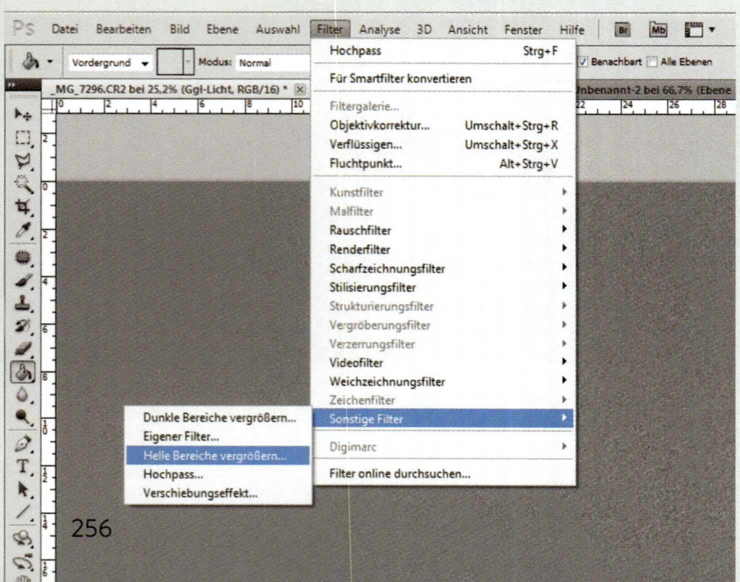


**7 Trick 17, Teil 2**

Öffnen Sie wieder das Menü *Filter/Sonstige Filter* und wählen Sie den Filter *Helle Bereiche vergrößern* aus.

Im Filterdialog stellen Sie einen *Radius* von *2 Pixel* ein. Das sorgt dafür, dass die Stellen, an denen sich helle Pixelbereiche befanden, vergrößert werden. Es entstehen kleine weiße Pixelblöcke.

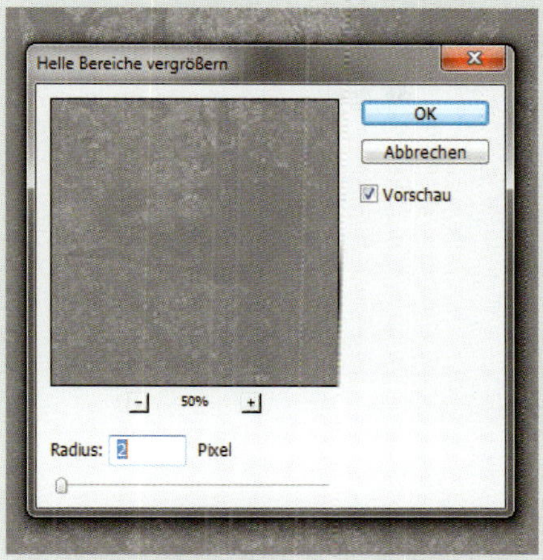


*Ein Radius von 2 Pixeln ist meiner Erfahrung nach der sinnvollste. 1 Pixel ist zu wenig, und bereits 3 Pixel schießen häufig über das gewollte Ergebnis hinaus.*

Da die so erzeugten Pixelblöcke aber deutlich als Pixeleinheiten zu erkennen sind und sich klar vom Umfeld abheben, müssen Sie die Blöcke nun weichzeichnen. Hierzu öffnen Sie das Menü *Filter/Weichzeichnungsfilter* und starten den *Gaußschen Weichzeichner*.

Wenden Sie den Filter mit einem *Radius* von *5,0 Pixel* an. Das führt dazu, dass die gerade entstandenen Blöcke einen weichen Übergang zu ihrer Umgebung bekommen und keine harte Kante mehr besitzen.

*Auch Werte über 5,0 Pixeln sind möglich, führen aber immer zu einem geringerem Effekt!*

*Wenn Sie alles richtig gemacht haben, sieht die Ggl-Licht-Ebene nur so aus.*

*Vor der Anpassung des Tonwertbereichs, der bearbeitet werden soll.*

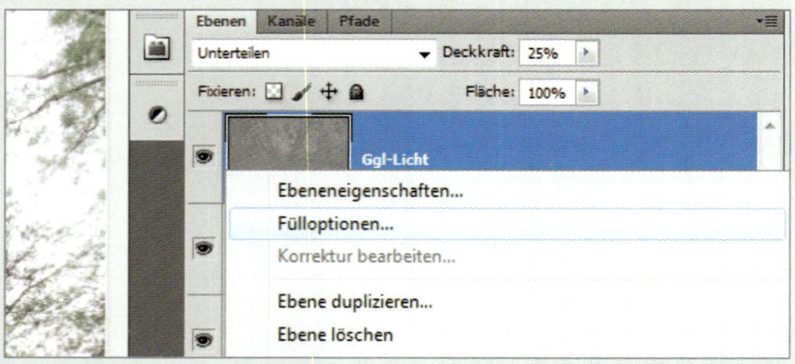


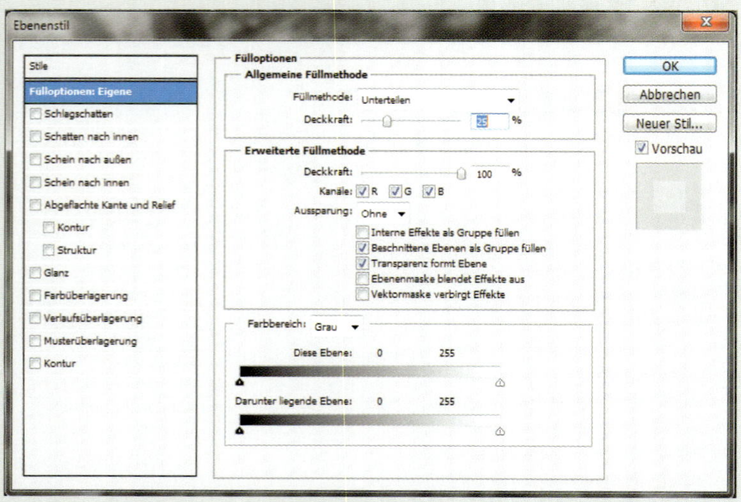


*Ausgangsstatus, alles bleibt gleich. Lediglich die unteren Graukeile werden verändert.*

## 8 Trick 17, Teil 3

Das Beste kommt bekanntlich zum Schluss. Markieren Sie die Ebene *Ggl-Licht*. Dann legen Sie für die Ebene als Füllmethode *Unterteilen* fest und reduzieren die *Deckkraft* auf *25 %*. Augenblicklich wird das Bild enorm aufgehellt. Da das aber noch zu stark und unkontrolliert ist, müssen Sie dafür sorgen, dass die Ebene nur dort arbeitet, wo Sie es möchten - in den Mitteltönen und Lichtern.

Um das zu bewerkstelligen, klicken Sie mit der linken Maustaste doppelt neben den Namen, alternativ klicken Sie mit rechts und wählen im Drop-down-Menü den Eintrag *Fülloptionen* aus. In den *Fülloptionen* ist nur der Farbbereich für die korrekte Anwendung der Ebene relevant. Alles andere bleibt bei den alten Werten.
Verschieben Sie nun die beiden schwarzen Dreiecke mit gedrückter linker Maustaste von links nach rechts. Verschieben Sie die Dreiecke auf den Wert *128* - sowohl den oberen als auch den unteren Keil.

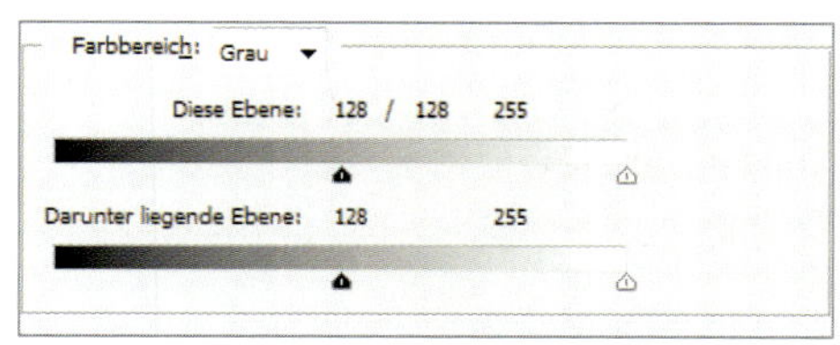


Jetzt drücken Sie die Alt-Taste und halten sie gedrückt. Klicken Sie parallel dazu wieder mit der linken Maustaste auf das Dreieck, allerdings auf die linke Hälfte des Dreiecks. Das große Dreieck teilt sich dann in zwei kleine Dreiecke. Das rechte Dreieck verschieben Sie auf den Wert *168*, das linke schieben Sie auf den Wert *96*.

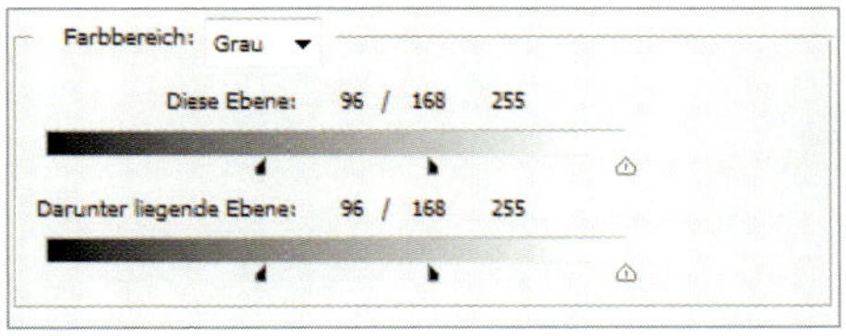


Nun verschieben Sie mit gedrückter [Alt]-Taste und linker Maustaste das linke der zwei weißen Dreiecke auf den Wert *212*.

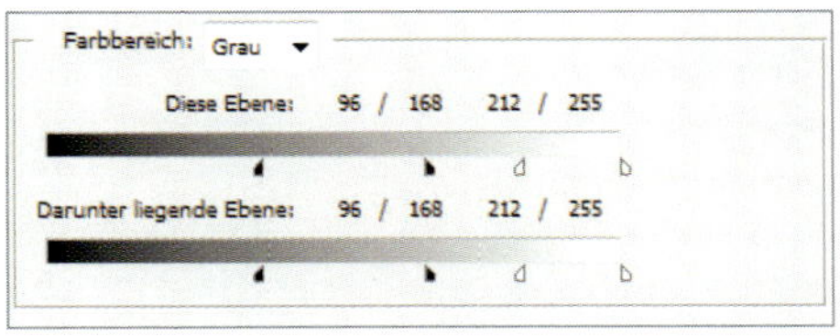


*Final sollte der Keil so aussehen: 96/168 für das schwarze Dreieck und 212/255 für das weiße Dreieck.*

Weiter verändern Sie nichts mehr im *Ebenenstil*-Dialog und schließen das Fenster mit *OK*.

Damit haben Sie den Wirkungsbereich der Ebene definiert. Am meisten wirkt die Ebene zwischen den Tonwerten *168* und *212*. Von Tonwert *96* bis Tonwert *168* wird ein weicher Verlauf, wie vom *Verlaufswerkzeug* bekannt, gezogen, ebenso zwischen den Tonwerten *212* und *255*. Alle Tonwerte unter *96* werden durch die Ebene nicht verändert.

### 9 Fix und fertig

Ein langer Weg, aber jetzt ist die Aktion fertig. Wählen Sie alle an der Aktion beteiligten Ebenen aus und gruppieren Sie sie zur *Ggl-AktionsGruppe*. Zum Schluss legen Sie für spätere Retuschen noch eine invertierte Ebenenmaske obendrauf.

*Links das Bild vor der Anpassung der Wirkungsbereiche in den Fülloptionen, rechts danach. Deutlich ist zu sehen, dass links überall die Ebene wirkt, rechts hingegen nur in einem sehr begrenzten Rahmen.*

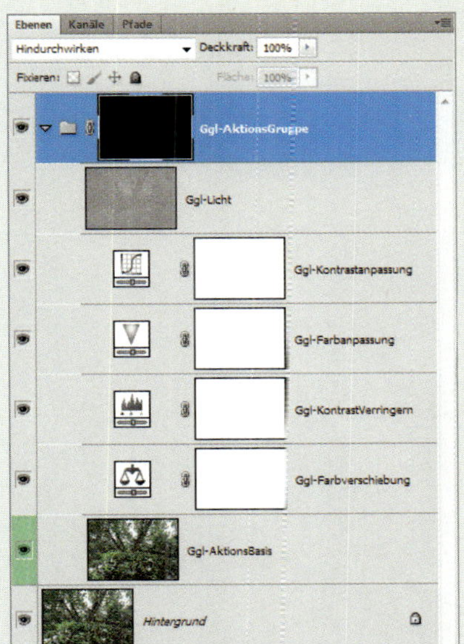


*Der fertige Ebenenstapel.*

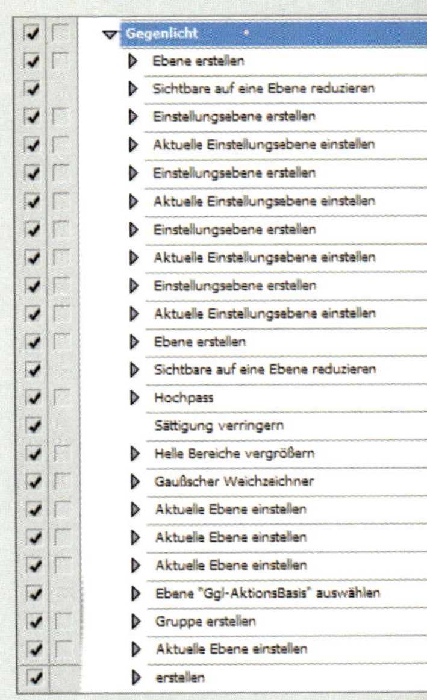


*Der gesamte Befehlsablauf der Gegenlicht-Aktion im Aktionen-Bedienfeld.*

### DUNKLE BEREICHE VERGRÖSSERN

**An der Stelle, an der man den Filter *Helle Bereiche vergrößern* anwendet, kann man alternativ auch den Filter *Dunkle Bereiche vergrößern* verwenden und dann genau so fortfahren wie beschrieben. Es ändert sich im Endeffekt nichts, lediglich das Endergebnis fällt minimal anders aus. Die Aufhellung ist nicht ganz so stark und befindet sich an anderen Stellen. Experimentieren Sie einfach etwas! Invertieren Sie auch ruhig mal die Ebene *Ggl-Licht* und justieren Sie die einzelnen Parameter, um andere Ergebnisse zu erhalten.**

### WARUM KEINE DIALOGE?

**Es ist durchaus möglich, wenn man es möchte, allen Entscheidungen in der Aktion einen Dialog zu geben und sie somit flexibel zu machen. Da bis auf die Lichtebene ausschließlich Einstellungsebenen eingesetzt werden, bleibt alles frei justierbar. Jederzeit kann der Nutzer über die Einstellungsebenen das Ergebnis der Aktion bzw. der Gruppe verändern und individuell eingreifen. Darüber hinaus wäre es einfach nicht sinnvoll, vorher alles dynamisch zu gestalten, da die Lichtebene für die Aktion elementar ist und erst nach der Anwendung dieser Ebene die restlichen Ebenen korrigiert werden sollen – sofern nötig.**

**Schreiben Sie Aktionen und wenden Sie sie an!**

Sie wissen nun sehr viel über Photoshop-Aktionen und haben diverse Arten von Aktionen geschrieben. Mit verschiedenen Zielen: Schärfen, Dodge and Burn, Hilfsebene, Farblooks, Rauschen etc. Erst wenn Sie alle diese Techniken in einer Aktion verpackt haben, verstehen Sie, wie man eine saubere und funktionale Aktion schreibt, die Ihnen im alltäglichen Arbeitsleben eine Handvoll oder Dutzende Einzelschritte abnimmt. Das spart nicht nur Zeit, sondern auch Nerven und Platz im Kopf für wichtigere Ablaufprozesse.

Achten Sie einfach mal bei Ihrem Photoshop-Workflow bewusst darauf, ob Sie nicht irgendetwas immer und immer erneut verwenden – und wenn es nur bei einer fünfteiligen Bilderstrecke ist. Schreiben Sie eine Aktion und wenden Sie sie an. Mehr Zeit können Sie nicht sparen. Und Fehler werden Ihnen nach dem Lesen der hier erläuterten Beispielprobleme und Aktionen auch nicht mehr unterlaufen. Ihnen steht nun ein sehr weites und für Sie vermutlich neues Feld offen, um Ihren gesamten Workflow zu optimieren. Und vergessen Sie nicht – wenn Sie Ihr Panel genau nach Ihren Bedürfnissen anlegen, wird Ihnen das nochmals eine erhebliche Zeitersparnis einbringen.

*Links das Ausgangsbild und rechts das fertige Bild nach Anwendung der Gegenlicht-Aktion.*

# Das gewisse Etwas für Schwarz-Weiß-Motive

Wenn die Stimmung einer Aufnahme etwas flau ist, sorgt ein Körnungs- bzw. Rauschen-Effekt wieder für das gewisse Etwas. Besonders geeignet sind Schwarz-Weiß-Bilder, aber auch farbige Aufnahmen können mit dem gezielten Einsatz von Rauschen verbessert werden.

*Rauschen bzw. Körnung hilft enorm, einem Bild einen eigenen Charme zu verleihen. Gerade bei Schwarz-Weiß-Motiven nimmt man das Rauschen bzw. die Körnung nicht als Fehler wahr, sondern eher als gestalterisches Mittel. Nutzen Sie es!*

## 1 Konvertieren in Schwarz-Weiß

Laden Sie das zu bearbeitende Bild, in diesem Beispiel eine farbige Momentaufnahme des Gentleman-Konzerts auf der Kieler Woche 2011. Über das Menü *Bild/Korrekturen/Schwarzweiß* konvertieren Sie das Bild in ein Schwarz-Weiß-Bild. Belassen Sie im *Schwarzweiß*-Dialog alle Einstellungen, wie sie vorgegeben sind, und bestätigen Sie mit *OK*.

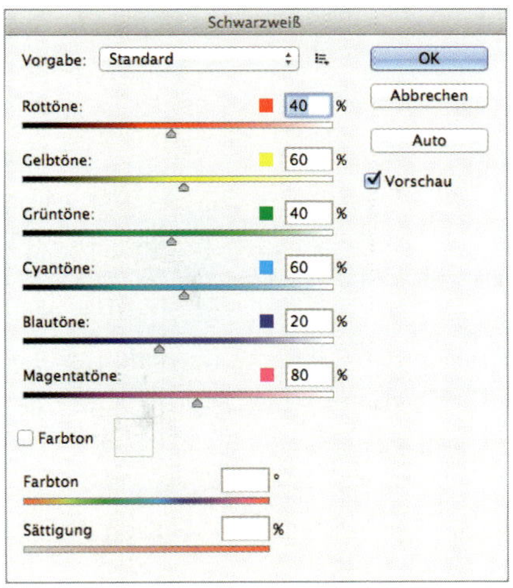


*Farbbilder in Schwarz-Weiß konvertieren.*

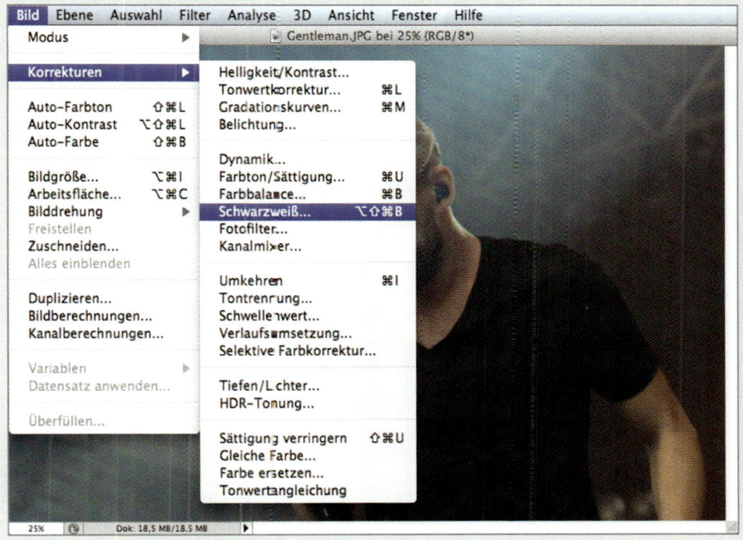


## 2 Start der Aufzeichnung

An dieser Stelle starten Sie die Aufzeichnung der Aktion. Nennen Sie die Aktion *Rauschen – grob*. Danach erstellen Sie die Aktionsebene mit dem Namen *raG-AktionsBasis* und kopieren die Inhalte der unteren Ebene via Tastenkombination [Strg]+[⇧]+[Alt]+[E] (Win) bzw. [⌘]+[⇧]+[Alt]+[E] (Mac) auf die noch transparente Ebene *raG-AktionsBasis*.

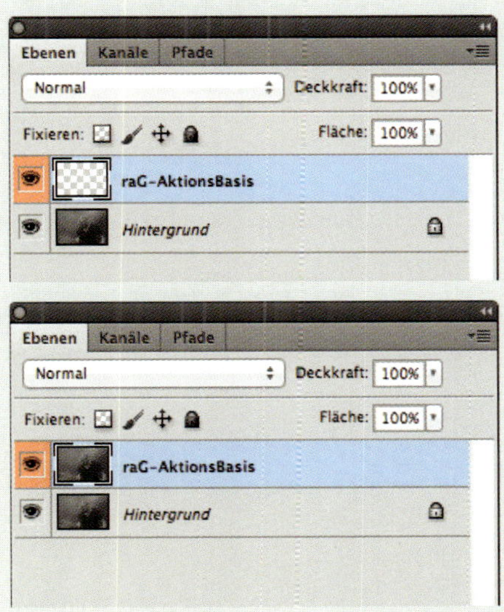


*Hinzufügen und Füllen der Aktionsebene raG-AktionsBasis.*

## 3 Rauschen tut gut

In diesem Schritt erstellen Sie eine weitere neue Ebene. Stellen Sie im *Neue Ebene*-Dialog den *Modus* auf *Weiches Licht* und aktivieren Sie die Option *Mit neutraler Farbe für den Modus „Weiches Licht" füllen (50% Grau)*. Der Name der Ebene lautet *raG-Rauschen*.
Auf die gerade erstellte Ebene wenden Sie nun aus dem Menü *Filter/Rauschen* den Filter *Rauschen hinzufügen* an.

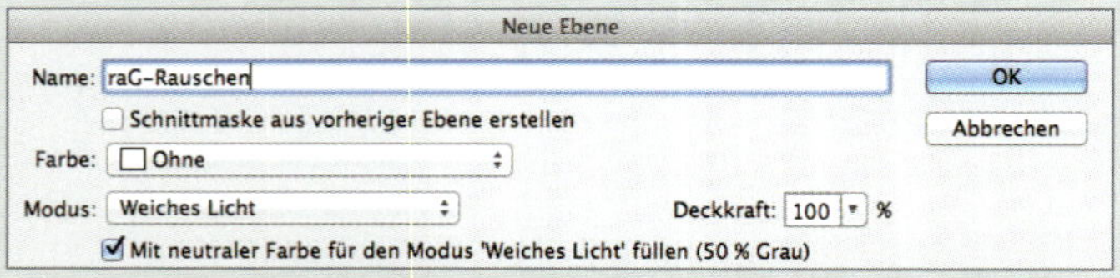


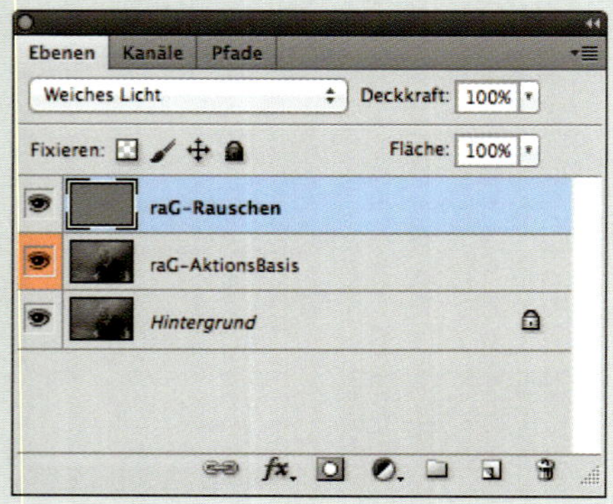


*Anlegen der neuen Ebene* raG-Rauschen.

In das Feld *Stärke* tragen Sie einen Wert zwischen 3 % und 20 % ein. Als *Verteilung* wählen Sie die *Gaußsche Normalverteilung*. Wichtig ist zudem, dass Sie das Rauschen monochromatisch machen. Aktivieren Sie deshalb auf jeden Fall das Kontrollfeld *Monochromatisch*.
Bestätigen Sie die Filtereinstellungen nun mit *OK*.

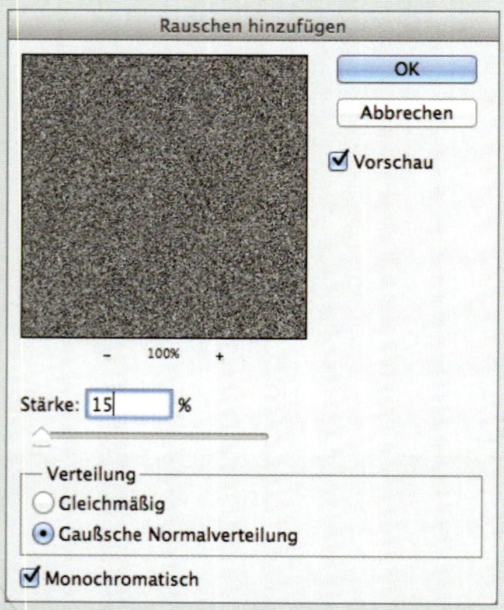


*Ein leichtes Rauschen ist bereits erkennbar, aber das Korn muss gröber werden.*

## 4 Gröber sollte es schon sein

Damit das Korn gröber wird, also platt gesagt größer, müssen wir nun die Ebene transformieren. Markieren Sie die Ebene *raG-Rauschen* und wählen Sie im Menü *Bearbeiten* die Funktion *Frei transformieren*.

In der Optionsleiste der Transformieren-Funktion tragen Sie ins Feld *B/350%* und bei *H/350%* ein. Durch die Transformation wird das Korn erheblich größer und somit auch gröber.

Das Problem ist allerdings, dass Photoshop sich bei der Dokumentgröße nicht nur auf das Material, das sich in dem sichtbaren Bereich befindet, beschränkt, sondern auch alles, was darüber hinausreicht, mitspeichert. Das führt dazu, dass sich sehr große Bereiche der *raG-Rauschen*-Ebene außerhalb des Bilds befinden. Das wiederum lässt die Photoshop-Datei gigantisch anwachsen.

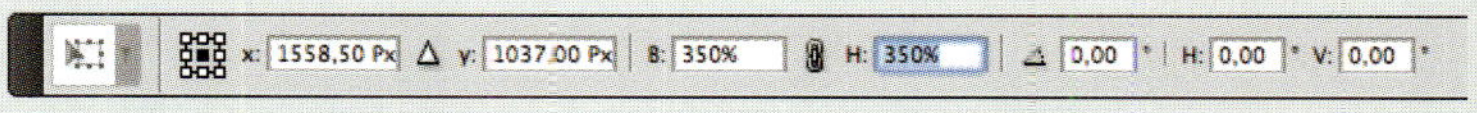

*Das Korn ist jetzt größer und gröber.*

### 5 Klein, aber fein

Nun erstellen Sie eine neue Ebene, die Sie *raG-Rauschen2* nennen. Stellen Sie hier den Modus ebenfalls auf die Füllmethode *Weiches Licht*. Die Option zur Graufüllung wird bei dieser Ebene nicht aktiviert.

Um dem Problem des „Über-den-Rand-Hinausragens" Herr zu werden, erstellen Sie über das Menü *Auswahl/Alles auswählen* eine Auswahl der gesamten *raG-Rauschen*-Ebene. Dann schneiden Sie die Auswahl über *Bearbeiten/Ausschneiden* aus.

Markieren Sie wieder die neue Ebene *raG-Rauschen2* und fügen jetzt über *Bearbeiten/Einfügen* die eben ausgeschnittene Ebene ein.

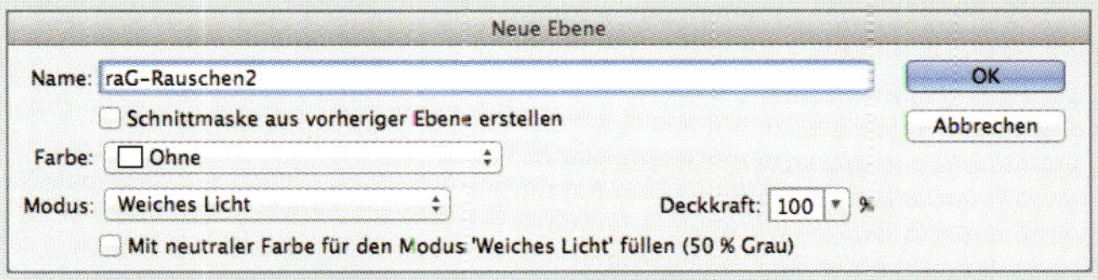


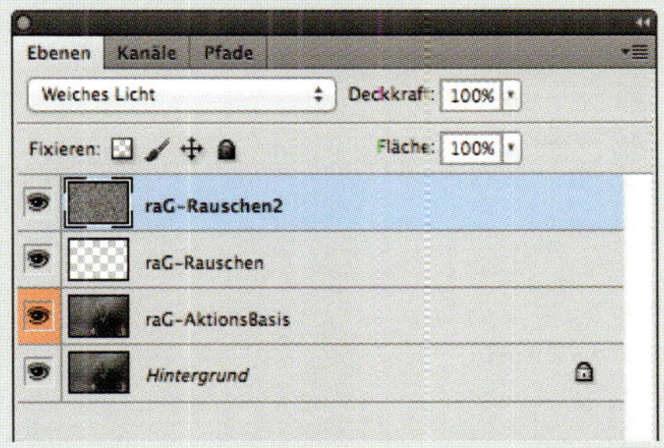


*Hinzufügen der neuen Ebene raG-Rauschen2.*

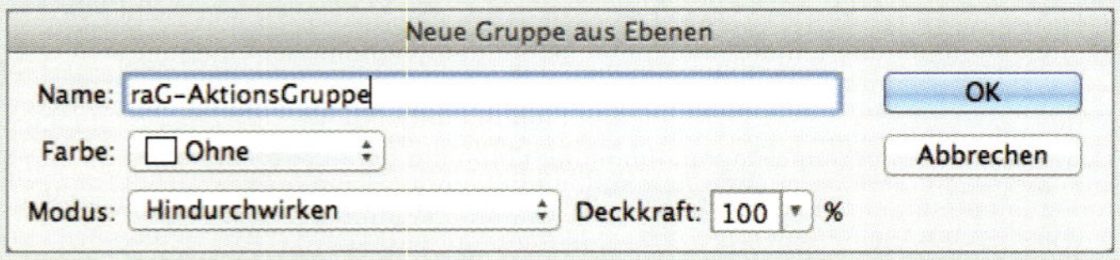


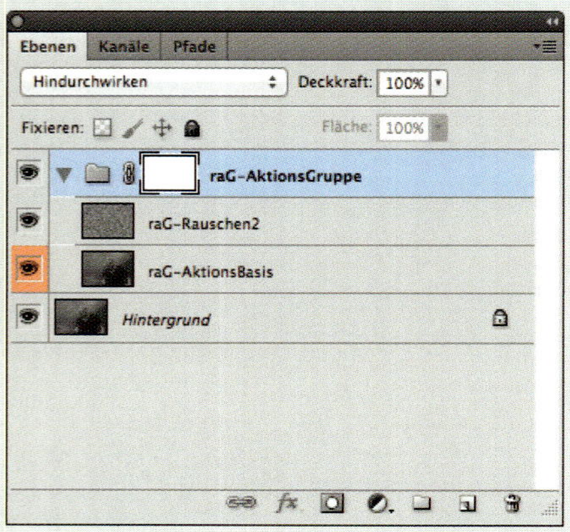


*Gruppierung der Aktionsebenen.*

## 6 In Reihe aufstellen

Die leere *raG-Rauschen*-Ebene benötigen wir jetzt nicht mehr und löschen sie über das Papierkorbsymbol am unteren Bedienfeldrand. Dadurch wird die Datei wieder erheblich kleiner und somit Photoshop schneller.

Zum Abschluss der Aktion gruppieren Sie wie immer die Aktionsebenen und nennen diese Gruppe *raG-AktionsGruppe* – fertig ... fast!

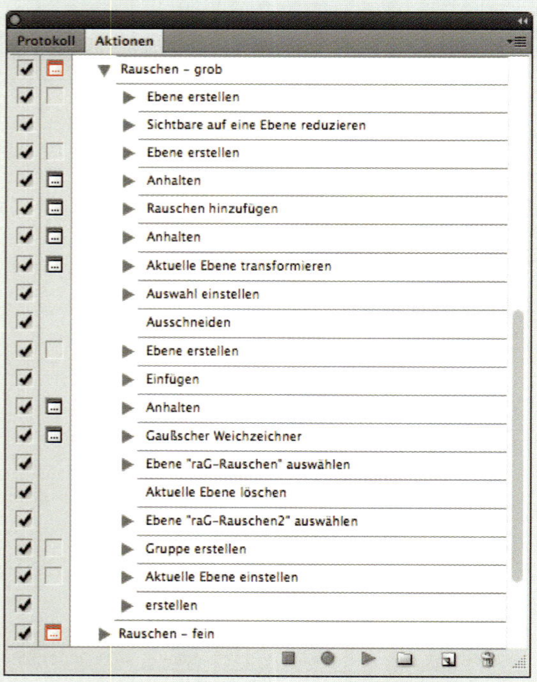


*Wenn Sie die Aktion auf das gesamte Bild anwenden, reicht in der Regel eine Ebenen-Deckkraft von etwa 30 % für die Gruppe aus.*

## 7 Dialoge aktivieren

Um das Wörtchen „fast" nach dem „fertig" streichen zu können, müssen Sie beim *Rauschen hinzufügen*-Filter und beim *Transformieren*-Befehl die Dialoge aktivieren. Davor setzen Sie jeweils eine Unterbrechung mit der Möglichkeit, fortzufahren.

Unterbrechung 1:

**Tragen Sie im Rauschen hinzufügen-Filter einen Wert zwischen 3 % und 20 % ein. Achten Sie darauf, dass das Kontrollfeld Monochromatisch aktiviert ist.**

Unterbrechung 2:

**Transformieren Sie die Ebene auf der y- und x-Achse auf mindestens 350 %. Je größer der Wert, desto gröber die Körnung.**

[ i ]

## RAUSCHEN AUCH IN FEIN

**Wenn Sie auch eine Aktion für feines Rauschen erstellen möchten, können Sie bei dieser Aktion das Transformieren und das anschließende Ausschneiden außer Acht lassen. Allerdings ist es dann hilfreich, das feine Rauschen mit dem *Gaußschen Weichzeichner* etwas weicher zu machen, da das digitale Korn sonst zu stark wirkt. Probieren Sie es einfach aus und sehen Sie, was Ihnen besser gefällt.**

## RAUSCHEN ALS STRUKTURERSATZ

**Übrigens! Sollten Sie ein Gesicht bei der Beautyretusche zu stark bearbeitet haben, sodass Sie kaum noch Struktur im Gesicht erkennen können, versuchen Sie einmal, mit leichtem Rauschen gegenzusteuern. Im ersten Moment wirkt dieser Schritt irrsinnig, aber das Rauschen funktioniert recht gut als Strukturersatz.**

# SCHWARZ-WEISS: DIE MACHT DER REDUZIERTHEIT

10

10

# Schwarz-Weiß: die Macht der Reduziertheit

*Schwarz und Weiß – reduzierter geht es kaum. Das Reduzieren führt aber dazu, dass man noch sorgfältiger arbeiten muss.*

# 10 Schwarz-Weiß: die Macht der Reduziertheit

*Schwarz-Weiß, die älteste Darstellung von Fotografien, hat über die Jahre hinweg nichts an ihrer Aussagekraft oder ihrem Charme verloren. Ganz im Gegenteil, selbst heute noch ist Schwarz-Weiß gerade im Reportagebereich sehr beliebt und erlebt durch das Herausarbeiten immer feinerer Kontraste ein Revival.*

■ Photoshop kann Motive hervorragend in Schwarz-Weiß-Bilder umwandeln, dabei gibt es aber einige Fallstricke, in denen man sich nur allzu oft verheddert. In diesem Kapitel geht es darum, einfache, aber auch weitreichende Varianten der Schwarz-Weiß-Bearbeitung aufzuzeigen.

## Einfach und schnell: Camera Raw, die erste

Eine recht schöne und schnelle Variation der Schwarz-Weiß-Bearbeitung ist das Entwickeln einer Aufnahme im RAW-Konverter direkt zu einem Schwarz-Weiß-Bild. Adobe Camera Raw bietet dazu einige schöne Funktionen.

Wenn es quick and dirty gehen soll, reicht es, einfach den Regler *Sättigung* auf *–100* zu stellen und die *Farbtemperatur* anzupassen. Die *Farbtemperatur* verschiebt den Weißpunkt und somit auch die dargestellten Farben, die dann in Graustufen angezeigt werden.

> **i**
>
> DODGE AND BURN
>
> **Ja, genau das ist gerade in der Schwarz-Weiß-Bildbearbeitung eine der wichtigsten Techniken überhaupt. Sie sind quasi dazu verpflichtet, bei Schwarz-Weiß-Motiven den *Abwedler* und den *Nachbelichter* zu verwenden, denn in den Graustufen ist jeder kleinste Unterschied für das Auge noch mal besser zu erkennen. Denken Sie einfach mal darüber nach, Dodge and Burn anzuwenden, wenn Sie gerade ein Bild in Schwarz-Weiß bearbeiten – es kann wahre Wunder bewirken.**

Wenn es dann noch etwas mehr sein soll, kann natürlich auch die Gradationskurve herangezogen werden, um den globalen Kontrast etwas zu regulieren.

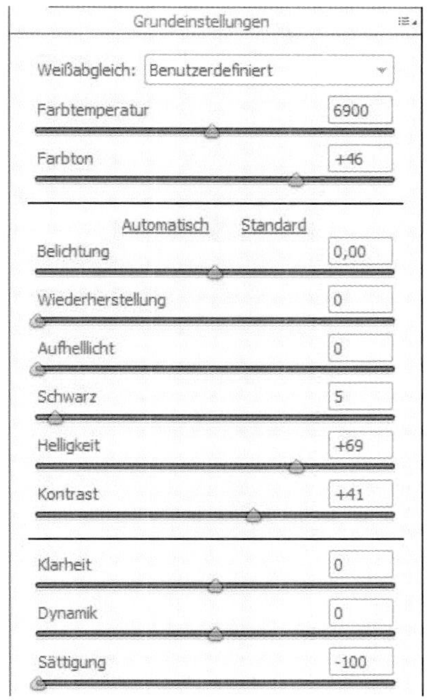


*Sättigung raus und via Farbtemperatur den Weißpunkt justieren. Davor steht natürlich eine reguläre Entwicklung über Belichtung, Helligkeit und Co.*

## Es geht auch genauer: Camera Raw, die zweite

Im Camera Raw-Register *HSL/Graustufen* versteckt sich die aus Photoshop bekannte Schwarz-Weiß-Einstellungsebene. Dort können Sie sehr genau regulieren, wie welcher Farbton in den Graustufen wiedergegeben werden soll. So ist es beispielsweise möglich, die Rottöne etwas heller oder dunkler darzustellen, was dann natürlich auch den Kontrast verändert.

Sie werden einige Zeit benötigen, um schnell und effektiv mit diesem Werkzeug umgehen zu können. Sobald Sie es aber beherrschen, werden Sie kaum noch Probleme mit Schwarz-Weiß-Bildern haben. Denn das Wichtigste für eine gute Schwarz-Weiß-Bearbeitung ist es, zu verstehen, wie jeder Farbwert sauber und Stück für Stück in einen guten Grauton umgesetzt wird.

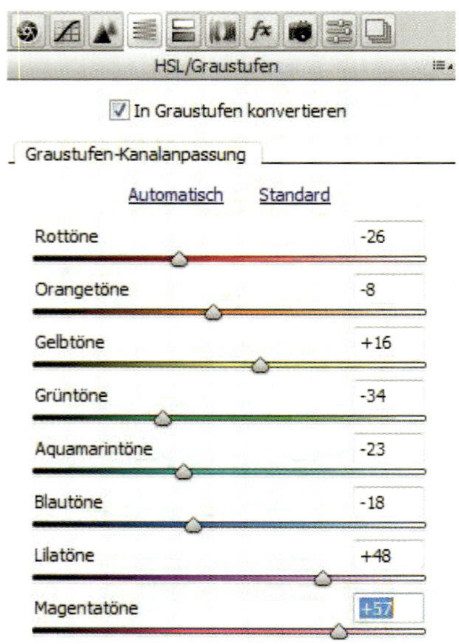


*Sie sollten übrigens die Finger vom* Automatisch-*Link weglassen. Die Ergebnisse sind oft flach und flau. Wie soll der Mechanismus auch erkennen, in welchen Farbtönen Sie sich den Kontrast stärker oder schwächer wünschen?*

### Das Problem dieser Variante

Sollten Sie die Graustufenkonvertierung in Camera Raw verwenden, müssen Sie sich über eines im Klaren sein – Sie reduzieren sich auf die Graustufen. Demzufolge haben Sie, sobald Sie das Bild in Photoshop öffnen, auch nicht mehr die RGB-Kanäle zur Verfügung, sondern nur einen Grau-Kanal. Das heißt, Sie können später über *Bildberechnungen* die Kanäle nicht mehr miteinander verrechnen lassen. Ebenso sind einige Einstellungsebenen nicht mehr verfügbar. Generell entledigt man sich also einiger Funktionen, sprich aller Funktionen, die mit Farben hantieren.

Der einzige Weg aus diesem Problem ist, über das Menü *Bild/Modus/RGB-Farben* wieder umzukonvertieren. Grundsätzlich ist es aber niemals klug, zwischen Farbräumen hin- und herzukonvertieren, zumindest dann nicht, wenn es sich vermeiden lässt. Diese Variante ist also eher dann geeignet, wenn Sie die Bilder direkt als JPEG entwickeln und nicht mehr weiter an ihnen mit Photoshop arbeiten möchten. Die andere Variante mit der entsättigten Entwicklung lässt die RGB-Kanäle bestehen.

*Viele Funktionen sind im Modus* Graustufen *nicht mehr verfügbar, da sie auf Farben basieren.*

## Beste Variante der Schwarz-Weiß-Konvertierung

Wenn Sie eine ernsthafte Schwarz-Weiß-Konvertierung durchführen wollen, sollten Sie Ihr RAW ganz normal entwickeln und keine der beiden zuvor genannten Varianten verwenden. Öffnen Sie einfach Ihre RAW-Datei als Smart-Objekt und fügen Sie eine Einstellungsebene des Typs *Farbton/Sättigung* hinzu. Diese stellen Sie bei Sättigung auf *-100*. Schon haben Sie den gleichen Stand wie bei der ersten Variante, aber in Photoshop mit separater Einstellungsebene. Diese Ebene belassen Sie im Ebenenstapel immer ganz oben. Dadurch haben Sie kontinuierlich die Möglichkeit, die Farbtöne darunter so lange anzupassen, bis sie sich perfekt in das Schwarz-Weiß-Bild einfügen.

*Hier der Ebenenstapel einer gelungenen Schwarz-Weiß-Konvertierung einer RAW-Datei als Smart-Objekt.*

### Beispiel einer gelungenen Konvertierung

Zunächst habe ich die Makro- und Mikrokontraste der Tiefen angehoben, um der klaren Differenzierung zwischen Vorder- und Hintergrund noch mehr Gewicht zu verleihen und die feinen Kontraste herauszuarbeiten.

Anschließend wurden die Tonwerte fein justiert, sodass der Hell-dunkel-Kontrast noch stärker wird. Danach habe ich eine selektive Farbkorrektur vorgenommen, damit ich den bläulichen Rauch hinter dem Sänger (hier Gentleman) noch mehr hervorheben kann. Darüber hinaus habe ich im Schwarz-, Weiß- und Grau-Bereich der Einstellungsebene einige kleine Stellen verändert, damit der Hintergrund etwas matter wirkt. Um den Sänger aber nicht matt wirken zu lassen, habe ich ihn ausmaskiert.

Über diesen wenigen Einstellungsebenen steht dann noch die Entsättigungsebene, die dafür sorgt, dass das Bild nachher in Graustufen vorliegt, obwohl noch jeder einzelne RGB-Kanal bestehen geblieben ist.

*So sieht das Bild mit deaktivierter Entsättigungsebene aus.*

Streben Sie eine sehr gute Ausarbeitung an, empfehle ich das Arbeiten mit der selektiven Farbkorrektur und Gradationskurven. Arbeiten Sie sich einfach Bereich für Bereich durch und erhöhen Sie den Kontrast oder flachen Sie ihn ab. Erstellen Sie dann für jeden Bereich eine Gradationskurve mit einem leichten S-Verlauf und maskieren Sie nur in den relevanten Bereich hinein, sodass lediglich dieser aktiv ist.

**Tipps für die Arbeit in Schwarz und Weiß**

- Viele Menschen tendieren beim Bearbeiten von Schwarz-Weiß-Motiven dazu, wirklich nur in Grautönen zu arbeiten und die Tonwerte 255 und 0 – also Schwarz und Weiß – gänzlich auszuschließen. Das ist einer der größten Fehler, den Sie begehen können. Reines Schwarz und reines Weiß gehören eigentlich in jede gute Schwarz-Weiß-Umsetzung. Der Grund ist ganz einfach. Diese Reintöne sorgen einerseits für die Beschränkung auf spezielle Bereiche eines Bilds, andererseits sorgen sie dafür, dass das Bild deutlich brillanter wirkt. Sorgen Sie also möglichst dafür, in Ihre Motive auch Bereiche mit Reintönen einzubauen. In den meisten Fällen zahlt sich dieser Schritt hinterher aus.

- Schauen Sie sich einfach mal Bilder der Altmeister der Schwarz-Weiß-Fotografie an. Einer der besten davon ist Henri Cartier-Bresson.

- Versuchen Sie es exakt andersherum! Manchmal entfalten Bilder ihre Wirkung erst dadurch, dass die Tonwerte sehr nah beieinanderliegen und kaum starke Kontraste aufweisen. Probieren Sie es einfach einmal aus.

- Rauschunterdrückung in Schwarz-Weiß-Bildern kann deren Tod bedeuten. Oft wird bereits in Adobe Camera Raw oder Lightroom das feine Rauschen des digitalen Sensors flachgerechnet. Das ist bei farbigen Motiven meist der richtige Weg – aber bei Schwarz-Weiß-Motiven genau der falsche. Das Rauschen, das der analogen Körnung ähnelt, hilft, eine gewisse Stimmung in Ihr Motiv zu bringen. Fügen Sie ruhig noch weiteres Rauschen hinzu, es wird Ihr Bild nicht zerstören, sondern eher aufwerten.

- Wer sich im Schwarz-Weiß-Metier bewegt, muss wissen, dass es die direkte Verknüpfung zur analogen Welt ist. Das bedeutet, dass man sich genau überlegen muss, ob man die analogen Merkmale wie Körnung, Kratzer, Kontraste etc. ebenfalls einsetzen möchte oder auch nicht. Diese Entscheidung liegt letztlich bei Ihnen.

*Schwarz-Weiß-Bilder in den Tiefen und Lichtern mit einer leichten Tönung zu versehen, kann nochmals einen anderen Eindruck erwecken.*

## ÜBER DEN AUTOR

**Calle Hackenberg, geboren 1991, lebt im Großraum Kiel und befindet sich dort seit 2010 während der Ausbildung zum Fotografen in dem speziellen Lehrgang „EVA" des Photo+Medienforums Kiel. Bereits im Alter von 14 Jahren beschäftigte er sich intensiv mit Fotografie und Bildbearbeitung. Schnell gelang der Einstieg nach dem Abitur 2010 direkt in den Traumberuf Fotograf. Seitdem arbeitet Calle Hackenberg als Assistent in verschiedenen fotografischen Betrieben, gekoppelt mit Unterrichtsblöcken zur Vorbereitung auf die Gesellenprüfung. Nebenher betreibt er mit einigen Freunden das Blog *www.addicted2photos.com*, in dem er über diverse Themen rund um Bildbearbeitung und Fotografie bloggt.**

## Ein Appell an die Leser

Photoshop ist ein äußerst mächtiges Werkzeug. Es bietet viele Möglichkeiten, Bilder in zahlreiche Richtungen zu bearbeiten und zu verschönern, man kann aber auch sehr leicht Aufnahmen verunstalten. Diejenigen Benutzer von Photoshop, die selbst fotografisch tätig sind und ihr Ausgangsmaterial selbst herstellen, haben darauf großen Einfluss - und darum geht mein Appell: Sehr schnell tendiert man dazu (auch ich), Fehler in Bildern - seien es Kompositionsfehler (Goldener Schnitt), Farbstiche, Fehlfokus (Unschärfe), Fehlbelichtungen, Hautunreinheiten oder andere - zu akzeptieren, wenn man digital arbeitet, immer mit dem Hintergedanken: „Das kann man ja hinterher in Photoshop korrigieren".

Wenn Sie Ihre Gedanken in diesem Satz wiederfinden, sollten Sie sich Folgendes vor Augen halten: Ein gutes Bild erfordert in der Regel nur geringe oder sogar überhaupt keine Bearbeitung in Photoshop. Aus einem schlechten Bild in Photoshop ein gutes zu machen, ist jedoch äußerst schwierig. Zwar kann man manchmal schlechte Aufnahmen mit Photoshop erheblich aufbessern, aber man stößt dabei an Grenzen - entweder weil das Material nicht mehr hergibt oder weil die Bearbeitung neue Probleme verursacht - die Korrektur von perspektivischen Verzeichnungen reduziert zum Beispiel die verfügbare Auflösung. Es gilt also, bereits bei der Aufnahme des Bilds das optimale Ergebnis zu erzielen, sowohl in technischer als auch gestalterischer Hinsicht. Das hat für Sie zwei wesentliche Vorteile, die Sie verinnerlichen sollten. Zum einen wird durch bereits gutes Ausgangsmaterial eine gewisse Qualität erzielt, die man dann in Photoshop eventuell weiter optimieren kann. Nur durch eine ungeschickte Bearbeitung wird in diesem Fall die Qualität wieder reduziert.

Zum anderen führt das Verständnis für einen guten fotografischen Workflow zu einer deutlich beschleunigten Arbeit am Computer. Sie können durch das Vermeiden der kleinen und auch großen Fehler schon bei der Aufnahme Ihre Zeit vor dem Computer drastisch senken. Viele Fehler, die Sie bei der Aufnahme in Kauf nehmen, weil Sie es eilig haben, kosten Sie hinterher in Photoshop ein Vielfaches an Zeit. Das muss nicht sein! Das wahre Geheimnis zum Erreichen eines schnellen Workflows ist schlicht und ergreifend ein möglichst ideales Ausgangsmaterial, das technisch und gestalterisch hochwertig ist.

Kurz gesagt: Gute Fotos sind die Basis einer jeden guten Bearbeitung. Vermeiden Sie es, sich an einer schlechten Aufnahme die Finger wund zu arbeiten - die Zeit, die Sie dabei investieren, zahlt sich meistens nicht aus. Die Aufnahme ist der Schlüssel zur guten Bearbeitung.

## Danke!

Ich möchte meiner Freundin Beate danken für die tatkräftige Unterstützung in allen Belangen rund um das Buch und das Leben allgemein.

Des Weiteren danke ich meiner gesamten Familie für die erbrachte Hilfe, das stets offene Ohr und das Vermitteln diverser Kontakte und Locations für die Aufnahmen in diesem Buch.

Dank gebührt auch Henrik Matzen und seiner Frau, die es während der Assistenzzeit ermöglichten, dieses Buch zu schreiben.

Darüber hinaus danke ich dem gesamten Photo+Medienforum Kiel, das mir mit Rat und Tat zur Seite stand, speziell den Dozenten des EVA-Lehrgangs. Besonderer Dank geht dabei an Michael Nagel und Frank Becker, die mich dazu motivierten, das Angebot anzunehmen, und mich auch weitergehend unterstützten. Ein Dankeschön geht natürlich ebenfalls an den gesamten EVA-Jahrgang.

Ein außerordentliches Dankeschön gilt auch der gesamten Truppe von *www.Addicted-2Photos.com*, durch die Ulrich Dorn und somit der Franzis Verlag erst auf mich aufmerksam geworden ist. Namentlich sind das Fabian Pitzer, Tom Engelhardt und Carlos Meyer. Danke für die tolle Unterstützung beim Betreiben des Blogs und danke für das Feedback und den Input für das Buch.

In einem ähnlichen Zusammenhang möchte ich auch Oliver Bertram für die jahrelange Unterstützung in diversen Serverfragen und anderen Softwareproblemen danken.

Ein besonderer Dank gilt noch Laura Dieterich und den Modellen, die für dieses Buch an den Fotos mitgearbeitet haben.

Ebenfalls möchte ich mich bei Hendrik Stoltenberg bedanken für den Input und das stetige Feedback.

Dank an Holger Münx, dass du mir wesentlich bei der Formulierung des Appells geholfen hast. Danke für dein Feedback, deine Korrekturen und deinen immer herzhaften Sarkasmus.

Ein sehr spezielles Dankeschön geht auch an Marco Lutz, der mich überhaupt auf den Pfad der Aktionen gebracht hat und mir einige nette Kniffe gezeigt hat.

Ausdrücklich möchte ich mich bei Ulrich Dorn bedanken, der mich entdeckt und somit das Buch möglich gemacht hat. Danke auch für die diversen Telefonate und E-Mail-Ketten zur Beantwortung vieler Fragen.

In diesem Zusammenhang möchte ich ebenfalls dem Franzis Verlag für die Chance und das erbrachte Vertrauen danken.

# INDEX

# INDEX

pixxsel